教育部人文社会科学重点研究基地重大项目资助出版

政策性农业保险巨灾风险管理研究

——以北京市为例

庹国柱　赵乐　朱俊生　等著

中国财政经济出版社

图书在版编目（CIP）数据

政策性农业保险巨灾风险管理研究：以北京市为例/庹国柱等著．—北京：中国财政经济出版社，2010.2

教育部人文社会科学重点研究基地重大项目资助出版

ISBN 978－7－5095－1936－3

Ⅰ．政…　Ⅱ．庹…　Ⅲ．农业－灾害保险－风险管理－研究－北京市　Ⅳ．F842.66

中国版本图书馆 CIP 数据核字（2009）第 239028 号

责任编辑：马　真　　责任校对：杨瑞琦

封面设计：陈　瑶　　版式设计：兰　波

中国财政经济出版社出版

URL：http：//www.cfeph.cn

E－mail：cfeph @ cfeph.cn

社址：北京市海淀区阜成路甲 28 号　邮政编码：100142

发行处电话：88190406　财经书店电话：64033436

北京财经印刷厂印刷　各地新华书店经销

787×960 毫米　16 开　21.5 印张　322 000 字

2010 年 3 月第 1 版　2010 年 3 月北京第 1 次印刷

定价：45.00 元

ISBN 978－7－5095－1936－3/F·1617

（图书出现印装问题，本社负责调换）

本社质量投诉电话：010－88190744

《北京市政策性农业保险巨灾风险管理研究》

课　题　组

课题总负责人：王孝东

课题副总负责人：刘春广

课 题 负 责 人：刘容江　庹国柱

课题总协调人：赵　乐

课　题　顾　问：李　军

课 题 组 成 员：杨　苹　孟和国　张　梅　孟素洁　马　骥　崔　媛　叶彩华　郭心义　王国军　朱俊生　丁少群　张　峭　王　克　李鸿敏　李　瑶　王　韧　王德宝　姜　珊

目录

附录 2　北京市政策性农业保险赔付率超赔再保险费率测算

前言

本书是北京市政府政策性农业保险领导小组委托研究项目的最终成果的主要内容，也是教育部社科研究基地重大项目“农业保险的风险区划与费率精算研究”课题的阶段性成果之一。本书旨在为北京市政策性农业保险的巨灾风险提供管理政策的依据，同时也为其他省、直辖市、自治区在建立和完善政策性农业保险巨灾风险管理制度时提供些许参考。

目前，全国各地都在试验和建立政策性农业保险制度，而根据其他国家和我们自己的经验，并不鲜见的农业保险巨灾损失经常考验该制度的科学性和严密性，它警示我们，在一开始就要为投保农业保险的标的在遭受巨灾损失后，保险人的准备金积累不足支付赔款时和（或者）政府难以担责时的融资制定可行预案（这个预案应该有法律的保障）。但据我们了解，不少试验政策性农业保险的地区没有完善的巨灾风险管理制度，致使有的地方在发生较大农业灾害损失后，投保农户得不到保险合同约定的足额赔款，这显然有违我们举办政策性农业保险的初衷，也会损害保险经办主体和政府的信誉。

2007 年，北京市正式建立了由市政府全力支持的政策性农业保险制度，将政策性农业保险纳入农业支持保护体系，提高了农民抵御自然风险的能力，为北京市都市型现代农业的持续发展起到了重要支撑作用。

被农业保险界称为北京模式的政策性农业保险制度具有政府主导、制度先行，财政支持、政策引导，商业运作、有限责任，自愿投保、平等受惠等特点，同时在全国各农业保险试点省市中比较早地建立了较为规范的农业巨灾风险准备金制度。但北京市农业巨灾风险准备金制度尚不完善，例如，政府需要知道，农业巨灾风险准备金合适的规模是多少？除了农业巨灾风险准备金制度，还要不要探索建立其他农业保险巨灾风险管理制度，例如，购买再保险或者发行农业保险巨灾风险债券，或者其他巨灾补偿的处置手段等，如果购买再保险，合理的费率是多少？等。

这些问题不解决，政策性农业保险制度就不够完善，可能会在出现大灾情况下给政府财政以冲击，如果届时资金筹集发生困难就会伤害投保农户的利益。

因此，本书试图在两个背景下解决三个核心问题：

两个背景：

第一，其他国家农业巨灾风险管理的经验与借鉴。拟通过对典型模式的典型国家农业保险巨灾风险管理制度的考察，总结其巨灾风险管理的共性与规律。

第二，国内其他省市农业巨灾风险管理的比较与评价。归纳各地农业巨灾风险管理制度经验的结构性特征，并比较不同管理制度模式的异同之处，考察其制度结构与地区环境的相容性，为北京市完善农业巨灾风险管理制度提供借鉴。

三个核心问题：

第一，北京市农业巨灾风险准备金合适的规模和合理的再保险纯费率研究。为北京市农业保险巨灾风险准备金提取标准的确定与调整，以及购买再保险提供决策依据与参考。

第二，其他农业巨灾风险分散手段以及可供北京市政府选择的不同方案。

第三，北京市农业巨灾风险准备金的管理制度。

一、政策性农业保险巨灾风险的市场失灵与政府参与

农业风险的高度相关性使得农业保险的经营始终面临巨灾风险，这是世界农业保险发展中的一个普遍规律。按照大数法则的要求，被保险的风险单位的数目要足够大，才能使风险得到分散，使风险损失接近其期望，保险的财务才可能稳定。但农业风险单位之大，使其在一县一省甚至一个国家的空间内都难以得到有效分散。另外，农业风险单位与保险单位的不一致，有时会给不了解这个特性的保险人或展业人员造成错觉，以为动员的被保险农户越多，承保的标的越多越能分散风险，岂不知如果是在一个风险单位内，承保的农户越多，承保的面积越大风险反而越集中，风险损失会越大，保险人的经营风险也越大。

农业风险相关性的特点给农业保险经营带来特殊的困难。因此，各国农业保险在发展中都建立了巨灾风险分散机制与制度。

保险经营的基石是“大数定理”，但巨灾风险并不符合“大数定理”的基本假定。考虑到保险经营的稳定性和营利性，保险公司对巨灾风险一般不愿意承保。市场失灵就不可避免。

私人巨灾保险市场失灵为政府参与巨灾风险管理提供了理由和可能性。政府参与巨灾风险管理的一个重要作用在于为保险公司提供临时的流动资金，防止其因为临时的保险资本金有限而导致偿付能力不足。

政府参与巨灾风险管理的目的在于减轻市场失灵，因此其主要作用应该在于促使商业保险公司积极参与市场竞争，而不是取而代之。在具体的形式上，政府有很多手段和工具可以达到干预目的，但是应该选择成本效率最经济和对市场负面影响最小的方式。另一方面，政府参与的巨灾风险管理计划必须依照现实条件和经济发展水平而定。制定和评价政府参与的混合巨灾管理计划必须依据预定目的和现实条件，这就意味着事实上不存在最优的政府巨灾计划，关键要视其合适与否。

二、一些国家农业保险巨灾风险管理的经验

根据政府是否提供补贴、农业保险经营机构的属性以及是否强制的实施方式等三个维度，可以将农业保险的制度模式划分为五种，即私营、非补贴模式，私营、部分补贴模式，公共、非补贴模式，公共、部分补贴、自愿模式，公共、部分补贴、强制模式。

本书主要介绍和比较了如下三种模式及其代表国家：

（一）“私营、部分补贴模式”下巨灾风险分散制度

在北美和欧洲，美国和西班牙的农业保险是私营、部分补贴模式的典型代表。

1. 美国农业保险的巨灾风险分散制度。美国是世界上农业保险最发达的国家，经历了公营、部分补贴到私营、部分补贴的转变，目前是多重风险保险私营、部分补贴模式的典型代表。

美国农业保险巨灾风险分散制度主要是由联邦农作物保险公司以及私人再保险公司共同构成的再保险体系。其中，联邦农作物保险公司作为美

国政府的全资保险公司，既是美国农业保险的管理机构，又是农业保险再保险业务的主要载体。同时，可以通过信贷以及发行财政部允许的专门票据、债券，来支付巨灾条件下的保险赔款。

2．西班牙农业保险的巨灾风险分散制度。西班牙的农业保险与欧盟其他国家相比是比较成熟的[①]，在世界范围内也是多重风险保险私营、部分补贴的成功范例。1978 年，西班牙颁布了《农业保险法》，提出由农民自愿参加保险，政府对私人保险公司提供再保险，并对农民的保费给予补贴；不参加农业保险的农民，遭灾后政府不给予任何援助。农业保险业务的具体操作由 38 家私人农业保险公司负责。

对于农业巨灾风险，西班牙成立了农业再保险公司，为农业保险业务提供再保险支持。

（二）“公共、部分补贴、自愿模式”下巨灾风险分散制度——以加拿大为例

加拿大的农业保险制度是典型的公营、部分补贴模式。这种模式是“政府主导、联邦和省两级政府负责、省政府成立专门的机构经营”。

加拿大农业保险的巨灾风险分散制度主要由再保险体系构成，省政府与联邦政府都提供再保险支持，各省的农业保险公司可以选择。特别地，加拿大农业巨灾风险分散制度还建立了融资制度，即再保险基金不足以赔付时，省财政厅与联邦财政部都可以提供无息借款，并需要偿还。

（三）“公共、部分补贴、强制模式”下巨灾风险分散制度——以日本为例

日本的农业保险的组织架构分三个层次：村一级农业共济组合（the Agricultural Mutual Relief Associations），府、县一级农业共济组合联合会（the Federations Mutual Relief Associations），设在农林省的农业共济再保险特别会计处（the Federations Mutual Relief Reinsurance Special Account）。除了这三个层次外，还建立了农业共济基金会（the Federations Mutual Relief Fund），作为联合会贷款的机构。因此，日本的农业保险巨灾风险分散制度主要由两层次的再保险体系构成，其中第一层次再保险是由农业共济联合会提供，第二层次由中央政府提供。

---

① 丁学东：“西班牙农业保险政策及对我们的启示”，《农业经济问题》，2005 年第 8 期。

三、国内其他省市农业巨灾风险分散制度比较

我国已经有 20 个省作为中央财政支持的政策性农业保险试点省份，其他各省也都由本省、直辖市、自治区财政支持开始试验政策性农业保险，其中有一部分省在制度中有关于大灾风险管理制度安排。有的省是建立一级或多级大灾风险准备金，有的也购买了再保险。建立大灾风险准备金制度比较复杂和完善的是江苏省。

四、北京市农业保险巨灾风险分散制度选择

农业巨灾风险的处置方式有八类，即尽可能扩大承保面，组织再保险，建立巨灾风险准备基金，由财政兜底、借款或担保，相互保险与合作保险的巨灾吸纳机制，指数化保险，巨灾风险证券化和发行巨灾彩票等。

对北京市来说，我们已经建立了巨灾风险准备金，同时由市政府购买了赔付率 160% ~300% 的再保险。从北京市的实际出发，我们认为，每年购买再保险后，政府实际上还需要承担的是赔付率在 300% 以上的赔款责任，而根据对近 30 年的灾害资料的分析，这个责任发生的概率很小，因此可以取消已经建立的“大灾准备基金”。万一发生赔付率超过 300% 的情况，可以由市财政兜底或者临时发行“农业巨灾债券”。这样，可以增加财政可利用资金，也免去“大灾准备基金”管理的成本。

五、北京市农业保险巨灾风险准备金规模与再保险费率的估计

（一）农业保险巨灾风险准备金规模

根据从 1978 年到 2006 年的农作物产量资料测算，北京市农作物保险巨灾风险准备基金的规模，同样是以赔付率 160% 作为巨灾风险准备金起付线，不同费率和不同投保率所需要的准备金规模是不同的。在平均费率为 6%、投保覆盖率为 80% 时，约为 5.35 亿元，如果费率提高或者投保率降低，准备金规模会减小。

（二）农业保险再保险费率的估计

由于农业保险的赔付历史资料缺乏，我们在估计农业保险再保险的费率时，选取北京市 1978—2006 年 13 个区县 14 种农作物的生产和气象数据，以及 1983—2007 年 26 年的受灾和成灾面积数据，计算表明，在实际平均损失 80%（保险损失率 50%）的条件下（例如，遭受类似 2002 年

的灾害的年份的损失)，假定直接保险保费收入是3.5亿元，政府将160% ~300%之间的保险责任分保出去，再保险费费率为8.34%，即纯再保险费2900万元左右是合理的（不包括佣金和管理费）。

但是如果考虑到在30% ~100%的损失率中，选取中位数，即75%的平均损失率，那么分出赔付率在160% ~300%的赔款责任，只需要支付4.17%的纯费率，支付纯保费1450万元（不包括佣金和管理费）。

六、完善北京市农业保险巨灾风险准备金制度

如果继续保留大灾风险准备金，就需要不断完善该制度，包括完善运行制度（涉及筹资安排、使用方向、投资管理、管理机构等），同时优化其政策环境（提供法律法规保障、加强对该准备金的监管），使其沿着法律化、规范化的轨道有效运行。

七、简要结论与政策建议

第一，政策性农业保险是政府通过一系列政策（特别是价格支持政策）支持的经营风险较高的农业保险活动，对我国来说，举办政策性农业保险，主要目的在于促进农业持续稳定发展和保障投保农户的基本生活。

第二，由于农业生产自身特点和农业风险的特点导致农业保险经营的高风险，在政策性农业保险制度建设中，除了直接保险业务经营要遵循一般规则之外，还需要建立必要的和可行的巨灾风险管理制度。

第三，经营农业保险历史比较长、制度比较成熟的国家，都从法律和法规层面对建立巨灾风险管理作出了规定和要求。它们对于巨灾风险事故发生后的财务处置措施包括：组织多层次的再保险、发行巨灾债券、财政贷款等；采取的经营技术手段包括：举办指数化保险、将巨灾风险证券化等。

第四，其他省、直辖市、自治区政策性农业保险的巨灾风险管理制度建设中，也有许多值得北京市借鉴的经验。

第五，对于北京市政府来说，针对市政府在政策性农业保险制度中承担的风险责任，就目前而言，可供选择的方式主要有：建立大灾风险准备金、购买再保险、发行巨灾债券、政府财政兜底等。由于建立大灾风险准备金和购买再保险有一定的替代性，建议在购买再保险之后，取消大灾风

险准备金。当发生巨灾，损失超过再保险保障水平之后，可以由财政出资或者临时发行巨灾风险债券解决超赔问题。

第六，如果继续建立大灾风险准备金，需要在运行制度和政策环境两个方面完善制度建设。在现有险种、现有费率水平和投保率不超过80%的条件下，准备金总规模不超过5亿元比较适当。

第七，目前市政府的再保险安排是比较适当的。本书根据1983—2007年的本市灾害统计资料测算，在这25年中，按照成灾面积平均损失75%～80%情况测算，分出160%～300%的赔款责任，再保险的纯费率（不包括佣金和管理费）在4.17%～8.34%之间。

本书虽然就农业保险的巨灾风险管理问题做了一些考察和论证，也为北京市提出了一些政策建议，这些论证的思路、结论和政策建议对正在研议的有关农业保险法律法规，其他正在试验和建立政策性农业保险制度的地区的决策部门，也会有一些参考价值。当然，我们的研究还是初步的、粗浅的，也许还有不少谬误，欢迎大家不吝指教。

本书虽然在封面上署了三个人的名，但只是主要执笔人而已，本书是集体智慧的结晶，前面所列出的课题组全体成员都为课题的完成作出了贡献，在书稿形成过程中我们吸收了大家在讨论中提出的意见，使书中论证和结论尽可能反映出大家的智慧。还要特别提及的是，书中的附录1所涉及的研究内容和大量计算，主要是由张峭教授和王克博士研究生完成的，我们之所以不厌其详地将这个占本书一半以上篇幅的内容作为附录放进去，是因为它在农作物保险精算理论和方法论方面，有着重要意义和参考价值。传统的农作物风险损失理论，都假设农作物单产的损失服从正态分布，但一些年前国外已经有研究证明，不同地区的不同作物服从不同的损失概率分布。本研究进一步证明，北京市不同区、县，不同作物的单产，的确具有不同的损失概率分布。详细介绍这些研究成果，对我们今后各地研究和厘定科学合理的农作物保险费率具有理论和实践意义。

中国财政经济出版社的张冬梅和马真同志在编辑时提出了许多宝贵的意见和建议，在此表示衷心的感谢。

第一章 导　论

一、选题背景与意义

“农业是国民经济的基础”的命题已经被我国坚持了近60年，即使在今天我国和北京市的农业发展已经进入现代农业的阶段，农业生产力和农业生产方式都已经不能与20世纪五六十年代相提并论，但由于农业本身的特点所决定，农业仍然是一个具有高风险的弱质产业。受制于气候、气象以及地理和技术等制约因素的农业生产不时会受到巨灾风险的袭击，这类农业巨灾风险不仅来源广泛，且难以预测，造成的损失巨大。1998年的多条江河流域洪水灾害造成的农业直接损失超过5000亿元。2009年春天我国西部和中部10多个省的持续干旱也造成小麦等农作物生产的重大损失。因此，中央政府在从2004年到2009年的连续六年的中央一号文件中都强调建立和发展政策性农业保险制度，以应对农业生产的风险，补偿风险损失，保证农业的可持续发展。随即，中央政府从2007年开始，将农业保险补贴列入财政预算，实际拨付的保费补贴是20.5亿元，政策性农业保险的试验正式启动。2009年全国由中央财政支持的农业保险试验的省份已经扩大到17个，同时，新疆生产建设兵团和黑龙江农垦系统也列入中央财政补贴范围。2008年中央财政的补贴资金增加到60亿元。2009年补贴资金进一步增加到79.5亿元。实际上，2007年以来除中央财政支持的省份之外，其他包括北京市、上海市在内的15省、直辖市、自治区也都在本省财政支持下开始不同规模的政策性农业保险试验。这一年全国的农业保险保费收入达到创纪录的110亿元，比前一年增长112%。2009年1—10月的保费收入超过124亿元，农业保险的损失补偿规模也是空前的。

但是，农业保险本身也还有风险分散的问题，特别是在遭遇大灾的年份，农业保险经营者有可能出现准备金不足以赔付的情况。2007 年吉林省的农业保险试验地区发生了中等强度的干旱灾害，保险责任范围内的损失约 15 亿元，但是包括中央和省政府补贴在内的保险费收入总共只有 6.8 亿元。省政府再拿出 1 亿元的财政资金支付超赔责任之后，再也无力支付赔款。同样的问题同一年也发生在其他地区。2009 年松辽平原再次遭受较大旱灾，农业保险损失超过 20 亿元，给辽、吉两省造成巨大赔付压力。在这种情况下，要么是保险公司破产，要么不予足额赔款。这两种情况都与举办政策性农业保险的初衷相违背，因为农业风险损失的补偿没有到位。

2007 年，北京市正式建立了由市政府全力支持的政策性农业保险制度，将政策性农业保险纳入农业支持保护体系，提高了农民抵御自然风险的能力，为北京市都市型现代农业的持续发展起到了重要支撑作用。

北京市的政策性农业保险制度是从 2007 年正式启动的。与其他省市自治区相比，该制度很有特色，主要体现在：

1. 政府主导，制度先行。市政府经过长时间调研，于 2007 年以北京市办公厅的名义转发了《农委关于建立北京市政策性农业保险制度方案（试行）》。该方案对政策性农业保险作出了制度性安排，同时专门成立了“北京市政策性农业保险工作协调小组”，下设办公室，专门负责协调各部门的关系；起草和执行市政府有关政策；具体确定政策性农业保险的支持范围，并据此制定统一的保险条款和费率；组织公开招标选定参与承保的保险公司；组织相关研究，为决策提供理论依据等。

2. 财政支持，政策引导。财政的支持力度较大，市政府为投保农户补贴保险费的 50%，区县政府累加补贴 20% ~30%；同时给参与承保政策性农业保险的保险公司相当于保费收入的 10% 的管理费补贴。

3. 商业运作，有限责任。主要由商业保险公司做业务，也允许其他合作组织（各类专业协会）承保经营。经营机构的当年赔付率超过 160% 之后的赔付责任由市政府承担。

4. 自愿投保，平等受惠。农户在范围内自愿投保，凡投保者均享受政府的同等保费补贴。

北京市还在全国各农业保险试点省市中比较早地建立了较为规范的农

业巨灾风险准备金制度，即在“十一五”期间，市财政按照上年农业增加值的1‰，预提农业巨灾风险准备金，用于补贴超出商业保险公司合同约定赔偿责任的农业风险损失。但北京市农业巨灾风险准备金制度尚需要进一步探讨和完善，比如，农业巨灾风险准备金合适的规模是多少？如果在农业巨灾风险准备金积累初期发生了巨灾风险事故，准备金积累不足应付赔款时，还可以通过何种方式筹资？农业巨灾风险准备金在积累期间如何有效地管理与投资？除了农业巨灾风险准备金制度，北京市政策性农业保险还要探索建立哪些农业保险巨灾风险管理制度？不同巨灾风险处置手段和资源如何选择和配置等等。

据我们了解，无论财政部还是其他一些实验农业保险的省份，它们一般不担心财政每年计划之内的保费补贴，而最担心的是发生普遍性巨灾损失后，农业保险责任准备金不足支付赔款，甚至事先筹集的巨灾责任准备金和政府的财政后备也不能应付赔款时带来的巨大冲击。在2007年的农业保险试验中，有的省就是因为对农业巨灾损失的技术、思想和财力准备不足，又没有合理、充分的解决方案，最终没有足额支付投保农户的赔款，农业保险的保险合同无法完全履行，不仅有违建立政策性农业保险制度的目的，也造成某些不良的社会影响。

从历史经验数据看，北京市农业易受干旱、暴雨、洪涝、冰雹、低温冻害等巨灾风险事故的袭击，大面积干旱、风雹、冻害的发生率都较高。因此，北京市农业保险也有可能遭受大灾带来的巨额赔付，所以必须进一步完善已有的巨灾风险管理制度，提高应对农业巨灾风险的能力。

二、研究对象的界定

（一）对农业保险的界定

在传统上，我国农业有狭义与广义之分，狭义农业仅指粮食作物、经济作物、蔬菜等其他作物的生产及其有限延伸，广义农业则包括农林牧渔各业的生产及其有限延伸。农业保险，在实践中也有狭义与广义之分。狭义农业保险仅指种植业（农作物）和养殖业（饲养动物）保险，广义农业保险则除了种植业和养殖业保险之外，还包括从事广义农业生产的劳动力及其家属的人身保险和农场上的其他物质财产的保险。国外，特别是发达国家，一般使用的概念是广义的农业保险概念，在法国举办的农业保险不仅涵盖陆地种植物和水中养殖的植物的保险，家畜家禽的保险，甚至将农场财产和农民人身的保险也都包括进去。

我国学术界和实务界目前一般采用狭义农业保险的概念[①]，而将广义农业保险涵盖在农村保险的概念之中。本书的讨论限于狭义农业保险。

因此，农业保险就是保险人为农业生产者在从事种植业和养殖业生产和初加工过程中，遭受自然灾害或意外事故所造成的损失提供经济补偿的保险保障制度。由于农业保险的保险标的多是处在生长发育过程中的活的生物，这类保险的保险利益多是处于变动中的预期利益。

农业保险从不同角度有不同的分类。根据承保对象，可分为种植业和养殖业两大险别，种植业保险以不同作物又可分为粮食作物保险、经济作物保险、其他作物（蔬菜、保护地栽培）保险、林木保险、水果和果树保险等；养殖业保险可分为大牲畜保险、小牲畜保险、家禽保险、水产养殖保险、特种养殖保险等。根据承保风险的多寡，可分为单一风险（特定风险）保险和一切险保险，根据实施方式，还可分为自愿保险和法定保险。在我国实践中，通常是按承保对象来划分的（见图1－1）。

1. 种植业保险。实践中的我国种植业保险是一个很宽泛的险别，它是以国有或集体的农牧场、林场和农户为被保险人，以其生产经营的生长期、收获期、初加工期、储藏期的作物、林木、水果及果树为保险标的，以各种自然灾害和意外事故为保险风险的所有农作物（包括林木）保险的总称。在国外种植业保险一般称为农作物保险，他们将农林种植和水生植物养殖业都归在农作物之列（为方便起见，本书将种植业与农作物作为同义语使用）。我国的种植业保险，因其生产时期的不同，有生长期农作物保险与收获期农作物保险之分。前者只保作物生长阶段的风险损失，后者保农作物成熟后收获期、储藏和初加工期的风险损失。

（1）粮食作物保险。按我国传统的农业分类方法，禾谷类（稻、麦、玉米等）、豆类（大豆、豌豆、绿豆、蚕豆、扁豆等）和根茎类（红薯、马铃薯、山药、芋头等）作物属于粮食作物。粮食作物保险是对粮食作

① 在我国，该狭义的概念也在随着实践的发展而不断扩展，目前有的省份将农房、农机、渔船和渔民人身等扩展到政策性农业保险的范围之中。

- 农业保险
  - 种植业保险
    - 粮食作物保险
    - 经济作物保险
    - 其他作物保险
    - 林木保险
    - 水果和果树保险
  - 养殖业保险
    - 大牲畜保险
    - 小牲畜保险
    - 家禽保险
    - 水产养殖保险
    - 特种养殖保险
  - 涉农保险
    - 农机保险
    - 农房保险
    - 渔船保险

图 1－1　根据保险具体对象划分的农业保险分类图

物在从出苗到成熟收获期间因各种自然灾害和意外事故所造成的损失，由保险人按约提供经济补偿的保险。它保的是保险标的预期收获量的价值，而不是该种作物的产品。

（2）经济作物保险。经济作物顾名思义，是主要为农民换取货币的作为工业原料的作物，例如纤维作物（棉、麻等）、油料作物（油菜、花生、籽蔴等）、糖料作物（甘蔗、甜菜等）、其他经济作物（烟草、茶树、咖啡、啤酒花等）。经济作物保险就是为经济作物生产和初加工提供的灾害、事故损失的保险。

（3）其他作物保险。其他作物是除粮食作物和经济作物以外的蔬菜作物、园林作物（供观赏的各种花草树木）、饲料作物和特种作物（包括中草药、桑树等）。为这些作物的生产提供的灾害事故损失的保险就是特种作物保险。

（4）林木保险。林木保险是以具有经济价值的天然原始林和各类人工营造林为标的，对其在生长过程中，因约定的人力不可抗拒的自然灾害和意外事故造成的经济损失，保险人按照保险合同规定向被保险人提供经济补偿的一种保险。这类保险目前办理的险种主要是森林火灾保险。

（5）水果及果树保险。水果和果树保险都对水果生产过程中，由于受自然灾害和意外事故而招致损失提供补偿的保险。在实务中，这类保险又分两类，即水果保险和果树保险。水果保险的保险期限相对较短，只是从每年水果生产季节的定果开始至水果成熟收获离枝止。而果树保险一般保险期限有一年或一年以上。

2．养殖业保险。我国的养殖业包括三大类：家畜家禽养殖、水生动植物养殖和特种动物养殖。养殖业保险就是由保险人对生产者（被保险人）在养殖业生产过程中因灾害事故或疾病造成保险标的的损失承担赔偿责任的一类保险。在我国实践中，养殖业保险又分为以下四类：

（1）家畜养殖保险。以家畜为保险标的的一类保险就是家畜保险。在畜牧学中有大家畜（马、牛、驴、骡等）和小家畜（猪、羊、兔等）之分，所以保险业务中也分为大家畜养殖保险和小家畜养殖保险。

（2）家禽养殖保险。以家禽（鸡、鸭、鹅等）为保险标的的一类保险就是家禽养殖保险。

（3）水产养殖保险。水产养殖是利用海洋水域、滩涂和内陆水域中的可养面积，对鱼、虾、蟹、贝、藻类及其他水生经济动植物进行人工放养的生产经营活动。水产养殖保险就是对水产养殖过程中因自然灾害和意外事故造成经济损失（死亡或流失）提供补偿的一种养殖保险。具体还分为淡水养殖保险和海水养殖保险。

（4）特种养殖保险。特种养殖是近一些年在市场经济发展中兴起的经济动物饲养业。特种养殖的动物很多，如鹿、水貂、肉狗、果子狸、肉鸽、鸵鸟、蛇、鳖、牛蛙、蚯蚓等。为这些饲养动物生产提供的保险服务就属于特种养殖保险。

3．涉农保险。除了种植和养殖业保险之外，农村其他有关财产，例如农业机械、农房和渔民的渔船等财产，也被划进农业保险的范畴，而且这些项目也被一些地方纳入政策性保险，由政府向投保农户提供保险费补贴。例如福建、浙江都有政府补贴保费的农房保险。中国保险监督管理委员会适应这种变化，在制定农业保险统计制度时，将农机保险、农房保险和渔船保险划入一个新的类别：涉农保险。这种对我国传统农业保险外延的扩大有其合理性，符合目前政府关注民生，支持“三农”发展的政策导向，也符合农业保险自身的发展要求。因此，目前的这种界定，接近国外对农业保险的界定，即将农业保险界定为农场上财产、人身和责任保险的统称。

（二）对政策性农业保险的界定

建立农业保险制度必须将政策性农业保险和商业性农业保险区别开来，以便在政策上将二者区别对待。

从一般意义上而言，政策性保险①是指当保险公司在市场上独立经营时，其收益会远远小于成本，具有相当明显的正的外部性，其社会总收益大于社会总成本的保险业务。为获得该险种带来的社会福利，政府必须以（保费和管理费）补贴或税收优惠等政策措施推动保险公司经营或由政府直接经营保险。一般认为，出口信用保险和农业保险就属于这类保险。

从这个定义出发，政策性农业保险和商业性农业保险的区别至少体现在以下五个方面：

第一，经营目标不同。政策性农业保险制度是依据政策目标（或服从特定的政策规划）建立的，而商业性农业保险制度是根据市场（或商业）目标建立的。政策性农业保险的经营不能营利，而商业性农业保险的经营则可以营利。

第二，发展动力不同。政策性农业保险一般是由政府直接组织经营，或由政府成立的专门机构经营，或在政府财政政策支持下，由其他保险供给主体（股份公司、相互公司、合作社等）经营的，而商业性农业保险只由商业性保险机构经营。政策性农业保险产品要部分由政府买单，而商业性农业保险产品则完全由投保人自己买单。政策性农业保险通常包含着只有通过政府行为才能协调开展的工作，如政策性农业保险与农户信贷资金发放、农产品出口补贴、农业救灾、农业生产结构调整等农业保护措施紧紧地联系在一起，而商业性农业保险通常通过市场机制就能较好地运作。

第三，营利能力不同。政策性农业保险经营的项目或出售的保险产品一般说来，其保险责任较广泛且保险标的的损失概率较大，从而赔付率较

① 最早提出政策性保险的是台湾学者袁宗蔚教授，他将保险分为两类：商业性保险和政策性保险。政策性保险是为了某种政策而实施的由政府参与或支持的保险。他又将政策性保险分为社会政策性保险和经济政策性保险。前者如社会养老保险、社会健康保险、工伤保险、失业保险等，这些保险是为社会政策服务的。后者如出口信用保险、农业保险，这些保险是为经济政策服务的。在我国，一般将这里所说的社会政策保险称为社会保险，而将这里所说的经济政策保险称为政策性保险。

高，难以营利。而商业性农业保险经营的项目或出售的保险产品其保险责任较窄，保险标的的损失概率较小，赔付率较低，正常情况下营利能力较强。

第四，外部性不同。政策性农业保险具有明显的正的外部性，可以增进社会福利，商业性农业保险外部性不明显。

第五，强制程度不同。政策性农业保险通常需要事实上的或者有条件的强制。无论是发达国家还是发展中国家，在开展农业保险时为了解决自愿投保条件下的参与率不高的问题，往往通过有关法律法规，将参与农业保险与其他农业优惠政策相联系，如果符合投保条件的农户不按规定投保，就不能得到信贷资金或其他惠农政策支持，出灾后不能享受政府救济，不享受政府价格补贴，不能从政府的生产结构调整中得到优惠等。诸如此类的规定为农民的广泛参与提供了利益诱导机制，从而使政策性农业保险制度具有了某种强制性。而商业性农业保险一般是自愿投保，不具有任何强制性。

政策性农业保险的界定与该保险的政策和立法目标联系在一起，政策或立法目标不同，界定也会有所区别。如果政策性农业保险的政策或立法目标既考虑农业发展又考虑农村社会保障的话，界定政策性农业保险可以从以下几个方面考虑：

第一，就保险标的的宏观重要性而言，政策性农业保险项目必须是对国计民生具有重要或战略意义的农林作物和牧渔业生产项目；

第二，就风险保障范围而言，保险风险比较宽泛或者巨大，特别是多风险保险或巨灾风险保险；

第三，就投保人或被保险人而言，对其生产持续和生活保障有重要影响，而按实际风险成本和经营管理成本厘定的费率买不起或不愿意购买的农林牧渔业生产项目的保险、小型渔船损坏保险、渔民人身伤害保险项目等。

因此，只有那些关乎国计民生和对农业和农村经济社会发展有重要意义，而商业性保险公司在一般市场条件下又不可能或不愿意从事经营的农业保险项目，才有可能纳入政策性保险经营。也就是说，从宏观层面上讲，政策性农业保险项目必须有较强的政策意义，而从微观层面上讲，这些保险产品因其成本高、价格高在竞争的保险市场上难以成交。

基于以上分析，可以将政策性农业保险作如下界定：保险标的对国计民生具有重要战略意义，对农林牧渔民的生产和生活保障具有重要影响，保险风险广泛或巨大，而按照商业经营规则无法由市场提供的农林牧渔产品生产的保险、渔船保险和渔民人身意外伤害保险，是政策性农业保险。符合这些条件的农业保险项目或产品主要包括：多风险农作物保险、主要家畜家禽死亡保险以及渔船保险和渔民人身伤害保险等。而不符合上述特征和条件的保险项目和产品主要包括：某些单风险农作物保险；范围较小价值较高的设施农业、精细农业的单风险保险或某些综合风险保险（当然，对于上述两类保险项目，从我国的实践和国外的经验来看，在某些地区也可根据政策导向，可以有选择有条件地纳入政策性保险，当然补贴幅度要小一些）；一些特殊饲养动物的疾病和死亡保险（特种养殖保险）。

（三）对农业保险巨灾风险的界定

1. 巨灾风险。巨灾在国际上没有统一定义，E. L. Quaranteli（2001）从巨灾概念和灾害统计数据两个方面分析其中的原因。由于巨灾风险定义在国际保险界还没有达成共识，世界各国根据本国实际情况对其进行定义和划分。国内学术界在研究巨灾风险时，主要从三个角度进行定义：一是采用美国保险服务局（ISO）财产理财部对巨灾的定义——导致财产直接损失超过 2500 万美元，并影响到大范围保险人和被保险人的事件，如栾存存（2003）、王和（2005）、李勇杰（2005）等；二是采用巨灾风险的特点——低概率、高损失进行定义，如王洪栋（2002）、高云超（2004）、施方（2004）等；三是从保险公司的角度分析，将巨灾保险定义为超过其一般偿付能力的风险，如冯玉梅（2001）等。因此，国内对巨灾及巨灾风险的定义也没用统一，这给巨灾风险的研究带来巨大的困难。

2. 农业巨灾风险。随着国际保险事业的发展，保险模式从传统的"风险因子—损失—理赔"三阶段的模式中发展出新的保险理赔模式，即"风险因子—理赔"模式（见 Jerry R. Skees、Barry J. barnett，1999），这拓宽了巨灾保险研究的途径，当然也给农业巨灾保险的研究提供了一条新途径。我们可以通过研究农业巨灾风险因子的特点来研究、开发、开展保险业务。

农业种植业生产中的巨灾风险往往由极端气候事件导致，而且极端气候事件往往导致种植业大面积绝产，如降水极少导致干旱灾害，降水极多导致洪涝灾害，因此可以通过研究极端气候事件的分布规律，分析农业巨灾风险特点，找到核算出农业巨灾保险费率的研究方法。

农业巨灾风险是指：由极端气候事件（extreme weather events）造成农业种植业生产巨大损失的事件。

极端事件定义为低概率（rare）和严重的、剧烈的（severe）的事件（Vicki M. Bier、Yacov Y. Haimes 等，1999），同时引起极端的结果。除上述的几个特点外，Slovic 等人（1979）指出，极端事件常常还伴随高死亡率和不确定性以及极端事件的偶然性本质。

维基百科（Wikipedia）网站将极端气候事件定义为历史记录上的极端气候现象，特指严重的气候事件和非季节性气候事件，如 2008 年发生在我国南方的低温雨雪冰冻极端气象灾害。

本书研究的极端气候事件是指低概率、引起农业生产极端结果的气候现象。

3. 农业保险的巨灾风险。农业保险的巨灾风险是指：农业保险承保范围内的极端气候事件造成保险出现特定超赔责任的风险。

对于北京市的政策性农业保险制度而言，考虑到实际情况，我们将保险公司的政策性农业保险业务当年综合赔付率超过 160% 时，即视为农业保险的巨灾风险，由政府启动巨灾风险准备金或其他巨灾风险管理机制。也就是说，农业保险巨灾风险的概念并不简单地等同于农业巨灾风险，而在很大程度上是农业保险管理部门为了与经营农业保险的公司之间建立合理的风险共担机制，而作出的界定。

三、研究的主要内容

本书研究试图在两个背景下主要解决三个核心问题。

两个背景：

第一，其他国家与地区农业巨灾风险管理的经验与借鉴。根据政府是否提供补贴、农业保险经营机构的属性以及是否强制的实施方式等三个维度，可以将农业保险的制度模式划分为五种：“私营、非补贴模式”、“私营、部分补贴模式”、“公共、非补贴模式”、“公共、部分补贴、自愿模式"、"公共、部分补贴、强制模式"[①]。拟通过对典型模式的典型国家农业保险巨灾风险制度的考察，总结其巨灾风险管理的共性与规律。北京市的政策性农业保险采取的是第二类，即"私营和部分补贴模式"。这种模式设计要求政府承担当年赔付率160%以上的责任（以参加承保的保险公司单个赔付率为承担责任的起点）。

第二，国内其他省市农业巨灾风险管理的比较与评价。拟通过对国内其他代表性的省市在农业保险巨灾风险管理政策设计的经验作为案例资料，进行比较制度分析，以归纳出各地农业巨灾风险管理制度经验的结构性特征，并比较不同管理制度模式的异同之处，考察其制度结构与地区环境的相容性，为北京市完善农业巨灾风险管理制度提供借鉴。

三个核心问题：

第一，北京市农业巨灾风险准备金合适的规模研究。拟通过对北京市农业生产自然灾害造成经济损失的频率、规模、周期，北京市农业生产产量、价格以及北京市农业保险制度设计等数据的采集与计算，定量分析北京市农业巨灾风险准备金的合适规模与水平。同时，测算再保险的合理纯费率，为北京市农业保险巨灾风险准备金提取标准的确定与调整以及购买再保险提供决策依据与参考。

第二，其他可供北京市选择的农业巨灾风险分散机制研究。包括如何进一步进行费率分区，降低逆选择，提高参保覆盖面，尽可能在较大地区推行农业保险，在直接保险层面上通过大数法则实现风险分散；如何解决农业保险再保险成本高昂的问题，充分发挥再保险的巨灾风险分散功能；如何通过包括相互保险和合作保险机制分散巨灾风险；风险证券化分散农业巨灾风险的可能性与可操作性，以及通过发行彩票解决巨灾发生后筹集超赔资金问题的可能性等。

第三，北京市农业巨灾风险准备金的管理制度研究。包括巨灾风险准备金的管理机构、管理模式、资金筹集渠道与适用范围、投资原则与投资方向、监督制度以及北京市的农业巨灾风险准备金制度与全国范围可能的巨灾风险管理制度的衔接等。

① 参见朱俊生、庹国柱："公司合作视角下中国农业保险的发展"，《保险研究》，2009年第3期。

第二章

政策性农业保险巨灾风险的市场失灵与政府参与

一、农业风险的相关性与农业保险巨灾风险的普遍性

农业风险的高度相关性使得农业保险的经营始终面临巨灾风险，这是世界农业保险发展中的一个普遍规律。

农业风险可能在一个较广泛的区域内都是系统性的，这被称为相关性风险（correlated risk），这就使得同一个地区的农户可能同时遭受不利的天气条件带来的损失。Miranda 和 Glauber（1997）利用统计模拟模型计算出美国最大的 10 家经营农业保险的公司和一般保险公司的赔款支出变异系数百分数，并得出结论：一般保险公司的加权平均变异系数百分数为 8.6%，而经营农业保险的公司则为 84%，所以说，经营农业保险的公司所面临的系统性风险是一般保险人的 10 倍左右①。这种系统性风险的相关性削弱了保险公司在农户之间、作物之间、地区之间分散风险的能力。

换句话说，农业风险的风险单位②很大，对于农业保险来说，一个风险单位往往是涉及数县、甚至数省，特别是洪涝灾害、干旱灾害这些风险事故一旦发生则涉及千千万万农户、千千万万公顷农田；一次流行性疫

---

① Miranda, M. & Glauber, J. W. 1997. Systemic risk, reinsurance, and the failure of crop insurance markets. American Journal of Agricultural Economics, Vol. 79 February.

② 风险单位是一次风险事故所造成的损失范围。风险单位是讨论风险和保险的重要概念，保险精算中应用大数定律的“数”就是风险单位数。一个风险单位就是一个随机事件。这一点被很多人忽视和混淆。特别是与保险单位混为一谈。

病，受传染的牛、猪和禽成千上万。保险分散风险的数理基础是大数法则，大数法则的“数”，就是风险单位数，风险单位很大，要承保足够多的风险单位就不容易，这就使得农业风险难以在空间上得到分散①。

按照大数法则的要求，被保险的风险单位的数目要足够大，才能使风险得到分散，使风险损失接近其期望，保险的财务才可能稳定。但农业风险单位之大，使其在一县一省甚至一个国家的空间内都难以得到有效分散。另外，农业风险单位与保险单位的不一致，有时会给不了解这个特性的保险人或展业人员造成错觉，以为动员的被保险农户越多，承保的标的越多越能分散风险，岂不知如果是在一个风险单位内，承保的农户越多，承保的面积越大风险反而越集中，风险损失会越大，保险人的经营风险也越大。美国一些学者的研究表明，私人保险公司不愿意经营农作物保险的重要原因在于，农场与农场同在一个风险单位内的话，毫无疑问，它们之间的产量风险损失是正相关的（Bardsley, 1984; Miranda and Glauber, 1997; Duncan and Myers, 2000）②，因此保险公司的承保风险不易在空间上分散。因为保险精算依据的是大数法则。大数法则要求风险损失事件（随机事件）之间是相互独立的，如果农场的风险损失事件相互之间是正相关，它们就属于同一个风险单位。那就是说符合大数法则要求的风险损失事件应当是风险单位，而不是一个投保单位（例如一个农户），也不是保险单位（例如被保险人投保的一种作物或一定面积的作物），这一点常常被理论界或实务界忽视或误解。也就是说，在一个风险单位内，无论有多少农户，有多大作物面积，它们之间的产量损失事件肯定是正相关的，因为灾害发生使同一个风险单位内的农场会同时受损。

农业风险相关性的特点给农业保险经营带来特殊的困难。因此，各国农业保险在发展中都建立了巨灾风险分散机制与制度。

---

① 参见庹国柱、王国军：《中国农业保险与农村社会保障制度研究》，首都经济贸易大学出版社2002年版。

② Bardsley, P., A. Abey, and S. Davenport. “The Economics of Insuring Crops Against Drought.” Australian Journal of Agricultural Economics 28 (1984): 1~14.

Miranda, M. & Glauber, J. W. 1997. Systemic risk, reinsurance, and the failure of crop insurance markets. American Journal of Agricultural Economics, Vol. 79 February.

Duncan, J., and R. J. Myers. “Crop Insurance under Catastrophic Risk.” American Journal of Agricultural Economics 82 (2000): 842~855.

二、农业巨灾风险保险市场失灵的原因①

政府参与农业保险巨灾风险管理的原因来自于巨灾保险市场失灵。所谓巨灾保险市场失灵指的是由于巨灾风险的系统性、信息不对称性等特点导致市场机制不能有效运转，商业保险公司选择退出巨灾市场，从而出现有效供给不足，无法实现风险最优分配的现象。巨灾保险市场失灵的原因可以归结为主、客观两方面。

（一）巨灾保险市场失灵的客观原因

保险经营的基石是"大数定理"，即随着样本数量的增加，其平均损失逐渐趋向于稳定，而方差趋近于零。保险公司通过汇聚大量的、同质的独立风险个体达到风险在集合内部的相互抵消，从而实现风险的有效转移。但巨灾风险并不符合"大数定理"的基本假定。一方面，巨灾风险个体之间并不独立，反而呈现高度的正相关性；另一方面，巨灾风险属于小概率、高损失事件，因而在理论上属于"厚尾分布（heave tailed distribution）"。这种厚尾特征也使得风险集合分散的可能性大大下降，极端情况下，甚至可能会出现"分散陷阱（diversification traps）"。此时，个体风险完全无法相互抵消，保险公司也不会提供任何保险保障。

显然，与普通风险相比，巨灾风险更适合在时间跨度上实现纵向分散，即用非巨灾业务年度的保费收入和盈余弥补巨灾业务年度的赔付和亏损。巨灾风险的时间分散在理论上能够成立，但实际当中却很难被商业保险公司采纳。首先，为实现时间分散，保险公司必须建立巨灾风险准备金，并保持其良好的流动性，这无疑会影响保险公司的投资决策，降低公司的盈利水平，而且对于上市公司而言，持有大量现金还会引起资本并购者的关注，从而引发"接管威胁"；时间分散面临的另一个重大问题是如何实现年度保费收入和潜在巨灾损失之间的匹配。如果巨灾发生在业务经营的头几年，此时保险公司还无法建立足够的巨灾准备金，同样会因此而

---

① 本部分主要参考了张庆洪、葛良骥、凌春海："巨灾保险市场失灵原因及巨灾的公共管理模式分析"，《保险研究》，2008 年第 5 期。

丧失偿付能力，也就是所谓的“时间风险（time risk）”。

通常，保险公司可以通过再保险市场有效分散风险，避免偿付能力危机的出现。相比原保险人而言，再保险可以在更大范围内分散风险。但由于巨灾风险具有一定的系统性和伴生性，再保险也不可能实现完全意义上的风险分散化。而且由于巨灾风险造成的最大可能损失（MPL）还在逐年增加，因此再保险人不可能提供完全意义上的风险分散化。不考虑风险分散化问题，再保险市场还存在高成本以及周期性波动问题，即在一系列重大自然灾害之后，行业准备金耗尽，造成资本不足，价格上涨，从而利润水平上升。于是，资本重新回流到市场当中，公司重新展开竞争，价格下降。

外部融资的另一种渠道来自于资本市场，即风险证券化。通过证券化可以将巨灾风险联结于全球资本市场，从而实现风险的有效分散。尽管巨灾衍生品是专门针对巨灾风险的套期保值工具，但美国近十多年的经验却表明，巨灾风险证券化的发展速度大大低于先前的预期，巨灾衍生品在巨灾风险管理中起到的作用仍然十分有限。

巨灾风险证券化发展缓慢的主要原因在于发行成本和投资者要求的回报率居高不下。众所周知，市场透明是保证资本市场良好运转的重要条件。由于巨灾风险对机构投资者来说相对陌生，而巨灾风险的建模过程又和传统的金融定价模型有很大差异，这种存在于保险公司和投资人之间的信息不对称使得机构对巨灾衍生品更多地采取观望态度。此外，巨灾衍生证券的低流动性等原因也降低了它的投资价值。公众对巨灾事件的过度反应以及投资者对风险证券的相对陌生大大提高了保险公司的外部融资成本，因此风险证券化的发展速度一直低于人们的预期。在其他业务线能够带来相当利润的前提下，私营保险公司通常都会选择放弃巨灾业务。

（二）巨灾保险市场失灵的主观原因

资本市场不完善、融资渠道不通畅是造成私人巨灾市场不能有效运转的客观原因，而保险公司在面对巨灾时的主观态度同样也妨碍了市场的有效运转。另一方面，从需求角度，有效需求不足同样是导致私人巨灾保险市场不能有效运转的原因之一。传统的保险需求理论认为，理性的投保人是风险厌恶型决策者，追求期望效用最大化，因而愿意支付超过期望损失的保费获得保险保障。而保险公司为风险中性，在完全竞争市场上以零期望利润经营风险业务。保险产品的价格空间则依赖于投保人的风险厌恶度，如果投保人对风险的厌恶程度高，则相应的保险产品的价格会高一些。反之亦然。但是巨灾保险市场情形却和经典的保险需求理论有所不同，投保人的某些非理性行为阻碍了保险市场的有效运转。经典期望效用理论无法解释巨灾保险双方的非理性行为，但由 Kahneman 和 TversLy 等人发展起来的行为金融学和前景理论却从另一个角度对上述问题给出了不同的理解。

与经典期望效用理论不同的是，前景理论中，决策人用价值函数而非传统理论的期望效用函数来对未来状态进行评价。

在价值函数下，决策的评价建立在相对参考点的变化上，超过参考点为收益，不足则为损失。前景理论中个人价值函数在损失区域的斜率要大于其在收益区域的斜率，因而个人被假定为损失厌恶（loss aversion），即相对于参照点损失一单位的负面影响要大于获益一单位的正面效应。在这种决策模式下，投保人将更加偏爱低免赔额以及带有保费折扣的保险产品。由于巨灾保险产品通常都带有较高的免赔额，而且也没有保费优惠，因此在前景理论中，对于投保人而言，巨灾保险产品的吸引力将大大下降。Howard Kunreuther 等（2004）提出，除非投保人感知的风险概率和损失额度大于保险人对风险事件的认识，否则投保人就不会选择购买保险。

其次，由可得性偏差（availability bias）和显著性思维（Saliency）导致的过度反应也使得投保人对巨灾风险无法作出理性的保险决策。可得性偏差指人们在形成判断的过程中往往会根据可记忆的、明显的和常见的例子和证据进行判断，即使是在他们拥有有关信息的情况下也是如此。也就是说，人们在形成自己的判断的过程中，往往会赋予那些最为明显的、自己最熟悉的信息以更大的权重。显著性思维则属于启发性思维的一种，它是指对于一些发生概率很小，但一旦发生后影响很大的事件，人们通常会高估其发生的概率。上述两种决策过程中的偏差使得投保人在不同的时间点对巨灾风险的态度完全不同，从而影响了他们的投保决策。过度反应的投保人总是偏向于赋予最近的信息较大的权重，而容易忽视相对早期的信息，从而影响个人对风险的主观判断。巨灾事件发生后，由于媒体的报道，周边环境的变化，投保人过分注重巨灾事件造成的巨额损失和伤害，会产生非理性的、暂时的对风险的紧张和恐惧情绪而相对忽视巨灾事件低概率特征，因此投保需求直线上升。随着时间的推移，记忆逐渐淡化，如果不再发生相似事件，投保人的注意力会逐渐转移，从而意识到巨灾事件的小概率特征。此时，投保人反而会低估巨灾风险，以至不再购买保险甚至退保。每次空难事件发生后，总会使购买航空意外保险的人增加，过一段时间购买该产品的人就会减少。每次农业的巨灾（较大范围水灾、旱灾等）发生之后，农户买保险的积极性也会高涨，几年不发生大的灾害，农民也会减低购买兴趣。这种情况在北京一些地方多次发生过。

在保险供给方面，保险公司通常都有“模糊厌恶（ambiguity aversion）”的特征，即厌恶不精确性。由于巨灾事件缺乏历史数据，因此保险人很难像从事其他业务那样通过大量历史数据对风险进行精确的定价。模糊厌恶使得保险人更多地选择规避巨灾风险。即使有些保险公司提供巨灾保障，其首先考虑的也是风险业务的安全性，即所谓的“安全第一模式（safety first model）”。在安全第一模式下，保险公司在经营风险时更多会考虑降低甚至极小化业务的破产概率，而不是经典的经济理论中假定的追求利润最大化，这无疑会导致保险公司大大降低巨灾保险的供给，或者退出巨灾保险市场。

其次，保险公司的承保决策权由企业的管理层掌控。尽管有各种激励机制，但一次巨灾风险就可能直接导致企业破产，从而对保险公司管理层的个人职业生涯造成极大的负面影响，这对于公司管理层个人来说同样是一次巨灾。Green wald and Stiglitz（1990）的研究证明，保险公司的经理在面对相对较小的正面激励而承担较大负面风险时会表现出风险厌恶的特征，因此不愿意承担巨灾风险。无论是“模糊厌恶”还是保险公司管理层出于自己职业生涯的考虑，都会使得保险人在巨灾保险决策时要求比其他业务线更高的风险附加，如果这一要求无法实现，保险人只有选择减少供给甚至退出巨灾保险市场。

三、政府部门在农业保险巨灾风险管理中的角色和定位

私人巨灾保险市场失灵为政府参与巨灾风险管理提供了理由和可能性。如前所述，商业保险公司在面对巨灾风险时的本质问题并不是大多数

文献中提出的资本金不足。事实上，通过自身保费的积累和有效连接外部资本市场，保险公司完全可以获得足够的资金，问题的关键在于由于资本市场的不完善而导致的流动性问题，也即所谓的“时间风险”。巨灾风险下的“时间风险”问题在一定程度上类似于银行的“挤兑”危机，即必须在短时间内获得足够的流动资金以应对突如其来的大量的索赔。因此，政府参与巨灾风险管理的一个重要作用在于为保险公司提供临时的流动资金，防止其因为临时资本金不足而导致偿付能力不足。

另一方面，导致供求双方主观上非理性决策的重要原因来自于信息不对称。巨灾市场的信息不对称不仅包括由私有信息而引发的道德风险和逆选择问题，也包括了因为双方对风险信息的感知程度不一致而导致的供求不平衡以及由此引发的保险公司融资成本过高等问题。过度反应可能在一段时间内导致投保人低估巨灾风险，而模糊厌恶却使得保险人对巨灾风险的评价大大提高，双方很难在价格空间上达成一致，保险交易也就无从谈起。由此，政府干预的另一个重要功能在于消除巨灾市场上的信息不对称，引导双方在风险认知上达成共识并作出理性决策。必须明确的是，政府干预巨灾保险市场的目的在于消除市场失灵，协助巨灾保险市场有效运转，而不是代替商业保险公司独立承担巨灾风险，因此政府参与巨灾风险管理必须避免公共部门对商业保险公司的“挤出效应”。

政府参与巨灾风险管理的目的在于减轻市场失灵，因此其主要作用应该在于促使商业保险公司积极参与市场竞争，而不是取而代之。在具体的形式上，政府有很多手段和工具可以达到干预目的，但是应该选择成本效率最经济和对市场负面影响最小的方式。另一方面，政府参与的巨灾风险管理计划必须依照现实条件和经济发展水平而定，其中包括保险行业的发展水平，资本市场、公众的保险意识、巨灾风险的特点等等都是要考虑的关键因素。制定和评价政府参与的混合巨灾管理计划必须依据预定目的和现实条件，这就意味着事实上不存在最优的政府巨灾计划，关键要视其合适与否。

第三章

若干国家农业保险巨灾风险管理的经验

一、世界上不同农业保险制度模式下的巨灾风险分散制度

农业保险制度是约束与规范农业保险各方参与主体（包括中央及地方各级政府、保险公司、合作组织以及农户等）行为的规则与框架。其中，巨灾风险分散制度是农业保险制度的重要组成部分。在不同的农业保险制度安排下，巨灾风险分散制度的选择集合也不尽相同。

根据政府是否提供补贴、农业保险经营机构的属性以及是否强制的实施方式等三个维度，可以将农业保险的制度模式划分为五种：

第一，私营、非补贴模式。部分国家对于单一风险保险采取了这种制度模式。其根本原因在于，单一风险往往具有可保风险的典型特征，和一般的财产保险比较类似，没有政府补贴，私营保险公司通常也能够比较好地经营。

第二，私营、部分补贴模式。这是很多国家农业保险选择的制度模式。农业保险主要由私营保险公司经营，政府通过相关机构提供保费、管理费用补贴以及再保险支持，类似于“公私合营”，比较好地将政府与市场各自的优势结合起来。

第三，公共、非补贴模式。只有极少数国家选择这种制度模式。公共机构（可以是政府专门成立的机构或是非营利的民间机构）来经营农业保险，但却不提供补贴。

第四，公共、部分补贴、自愿模式。由公共机构（可以是政府专门

成立的机构或是非营利的民间机构）来经营农业保险，政府提供部分补贴，同时自愿实施。

第五，公共、部分补贴、强制模式。由公共机构（可以是政府专门成立的机构或是非营利的民间机构）来经营农业保险，政府提供部分补贴，但要求强制参加（表 3－1 是世界部分国家的农业保险制度）。

表 3－1　　世界部分国家的农业保险制度

国家	单一风险保险（1）	多重风险保险（2）	产量保险（3）	收入保险（4）	农场产量保险（5）	农场收入保险（6）	区域指数保险A（7）	间接指数保险（8）	稳定账户（9）	灾害基金（10）	灾后救济（11）	资料来源截止日期
非欧盟国家												
阿根廷	P	P	—	—	—	—	—	#	—	—	—	2002—2004
澳大利亚	—	—	—	—	—	—	—	—	S	—	GF	2000
巴西	—	PS	PS	—	—	—	PS	—	—	—		2002—2004
加拿大	（P）	—	GS			—	GS	##	S	—		2005
智利	PS		—		—	—	—	—	—	—		2002—2004
古巴	—	G(GS)	GS	—	—	—	—	—	—	—	—	2002—2004
哥伦比亚	—	PS	—	—	—	—	—	##	—	—	—	2002—2004
埃塞俄比亚	—	—	—	—	—	—	—	G#				2005
洪都拉斯	—	P	—	—	—	—	—	—	—			2006
印度	—	—	—	—	—	—	P	P#				2005
日本		GC + GS	GS		GS	—	—	—			GF	2000
马拉维	—	—	—	—	—	—	—	##	—			2005
墨西哥		P + PS + GS		#?						—		2002—2004
蒙古		P(+ G C#)					##	—				2005
摩洛哥	P	PS	—	—	—	—	PS	—	—			2005
尼加拉瓜							—	##				2005
秘鲁	—	—	—	—	—	—	—	##	—			2005

续表

国家	单一风险保险(1)	多重风险保险(2)	产量保险(3)	收入保险(4)	农场产量保险(5)	农场收入保险(6)	区域指数保险A(7)	间接指数保险(8)	稳定账户(9)	灾害基金(10)	灾后救济(11)	资料来源截止日期
南非	P	P	P	—			—	—				2002—2004
乌克兰		P(S#)	—	—	—	—	—	P#	—		GF	
乌拉圭	PS	P	2002年试验	—	—	—	—	—	—	GF	—	2002—2004
美国	—	—	PS	PS	—	PS	PS	—	—	—	GF	2005
委内瑞拉		P	—	—	—	—	—	—	—	GF	—	2002—2004
欧盟国家						无此项目	无此项目					
奥地利	PS	PS	PS	—	—			##	—	GF	GF	2006
比利时	P	—	—	—	—			—	—	GF&GC	—	2006
保加利亚	P	P	—	—	—			—	—	GF	GF	2006
塞浦路斯	GC	GC	—	—	—			—	—	—	GF	2006
捷克	PS	PS	—	—	—			—	—	—	GS?	2006
丹麦	P	—	—	—	—			—	—	P + GC	GF	2006
爱沙尼亚	P*	—	—	—	—			—	—	—	—	2006
芬兰	P*	P*	—	—	—			—	PS	—	GF	2006
法国	P	P	PS	#	PS			##	—	GS	—	2006
德国	P	—	—	—	—			—	—	GS?	GF	2006
希腊	G	GC + GS + G	—	—	—			—	—	—	GF	2006
匈牙利	P	P	—	—	—			—	—	—	GF	2006
爱尔兰	P	—	—	—	—			—	—	—	GF*	2006
意大利	PS	PS	PS	—	—			—	—	GF	—	2006
拉脱维亚	PS									GF?	GF	2006
立陶宛	PS									GF	GF	2006
卢森堡	PS	PS	PS	##*	—			—	—	—	GF*	2006
荷兰	P	—	—	—	—			—	—	GC	—	2006

续表

国家	单一风险保险(1)	多重风险保险(2)	产量保险(3)	收入保险(4)	农场产量保险(5)	农场收入保险(6)	区域指数保险A(7)	间接指数保险(8)	稳定账户(9)	灾害基金(10)	灾后救济(11)	资料来源截止日期
波兰	P(S#)	—	—	—	—			—	—	GF	GF	2006
葡萄牙	PS	PS	—	—	—			—	—	GS	—	2006
罗马尼亚	PS	PS	—	—	—			—	—	—	GF	2006
斯洛伐克	PS	PS	—	—	—			—	—	?	?	2006
斯洛文尼亚	PS**	P	—	—	—			—	—	—	GF	2006
西班牙	PS	PS	PS	§	—			PS	S	—	GF	2005
瑞典	P	P	—	—	—			—	S	—	GF	2006
英国	P	—	—	—	—			§	—	—	GF*	2006

资料来源：Alasa (1992), ENESA (2004), Ibarra and Mahul (2004), Skees et al. (2005), Skees and Enkh-Amgalan (2002), Skees et al. (2001), Stoppa and Hess (2003), The World Bank (2005)。

符号含义：

—：不存在（空格表示缺乏这方面的信息）；S：补贴；P：私营、非补贴；PS：私营、部分补贴；G：公共、非补贴；GS：公共、部分补贴；GC：公共、强制、部分补贴；GF：公共、免费；#：试验；##：On project；§：失败的实验；*）仅仅是牲畜；**）2006 年，斯洛文尼亚首次开展全国型的补贴保险计划（30% ~50%）。

欧洲不存在农场收入保险（Whole - farm income insurance）和区域指数保险产品（Area index insurance）

各种农业保险产品的含义：

（1）单一风险保险（Single - peril insurance）指雹灾保险、雹灾与火灾保险或牲畜的单一风险保险

（2）多重风险保险（Combined insurance）指多种风险保障的组合

（3）产量保险（Yield insurance means）指 multi - peril insurance where the main important risks are comprised (also drought), so some countries call it combined

（4）收入保险（Revenue insurance）承保单一产品的产量和价格风险

（5）农场产量保险（Whole - farm yield insurance）为一个农场的不同产品的产量提供保证

（6）农场收入保险（Whole - farm revenue insurance）包括两种保险产品：一是为农场不同的农作物或牲畜提供组合收入保险（类似于农场产量保险的承保方式）；二是直接承保农场的全部收入

（7）区域指数保险（Area index insurance）指区域产量保险或区域收入保险（根据该区域的平均产量或收入的减少来计算赔款）

（8）间接指数保险（Indirect - index insurance）指根据卫星图像、基于天气的指数等计算产量或收获量的保险

（9）稳定账户（Stabilization accounts）指公共监管或支持的用于自保目的的个人银行账户

（10）灾害基金（Calamities funds）包括单一产品基金（农产品或牲畜），也包括不单独承保农业产品的综合性基金

（11）灾后救济（Ad - hoc aids）指巨灾发生后政府的救济

大多数国家对于种植业的多重风险保险通常都提供某种程度的补贴。

因此，对于多重风险保险，比较有意义的是探讨“私营、部分补贴模式”、“公共、部分补贴、自愿模式”、“公共、部分补贴、强制模式”这三种农业保险发展模式。以下我们将考察这三种模式的典型国家的农业保险巨灾风险分散制度，以总结其巨灾风险管理的共性与规律。

二、“私营、部分补贴模式”下巨灾风险分散制度

在北美和欧洲，美国和西班牙的农业保险是私营、部分补贴模式的典型代表。以下分别探讨这两个国家的农业保险巨灾风险分散制度。

（一）美国农业保险的巨灾风险分散制度

美国是世界上农业保险最发达的国家，经历了公营、部分补贴到私营、部分补贴的转变，目前是多重风险保险私营、部分补贴的模式的典型代表。

在巨灾风险分散制度方面，美国联邦政府对农业保险提供再保险支持。政府通过联邦农作物保险公司（风险管理局），向私营保险公司提供比例再保险和超额损赔款再保险保障。

1938年，美国通过了《联邦农作物保险法》（作为《农业调整法》的一个组成部分）（以下简称农作物保险法）。根据农作物保险法，在农业部内设立了联邦农作物保险公司（Federal Crop Insurance Corporation，FCIC）。1996年，根据美国公共法律104－127节第194条的规定，专门成立了风险管理局，其职责是管理和监督联邦农业保险公司，范围包括后者根据农作物保险法的授权而开展的各项业务[①]。从目前美国农作物保险的管理体制来看，联邦农作物保险公司所有的职责都由美国农业部风险管理局负责履行，实质上两者是一套人马两块牌子，联邦农作物保险公司只是风险管理局便于资金管理的“壳”。鉴于此，以下将联邦农作物保险公司和风险管理局统称“风险管理局”。根据美国法律，建立风险管理局的目的是为了加强对农作物保险的管理和监督，同时也是为了在农作物保险

① 李军、段志煌：《农业风险管理和政府的作用》，中国金融出版社2004年版。

的运作中便于与立法机关进行协调以及和民众进行沟通，风险管理局的局长同时是联邦农作物保险公司的总经理。

风险管理局的重要职责是，负责与各私营保险公司协商，签订标准再保险协议，向私营保险公司提供再保险支持。风险管理局下设10个办事处，每个办事处分管约3到14个州。地区办事处的重要职能是，与私营保险公司签订书面再保险合同；私营公司承担了全部直接业务①。

在美国农业保险的再保险体系中，私营保险公司自主确定自留保险责任额，并与风险管理局（联邦农作物保险公司）签订《标准再保险协议》，向政府进行再保险；就自留保险责任的实际情况，向再保险市场进行再保险，争取商业再保险人的支持。

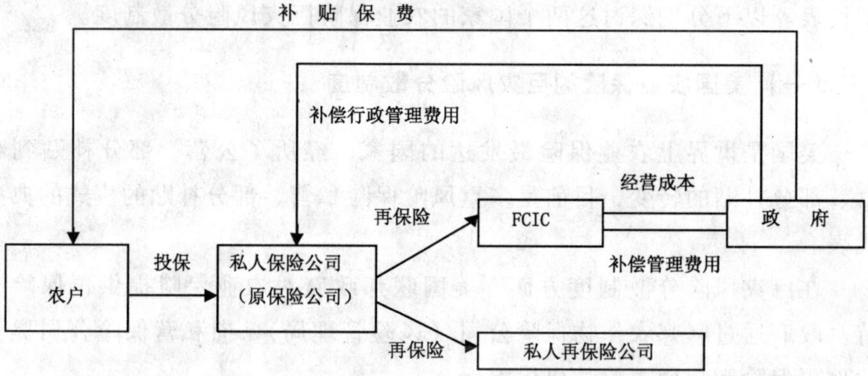

资料来源：庹国柱、王国军：《中国农业保险与农村社会保障制度研究》，首都经济贸易大学出版社2002年版。

图3-1　农民、私人直接保险公司、私人再保险公司、FCIC和政府之间的关系示意图

除了再保险，美国农作物保险还有其他的分散巨灾风险损失的出路。根据1980年10月11日修订的《美国联邦农作物保险法》的规定，“无论何时，农作物保险公司的可利用资金如果不足以支付生产者的损失赔款，公司可以根据其大多数董事的意见向农业部长申请用商品信用公司（Commodity Credit Corporation）的资金即时支付赔款”，除此之外，“公司在得到财政部长批准后，可以发行专门形式和一定面额的定期票据或其他

① 目前有17家保险公司参与经营农业保险业务，其中份额比较多的公司包括Ace Property & Casualty Ins. Co.；Hartford Fire Ins. Co.；Rural Community Ins等。

票据。这些票据和其他债务票据用保费或公司的保险资本股份可利用资金兑现”[1]。这类票据和债券财政部可以购买。

综上所述，美国农业保险巨灾风险分散制度主要是由联邦农作物保险公司以及私人再保险公司共同构成的再保险体系。其中，联邦农作物保险公司作为美国政府的全资保险公司，既是美国农业保险的管理机构，又是农业保险再保险业务的主要载体。同时，可以通过信贷以及发行财政部允许的专门票据、债券，来支付巨灾条件下的保险赔款。

（二）西班牙农业保险的巨灾风险分散制度

西班牙农业保险与欧盟其他国家相比是比较成熟的[2]，在世界范围内也是多重风险保险私营、部分补贴的成功的范例。1978 年，西班牙颁布了《农业保险法》，提出由农民自愿参加保险，政府对私人保险公司提供再保险，并对农民的保费给予补贴；不参加农业保险的农民，遭灾后政府不给予任何援助。农业保险业务的具体操作由 38 家私人农业保险公司负责。

在巨灾风险分散制度方面，西班牙成立了农业再保险公司，为农业保险业务提供再保险支持。西班牙的农业再保险公司隶属于经济与财政部，主要承担三项功能：一是聘用与管理所有的损失评估技术人员，并按照国家公务人员的待遇支付报酬。二是发挥与私人保险公司类似的作用，即进行损失评估、支付保险金。三是经营农业再保险业务，受政府委托向私人保险公司提供再保险。除为国内私人保险公司提供再保险外，农业再保险公司还积极拓展国际农业保险业务，将其提供再保险的一部分风险有效地分保于国际农业再保险市场。

综上所述，西班牙农业保险巨灾风险分散制度主要是由国有农业再保险公司为私营农业保险公司提供再保险支持。

---

① 庹国柱、李军：《国外农业保险：实践、研究和法规》，陕西人民出版社 1996 年版，第 474 页。

② 丁学东：“西班牙农业保险政策及对我们的启示”，《农业经济问题》，2005 年第 8 期。

三、“公共、部分补贴、自愿模式”下巨灾风险分散制度

——以加拿大为例

加拿大的农业保险也非常发达，同时是典型的公共、部分补贴模式。1959 年，加拿大通过了联邦的农作物保险立法，为农业保险的运作提供了原则性的制度框架。加拿大农业保险制度模式特征可以概括为“政府主导、联邦和省两级政府负责、省政府成立专门的机构运作”。

其中，“政府主导”主要体现在政府为农业保险提供再保险支持。联邦政府为举办农作物保险的省签约提供再保险，省政府可以选择与联邦政府签订农作物保险再保险协议。联邦农业部设立“农作物再保险基金”，该基金由各签约省的农作物保险公司所缴的再保险费组成；这个基金的存款如果不够支付分保责任赔款时，由联邦财政部予以弥补，并在以后年份中由“再保险基金”归还，但不计利息。联邦的再保险赔款责任不能超过省政府当年支付的赔款额与以下三项总和之差的 7%：（1）省政府当年所收的保费与所缴纳的再保险费之差；（2）政府的赔款准备金；（3）省政府的赔款的 2.5%。

由于加拿大的农业保险是由各个省政府成立专门的机构来经营，各个省的农业保险公司在经营中也建立了准备金制度。以曼尼托巴省《农作物保险法》（1989）及其实施细则（1993）为例，该省农作物保险公司的运作方式如下：

在保险基金和准备金方面，公司代表省政府建立与管理农作物保险基金和雹灾保险基金。每一个作物年度，支付所有的赔款和管理费用后，基金中的剩余部分作为准备金。公司有权授权省财政厅依据《金融管理法》将基金中不立即使用的部分进行投资。财政厅将投资收益记入专门账户，由公司支配。每一作物年，如果雹灾保险基金中所收保费和累积准备金之和不足以支付各项赔款和经营管理费用，省政府可向公司提供无息贷款。

在再保险方面，公司既可以与省政府（由省农业厅代表）签订再保险合同，也可以与联邦政府签订再保险合同，还可以与省政府和联邦政府共同签订一个再保险合同。省财政厅设立“再保险账户”，公司根据再保

险合同，将应缴再保险费和其他费用存入该账户。如果该账户上所存资金不足以支付公司的请求支付，经副总督批准，财政厅可以预付款项给公司以弥补差额，但该预付款要还本，但不付息。

综上所述，加拿大农业保险的巨灾风险分散制度主要由再保险体系构成，省政府与联邦政府都提供再保险支持，各省的农业保险公司可以选择。特别地，加拿大农业巨灾风险分散制度还建立了融资制度，即再保险基金不足以赔付时，省财政厅与联邦财政部都可以提供无息借款，并需要偿还。

四、“公共、部分补贴、强制模式”下巨灾风险分散制度

——以日本为例

1947 年 12 月，日本将 1929 年颁布的《家畜保险法》和 1938 年颁布的《农业保险法》合并，重新颁布了包括农作物和家畜家禽风险保险在内的新的农业保险法《农业灾害补偿法》。由此，日本建立了“政府支持下的相互会社模式”的农业保险制度，实行的是公共、部分补贴、强制模式。其巨灾风险分散制度主要由两层次再保险体系构成，即府、县一级的农业共济联合会向直接承保的农业共济组合提供第一级分保，国家一级的农业共济再保险（特别会计处）提供第二级分保。

直接经营农业保险的不是政府保险机构，也不是商业性保险公司，而是民间的、不以营利为目的的保险相互会社——市、镇、村农业共济组合与都、道、府、县农业共济组合联合会，后者实际上主要只接受前者的再保险业务。日本的农业保险的组织架构分三个层次：村一级农业共济组合（the Agricultural Mutual Relief Associations），府、县一级农业共济组合联合会（the Federations Mutual Relief Associations），设在农林省的农业共济再保险特别会计处（the Federations Mutual Relief Reinsurance Special Account）。除了这三个层次外，还建立了农业共济基金会（the Federations Mutual Relief Fund），作为联合会贷款的机构（见图 3－2）。由此，日本的农业保险体制由三个层次组成：

（一）共济（相互保险）

在市、町、村范围内，建立相互保险性质的保险组织——农业共济组合，由该组织实施农业保险，收取保费，建立保险基金，为遭灾农户提供损失补偿。凡在该区域内有住所并且经营的种植、养殖业达到一定规模的农户，都必须加入该“共济组合”。农业共济组合负责在当地经营农业保险，它与其成员签订保险合同，承保稻子、小麦、大麦、蚕茧和家畜；收取保险费，评定被保险人所投保的保险标的的损失，并向被保险人支付赔款。每个农业共济组合要向其成员提供防灾防损的工具和器械，例如，防治病虫害的工具、器材，被保险家畜卫生防疫器械等。

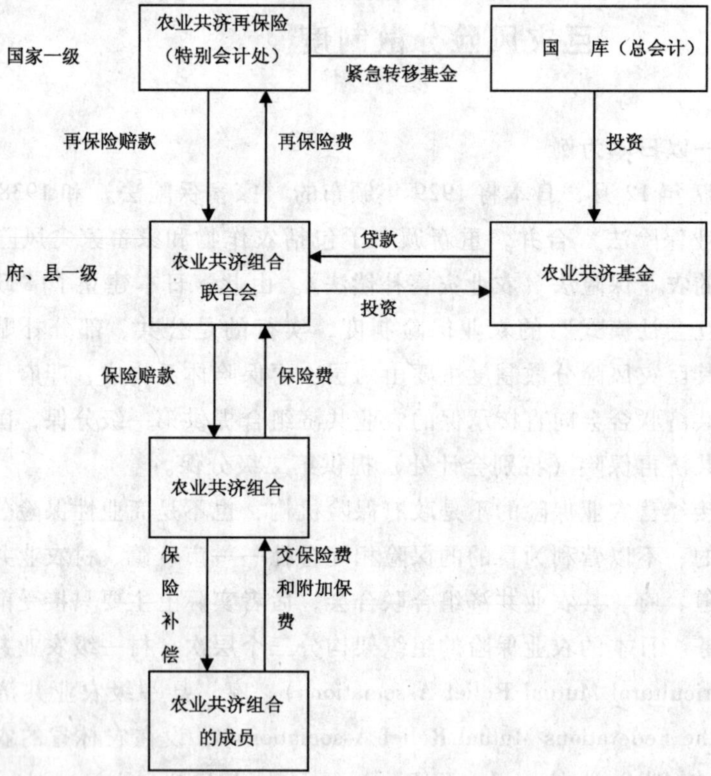

资料来源：庹国柱、王国军：《中国农业保险与农村社会保障制度研究》，首都经济贸易大学出版社2002年版。

图3－2　日本农业保险的组织架构图

（二）第一级分保

都、道府、县设立农业共济组合联合会，该府（县）内的所有农业共济组合都是它的成员。每个农业共济组合都向联合会分保。联合会也向农业共济组合提供防灾防损方面的指导。最初，分保实行的是成数再保险，每个农业共济组合将保险金额的10%自留（同时自留10%的保险费），将90%的保险责任分给联合会。后来水稻产量迅速增加，而且风险减少。同时，村、镇和城市的日益整体化使农业共济组合的组织规模不断扩大。在这种情况下，农业共济组合已有能力对它的会员提供更多的保险保障。在1963年以后，根据法律规定它们的自留责任增加到农作物损失中正常损失部分的50%～80%，就是说分保给农业共济组合联合会的责任可以减少到20%～50%。这一改变增加了共济组合的保费留用额，从而增强了它们防治病虫害的经济能力，也给共济组合提供了一些灵活性。如果连续几年都没有发生赔付，农业共济组合将返还给农民一部分保险费。

联合会将收集的保险费建立补偿基金，并以此基金承担大部分正常灾害损失的赔偿责任，在农作物损失严重的年份，当补偿基金不足以支付赔款时，就由农业共济基金向联合会提供贷款。农业共济基金的原始资本为30亿日元，是由中央政府和联合会以50%的比例共同投资组成的。

（三）第二级分保

联合会依法向中央政府分保。农业共济组合再保险特别会计处主要经营农业保险的再保险，但它只接受联合会的分出业务。这里的再保险采用的是超额赔款再保险，在任何一年里，联合会所承保的保险标的的损失超过一定的水平（所谓“一般灾年损失水平”），超过部分（所谓“异常损失”）将由再保险特别会计处给与赔偿。中央政府以分保费建立再保险基金，并向联合会负分摊赔款的责任。但中央政府接受的分保仅限于法定保险项目。对于“任意共济”（志愿保险项目），中央政府不提供再保险，而由全国农业共济组合联合会接受分保。

综上所述，日本的农业保险巨灾风险分散制度主要由两层次的再保险体系构成，其中第一层次再保险是由相互性质的农业共济联合会提供，第二层次由中央政府提供。

五、几个国家农业保险巨灾风险分散制度的比较

以上分别考察了几个国家农业保险的巨灾风险分散制度。其主要做法总结如表 3－2 所示。

可见，各国农业保险的巨灾风险分散制度都主要由再保险体系构成。美国和西班牙的政府专门成立了再保险公司，也可以通过借款或发行债券融资。加拿大则通过联邦政府与省政府建立再保险基金的方式提供再保险。这些国家农业保险巨灾风险分散制度的具体运作方式有所不同，可以分为以下三种：

表 3－2　不同国家农业保险巨灾风险分散制度比较

制度模式	代表国家	巨灾风险分散制度
私营、部分补贴模式	美国	由联邦农作物保险公司以及私人再保险公司共同构成的再保险体系。同时法律允许联邦农作物保险公司向有关信贷公司借款，也可以发行转向票据或债券融资，偿还因巨灾损失造成的赔款。
	西班牙	由国有农业再保险公司为私营农业保险公司提供再保险支持。
公共、部分补贴、自愿模式	加拿大	省政府与联邦政府都通过建立再保险基金的方式提供再保险支持，各省的农业保险公司可以选择；建立了融资制度，即再保险基金不足以赔付时，省财政厅与联邦财政部都可以提供无息借款，并需要偿还。
公共、部分补贴、强制模式	日本	由两层次的再保险体系构成，其中第一层次再保险是由相互性质的农业共济联合会提供，第二层次由中央政府提供。

资料来源：作者整理。

各国农业保险巨灾风险的再保险体系运作方式虽然存在着差异，但共同点是其农业再保险的发展与政府的大力支持密切相关，这主要表现在以下三个方面：

一是政府通过成立再保险公司的方式直接为农业保险提供再保险。例如，美国根据《联邦农作物保障法》创立了联邦农作物保险公司。该公司作为美国政府全资的保险公司，对私营保险公司销售的农作物保险通过

承担再保险责任予以支持。西班牙也成立了国有农业再保险公司为私营农业保险公司提供再保险支持。

二是政府通过建立再保险基金的方式为农业保险提供再保险。例如，加拿大联邦政府与省政府就是通过建立再保险基金的方式为各省的农业保险公司提供再保险支持。在日本，虽然是由各区域的共济组合联合会和中央政府为农业共济组合提供两级再保险，但最终还是由政府通过再保险基金的方式提供再保险，扮演着最后保险人的角色。

三是政府对农业再保险补贴。政府一般对农业保险的巨灾风险再保险业务实行补贴，包括国家财政补贴农业保险巨灾风险再保险费率，补贴再保险经营主体经营农业巨灾再保险业务的管理费用等。

第四章

国内其他省市农业巨灾风险分散制度比较

本章通过以国内其他有代表性的省市在农业保险巨灾风险管理政策设计的经验作为案例资料，进行比较分析，归纳出各地农业巨灾风险管理制度经验的结构性特征，并比较不同管理制度模式的异同之处，考察其制度结构与地区环境的相容性，为北京市完善农业巨灾风险管理制度提供借鉴。

一、地方政策性农业保险试验对巨灾风险分散制度的探索

2003 年以来，在继续开展纯商业化农业保险的同时，政府支持和推动下的政策性农业保险加快发展。如果以中央政府与地方政府在农业保险支持中承担的责任来划分，2003—2006 年，主要是地方政府承担支持农业保险的责任。地方政策性农业保险试验在实践中探索了不少制度模式，如以“政策性保险、商业化联办共保”为特征的江苏淮安模式、以“政府主办 + 保险公司委托代办”为特征的苏州模式、以“政府推动 + 共保经营”为特征的浙江模式、以“政府主导下的农业专业保险公司经营”为特征的上海模式以及以“政府主导下的商业保险公司经营”为特征的北京模式、以“相互保险”为特征的黑龙江模式等。其中也对农业保险的巨灾风险分散制度进行了探索（表 4 – 1 是部分省、市农业保险巨灾风险分散机制情况对比）。

表 4-1　部分省、市农业保险巨灾风险分散机制情况对比

	巨灾风险分散机制	巨灾风险承担主体
江苏省淮安市	无	如遇大灾，市、县（区）农业保险风险基金不足以支付赔款时，保险公司与地方政府按 3 : 7 比例分摊。
苏州	无	当保险基金出现超赔时，由保险公司按超赔额的 10% 负责理赔，其余部分由各市（区）推进农业保险委员会办公室负责筹集。
浙江	无	赔付超过 5 倍保费后，共保体承担的赔付责任不变。省与试点县（市、区）政府预付超赔责任按"二八"比例执行。
上海	无	当农业赔付金额单次超过 5000 万元，全年累计赔付金额超出公司当年全部赔付能力时，政府启动补偿机制，由政府财力予以支持。
黑龙江	公司建立大灾准备金	提取每年保费收入的 10% 建立了"大灾准备金"。
北京	市政府建立农业巨灾风险准备金	"十一五"期间，市财政每年按照上年农业增加值的千分之一预提巨灾风险准备金。

资料来源：作者整理。

可见，除了北京市、上海市和黑龙江省阳光相互保险公司，其他三个省市都没有建立农业巨灾风险准备金。缺乏巨灾风险准备金安排，分散巨灾风险的其他安排也不足，这样的农业保险试验经营就成了一着"险棋"，等于将风险都集中到了当地政府身上，这也是目前有的省政府试验政策性农业保险时最担心的事。因此，建立巨灾风险分散机制势在必行。

黑龙江省阳光相互保险公司从保费收入中提取大灾准备金，但规模非常有限。比较而言，在农业保险的巨灾风险分散制度方面，北京市作为全国的先行者，其改革示范的意义重大，改革取向值得关注。在北京市政策性农业保险制度下，"十一五"期间，市财政每年按照上年农业增加值的千分之一预提巨灾风险准备金。巨灾风险准备金实行"有灾补偿，无灾积累，滚动使用"，当政策性农业保险当年综合赔付率超过 160% 时，启动巨灾风险准备金。而且，北京市政府还在研究其他的包括再保险在内的巨灾风险的分散机制。

二、中央政策性农业保险试验对巨灾风险分散制度的探索

2007年，中央首次对六个省区的农业保险提供保费补贴，从而开始了中央政策性农业保险试点。从试点地区的方案规定看，吉林、湖南以及新疆等省区还没有明确规定大灾风险的分散与处理机制。

四川与内蒙古的试点方案规定，将农业保险的经营结余转为大灾准备金或巨灾风险准备金。但问题在于，农业保险出现经营结余的可能性不大，可能结余的数额也会非常有限，难以充当巨灾风险准备金的角色。如果农业保险试点当年就出现超赔，则大灾准备金的积累就只能是纸上谈兵。

只有江苏省由财政按照当年农业保险保费的一定比例拨付专门的大灾风险基金（表4－2是六省区农业保险经营主体选择）。

表4－2　六省区农业保险经营主体选择

	大灾风险基金
江苏	市、县都应当建立政府大灾风险基金。政府大灾风险基金的主要来源： （1）本级政府预算安排。本级预算原则上按照本地当年保费实际发生额的5%～10%的比例安排； （2）上级财政部门的大灾风险补助； （3）按农业保险专项账户当年结余的一定比例提取； （4）其他资金。 各市发生大灾超赔后，原则上各项资金偿付次序为：当年保费收入、农业保险专项账户历年积累、政府大灾风险基金和保险公司自筹。依然不足部分由各市自行弥补，省财政酌情给予调剂和适当补助。
吉林	由保险公司安排再保险，同时，在大灾条件下由省政府提供补助。
湖南	—①
四川	建立巨灾风险准备金制度，当年经营结余，全部作为巨灾风险准备金积累，统一管理，逐年滚存。发生大灾超赔后，原则上先用农业保险历年积累抵补，不足部分由各州市县自行弥补，省级财政给予调剂并适当补助。

① —表示我们还没有该省这方面的信息。下同。

续表

	大灾风险基金
新疆	—
内蒙古	保险公司要单独建账、单独核算、保费结转下年作为大灾准备金，不作为保险公司利润分配。如出现大灾发生超赔现象，由自治区政府协调解决。

资料来源：作者整理。

2008年中央财政保费补贴扩大了试点区域。2008年中央财政在保持2007年试点省份的基础上进一步扩大试点区域，根据各省农业保险试点申报情况，新增辽宁、河北、河南、山东、湖北、江西、安徽、陕西、浙江、广东、海南等10个省份和2个中央直属垦区。

这些地区的农业保险试点方案对农业保险的巨灾风险分散制度作了一些探索。比如，大多数省份都明确提出了要建立巨灾风险准备金制度。安徽、河南等省按照保费收入的一定比例提取巨灾风险准备金，江西省按照农业保险独立核算账户会计年度经营盈余的50%提取巨灾风险准备金。

特别值得关注的是，江苏省出台了《江苏省农业保险试点政府巨灾风险准备金管理办法（试行）》，建立了较为规范的巨灾风险准备金制度。

表4-3　新增加试点地区巨灾风险分散制度比较

	巨灾风险分散制度
辽宁	经办保险公司按国家有关规定计提巨灾风险准备金，逐年滚存，逐步建立应对巨灾风险的长效机制。 全省遭遇巨大自然灾害后保险公司可以使用巨灾准备金赔付投保农户。
安徽	保险经办机构应根据规定建立农业巨灾风险准备金。 种植业保险品种按当年保费收入25%的比例计提大灾风险准备金，保费结余亦全额转入该风险准备金；养殖业保费盈余，不作为利润进行分配，逐年滚存，以备大灾之年赔付。
河北	无
河南	按照年全省保费收入25%的比例计提巨灾风险准备金，专账管理。
山东	无
湖北	无

续表

	巨灾风险分散制度
江西	承保公司应建立巨灾风险准备金制度。巨灾风险准备金遵循“以丰补歉”原则，每年按照政策性农业保险独立核算账户会计年度经营盈余的50%提取，并于次年一季度转入巨灾风险准备金专户，逐年滚存，定向使用。当全省政策性农业保险年度综合赔付率达160%时，承保公司可申请动用巨灾风险准备金以支付赔款。巨灾风险准备金只用于支付赔付率为160%～250%之间的赔付，不足部分可申请省财政部分补贴；超出250%部分，由承保公司利用再保险等市场机制，努力分散经营风险，保证农业保险业务稳健发展。
陕西	试点阶段，核定赔付额在当年农业保险保费收入的2倍以内时，由保险公司承担全部赔付责任。核定赔付额超过当年农业保险保费收入2倍时，报省政策性农业保险试点工作领导小组研究解决。 各直接保险公司承保政策性农业保险业务后，可根据自身偿付能力状况和赔付能力，将超自留部分向国内外再保险公司分保，充分利用国内和国际两个保险市场分散农业巨灾风险，保障有效赔付。
浙江	全省农业保险赔款在当年农业保险保费2倍（含）以内的，由共保体承担全部赔付责任；赔款在当年农业保险保费2～3倍（含3倍）的部分，由共保体与政府按1∶1比例承担；赔款在当年农业保险保费3～5倍（含5倍）的部分，再由共保体与政府按1∶2比例承担。政府承担的超赔责任由省与县（市、区）财政分担，分担比例按照财政保费补贴比例执行。各县（市、区）在年农业保险赔款总额超过当年农业保险保费5倍的情况下，实行先预摊、再年度结算，其中，政府承担的预摊超赔责任，由省与县（市、区）政府按“二八”比例执行。在保险年度末统计全省全年总赔款后，再按全省范围内5倍封顶的要求，实行封顶系数（全省农业总保费×5/全省总赔款，下同）转换后统一结算。
广东	无
海南	拟筹建海南省农业保险巨灾风险准备金，增强保险经办机构抵御巨灾风险的能力。拟通过保费提留、以险养险、财政和社会资金投入等方式，筹建海南省农业保险巨灾风险准备金，防范农业巨灾风险。

资料来源：作者整理。

江苏省要求县（含县级市、市辖区，下同）以上各级人民政府应当建立农业保险政府巨灾风险准备金。其中，县级政府巨灾风险准备金的资金来源有：（1）本级政府预算安排。本级预算原则上按照本地当年保费实际发生额（即当年主要种植业保费收入总额）的5%～10%的比例安排；（2）上级财政部门的保费奖励；（3）县级政府保费收入当年的结余（指当年保费收入减当年赔付支出的结余）；（4）可以用于县级政府巨灾风险准备的其他资金。

省辖市政府巨灾风险准备金的资金来源有：（1）各县按当年主要种植业保费收入总额的10%上缴部分；（2）按各县上缴保费收入的50%，由省辖市本级预算安排；（3）在县级保费上缴和省辖市预算安排资金到位的前提下，由省财政按省辖市预算安排资金进行等额补助；（4）可以用于省辖市巨灾风险准备金的其他资金。

各省辖市政府巨灾风险准备金余额的20%作为省级政府巨灾风险准备金，省财政有权调剂使用。当辖区内发生重大自然灾害，动用全部省辖市政府巨风险灾准备金后仍出现超赔时，经省辖市政府申请省财政可动用其他省辖政府巨灾风险风险准备金余额20%以内的资金（即省级政府巨灾准备金），调剂用于超赔地区的赔付。

县级政府巨灾准备金由县财政部门负责管理，省辖市政府巨灾准备金由市财政部门负责管理，实行专户存储、专项核算、滚动积累、定向使用。省级政府巨灾风险准备金由各省辖市财政部门负责管理，必要时由省财政调用。

县域范围内发生较大自然灾害，当年县级政府主要种植业保费收入发生超赔时，经县级政府批准即可动用县级政府巨灾准备金。

同时符合以下条件的县级政府可申请动用省辖市政府巨灾准备金：（1）县域范围内主要种植业参保品种发生巨灾，县级政府当年保费收入出现超赔；（2）县级政府按《江苏省农业保险试点财政保费补贴资金管理办法》的有关规定建立了县级政府巨灾风险准备金；（3）主要种植业保险赔付方案已报经省辖市相关部门审核确认。

动用省辖市政府巨灾准备金用于县级政府超赔支出时，根据灾害程度及超赔情况，实行省辖市巨灾准备金与超赔县政府共同分担的原则，具体分担比例如下：

1. 县级政府因巨灾当年政府保费收入发生超赔，但县级政府巨灾风险准备金未发生超赔的，省辖市政府巨灾风险准备金负担当年超赔部分的20%，其余80%部分由县级政府巨灾准备金负责赔付。

2. 县级政府因巨灾当年政府保费收入发生超赔，并且县级政府巨灾准备金也发生超赔的，按下列情况分别负担：①巨灾超赔额（指当年县级政府保费收入和县级政府巨灾准备金全部赔付完后仍超赔部分，下同）在该县当年政府保费收入50%以内（含50%）的，省辖市政府巨灾准备金负担超赔部分的50%，县级政府负担50%；②巨灾超赔额在该县当年政府保费收入50%以上、100%以内（含100%）的，其超过50%部分省辖市政府巨灾准备金负担超赔部分的70%，县级政府负担30%；③巨灾超赔额在该县当年政府保费收入100%以上、200%以内（含200%）的，其超过100%部分，省辖市政府巨灾准备金负担超赔部分的80%，县级政府负担20%；④当巨灾超赔额超过当年政府保费收入的200%时，其超过200%部分，全部由省辖市政府巨灾准备金负担，县级政府不再承担赔付责任。

同时符合以下条件的，省辖市可申请动用省级政府巨灾准备金：（1）省辖市范围内主要种植业参保品种发生巨灾，省辖市政府巨灾准备金累积仍不足以赔付；（2）省辖市范围内各级政府均按《江苏省农业保险试点财政保费补贴资金管理办法》的有关规定建立了政府巨灾准备金；（3）超赔地区保险赔付方案已报经省级有关部门审核确认。

省辖市巨灾风险准备金出现超赔的，按下列情况处理：（1）超赔额不超过省级政府巨灾准备金总额（即其他各市巨灾准备金余额20%部分的总和，下同）的，其超赔部分由省财政按统一比例调用省级政府巨灾风险准备金支付；（2）超赔额超过省级政府巨灾准备金总额的，各市以省级政府巨灾准备金全额为最高赔付额度，不再承担赔付责任，差额部分由省财政酌情补助。

政府巨灾风险准备金实行封顶控制。（1）县级政府巨灾准备金。①当本县连续几年未发生巨灾，县级政府巨灾准备金累积总额达到全县当年主要种植业保费收入总额的4倍时，县级政府的预算安排部分即可停止，但县级政府当年保费收入结余部分仍应滚存进入县级政府巨灾准备金。②因巨灾发生赔付，当县级政府巨灾准备金累积总额低于全县当年主要种植业保费收入总额的4倍时，县级政府预算恢复安排。（2）省辖市政府巨灾准备金。①当本区域内发生巨灾，省辖市政府巨灾准备金累积不足以赔付时，省辖市将累积的政府巨灾风险准备金全部赔付后，可向省财政申请动用省级政府巨灾风险准备金，省辖市政府不再承担赔付责任。②当本区域连续几年不发生巨灾，省辖市政府巨灾准备金累积总额达到全市（含所辖县、区）当年主要种植业保费收入总额的2倍时，省辖市政府巨灾准备金即停止累积，县级不再上缴保费，省辖市政府不再配套，省级财政也不再给予补助。

三、结　　论

农业巨灾风险分散制度是影响农业保险持续发展的重大制度安排问题。无论是地方政策性农业保险试验，还是中央政策性农业保险试验，不少省市对巨灾风险分散制度作出了积极的探索，特别是北京市和江苏省的探索走在了全国的前列。其中，北京市的重大突破在于，与其他一些省市按照保费收入或农业保险经营盈余的一定比例提取巨灾风险准备金的做法不同，北京市专门安排市财政每年按照上年农业增加值的千分之一预提巨灾风险准备金。这种主要由财政投入建立巨灾风险准备金的做法有利于基金的积累，也充分体现了政府的支持。

江苏省的特色则在于建立了省市县三级巨灾风险准备基金，并且出台了专门的巨灾风险准备金管理办法，从而将巨灾风险准备金上升到制度建设的层面，从而建立了较为规范的巨灾风险准备金制度。因此，北京市可以在坚持关于政策性农业保险巨灾风险准备金制度的特色的同时，也可吸收其他省市的经验，进一步完善自己的巨灾风险分散制度。

第五章

北京市农业保险巨灾风险分散制度选择

农业易受巨灾风险事故的袭击，大面积旱灾、水灾在我国各地的发生率都很高。因此，农业保险必须建立巨灾风险分散制度。

目前，北京市的政策性农业保险试验虽然初步建立了巨灾风险准备金制度，但仍需要进一步完善农业保险的巨灾风险分散制度。本章首先分析农业保险巨灾风险的各种分散制度，然后探讨这些巨灾风险分散制度对于北京市政策性农业保险制度的适用性。

一、北京市政策性农业保险经营现状和风险状况

北京市正式启动政策性农业保险两年来，制度运行良好，参与承保的三家保险公司总的经营状况比较好，根据简单赔付率评价，总赔付率多不超过100%。但分种植业养殖业来看，两年平均种植业的赔付率超过100%，为118.29%，养殖业的赔付率较低，为34.35%。分作物来看，苹果、梨、西瓜和露地蔬菜，赔付率都比较高，分别为120.38%、151.37%、752.05%和170.58%。而相对来说，小麦、玉米等作物风险损失较小，赔付率不高，分别为49.79%和57.44%。这两年表现出来的风险状况与前30多年的观察相一致。根据1978—2006年的气象数据和统计数据所做数理分析，全市平均而言小麦的损失率大于25%的风险概率是0.08%，玉米的损失率大于25%的概率是0.04%。而西瓜的损失率大于25%的概率高达6.61%，苹果是0.66%，相差数十倍。参见表5－1、

表5－2、表5－3。

表5－1　　北京市场三家保险公司2007年农业保险总体情况

	安华	人保	中华联合
保费（元）	5339986	54709897	4083823.6
赔付（元）	2714509	26660075	1596786.6
简单赔付率（%）	50.83	48.73	39.10
满期赔付率（%）			

表5－2　　北京市场三家保险公司2008年农业保险总体情况

	安华	人保	中华联合
保费（元）	36166664.26	181604452.15	30673951.04
赔付（元）	18256089.06	130066579.92	18044821.71
简单赔付率（%）	50.48	71.62	58.83
满期赔付率（%）			

说明：简单赔付率＝总赔付金额/签单保费×100%

表5－3　三家保险公司2007年、2008年保费、赔付及赔付率情况汇总表

（单位：元,%）

	2008			2007			两年合并		
险种	总保费	总赔付	赔付率	总保费	总赔付	赔付率	总保费	总赔付	赔付率①
小麦	13865297	6943658.14	50.079	81236	0	0	13946532.53	6943658.14	49.79
豆类	1576681	741081.00	47.003	1000000	739080	73.91	2576681	1480161.00	57.44
玉米	23216882	27936164.26	120.327	7041229.11	1461428	20.76	30258110.94	29397591.86	97.16
苹果	8495631	3553072.38	41.822	4173224.4	11697943	280.31	12668855.4	15251015.38	120.38
桃	11548544	7907265.76	68.470	1947195.1	799139.2	41.04	13495738.6	8706404.91	64.51
梨	7883798.4	15486201.74	196.431	3502265	1748590	49.93	11386063.4	17234791.48	151.37
柿子	5379349	2920568.80	54.292	389115	3725	0.96	5768464	2924293.80	50.69

① 简单赔付率。

续表

	2008			2007			两年合并		
险种	总保费	总赔付	赔付率	总保费	总赔付	赔付率	总保费	总赔付	赔付率①
葡萄	1096560	840839.50	76.680	539061.1	260452	48.32	1635621.1	1101291.50	67.33
西瓜	3229366	29533002.90	914.514	1092719	2971210	271.91	4322085	32504212.64	752.05
露地蔬菜	935020.83	1989174.50	212.741	254765.49	43733.7	17.17	1189786.32	2032908.20	170.86
奶牛	27635711	8423400.00	30.480	5856500	672800	11.49	33492211.4	9096200.00	27.16
种猪	88208220	23851290.14	27.040	31516880	9974372	31.65	119725100	33825662.14	28.25
生猪	28756280	12435869.67	43.246	1799805	84605	4.70	30556085	12520474.67	40.98
肉鸡	18471516	13332866.31	72.181	512370.64	135795.6	26.50	18983886.57	13468661.91	70.95
肉鸭	2588071.7	1645538.22	63.582	58073	0	0	2646144.65	1645538.22	62.19
大棚温室	5558140.4	8827497.67	158.821	4369268	378497.4	8.66	9927408.38	9205995.05	92.73
种植业合计	82785268.47	106678526.65	128.86	24390078.2	20103797.31	82.43	107175346.7	26782323.96	118.29
养殖业合计	165659799	59688964.34	36.03	39743628.640	10867572.6	27.34	205403427.62	70556536.94	34.35
合计	248445067.5	166367490.99	66.96	64133706.840	30971369.91	48.29	312578774.29	197338860.90	63.13

两年的经验表明，不同作物、同一种作物在不同地区，其损失经验相差很远，作为经营管理和风险管理的一个方面，必须要进行费率分区，对不同作物和不同地区要根据这三年经验加以调整，以防止和减少逆选择，提高公平性。其实这也是降低大灾损失的一种途径。

二、农业保险巨灾风险分散制度

据我们研究，处置农业保险巨灾风险的方式方法有很多种，这里主要讨论八种。

（一）尽可能增加风险单位，扩大承保面

应对农业巨灾风险的第一种方式是，尽可能在较大地区推行农业保

① 简单赔付率。

险，尽可能地增加风险单位，使其在直接保险层面上通过大数法则实现在空间上分散风险。如果能在广阔范围内持续开展农业保险，更能使农业风险在时间上得到分散。

但在自愿投保的条件下，由于信息不对称（农户的耕地和作物存在的风险状况保险人并不确切了解）所引发的逆向选择问题，使得农户的参与率难以有效提高，分散巨灾风险的效率较低。即使农户参与也很可能是将风险大的作物、地块、畜禽或农业设施投保，而不投保那些风险小的作物、地块、畜禽或农业设施。

很多研究都指出了农业保险中的逆向选择问题（Skees and Reed，1986；Miranda，1991；GAO，1989；Goodwin，1993；Knight and Coble，1999；Shaik and Atwood，2003；Babcock、Hart and Hayes，2004）①。由于存在逆选择，那些预期赔偿超过保费成本的农民更可能购买农作物保险，相反，那些预期成本超过赔偿的农民将不太可能购买保险（Skees and Reed，1986；Miranda，1991）②。根据我们的调查，北京市和我国其他地区这种现象也很普遍。

1989 年美国国会审计署对农业保险计划的精算财务结果提出批评，

---

① Skees、J. R. and M. R. Reed. "Rate - Making for Farm - Level Crop Insurance: Implications for Adverse Selection." American Journal of Agricultural Economics 68 (1986): 653 ~ 659.

Miranda、M. J. "Area - Yield Crop Insurance Reconsidered." American Journal of Agricultural Economics 73 (1991): 233 ~ 242.

U. S. General Accounting Office. "A Disaster Assistance: Crop Insurance Can Provide Assistance More Effectively than Other Programs." GAO/RCED - 89 - 211, September 1989.

Skees、J. R. and M. R. Reed. "Rate - Making for Farm - Level Crop Insurance: Implications for Adverse Selection." American Journal of Agricultural Economics 68 (1986): 653 ~ 659.

Goodwin、B. K. "An Empirical Analysis of the Demand for Multiple - Peril Crop Insurance." American Journal of Agricultural Economics 75 (1993): 425 ~ 434.

Knight、T. O. and K. H. Coble. "Actuarial Effects of Unit Structure in the U. S. Actual Production History Crop Insurance Program." Journal of Agricultural and Applied Economics 31 (1999): 519 ~ 535.

Shaik、S. and J. Atwood. "Demand for Optional Units in Crop Insurance." Paper presented at the AAEA annual meeting, Montreal, Canada, 27 ~ 30 July 2003.

Babcock、B. A.、C. E. Hart and D. J. Hayes. "Actuarial Fairness of Crop Insurance Rates with Constant Rate Relativities." American Journal of Agricultural Economics 86 (2004): 563 ~ 575.

② Skees、J. R. and M. R. Reed. "Rate - Making for Farm - Level Crop Insurance: Implications for Adverse Selection." American Journal of Agricultural Economics 68 (1986): 653 ~ 659.

Miranda、M. J. "Area - Yield Crop Insurance Reconsidered." American Journal of Agricultural Economics 73 (1991): 233 ~ 242.

指责农业保险计划20世纪80年代早期向难以获得精算信息的县和作物扩张，导致不利的选择风险集合（GAO，1989）[①]。当时，费率厘定时假设一个县之内的农场的变异系数不变，Skees and Reed（1986）对农场产量的期望值与标准差之间关系的分析改变了这种费率厘定方式[②]。在一项关于个别费率与县费率之间相关性的研究中，Goodwin认为，由于对一个县内具有同样期望产量的农场采取同样的费率，APH（Actual Production History yield insurance）费率厘定方法存在缺陷[③]。Knight and Coble（1999）[④]以及Shaik and Atwood（2003）的研究表明，任选的参保单位结构面临潜在的逆选择问题[⑤]。Babcock、Hart and Hayes（2004）拒绝了不同保障水平具有不变的费率相对值（rate relativities）[⑥]。总之，不能在较大范围里（比如一个县、区）实行相同的费率，因为这样就违背了风险一致性原则，从而导致逆选择。

从理论上说，减少逆选择的方法包括：一是作更精确的风险分类，将被保险人纳入同质风险集合；二是要求强制参加，这可以有效地强迫所有的被保险人都参加风险集合；三是提供保费补贴，通过利益诱导机制促进投保人参保。

为了减少逆选择，吸引更多的农户参保，可以作更为精确的风险划分与费率分区，使风险的大小与费率高低相匹配。但受制于风险和费率分区的调价和成本，特别是在我国现有条件下，风险区的范围小于县、区的可能性不大，因此不可能精确到杜绝所有逆选择的程度。

强制保险虽然能强迫低风险的农户参加农业保险，但却产生较为严重

---

① U. S. General Accounting Office. "A Disaster Assistance: Crop Insurance Can Provide Assistance More Effectively than Other Programs." GAO/RCED - 89 - 211, September 1989.

② Skees、J. R. and M. R. Reed. "Rate - Making for Farm - Level Crop Insurance: Implications for Adverse Selection." American Journal of Agricultural Economics 68 (1986): 653 ~659.

③ Goodwin, B. K. "An Empirical Analysis of the Demand for Multiple - Peril Crop Insurance." American Journal of Agricultural Economics 75 (1993): 425 ~434.

④ Knight、T. O. and K. H. Coble. "Actuarial Effects of Unit Structure in the U. S. Actual Production History Crop Insurance Program." Journal of Agricultural and Applied Economics 31 (1999): 519 ~535.

⑤ Shaik, S. and J. Atwood. "Demand for Optional Units in Crop Insurance." Paper presented at the AAEA annual meeting, Montreal, Canada, 27 ~30 July 2003.

⑥ Babcock、B. A., C. E. Hart and D. J. Hayes. "Actuarial Fairness of Crop Insurance Rates with Constant Rate Relativities." American Journal of Agricultural Economics 86 (2004): 563 ~575.

的交叉补贴现象（即低风险投保人实际上是向高风险投保人补贴），在费率分区比较粗的情况下尤其如此。同时，这种违背农户意愿的强制还会引起农民的不满。

为了吸引低风险者参保，可以考虑为其提供保费补贴，降低其投保成本。如尽管 1996 年美国国会放弃了强制保险的要求，但大量的补贴具有鼓励保险公司多收保费，也鼓励那些通常不参加农作物保险的农户参加农业保险的效应（Just、Calvin and Quiggin，1999）[①]。比如，给农户提供保障水平为 65% 的农业保险保单，在没有补贴的情况下，农户支付 1 美元保费对应的预期赔偿只有 0.50 美元。如果按照 2000 年的《农业风险保障法》，提供 59% 的保险费补贴，这位农户就会以 0.41 美元的保费支出来获得 0.50 美元的预期赔款，预期回报率约为 22%。补贴后，农户获得了投保的激励。

这样，对我市农业保险来说，比较可行的降低逆选择的方式就是在尽可能进行准确风险划分与费率分区[②]的情况下，加大补贴力度，这样可以在低风险农户的预期收益不变的情况下，降低其成本支出，从而改变其成本收益，提高其回报率，增强其参保的经济激励。这样有利于增加风险单位，增强农业保险制度抵御巨灾风险的能力。

（二）组织再保险

农业保险再保险是应对巨灾风险的有效机制。农业再保险有利于整个农业保险业务联合抵抗风险、分散风险，从而较好满足大数法则的要求。由于农业再保险业务的建立，农业保险原保险人之间的联系和合作得到进一步的加强，不仅形成了联合的巨额保险基金，增强了整个保险业应付农业巨灾风险的能力，而且形成了全社会风险分散的网络，使风险在更大的范围之内得以分散。发展我国农业再保险还有利于加强与国际保险业的联系，获得技术支持、共享信息资源，进一步在全球范围内分散我国农业风险。

① Just、R. E., L. Calvin and J. Quiggin. "Adverse Selection in Crop Insurance: Actuarial and Asymmetric Information Incentives." American Journal of Agricultural Economics 81 (1999): 834 ~ 849.

② 北京市已经进行了初步风险划分和费率分区，但还没有在农业保险试验中应用，目前还实行的是全市统一的费率。

虽然我国的农业保险经营处于起步阶段，农业再保险更是刚刚起步，但是保险公司一直在积极寻求再保险的支持。国内的再保险公司也在探索开展农业保险再保险业务。中国再保险（以下简称中再）集团以商业合作的模式，依托自有资本金，遵循“以点及面、以险养险、从小到大”的基本原则，参与了全国各地的农业保险试点，为农业保险公司提供技术和承保能力的支持与服务。其先后与上海安信、吉林安华、黑龙江阳光等三家专业农险公司签订了包括一揽子成数分保合同、溢额分保合同、成数溢额分保合同、赔付率超赔保障等多种形式的农业再保险合同。同时，针对浙江、福建两省的农业保险试点项目，提供了包括成数分保、赔付率超赔等再保险支持和保障。瑞士再保险公司等外国再保险人也与黑龙江、吉林等省建立了再保险关系，为他们提供了赔付率超赔再保险服务。

但是，随着农业再保险的开展，商业运作模式的局限性开始显现①。首先，各农业保险经营主体承保能力十分有限，客观上需要强有力的再保险支持。然而，仅依靠中再集团一家再保险公司，依托自有资本金所能提供的承保能力，无法满足日益增长的农业再保险需求。而国际再保险市场对于农业保险的再保险业务也比较谨慎，再保险成本高昂，提供的支持也相对有限，这在一定程度上制约了农业保险业务的发展。其次，中再集团依托自有资本金，以商业运作模式提供农业再保险，经营的不确定性极易给中再集团造成巨大的潜在风险。没有政策支持和保护，商业运作模式很难实现持续稳定经营。最后，国际再保险市场支持我国农业保险保障需求的承保能力有限，分出成本较高，条件限制较多。如何提高国内再保险市场的支持力度，创新和建立农业再保险的支持体系，已经成为农业保险和“三农”保险发展的瓶颈问题。

因此，为了提高农业保险再保险的市场供给能力，可以有以下两种选择：

一是借助于现有的中国再保险，由政府拨专项基金将再保险的责任交给中国再保险公司，由中国再保险公司为商业保险公司承担的农业保险提供再保险服务。由于提供农业再保险服务出现的亏损，由国家财政负担。对于政策性农业保险（享受财政补贴的农业保险业务）的分入保费，设立专项基金，盈余之年基金滚存，大灾之年用滚存基金进行赔付，差额部

① 刘京生：“构建多层次农业再保险保障体系”，《中国金融》，2006年第11期。

分由政府补贴；

二是成立专门的政策性农业再保险公司。由国家出资设立农业再保险公司，并以法律的形式规定各地举办的无论政策性还是商业性农业保险业务，必须（之所以必须是因为不少地区的农业保险经营机构或当地政府对再保险的意义和机制不大了解，甚至反对购买再保险，影响当地农业保险的稳定经营）向农业再保险公司或（和）中国再保险公司及其他国际再保险公司分保。农业再保险公司的亏损由国家财政负担。

（三）建立巨灾风险准备基金[①]

建立全国范围内的农业保险巨灾风险基金是应对农业保险巨灾风险损失的较好选择之一。其资金来源可以包括：政府财政预算拨款；经营农业保险的保险公司及再保险公司按保费收入的一定比例投入；国家粮食风险基金；从资本市场上筹集资金等。

农业巨灾风险基金运用方式可以包括：对遭遇巨灾损失符合相关规定的农业保险公司提供补偿；巨灾风险的预防（比如通过兴修水利设施来预防洪涝和干旱的发生，通过防疫疫苗注射来预防禽畜传染病的发生和扩散）；支持设立农业灾情研究机构（分析和研究我国农业灾害发生规律，以便建立农业风险预警系统，加强农业风险管理，还可以为国家制定农业保险政策，构建有效的农业保险制度体系提供科学依据）等。

建立巨灾风险准备基金虽然是一种分散巨灾风险的不错选择，但这不是唯一的机制。当保险基金不足以支付赔偿时还可以有其他的融资方式：或者由财政支付，或者由财政担保从金融机构贷款，或者财政担保发行债券。

（四）由公共财政"兜底"、借款或发行财政担保的债券

目前各地建立的巨灾风险准备基金，一般有两种资金来源：地方财政（例如北京市）和保险费收入（例如江苏、安徽、黑龙江等省）。事先建立该基金的好处是可以有备无患，避免巨灾发生后临时筹资的不及时。但

① 农业保险的巨灾准备金，是一种特殊的巨灾风险损失准备金，不同于一般的责任准备金和赔款准备金。因为保险法里没有规定，需要通过法律法规加以规定，不然容易引起财政税务部门的质疑。

是也有缺点：一是如果在基金还没有充分积累起来之前发生巨灾损失，还是需要临时筹资。二是资金的管理（包括运用）也要适当的成本。从国外的已有经验来看，也并非一定要建立实实在在的巨灾风险基金，重要的是对于巨灾发生后的超赔部分如何融资要做出事先的安排。

也就是说，还可以有另一些思路：比如财政平时不出这部分钱，只是在巨灾发生后政策性保险的准备金不足赔付时，由财政担保向银行贷款，或由财政担保发行专项债券，通过市场融资。这些债务可以从往后的保费收入中偿还。

（五）相互保险与合作保险的巨灾吸纳机制

相互保险公司是相互制与公司制相结合的一种特殊保险组织形式。它是投保人以投保取得公司业主或东家的资格，用投保人缴纳的纯保险费形成保险基金，以投保人之间互助共济的方式实现被保险人的人身或财产风险损失补偿，并采用公司经营制度。相互保险公司与股份制保险公司的重要差异在于，没有股本，而是以负债性质的基金作为主要资金来源。保户同时是公司的所有人，享有董事选举权与被选举权以及盈余分红权。相互保险公司既具有股份公司的公司形态与经营技术，又具有合作保险组织的保户权益。

保险合作社是以合作社的组织形态办理社员的保险业务，是非营利性组织。一般而言，其社员需要承担认购社股的义务，股金是其主要资金来源。社员无论认购社股的多少，以一人一票的方式参与理事选举，营业年度末有盈余时按照交易额分配。由理事会委任经理人员，负责实际经营与管理工作。

由于相互保险与合作保险的上述特性，使得其理论上对农业保险的巨灾风险具有自动的吸纳机制。

以农业相互保险公司为例，其在理论上一般不存在由于发生巨灾而使得偿付能力不足的问题。相互保险公司是一种内部互助互济的组织形式，以投保人（“保东”）缴纳的保费作为相互承担赔付或给付责任的准备金。如果发生经营亏损，则一般按照盈余公积金、“资本”公积金的顺序予以补偿，如果仍然不足以弥补亏损，则采取减额赔偿的方法，即削减部分保险金。如果不想采取减额赔付的方法，也可以采取借债的方式补偿（在以后的年份用经营盈余偿还债务）。当然，因为是相互，如果“保东”认可，也可以根据补偿差额，让“保东”补缴保费（当然现在很少有相互保险公司采用这种方法补充筹集保险基金）。

这样，从理论上看，相互保险公司对巨灾风险就具有了自动吸纳机制，不存在由于发生巨灾超赔而使得偿付能力不足的问题，即只要定价较为准确，准备金提取充分，就可以保证弥补可预见和部分不可预见的赔款和费用，最坏的情况下是向外借款或者减额赔付。其中减额赔付机制从根本上保证了相互保险公司能够自动吸纳巨灾风险所造成的超赔损失，在任何时点都是具有偿付能力的。

当然，这种组织形式是完全由农户自己相互解决巨灾风险的损失补偿，如果真的发生巨灾损失，因为相互保险公司，特别是保险合作社的范围较小，融资能力有限，很可能得不到足额补偿。

（六）指数化保险

指数保险产品根据指数数值的变化支付赔款，而不像传统的多风险产量保险那样根据农作物、家畜家禽实际发生的灾害损失来支付赔款。指数可以是天气变量（如降雨量、温度、风速等）、区域产量、价格，甚至牲畜的死亡率等。

如前所述，农业保险的巨灾风险属性源于农业风险的相关性。但对于大多数农业保险产品，可保性的前提条件是各个风险单位之间的损失不相关（Rejda，2001）。这就使得传统的农业保险难以应对由于风险相关性造成的巨灾风险。但对于指数保险，前提恰恰是其风险损失在空间上是相关的。因此，当农户的产量风险在空间上相关时，指数保险合同是对传统的农业保险的有效替代，能够在很大程度上避免传统农业保险产品由于风险损失不独立造成的巨灾损失。

指数保险产品中的指数必须和一个较大地理区域的农场的产量或收入相关。此外，为了获得被保险人的信任，指数必须可信，不受人为操纵，即指数的测量风险较低（Ruck，1999）。合适的指数应该具备以下特征：可以观察、容易测量；客观；透明；能够独立被证实；能够及时被报告（Turvey，2002；Ramamurtie，1999）以及稳定、可持续。和传统的农业保险产品相比，指数保险具有以下相对优势（Barnett，2004；Skees、Hazell and Miranda, 1999; Hess、Richter and Stoppa, 2002)[①]:

首先，可以有效避免道德风险问题。因为，赔款基于被保险人不能控制的指数。

其次，可以避免逆选择问题。被保险人和保险人之间不存在信息不对称现象。对于指数数值的可能变化，即赔款的概率，保单持有人并不比保险人拥有的信息更多（Barnett, 2004）[②]。

再次，降低了交易成本。由于指数保险不需要个人保单、现场查勘定损，不需要历史或实际作物产量资料，只需要指数的历史数据，通常更具有可得性，更透明，更具可证实性。

由于指数保险的触发条件能够独立地核实，可以降低对于损失的政治干预和操纵，也便于执行和操作，管理和交易成本较低。因此，私营保险公司可以提供这种保险，需要的政府补贴更少或不需要政府补贴（World Bank, 2004）[③]。

最后，指数保险的保单结构统一，可以以各种面额销售。合同的条款更容易为购买者理解，可以为各种利益相关者购买：农民、农业贷款人、农产品商人、农产品加工商、投入供应商、店主、消费者以及农业工人（Skees, 2003）[④]。由于指数保险合同是标准化与透明的，指数保险可以在二级市场交易，从而在该地区与国家之外转移系统性风险，并与资本市场

---

① Barnett, B. 2004. Agricultural index insurance products: strengths and limitations. Presented at Agricultural Outlook Forum, 19 February, Washington, USA, USDA.

Hess、U.、Richter、K. & Stoppa, A. 2002. Weather risk management for agriculture and agribusiness in developing countries. In Dischel, ed. Climate risk and the weather market, financial risk management with weather hedges. London, England, Risk Books.

Skees、J. R.、P. B. R. Hazell and M. Miranda. 1999. "New Approaches to Public/Private Crop - Yield Insurance." EPTD Discussion Paper No. 55, International Food Policy Research Institute, Washington, DC.

Skees、J. R.、P. B. R. Hazell and M. Miranda. 1999. "New Approaches to Public/Private Crop - Yield Insurance." EPTD Discussion Paper No. 55, International Food Policy Research Institute, Washington, DC.

② Barnett, B. 2004. Agricultural index insurance products: strengths and limitations. Presented at Agricultural Outlook Forum, 19 February, Washington, USA, USDA.

③ World Bank. 2004. Managing agricultural risk, vulnerability and disaster. In Agriculture Investment Sourcebook Module 10. Available at World Bank website.

④ Skees, J.. 2003. Risk management challenges in rural financial markets: blending risk management innovations with rural finance. Presented at the International Conference: Paving the Way Forward for Rural Finance, June 2 ~ 4, Washington DC, USA.

连通，这就使得指数保险具有流动性。

有的学者反对扩大风险集合的程度，认为既然赔款不基于农场的损失，人们在理论上可以购买农业指数保险而实际上并没有种植农作物，即个人可以投资于农业指数保险。因此，保险销售代理人必须证实被保险的农户必须种植农作物（Barnett, 2004）[①]。有些学者则认为，市场的扩大并不会从根本上影响保险业务（Skees, 2003；Roberts, 2005）[②]。

当然，指数保险产品也有局限性或挑战性，特别是存在“基数风险”（basis risk）（Barnett, 2004）[③]。基数风险指被保险人发生了损失但领取的赔款不足以弥补损失，或者根本就得不到赔款；或者被保险人获得了赔款但却没有发生损失或者获得的赔款超过了损失本身。指数保险作为风险管理工具的有效性取决于被保险人的损失在多大程度上与指数正相关（Skees, 2003）[④]。如果指数比较准确，也就是农场的产量或收入与指数相关度高，则基数风险较小；如果不是这样，则基数风险较大，以至于指数保险产品不能为种植者提供足够的风险保障。为了降低基数风险，需要认真设计指数保单的参数。同时，小气候使得保险事故更为经常地在小区域发生，这将使得区域产量或降雨保险合同经营困难。在高度异质性的生产区域，基数风险非常高，指数保险的问题比较大。

另外，指数保险的可行性很大程度上还取决于指数本身可客观、精确地被测量。不管是政府提供，还是第三方提供，指数数据要能够及时得到，并不被篡改。

指数保险作为农业保险的产品创新，是对传统农业保险运行机制存在弊端的矫正，属于技术创新的范畴。但这种产品与技术创新的背后是机制

---

① Barnett, B. 2004. Agricultural index insurance products: strengths and limitations. Presented at Agricultural Outlook Forum, 19 February, Washington, USA, USDA.

② Skees, J.. 2003. Risk management challenges in rural financial markets: blending risk management innovations with rural finance. Presented at the International Conference: Paving the Way Forward for Rural Finance, June 2 ~ 4, Washington DC, USA.

Roberts, R. A. J. 2005. Insurance of crops in developing countries. FAO Agricultural Services Bulletin No. 159. Rome.

③ Barnett, B. 2004. Agricultural index insurance products: strengths and limitations. Presented at Agricultural Outlook Forum, 19 February, Washington, USA, USDA.

④ Skees, J.. 2003. Risk management challenges in rural financial markets: blending risk management innovations with rural finance. Presented at the International Conference: Paving the Way Forward for Rural Finance, June 2 ~ 4, Washington DC, USA.

与制度的创新，是试图通过基于市场的方法来提高效率，减少对资源配置市场的扭曲，满足农民日益增长的扩大承保风险的需要，最小化或消除传统产量保险面临的道德风险、逆选择，提高再保险市场应对巨灾系统性风险的能力。

无论是在发达国家，还是在发展中国家，传统的多风险农业保险都被激励问题（逆选择和道德风险）、高管理成本以及政治对定价的干预等问题所困扰。由于发达国家收入高，能支撑高成本，同时农业人口在总人口中的比重很小，因此继续维持着这种农业保险制度。而对于像中国这样的发展中国家而言，由于农业人口占比很高，经济发展水平有限，公共财政尚不具备持续承担高成本农业保险制度的能力。

因此，对于向发达国家学习的传统农业保险制度，像中国这样的发展中国家不能简单地复制其昂贵的制度，而是利用其设计、执行农业保险计划方面避免经典障碍的知识，以建立有效率的农业保险递送体系，进行农业保险制度的创新。

国外农业保险的研究与实践似乎经历了两个不同的阶段。在第一个阶段，研究者关注的是市场为什么不能自发地提供合意水平的农业保险？比较主流的结论是要求政府介入，提供补贴，建立补贴属性的公共农业保险制度（public crop insurance），也就是我们所说的政策性农业保险。在第二个阶段，当公共保险制度带来了很多问题时，人们开始反思供给体制的创新，强调基于市场的方法来解决农业保险的供给问题。

中国目前的研究与实践还处于第一阶段，对政府大规模补贴的财务可持续性缺乏考察，对补贴对市场机制的扭曲程度缺乏考察[①]。对农业保险，相对优越性谈得多，但对不足和问题谈得少。因此，从农业保险的长期可持续发展出发，在探讨政府介入农业保险必要性的同时，要对其高成本和意想不到的后果等也要作充分的考察，以避免陷入传统农业保险的困境。

指数保险等农业保险技术与制度创新对于中国意义非常重大。

第一，中国的农业保险大部分不承保旱灾之类的系统性非常强的自然

---

① 有人不认为这种扭曲有什么不好，而且认为这就是政府花成本补贴投保农民要达到的诱导目的。其实这里只说对了一部分，农业保险诱导农民按照政府所需要的产品和产业结构去生产，会达到政府的粮食安全的目的，但它会在一定程度和范围里造成农产品价格信号的不真实。当然后者对我国暂时可能并不重要。

灾害，而旱灾恰恰是与国内很多地区受灾面积和粮食产量相关性最强的自然灾害。因此，发展指数保险对于国内很多地区都具有非常现实的意义。

第二，中国大部分地区的农民都是“小农”，人均种植面积非常小，呈现原子化状态，传统农业保险的交易成本太高，信息不对称所引发的逆选择、道德风险问题也难以监控。而指数保险在降低交易成本方面可以发挥巨大的优势。

当然，我国发展指数保险也存在许多困难，比如，如何化解基数风险；如何让这种农业保险的技术创新与制度创新为保险公司、政府以及农民所接受；被保险地区是否具有较为完备的气象资料、气象站等基础设施是否齐备以及中国的金融市场是否接受这类产品等等。

（七）巨灾风险证券化

巨灾风险的分散还可以通过保险风险证券化的方式。巨灾风险证券化是指保险人或再保险人，通过发行金融工具，将承保风险转移至资本市场的一种风险管理工具。巨灾风险证券化打破了传统的保险人利用再保险的方式将自己承保的巨灾风险部分或全部地转移给再保险人的做法，而是由其转移到广阔的资本市场上或在资本市场上寻求一种新的融资渠道以扩大自己的承保能力，同时也能使其更有效地在更宽广的范围内分散风险。这些过程主要是通过买卖金融工具得以实现的。与一般金融产品的交易不同，这些金融工具的现金支付是基于承保的随机事件，因此这种支付也带有一定的随机性。巨灾风险证券化工具主要包括：巨灾债券、巨灾互换、巨灾期货和巨灾期权等。

1. 巨灾债券。巨灾债券是一种发行受益和约定巨灾损失相连结的债券。它其实是再保险的一种延伸和创新，它可以借助资本市场的资金实力，将保险市场上的风险（例如农业巨灾风险）通过整合和再分割，有效地转移到资本市场上去。从关系人来看，巨灾债券的运作有四方关系人，即投保人、发起人（通常是保险公司）、专门再保险信托机构和投资者。巨灾债券在签发时要对期限、利率触发原因、转移的风险等有明确规定，并须进行信用评级。期限上可以约定为一年、两年、三年、四年、五年或更长年限。利率一般是在经过风险评级之后才确定，这种利率一般比债券利率要高，体现高风险高收益原则，以吸引投资者。

如果在约定时期内未发生巨灾事件，或者巨灾损失没有超过该限额，即未达到触发条件，则投资者就会按照约定的较高利率收回本金和利息；如果巨灾事件发生，且损失超过事先约定的限额，则发行人免除部分本利或延期支付，甚至不支付全部本利。巨灾风险债券的核心概念是“触发条件”（trigger），即发生怎样的巨灾风险事件会导致投资者的收益变化。触发条件的主要类型有五种：第一种是赔偿金额，基于发起人（分出公司）的实际损失；第二种是行业指数，基于行业范围内确定的损失指数；第三种是纯参数，是指基于公共管理部门报告的事件，比如农业巨灾发生的等级；第五种是模型化损失，损失处罚原因的确定是将准确的参数带入固定的模型计算而来。

2. 巨灾互换。巨灾风险互换的一种形式是保险人向交易对手支付一定保费，此保费是固定的；当事先约定的巨灾风险事故发生时，交易对手向保险人支付一定量的赔偿金，这笔赔偿金与市场损失指数或灾害强度有关，所以是浮动的。这种交易使保险人可以充分发挥自己的相对优势，将自己不擅长管理的巨灾风险转移给其他金融机构，而该金融机构也通过这种方式使其投资组合实现多样化，双方均受益。

3. 巨灾期货。1992 年芝加哥期货交易所（CBOT）开始交易巨灾期货合同。这种巨灾期货是以季度为周期进行交易的，合同月份有 3、6、9、12 月。巨灾期货的买卖对象是“损失率指数”，即“ISO 指数”，这个指数用于衡量某一段特定时期发生的和到某一指定时间为止已向某保险公司报告的总巨灾索赔情况。期货的价格为 25000 美元乘以 ISO 指数。

ISO 指数 = 已报告的损失/已赚取的保费

因此，巨灾发生的损失越大，期货合同的价格也就越高。如果巨灾损失巨大，则保险公司在期货市场上的盈利就可以在一定程度上冲抵这种损失；如果实际灾害发生情况比预计的要小，保险人在期货市场上将损失一部分利益，但损失额相对于巨灾损失要小得多，不足以影响保险公司的持续经营。

4. 巨灾期权。巨灾期权包括看涨期权和看跌期权。期权合同给其持有者在到期日以执行价格买入或卖出某一资产的权利。则当合同列明的承保损失超过期权行使价时，期权价值便随着特定承保损失金额的升高而增加。此时如果保险公司选择行使该期权，则获得的收益与超过预期损失限额的损失正好可以相互抵消，从而保障保险公司的偿付能力不受重大影响。而巨灾期权的卖方事先收取买方缴纳的期权费用，作为承担巨灾风险的补偿。1995年由芝加哥期货交易所推出的PCS期权是最典型的巨灾期权，这种期权并不是基于某种有形的基础资产，而是基于财产赔偿服务公司（Property Claims Service，PCS）编制的PCS巨灾损失指数。

巨灾风险证券化的实践始于20世纪90年代，迄今为止，在市场交易并获得巨大成功的巨灾风险证券化产品已相当丰富。1992年芝加哥交易所推出了以保险公司承保结果为基准的巨灾保险期货交易，标志着巨灾证券化的开始。1994年，汉诺威再保险公司第一个发行在交易所之外进行的用来保障巨灾风险损失的资本市场产品——巨灾债券。1995年，芝加哥交易所又推出巨灾期权。但后来由于指数的准确性不高，严重的道德风险以及其他因素，芝加哥交易所分别在1995年和2000年停止了巨灾期货和巨灾期权的交易。到目前为止，巨灾债券的发行量和成交量所占比重最大，约占巨灾证券市场的一半份额，1997年以来全球巨灾债券的余额有快速增长的趋势，2002年达到了创记录的29.00亿美元，2003年增加到43.36亿美元。

从我国资本市场的发展情况来看，股票市场存在许多功能性缺陷，制度还不健全；衍生证券市场处在起步阶段，衍生金融品种不多，因此发行巨灾期权、巨灾期货等衍生证券产品的条件尚不完全具备。而且，从事这类衍生品交易的技术和人才还比较缺乏。相比较而言，我国债券市场起步较早，发展更为完善，巨灾债券相对更具可行性。

从国际巨灾证券化市场发展的情况看，也是如此。相对于巨灾期权和巨灾期货而言，巨灾债券最为成功，并且巨灾债券的发行量和交易量呈上升趋势。而芝加哥交易所推出的保险期货和期权，由于存在诸多缺陷，分别在1995年和2000年停止交易。因此，从国际市场来看，巨灾债券更具发展潜力。

另外，从巨灾证券品种来看，巨灾债券的设计和操作性优于其他品种。巨灾债券的优点是：（1）巨灾债券的设计简单，交易成本比其他品种低。例如PCS巨灾期权需要使用PCS编制的巨灾损失指数，增加了设计的难度。另外，巨灾债券在债券市场上交易的成本也低。（2）信用风险较低。一方面，债券发行所募集的资本由特别目的载体（SPV）存入信托机构，仅在巨灾损失发生或债券到期后才动用信托基金，因此由SPV无力偿付造成的信用风险比较低。另一方面，SPV与保险人风险隔离，如果保险人因为与被约定的巨灾风险事件无关的原因导致偿付能力不足，

SPV 仍然有义务偿还给投资者债券本息，从而有效地保护投资者的利益。(3) 收益率比其他同等级债券高。从理论上讲，巨灾债券有为风险提供保障的功能，分保公司为了能够将风险转移出去，他们愿意以高于风险预期损失的价格来转移风险。同样，投资者自然也会要求远高于预期损失和其他同等级债券的回报才会投资巨灾债券产品，因此该产品享有可观的风险溢价。(4) 稳定市场价格。长久以来，传统巨灾风险再保险的价格相当不稳定，市场价格有时因巨灾频繁发生而不断上涨，有时甚至无人愿意承保。而巨灾债券的推出，对传统再保险可以形成一种有效的竞争；反过来，竞争的压力也有利于再保险价格更趋于合理，并促进再保险价格的长期稳定和市场的繁荣。

(八) 发行农业巨灾彩票

我国通过博彩业即发行彩票为福利事业、体育事业（包括群众体育事业）筹集了不少发展资金。据报道，我国 2007 年销售福利彩票 631.6 亿元，体育彩票 385 亿元，这 1016 亿元彩票共筹集公益金超过 300 亿元。实际上我国人均彩票消费额只有 48.91 元，占人均年纯收入的 0.746%，低于 1% ~2% 的国际平均水平（引自 2008 年 1 月 20 日《南国都市报》）。实践表明，彩票这种方式广大群众都乐意接受。筹集农业保险巨灾风险基金，我们认为也可以采取这种方式。设立这种彩票，可以有两种方式，一种是常态化发行彩票募集，另一种就是在发生农业保险巨灾风险损失的年份定时定向发行彩票募集。

三、北京市农业保险巨灾风险分散制度的选择

(一) 各种巨灾风险管理制度的特点比较

综上所述，农业保险巨灾风险分散制度的运行机理及其实现的路径与方法可以有多种选择（参见表 5 -4）。

但是这些方法各有利弊，不同国家和地区都是根据自己的情况有选择地采用。相比之下：

第一种方法，即增加风险单位，扩大承保面的途径，我们通过政府的较高补贴作为诱导方式，在一定程度上容易实现。有的省，例如安徽，由于省政府将农业保险作为“民生工程”的一项工作，市、县、乡各级政府和村委会实际上采取了一定的行政强制方式，政策性农业保险在大部分地区覆盖率（参与率）超过 90%。这对于在空间上分散巨灾风险能起到很好的作用。这种方法对于经营农业保险的保险公司来讲，是必须采取的方式。

但对于北京市政府来说，因为地域狭小，即使 90% 的农户都投保，在空间上分散巨灾风险的能力也相当有限。

第二种方法，即组织再保险，其优点在于可以利用本国和外国再保险商的经验和资金实力，在广阔的范围内分散农业保险的巨灾风险。缺点是再保险商出于风险管控的考虑其接受份额是有限的，只能承担部分巨灾风险责任。另外，洽谈再保险业务比较费时费力。一般来说价格也比较昂贵。

第三种方法，建立巨灾风险准备基金，好处是可以从多种渠道来筹集资金，按照需要逐步积累，无论对财政来说还是其他方面平时少量提取和积累，负担不会太重。缺点是在巨灾基金尚未积累到一定规模时，发生大的灾害，基金就无法应付。同时，基金的管理、保值增值也有诸多麻烦。

第四种方法，就是由政府财政“兜底”、借款或担保。在政府财力允许的条件下，农业保险发生巨灾之后，超赔责任完全由政府财政负担。也可以像有些国家那样，向政府财政借款进行赔付，或者由政府担保，向金融机构借贷，然后在以后年份用保费准备金还债。

第五种方法，即通过发展相互保险与合作保险来吸纳巨灾风险，既有利于防止道德风险和逆选择，同时经营成本也比较低廉。缺点是相互保险公司和保险合作社的规模难以做大，这样对需要在广大空间上分散风险的农业保险来说就有相当局限，同时，发生大灾之后如果采取减额赔付，无法保障投保农户的利益；如果通过举债方式赔付，保险组织会在很长时间里经营困难；如果通过增加保费的方式应对，农户可能难于承受。

第六种方法，即指数化保险，其最大的优点是防止了在投保时的逆选择和投保农户索赔时的道德风险，同时可以大大节省经营成本。但这种方法应用范围受局限，对那些单一灾害（例如旱灾）地区比较适宜，对于多灾害地区技术操作难度很大。同时，在受灾程度不同的农户之间难以做到公平赔付，也就是“基数风险”问题不好解决。

第七种方法，巨灾风险证券化，这是一类新型的非保险方式分散巨灾风险的方法。主要是利用广阔的资本市场来分散农业保险的巨灾风险。这些方法可以及时从资本市场筹集到大量资金，解决农业保险巨灾风险的赔付问题。不过这类方法操作技术要求比较高，需要充分发育的资本市场和比较完善的市场环境。迄今为止，国外也才在尝试，还没有大规模地广泛地应用。

第八种方法，发行彩票。用这种办法筹集资金相对容易，但是否能成功取决于彩票设计的好坏，彩民愿不愿意玩。

我们这里将上面各种方法的机理和可供北京市选择的途径列表如表5－4所示。

表5－4　农业保险巨灾风险分散制度的比较及北京市的选择

巨灾风险分散制度	机理	通常的路径与方法	北京市的选择
增加风险单位	在直接保险层面上通过大数法则实现风险分散	1. 更为精确的风险划分与费率分区； 2. 强制参加； 3. 提供保费补贴，通过利益诱导机制促进投保人参保。	通过更为精确的风险划分与费率分区，降低农户的逆选择，有效增加风险单位，在更广泛的空间范围内分散农业保险的巨灾风险。
组织再保险	形成联合的巨额再保险基金，增强了整个保险业应对农业巨灾风险的能力	1. 由政府拨专项基金将再保险的责任交给中国再保险公司； 2. 成立专门的政策性农业再保险公司。	支持经营农业保险的公司向国内外商业性再保险市场寻求再保险。
建立巨灾风险基金	建立专项基金，应对农业保险巨灾风险引发的超额赔款	1. 建立全国范围内的农业保险巨灾风险基金； 2. 规定巨灾风险事故发生后巨灾风险基金不足赔偿时的融资方式。	完善巨灾风险准备金的管理制度； 规定巨灾风险事故发生后巨灾风险准备金不足赔偿时的融资方式。

续表

巨灾风险分散制度	机理	通常的路径与方法	北京市的选择
财政"兜底"、借款或担保	对于巨灾发生后的超赔部分如何融资作出事先的安排	1. 不事先建立巨灾准备基金； 2. 在巨灾发生后政策性保险的准备金不足赔付时，由财政出资，或财政担保发行债券。	财政"兜底"、借款或担保
相互保险与合作保险的巨灾吸纳机制	减额赔付机制能够自动吸纳巨灾风险所造成的超赔损失	建立相互保险与合作保险的减额赔付机制	合作保险可以通过减额赔付机制自动吸纳巨灾风险所造成的超赔损失。
指数化保险	指数保险合同在很大程度上避免传统农业保险产品由于风险相关性造成的巨灾损失	培育条件，引入天气指数保险	积极研究天气指数保险对于北京市的适用性。
巨灾风险证券化	通过发行金融工具，将承保风险转移至资本市场	巨灾债券相对更具可行性	积极研究巨灾风险证券化、特别是巨灾债券对于北京市的适用性。
发行彩票	根据农业保险巨灾风险损失的规模，将损失由全体彩民分担	发行常年的或定期定时的"农业保险巨灾风险"彩票	可以作为一种选择

资料来源：作者整理。

（二）北京市政府对于农业保险巨灾风险分散制度的选择

以下将结合北京市政策性农业保险的实践，探讨北京市农业保险巨灾风险分散制度的选择问题。我们将从政府与农业保险的经营者两个角度加以探讨。

政策性农业保险巨灾风险损失的分散机制，在不同地区的政策性农业保险制度设计中，界定不同，操作方式也各不相同。如前所述，有的省政府设定赔付封顶线，例如500%，有的承担规定界限之上的无限责任。具体操作各有特点。

其实，就目前举办政策性农业保险的省（市、自治区）的实际运作情况来看，都是让运营主体——商业保险公司承担较小的风险责任，而将大灾损失的赔付责任较多地由政府承担，这种思路与北京市是一样的。因此，认真讨论政府所承担的巨灾风险责任问题更有意义。那么，政府有哪些融资手段可以用来解决巨灾风险损失带来的超额赔款的问题呢？

1. 建立巨灾损失准备金。建立政策性农业保险巨灾损失准备金是我国设计政策性农业保险的一个创造，前面讨论过，就是通过逐年积累形成一个“蓄水池”，当发生巨灾损失，进入政府承担责任的范围时，就动用这个准备金支付超额赔款。和其他省市相比，北京市作为先行者，已经初步建立起了巨灾风险准备金制度。未来要完善巨灾风险准备金的管理制度，包括管理机构、管理模式、资金筹集渠道与适用范围、投资原则与投资方向、监督制度等（参见下一章的具体论述）。特别地，要规定巨灾风险事故发生后巨灾风险准备金不足赔偿时的融资方式，比如由财政支付，或者由财政担保从金融机构贷款，或者财政担保发行债券等。

（1）巨灾损失准备金的资金来源。建立该准备金的资金无非是来自两个方面：一是从保费中按一个比例（例如，黑龙江阳光农业相互保险公司就是从保费中提取10%用于建立巨灾风险准备金，而安徽国元农业保险公司是提取保险费的20%建立该准备金）逐年提取，不断积累；二是由政府财政出资建立（例如北京市是由政府财政每年拿出相当于农业增加值的1‰用来建立这个准备金），也是逐年积累。当然也有人呼吁社会各方（例如农业产业化中的龙头企业）出资，但直至目前还没有一个地方把它作为正规筹资渠道。

（2）巨灾损失准备金的管理和运用。该基金的管理是需要研究的问题。需要研究的主要问题有三个：

第一个是基金需要多大规模，无论是从保费中提取还是政府每年由财政拨付，都需要有一个限度，无限积累肯定不是最佳选择。

第二个是这个基金应当由谁管理和运用比较有效。由商业保险公司自己提取和建立的巨灾风险准备金，目前有两种管理模式，一种是公司全权管理和运用，例如黑龙江阳光农业相互保险公司；另一种是总分公司两级管理（例如安徽国元农业保险公司是总公司掌握该基金的20%，地市分公司掌握80%，由谁来运用政策还不明确）。

由政府出资建立的准备金，一般都趴在财政厅局的财政专户上，没有专门运用的规定，该资金便一边积累一边贬值。就像目前各省（市、自治区）的基本养老保险的个人账户资金积累一样。

第三个问题是基金要不要纳税。虽然由省市财政出资建立的大灾准备金一般不会有纳税问题，但有的保险公司提取保险费建立的该基金就出现了纳税问题。黑龙江地方税务局认为该基金是保险法以外自行设立的额外的准备基金，没有免税依据，应当缴纳所得税。

该准备基金即使在保险公司也不能纳税，因为从理论上说，该准备金也是一种责任准备金，它的性质是负债，而不是所得。另一方面，因为农业保险的经营很难营利，所以才有政府财政的保险费和管理费的补贴和免除营业税的支持，大家也正在提议也免除所得税，实际上一些地方也没有征收所得税。

2. 再保险安排。政策性农业保险对巨灾风险的有效管理离不开再保险。再保险从再保险人众多的层面能实现在直接保险层面难以在空间上分散风险的问题，因而各举办国农业保险的国家没有不买再保险的。

(1) 谁提供农业保险的再保险？农业保险的再保险一般由政府和商业再保险公司提供。例如美国、加拿大，联邦农作物保险公司就向从事农业保险的直接保险公司出售再保险，同时经联邦农作物保险公司批准的几十家再保险公司也向直接保险公司提供再保险。在日本，府、道、县的农业共济组合联合会和中央政府（由农林省出面）向经营农业保险的农业共济组合提供两级再保险。除此之外，国际再保险人广泛参与了农业保险的再保险的承保。

对我国政策性农业保险巨灾风险承担人政府来说，也有两种寻求再保险的途径，由中央成立国有农业再保险公司，专门为各级政府和参与承保农业保险业务的保险公司提供再保险。我国财政部已经有过一个设想和初步方案。

对于目前的北京市政策性农业保险来说，现实的途径是向国内外再保险公司购买巨灾损失再保险。因此，要支持经营农业保险的公司向国内外商业性再保险市场寻求再保险。目前我国农业保险的再保险主要采用商业运作模式，在这种背景下，北京市政策性农业保险的再保险也只能从国内外商业性再保险市场寻求再保险支持，按照商业原则与再保险公司协商再保险的方式和条件。

（2）再保险方法选择。农业保险的再保险一般可以选择赔付率超赔再保险，也就是以赔付率作为分保双方计算责任的依据，分出人（政府）自留一定赔付率责任（例如目前北京市政府承诺的160%～200%），超过200%赔付率的赔付责任则由再保险人接受一定的额度（例如200%～300%）。除此之外，也可以选择超赔再保险，就是分出人就一个风险单位的风险损失或一次风险事故的风险损失总额，自留一定的赔款额度（例如50万元或500万元），超过该额度的赔款责任则由分保接受人承担一定额度（例如50万元以后的100万元，或者500万元之后的5000万元等）。目前我国一些省市农业保险的再保险都采取的是前一种方法，即赔付率超赔再保险的安排。

北京市政府也可以将规定的超过160%以上的赔款责任全部或部分分给再保险人。当然分多少需要研究和论证。因为分出责任多，需要支付的再保险费就多，分出的责任少，分保费就支付的少（后面第七章专门对分保的保险费水平做了测算）。

3. 财政“兜底”。再保险不是市政府的分散巨灾损失的必然选择，市政府还有第三条路，那就是，既不建立大灾损失准备，也不购买再保险。这对于全国来说或对有些省来说不是最好的选择，但对于北京市来说可以作为一个选择。

因为从测算的结果可以看出，在发生农业大灾条件下，北京市的农业保险的超额总赔付责任相对于市财政的预算执行能力来说并不算太大。如果不考虑其他超赔或大灾融资方式的话，可以通过政府财政“兜底”的方式，完全由市财政支付。这种方式也不是不可能采用。以2007年为例，北京市财政收入为1837.3亿元，其中农林水的支出为102.5亿元，约为财政收入的0.69%（见表5-5），而根据我们测算，巨灾风险准备金大约5亿元也就够了，就是说市政府所承担的赔付率超过160%之后的无限责任也就5亿元（根据前38年的灾害损失纪录估计）。以2008年的北京市财政收入来讲，不过占地方财政收入的0.27%，相当于农口财政预算支出的不到5%。

表 5－5　2000—2008 年北京市历年地方财政收入情况摘要表　（单位：亿元）

年　份	地方财政收入	农林水支出
1993	84.1	
1994	99.8	
1995	115.2	
1996	150.9	
1997	209.9	
1998	265.6	
1999	320.5	
2000	342.4	
2001	454.2	
2002	534.0	
2003	592.2	
2004	744.5	
2005	919.2	
2006	1117.2	88.62
2007	1492.6	102.51
2008	1837.3	

资料来源：北京市统计局、财政局网站。

4. 政府发行"农业保险巨灾债券"。财政"兜底"的方式好处是简便省事，政府不必每年提留准备金，也不考虑积累的准备金保值增值问题。但如果农业保险巨灾损失金额较大，这种预算之外的巨额支出会给当年财政带来较大压力。

如前所述，国外经验表明，发生巨灾损失时，农业保险责任准备金不足以支付赔款时，允许保险公司发行由财政担保的农业保险债券，筹集赔付资金，例如美国。保险公司可以在以后年份的保险经营中逐步支付债券的本息。北京市现在虽然要解决的是政府的超过当年 160% 赔付率以上的超赔责任问题，但我们认为也可以采取这种发行"农业保险特别地方债券"的方式融资，然后在以后年份由政府分期偿还，也可以用大灾准备金逐步偿还。这样就可以减轻政府财政一次性较大规模的预算外支出。

不过，我们认为，这种方式更适合那些农业保险规模较大，农业保险的巨灾损失在本地财政消化比较困难的省份。

对北京市来说，我们已经建立了巨灾风险准备金，同时由市政府购买了赔付率160%～300%的再保险，从北京市的实际出发，我们认为，每年购买再保险后，政府实际上还需要承担的是赔付率在300%以上的赔款责任，而根据对近30年的灾害资料的分析，这个责任发生的概率很小，因此可以取消已经建立的“大灾准备基金”。万一发生赔付率超过300%的情况，可以由市财政“兜底”或者临时发行“农业保险巨灾债券”筹集资金。这样，可以增加财政可利用资金，也免去“大灾准备基金”管理的成本。

（三）农业保险的直接经营者对于巨灾风险分散制度的选择

1. 增加风险单位。通过更为精确的风险划分与费率分区，降低农户的逆选择，有效增加风险单位，在更广泛的保险标的范围内分散农业保险的巨灾风险。

由于北京市政策性农业保险尚处于试点初期，数据积累非常有限，还没有进行比较严格意义上的风险划分与费率分区，费率厘定非常粗糙。农业保险费率厘定的总体原则是“不同作物有所不同，同一类作物基本相同”，而且各区县之间没有费率区别。这就带来潜在的逆选择问题。

事实上，即便是同一种作物，在不同区县，其风险状况都是不一样的，费率也应该不一样。如果实际收取的保费与农户面临的风险不相匹配，则会造成逆选择，不匹配的程度越高，逆选择也就越严重，低风险的农户就越缺乏参保的积极性。在这种情况下，农业保险实际集中的高风险集合，从而难以可持续发展。如果试图通过提高费率来改善财务状况，则相对低风险的农户则更多地选择退出，逆选择将更加严重，并不能达到改善财务状况的效果。因此，当务之急是进一步加强风险划分的理论研究，在成本可控的情况下进行更为具体的费率分区，使农户的风险状况与其费率基本匹配，从而减少逆选择现象。

2. 减额赔付机制。合作保险可以通过减额赔付机制自动吸纳巨灾风险所造成的超赔损失。对于谷物协会等合作组织开展的合作性质保险，可以通过其内生的减额赔付机制来分散巨灾风险。

3. 财政借款或担保。农业保险的巨灾风险分散制度，政府可以充当“临时贷款人”，为保险公司提供临时流动性。比如在巨灾发生后，保险公司的政策性保险的准备金不足赔付时，财政可以向保险公司提供贷款或为保险公司向银行贷款提供担保。

如前所述，时间风险是巨灾风险跨期分散的主要威胁之一。为了解决巨灾风险管理中的流动性不足问题，可以考虑由政府出面为其提供临时贷款。政府提供贷款一方面可以解决巨灾基金在面对早期巨灾风险时的流动性不足问题，同时由于政府具有最高信用等级，因此也大大降低了巨灾风险的融资成本。必须指出的是，政府在这里只是充当“临时贷款人”的角色，因此贷款应该具有短期性，并且收取市场化的利率回报。而保险基金在解决了暂时的危机之后则可以用“非巨灾年度”的保费收入和盈利偿还贷款。

4. 天气指数保险。积极研究天气指数保险对于北京市的适用性。通过农业保险产品的创新来应对农业风险的相关性及其造成的巨灾损失。指数保险等农业保险技术与制度创新对于北京市农业保险的发展具有积极的意义。北京的农业保险目前不承保旱灾之类的系统性非常强的自然灾害，而旱灾恰恰与受灾面积和粮食产量相关性很强，因此发展指数保险对于北京市具有非常现实的意义。为了发展指数保险，必须加强相关的理论研究。同时，要创造条件，克服指数保险发展中存在的许多困难，比如，如何化解基数风险，如何让这种农业保险的技术创新与制度创新为保险公司、政府以及农民所接受，被保险地区是否具有较为完备的气象资料、气象站等基础设施是否齐备以及中国的金融市场是否接受这种产品等等。在这方面，安徽省已经取得了初步的经验。联合国粮食开发署（WFP）、国际农业发展基金（IFAD）基金与中国农科院资源环境研究所、安徽国元保险公司等合作，选择该省长丰和淮远县进行研究和试验，2009 年有 482 户农民投保了其 1270.78 亩的水稻。因为没有达到触发条件，没有发生赔付。

5. 风险证券化。积极研究巨灾风险证券化，特别是巨灾债券对于北京市的适用性。对于农业保险巨灾风险债券的研究至少要包括以下几个方面：（1）由什么部门的什么机构来设置 SPV？为了避开现阶段繁复的法令及税务上的困扰，SPV 的设置据点如何选择？（2）发行单一风险债券还是多种风险债券？什么样的方式能够满足不同需求的消费者？（3）赔偿方式如何选择？是采用部分偿还本金、保证偿还本金的方式，还是采用没收本金的方式？赔偿方式的选择应该如何兼顾投资人的风险及其投资意愿？（4）如何确定合适的风险期间？若风险期间过短，则发行者为了规避风险必须每年发行新的债券，较为麻烦且成本较高。若风险期间过长，则可能会降低投资人（尤其是自然人）购买债券的意愿（因为巨灾发生的机率提高），增加募集充足资金的困难。另外，由于大环境的快速变迁，债券内容的设计也要有所修正，这样，发行公司才能将风险真正转移。因此，风险期间的确定要综合考虑发行成本、投资人的意愿以及环境变迁等因素。（5）发行地区如何选择？这要综合考虑国内外债券市场的流动性与市场吸纳量以及国内外法律对于巨灾风险债券发行与投资的规范程度等。

第六章

北京市农业保险巨灾风险准备金规模研究与测算

大灾风险准备金是在超过正常保险责任准备金积累之外建立的准备金，主要是为应付超赔责任。在本研究中，因为是为市政府建立大灾准备金提供科学依据，因此，将大灾准备金定义为赔付率超过160%（或200%）的巨灾赔付责任准备金。由于没有历史的索赔数据，我们这里的测算都是根据从1978年到2005年的农作物产量资料测算的。

一、基本假设及测算中包括的变量分析

（一）基本假设

假设一：全市投保农作物面积为50%，80%且为均匀分布。

假设二：种植业平均费率为4%。

假设三：当年全市简单赔付率超过200%（或160%），便启动大灾准备金。

假设四：如果应赔付的实际损失金额小于保险公司封顶赔付金额（即两倍，或1.6倍保费总收入），则大灾准备金的金额设定为0。

（二）测算中包括的变量分析

A＝农业产值，B＝农作物播种面积，C＝农作物平均产值，D＝保费收入，E＝农作物成灾面积，M＝农作物投保比例，L＝投保农作物损失金额，Ca＝大灾准备金金额，N＝保险公司封顶赔付金额。

二、测算思路及测算过程

（一）测算思路

大灾准备金的金额应该是应赔付的实际损失金额与保险公司封顶赔付金额之间的差额。并把 1983—2005 年分成 3 个周期，首先算出每个周期内大灾准备金的平均值，再将三个周期的平均值加权平均算出最后的大灾准备金。

亩平均产值 = 农业产值 ÷ 农作物播种面积　　(1)

损失金额 = 已投保作物成灾面积 × 亩平均产值

　　　　= 成灾面积 × M × 平均产值　　(2)

保费收入 = 保额 × 平均费率

　　　　= 已投保的播种面积（亩） × 亩平均产值 × 平均费率

　　　　= 农作物播种面积（亩） × M × 平均产值 × 平均费率

　　　　= 亩农业产值 × M × 平均费率　　(3)

保险公司封顶赔付金额 = 保费收入 × 2　　(4)

大灾准备金金额 = 损失金额 - 保险公司封顶赔付金额　　(5)

（二）测算过程

步骤 1：表 6 - 1 中是原始数据和根据原始数据计算出的数据，其中农作物成灾面积的原始数据的单位为千公顷，根据 1 公顷 = 15 亩换算出农作物成灾面积（亩）；并且根据公式（1），可以计算出 1983—2005 年的平均产值。

步骤 2：根据公式（2）、（3）、（4）和假设一、假设二、假设三，从表 6 - 2 中可以得出 1983—2005 年的总保费收入、封顶赔款金额、损失金额。

表 6-1　1983—2005 年北京市农作物播种面积及平均产值

年份	农作物播种面积（亩）	农业产值（万元）	平均产值（元/亩）	农作物成灾面积（千公顷）	农作物成灾面积（亩）
	B	A	C = A/B	E1	E2
1983	9571537	121467	126.90	89	1335000
1984	9499847	135100	142.21	136	2040000
1985	9267539	152488	164.54	78	1170000
1986	9073992	163110	179.76	31	465000
1987	8965184	191203	213.27	12	180000
1988	8932362	301460	337.49	52	780000
1989	8840711	328793	371.91	89	1335000
1990	7265893	378381	520.76	87	1305000
1991	7249375	382788	528.03	77	1155000
1992	8779000	416377	474.29	8	120000
1993	8479479	511137	602.79	53	795000
1994	8263008	725239	877.69	46	690000
1995	8294616	868372	1046.91	37	555000
1996	8074514	891491	1104.08	60	900000
1997	8039891	869772	1081.82	97	1455000
1998	8031199	891630	1110.21	39	585000
1999	7906657	911919	1153.36	73	1095000
2000	6865857	910950	1326.78	190	2850000
2001	5796726	828045	1428.47	81	1221000
2002	5128134	900788	1756.56	92	1384500
2003	4632422	887548	1915.95	25	375000
2004	4691100	926818	1975.69	10	150000
2005	4770490	1005873	2108.53	18	270000

表 6－2　1983—2005 年总保费收入、封顶赔款金额、损失金额

年份	农业产值（万元）	保费收入（万元）	封顶赔款金额（万元）	损失金额（万元）
	A	D = A × M × 4%	N = 2D	L
1983	121467	2429.35	4858.69	8470.89
1984	135100	2702.01	5404.02	14505.75
1985	152488	3049.76	6099.52	9625.59
1986	163110	3262.19	6524.38	4179.31
1987	191203	3824.06	7648.13	1919.46
1988	301460	6029.20	12058.41	13162.19
1989	328793	6575.86	13151.72	24824.86
1990	378381	7567.62	15135.23	33979.78
1991	382788	7655.75	15311.50	30493.63
1992	416377	8327.53	16655.07	2845.72
1993	511137	10222.74	20445.47	23961.01
1994	725239	14504.79	29009.57	30280.44
1995	868372	17367.44	34734.88	29051.77
1996	891491	17829.82	35659.64	49683.60
1997	869772	17395.44	34790.88	78702.46
1998	891630	17832.60	35665.19	32473.57
1999	911919	18238.37	36476.75	63146.22
2000	910950	18218.99	36437.98	189066.42
2001	828045	16560.90	33121.80	87208.10
2002	900788	18015.77	36031.53	121597.97
2003	887548	17750.96	35501.91	35924.02
2004	926818	18536.36	37072.72	14817.71
2005	1005873	20117.46	40234.92	28465.18

步骤 3：将 1983—1990 年作为测算的第 1 个周期，1991—1995 年作为测算的第 2 个周期，1996—2000 年作为测算的第 3 个周期，2001—2005 年作为测算的第 4 个周期，根据公式（5）和假设四，分别算出各期内大灾准备金的每年平均金额。

三、测算的结果及推论

根据公式（5）和假设四，分别算出各期内大灾准备金的每年平均金额（见表6－3、表6－4、表6－5和表6－6）。

表6－3　　1983—1990年历年大灾准备金金额

年度	实际差额（万元）	金额缺口（万元） Ca = L – N
1983	3612.20	3612.20
1984	9101.73	9101.73
1985	3526.07	3526.07
1986	（2345.08）	0.00
1987	（5728.67）	0.00
1988	1103.79	1103.79
1989	11673.13	11673.13
1990	18844.55	18844.55
	平均值	5982.68

表6－4　　1991—1995年历年大灾准备金金额

年度	实际差额（万元）	金额缺口（万元） Ca = L – N
1991	15182.13	15182.13
1992	（13809.35）	0.00
1993	3515.54	3515.54
1994	1270.87	1270.87
1995	（5683.12）	0.00
	平均值	3993.70

表 6-5　　1995—2000 年历年大灾准备金金额

年度	实际差额（万元）	金额缺口（万元） Ca = L - N
1996	14023.96	14023.96
1997	43911.58	43911.58
1998	（3191.62）	0.00
1999	26669.47	26669.47
2000	152628.44	152628.44
	平均值	47446.69

表 6-6　　2001—2005 年历年大灾准备金金额

年度	实际差额（万元）	金额缺口（万元） Ca = L - N
2001	54086.30	54086.30
2002	85566.44	85566.44
2003	422.11	422.11
2004	（22255.01）	0.00
2005	（11769.74）	0.00
	平均值	28014.97

从表 6-3、表 6-4、表 6-5 和表 6-6 中得出 1983—1990 年每年的大灾准备金留存金额为 5982.68 万元，1991—1995 年每年的大灾准备金留存金额为 3993.70 万元，1995—2000 年每年的大灾准备金留存金额为 47446.69 万元，2001—2005 年每年的大灾准备金留存金额为 28014.97 万元。

结论：从测算的结果可以看出，由于周期 1 和周期 2 时中国经济发展水平与目前的差距较大，所以两个数值的可参考性较差，而周期 3 和周期 4 时的农产品价格水平符合目前的经济发展水平，将周期 3 和周期 4 的平均值再平均，得出每年度大灾准备金的数额为 37730.83 万元。

这里的 37730.83 万元是在以保费规模的两倍作为大灾准备金起赔点和投保率为 50% 的假定条件下测算出来的。如果按照北京市目前的筹集渠道，即市政府每年提取农业增加值的 1‰（2007 年大约是 1000 万元），这个准备金规模的积累需要30年以上。

下面将计算结果进行推算，当大灾准备金起赔点、投保率和保险费率变化时，大灾准备金的规模也会随之变化。从表6-7中可以清楚地看到推论结果。

表6-7　　大灾准备金规模推算表

	大灾准备金起赔点（倍）	保险费率（%）	投保率（%）	大灾准备金规模（万元）
设定情况1	2	4	50	37730.83
	2	4	80	60369.33
	2	4	100	75461.66
设定情况2	1.6	4	50	43085.38
	1.6	4	80	68935.01
	1.6	4	100	86170.76
设定情况3	2	6	50	27443.27
	2	6	80	43909.23
	2	6	100	54886.54
设定情况4	1.6	6	50	33438.24
	1.6	6	80	53501.18
	1.6	6	100	66876.38

从表6-7中可以看出，在其他条件不变的情况下，当投保率提高，所需大灾准备金的规模也随之提高，呈正相关关系；其他条件不变的情况下，大灾准备金起赔点提高，所需大灾准备金的规模减少，呈负相关关系；其他条件不变的情况下，保险费率提高，所需大灾准备金的规模减少，也呈负相关关系。这里我们只假定费率为4%和6%两个情况，实际上北京市政策性农业保险实验的作物费率是在7%～9%。因此，目前测定的大灾准备金规模偏高。

按照上述方法测算，还有一个缺陷，那就是这里的“损失”是以低于全市平均产量的70%来定义的，这与目前我们政策性农业保险实际保障水平不符。目前的保障水平比这个水平要低。而且，这里测算还是假定所有作物都纳入政策性农业保险的范围，而实际上目前只有10种作物，即小麦、玉米、豆类、西瓜、苹果、桃、葡萄、柿子、露地蔬菜等纳入政策性农业保险，这也使得测算结果偏高。

因此根据该方案所得出的测算结果只是比较粗略的。即便如此，上面的计算结果表明，北京市在现有的费率水平和物价水平下，如果全面推行政策性农业保险的话，需要3.3亿元（50%农作物面积投保）到6.6亿元（100%的农作物面积投保）的大灾准备金。考虑到总有一些作物不适合投保，我们假定80%的面积投保政策性农业保险也基本上就实现了全覆盖了。那么在这种条件下，5.35亿元的大灾准备金就基本上能够应付大灾发生后的政府赔款责任。有关管理机构可以从这几种方案中进行选择，加快建立大灾准备金。否则，在大灾发生的年份赔付将发生困难，就会给政府财政造成冲击。

第七章

北京市农业保险巨灾风险准备金制度的完善

和其他省市相比，北京市作为先行者，已经初步建立起了巨灾风险准备金制度。如果要保留该准备金，就需要在现有制度的基础上继续完善这一制度，使其成为北京市农业保险巨灾风险分散制度的主体。

一、完善巨灾风险准备金制度的运行机制

（一）巨灾风险准备金的筹资安排

目前北京市农业保险巨灾风险准备金是根据上年度北京市农业增加值的1‰提取的。这样的提取比例是否合适，需要和北京市农业保险巨灾风险准备金规模的测算结合起来。由于北京市及我国目前的政策性农业保险试点刚刚起步，对于筹集的农业保险巨灾风险准备金的规模难以准确评估。在理论上，农业巨灾风险准备金的规模大小应该与农业保险承保的自然灾害所造成的损失的年际之间数据波动有关系，每种自然灾害都有其发生的周期，因此，可以测算发生农业巨灾的周期，在一个周期内，农业巨灾风险准备金的筹集规模至少应该达到历史年际损失的平均值。

一旦确定了理论上应该筹集的农业保险巨灾风险准备金的大致规模，就可以对目前提取比例大小的合适性作出评估。

值得指出的是，农业保险巨灾风险准备金的积累有一个过程，如果在积累的过程中发生巨灾损失，造成严重的超赔，已经积累的巨灾风险准备金不足以弥补损失，超赔部分如何去筹资，事先应该有一个安排与规划。

比如，可以规定由财政支付，或者由财政担保从金融机构贷款，或者财政担保发行债券等。

当巨灾风险准备金达到理论上测算的规模后，需要考察是否要继续筹资并积累的问题了。我们认为，建立准备金有机会成本，准备金积累的规模并不是越大越好，当准备金积累的数额达到理论上测算的规模以后，可以停止筹资。可采取政府对准备金赔偿限额以上的赔偿责任进行担保，安排紧急融资等方式保证巨灾风险准备金制度的平稳运行。

（二）巨灾风险准备金的使用方向

目前北京市农业保险巨灾风险准备金主要是对经营农业保险的公司160%以上的超赔损失进行补偿。

农业保险巨灾风险准备金除了对遭遇巨灾损失的农业保险公司提供补偿外，使用方式还可以包括：巨灾风险的预防（比如通过兴修水利设施来预防洪涝和干旱的发生，通过注射防疫疫苗来预防禽畜传染病的发生和扩散）；支持巨灾风险发生规律的科学研究，分析和研究北京市农业灾害发生规律，以便建立农业风险预警系统，加强农业风险管理，可以为北京市制定农业保险政策，构建有效的农业保险制度体系提供科学依据。

（三）巨灾风险准备金的投资管理

由于中国资本市场的系统性风险和非系统性风险仍然比较高，巨灾风险准备金的投资应该非常慎重。建议在正常年景将巨灾风险准备金的结余主要用于银行存款或持有部分国债。巨灾风险准备金的利息收入及投资收入应全额充实巨灾风险准备金。

（四）巨灾风险准备金的管理机构

和其他省市相比，北京市建立了比较完善的农业保险管理机构。即建立了北京市政策性农业保险工作协调小组，由主管副市长牵头、市政府主管秘书长具体负责，市农委、保监局、财政局、发改委、国税局、地税局、法制办、国资委、气象局等部门组成，工作协调小组办公室设在市农委。为了进一步完善北京市农业保险巨灾风险准备金制度，建议进一步拓展和充实北京市政策性农业保险工作协调小组及其办公室作为管理机构的职能，切实履行筹集、管理和使用巨灾风险准备金的职责或职能。

二、优化巨灾风险准备金制度的政策环境

（一）为农业巨灾风险准备金制度的运行提供法律法规保障

国家要尽快出台《农业保险立法条例》，使得农业巨灾风险准备金的筹集、使用、监管等问题有法可依。在《农业保险立法条例》出台前，建议北京市出台有关农业保险巨灾风险准备金管理制度方面的规范性意见。

（二）加强对农业保险巨灾风险准备金的监管

随着北京市政策性农业保险的发展，农业保险巨灾风险准备金的规模将越来越大。因此，对农业巨灾风险准备金的监管也更加重要，北京市应建立政策性农业保险风险预警系统和运行监管机制，加强巨灾防范意识，建立大灾应急预案，对农业巨灾风险准备金的规模、使用等加强监管。要定期对政府巨灾准备金使用情况进行监督检查，对政府巨灾准备金的使用情况和效果进行评价，严格对农业保险巨灾风险准备进行审计。

第八章

北京市巨灾风险的再保险安排依据

一、政策性农业保险的再保险安排方法的选择

我国的政策性农业保险目前还没有统一的制度框架，中央政府和地方政府在政策性农业保险中的地位和责任尚不明确。但从目前的实践来看，举办该农业保险的省市大多要承担部分或无限的超赔责任。例如，上海市和北京市政府都同意承担超过一定数额赔付责任之后的无限责任，而浙江省只承担赔付率在 200% ~500% 之间责任的一部分。但更多的试点省市区政府没有明确是否承担超赔责任和责任限额。

北京市政府要承担 160% 以上的无限超赔责任，从再保险市场的习惯和一般选择来看，只能选择赔付率超赔再保险[①]的分保安排。这种安排也比较符合市政府承担责任的方式。但是市政府选择赔付率超赔分保也还有两种选择：一种选择是将 160% 赔付率以上的全部赔款责任分保出去，另一种选择则是只分保出去 160% 赔付率以上一定份额的赔付责任，例如，160% ~300% 的赔付责任。

如果选择前者，即将 160% 以上的无限责任全部分出，作为商业性经营机构的再保险公司考虑其较大风险恐不易接受，即使接受，分保价格会

① 赔付率超赔再保险是根据一定期间（例如一年）的该类原保险业务的赔付率确定分保双方赔款责任的一种再保险方法。例如，再保险人接受 100% 至 160% 的责任。如果保险期间的原保险赔付率是 150%，那么，100% 以内的赔款由原保险人（分出人）承担，100% ~150% 的赔款责任由再保险接受人承担。

要得很高，政府也得考虑其机会成本和可行性。所以，较好的选择是部分责任的分保。但部分责任分出，要确定分出多少比较合理和经济，我们需要在测算分保费率的基础上，进行分析并提出建议。下面就根据北京市的农业生产风险情况和赔付率做数理分析，并测定在一定条件下的赔付率及相应的再保险费率。

二、北京市各种作物的损失概率

我们根据北京市 1978 年至 2006 年各种作物的损失分布进行了拟合，发现不同区县各种作物的损失分布并不相同，例如，房山区的玉米服从四参数的布尔（Burr）分布，而昌平区的冬小麦则是服从江森 SU（Johnson SU）分布等（参见附录 1）。根据这些分布，我们测得北京市以及各区县各种作物的风险概率，我们选择全市和各区县的一部分作物列于表 8－1～表 8－14。

表 8－1　　北京市及各区县大豆生产风险一览

P / Loss / Areas	>0	>5%	>10%	>15%	>20%	>25%	>30%	>35%	>40%	>45%
北京	44.84%	26.69%	13.62%	5.97%	2.27%	0.75%	0.22%	0.06%	0.01%	0.00%
昌平	50.06%	36.07%	22.95%	11.61%	3.37%	0.05%	0.00%	0.00%	0.00%	0.00%
朝阳	58.92%	54.36%	49.33%	43.83%	37.87%	31.53%	24.93%	18.31%	12.03%	6.59%
大兴	50.31%	31.96%	16.35%	6.28%	1.66%	0.27%	0.02%	0.00%	0.00%	0.00%
房山	48.57%	35.17%	23.76%	15.18%	9.32%	5.58%	3.28%	1.91%	1.11%	0.64%
丰台	49.24%	40.83%	32.90%	25.83%	19.82%	14.92%	11.06%	8.10%	5.88%	4.24%
海淀	57.25%	51.11%	44.66%	38.11%	31.71%	25.71%	20.33%	15.71%	11.89%	8.85%
怀柔	48.61%	35.01%	23.32%	14.54%	8.61%	4.91%	2.73%	1.48%	0.79%	0.42%
门头沟	44.99%	37.00%	30.04%	24.13%	19.23%	15.22%	11.98%	9.39%	7.34%	5.73%
密云	47.70%	40.08%	32.91%	26.46%	20.87%	16.21%	12.42%	9.42%	7.09%	5.30%
平谷	44.61%	35.47%	27.31%	20.37%	14.74%	10.34%	7.05%	4.67%	3.01%	1.89%
顺义	46.94%	29.29%	15.44%	7.17%	3.10%	1.29%	0.53%	0.22%	0.09%	0.04%
通州	54.35%	47.74%	40.80%	33.73%	26.77%	20.20%	14.32%	9.39%	5.57%	2.90%
延庆	44.99%	35.92%	27.90%	21.03%	15.34%	10.77%	7.25%	4.63%	2.78%	1.54%

表 8－2　　　　北京市及各区县秋粮生产风险一览

P　Loss / Areas	>0	>5%	>10%	>15%	>20%	>25%	>30%	>35%	>40%	>45%
北京	49.83%	47.13%	44.44%	41.78%	39.17%	36.62%	34.14%	31.75%	29.45%	27.24%
昌平	49.29%	26.06%	8.34%	0.74%	0.00%	0.00%	0.00%	0.00%	0.00%	0.00%
朝阳	49.83%	23.72%	8.04%	2.28%	0.61%	0.16%	0.04%	0.01%	0.00%	0.00%
大兴	46.65%	20.95%	7.61%	2.52%	0.81%	0.26%	0.08%	0.03%	0.01%	0.00%
房山	48.38%	16.34%	1.44%	0.00%	0.00%	0.00%	0.00%	0.00%	0.00%	0.00%
丰台	47.91%	34.63%	22.68%	12.94%	5.96%	1.89%	0.26%	0.00%	0.00%	0.00%
海淀	48.62%	23.23%	8.82%	3.00%	0.98%	0.32%	0.10%	0.03%	0.01%	0.00%
怀柔	52.58%	30.08%	13.70%	5.39%	1.98%	0.71%	0.25%	0.09%	0.03%	0.01%
门头沟	44.77%	37.46%	30.79%	24.85%	19.66%	15.23%	11.54%	8.53%	6.13%	4.28%
密云	44.95%	34.67%	25.93%	18.93%	13.57%	9.59%	6.72%	4.67%	3.23%	2.23%
平谷	44.88%	29.80%	18.33%	10.69%	6.03%	3.34%	1.82%	0.99%	0.54%	0.29%
顺义	50.50%	28.03%	12.75%	5.15%	1.97%	0.74%	0.27%	0.10%	0.04%	0.01%
通州	45.77%	26.92%	13.31%	5.43%	1.74%	0.39%	0.05%	0.00%	0.00%	0.00%
延庆	42.91%	29.54%	19.50%	12.46%	7.75%	4.73%	2.83%	1.67%	0.98%	0.56%

表 8－3　　　　北京市及各区县玉米生产风险一览

P　Loss / Areas	>0	>5%	>10%	>15%	>20%	>25%	>30%	>35%	>40%	>45%
北京	44.96%	23.50%	9.74%	2.97%	0.56%	0.04%	0.00%	0.00%	0.00%	0.00%
昌平	52.38%	25.32%	6.30%	0.41%	0.00%	0.00%	0.00%	0.00%	0.00%	0.00%
朝阳	43.94%	28.02%	16.93%	9.89%	5.65%	3.19%	1.78%	0.99%	0.55%	0.30%
大兴	44.84%	23.42%	10.91%	4.74%	1.96%	0.78%	0.30%	0.11%	0.04%	0.01%
房山	47.17%	17.67%	3.71%	0.41%	0.02%	0.00%	0.00%	0.00%	0.00%	0.00%
丰台	48.50%	36.83%	25.75%	15.81%	7.65%	2.12%	0.05%	0.00%	0.00%	0.00%
海淀	39.06%	18.60%	8.20%	3.49%	1.47%	0.61%	0.25%	0.11%	0.04%	0.02%
怀柔	49.19%	29.28%	14.86%	6.76%	2.89%	1.19%	0.48%	0.19%	0.07%	0.03%
门头沟	46.76%	39.19%	32.11%	25.68%	20.02%	15.19%	11.18%	7.97%	5.48%	3.62%
密云	46.43%	35.14%	25.70%	18.38%	12.97%	9.10%	6.39%	4.49%	3.18%	2.26%
平谷	45.82%	31.54%	20.33%	12.51%	7.46%	4.36%	2.52%	1.45%	0.83%	0.47%
顺义	48.73%	24.23%	9.73%	3.50%	1.20%	0.40%	0.13%	0.04%	0.01%	0.00%
通州	44.55%	26.12%	13.85%	6.92%	3.35%	1.60%	0.76%	0.36%	0.17%	0.08%
延庆	43.05%	29.07%	18.69%	11.54%	6.88%	3.97%	2.23%	1.21%	0.64%	0.33%

表 8-4　　北京市及各区县冬小麦生产风险一览

P \ Loss / Areas	>0	>5%	>10%	>15%	>20%	>25%	>30%	>35%	>40%	>45%
北京	45.02%	17.30%	4.95%	1.27%	0.32%	0.08%	0.02%	0.00%	0.00%	0.00%
昌平	52.24%	32.57%	16.04%	6.05%	1.76%	0.42%	0.09%	0.02%	0.00%	0.00%
朝阳	46.12%	19.94%	6.87%	2.15%	0.65%	0.20%	0.06%	0.02%	0.01%	0.00%
大兴	48.33%	16.03%	2.93%	0.44%	0.06%	0.01%	0.00%	0.00%	0.00%	0.00%
房山	47.60%	21.25%	7.14%	2.11%	0.60%	0.17%	0.05%	0.01%	0.00%	0.00%
丰台	46.00%	34.18%	23.91%	15.35%	8.64%	3.86%	1.06%	0.06%	0.00%	0.00%
海淀	44.18%	28.50%	16.83%	9.31%	4.91%	2.50%	1.24%	0.60%	0.28%	0.13%
怀柔	0.4724	23.97%	9.83%	3.60%	1.26%	0.43%	0.15%	0.05%	0.02%	0.01%
门头沟	0.4144	30.01%	21.07%	14.45%	9.74%	6.49%	4.28%	2.80%	1.82%	1.18%
密云	43.50%	20.95%	8.47%	3.15%	1.13%	0.40%	0.14%	0.05%	0.02%	0.01%
平谷	44.55%	23.21%	10.47%	4.39%	1.78%	0.71%	0.28%	0.11%	0.04%	0.02%
顺义	47.32%	17.33%	4.24%	0.88%	0.17%	0.03%	0.01%	0.00%	0.00%	0.00%
通州	48.06%	20.29%	5.74%	1.32%	0.27%	0.05%	0.01%	0.00%	0.00%	0.00%
延庆	47.95%	22.26%	7.84%	2.42%	0.71%	0.21%	0.06%	0.02%	0.00%	0.00%

表 8-5　　北京市及各区县夏粮生产风险一览

P \ Loss / Areas	>0	>5%	>10%	>15%	>20%	>25%	>30%	>35%	>40%	>45%
北京	46.11%	15.29%	3.50%	0.71%	0.14%	0.03%	0.01%	0.00%	0.00%	0.00%
昌平	52.54%	32.35%	15.59%	5.77%	1.70%	0.42%	0.10%	0.02%	0.00%	0.00%
朝阳	46.23%	20.31%	7.27%	2.39%	0.76%	0.24%	0.08%	0.02%	0.01%	0.00%
大兴	47.76%	18.10%	4.47%	0.91%	0.17%	0.03%	0.01%	0.00%	0.00%	0.00%
房山	47.22%	19.82%	6.04%	1.61%	0.41%	0.10%	0.03%	0.01%	0.00%	0.00%
丰台	45.76%	34.05%	23.92%	15.46%	8.75%	3.90%	1.01%	0.03%	0.00%	0.00%
海淀	44.03%	27.83%	16.06%	8.73%	4.58%	2.36%	1.20%	0.61%	0.31%	0.16%
怀柔	47.18%	23.67%	9.66%	3.54%	1.25%	0.43%	0.15%	0.05%	0.02%	0.01%
门头沟	41.84%	30.15%	21.02%	14.29%	9.55%	6.29%	4.11%	2.66%	1.71%	1.09%
密云	43.81%	22.42%	10.12%	4.29%	1.77%	0.72%	0.29%	0.12%	0.05%	0.02%
平谷	43.15%	22.60%	10.45%	4.52%	1.89%	0.78%	0.32%	0.13%	0.05%	0.02%
顺义	47.32%	18.20%	4.81%	1.09%	0.24%	0.05%	0.01%	0.00%	0.00%	0.00%
通州	48.22%	19.80%	5.37%	1.18%	0.23%	0.04%	0.01%	0.00%	0.00%	0.00%
延庆	47.53%	21.28%	7.29%	2.21%	0.65%	0.19%	0.05%	0.02%	0.00%	0.00%

表 8－6　　北京市及各区县西瓜生产风险一览

P Loss / Areas	>0	>5%	>10%	>15%	>20%	>25%	>30%	>35%	>40%	>45%
北京	52.17%	38.46%	26.50%	17.28%	10.83%	6.61%	3.96%	2.35%	1.39%	0.82%
昌平	55.61%	48.43%	41.05%	33.74%	26.75%	20.36%	14.78%	10.17%	6.58%	3.96%
大兴	50.88%	37.77%	26.18%	17.14%	10.76%	6.56%	3.92%	2.32%	1.36%	0.80%
房山	52.61%	39.46%	27.44%	17.78%	10.83%	6.26%	3.47%	1.85%	0.95%	0.47%
密云	52.46%	45.28%	38.20%	31.51%	25.43%	20.12%	15.64%	11.97%	9.04%	6.75%
平谷	51.03%	40.48%	30.67%	22.31%	15.68%	10.74%	7.21%	4.78%	3.14%	2.05%
顺义	56.80%	42.84%	28.98%	17.07%	8.35%	3.11%	0.71%	0.04%	0.00%	0.00%
通州	49.34%	31.66%	17.75%	9.03%	4.33%	2.02%	0.93%	0.42%	0.19%	0.09%
延庆	54.13%	50.90%	47.44%	43.74%	39.81%	35.66%	31.29%	26.75%	22.11%	17.45%

表 8－7　　北京市及各区县梨生产风险一览

P Loss / Areas	>0	>5%	>10%	>15%	>20%	>25%	>30%	>35%	>40%	>45%
北京	51.98%	35.65%	16.76%	0.01%	0.00%	0.00%	0.00%	0.00%	0.00%	0.00%
昌平	43.54%	36.69%	30.54%	25.16%	20.53%	16.63%	13.38%	10.71%	8.53%	6.76%
朝阳	50.15%	44.90%	39.53%	34.17%	28.98%	24.11%	19.68%	15.77%	12.42%	9.63%
大兴	42.83%	33.70%	26.08%	19.91%	15.05%	11.29%	8.42%	6.26%	4.63%	3.42%
房山	59.37%	46.47%	31.45%	16.27%	4.76%	0.29%	0.00%	0.00%	0.00%	0.00%
海淀	62.14%	58.28%	54.21%	49.94%	45.52%	41.01%	36.48%	31.99%	27.63%	23.46%
怀柔	45.45%	36.62%	28.80%	22.18%	16.79%	12.53%	9.24%	6.75%	4.90%	3.53%
密云	63.21%	62.49%	61.77%	61.06%	60.34%	59.62%	58.91%	58.19%	57.48%	56.77%
平谷	66.30%	63.09%	59.73%	56.26%	52.69%	49.08%	45.44%	41.83%	38.27%	34.82%
顺义	53.82%	45.69%	36.92%	27.64%	18.20%	9.29%	2.38%	0.00%	0.00%	0.00%
通州	51.78%	44.23%	36.35%	28.46%	20.94%	14.22%	8.70%	4.62%	2.02%	0.67%
延庆	59.80%	54.51%	48.85%	42.95%	36.95%	31.07%	25.52%	20.47%	16.07%	12.37%

表 8-8　　　　　　　　北京市及各区县苹果生产风险一览

P / Loss / Areas	>0	>5%	>10%	>15%	>20%	>25%	>30%	>35%	>40%	>45%
北京	51.11%	28.96%	13.07%	5.10%	1.86%	0.66%	0.23%	0.08%	0.03%	0.01%
昌平	44.79%	34.33%	25.38%	18.21%	12.78%	8.83%	6.02%	4.07%	2.74%	1.84%
朝阳	58.74%	55.18%	51.49%	47.70%	43.85%	39.97%	36.12%	32.33%	28.66%	25.14%
大兴	50.67%	25.42%	12.00%	5.26%	2.11%	0.76%	0.24%	0.06%	0.01%	0.00%
房山	58.42%	51.42%	44.05%	36.60%	29.44%	22.90%	17.21%	12.51%	8.81%	6.02%
海淀	50.58%	41.34%	32.64%	24.96%	18.56%	13.50%	9.65%	6.81%	4.76%	3.30%
怀柔	58.06%	51.38%	44.21%	36.83%	29.58%	22.83%	16.91%	11.99%	8.15%	5.31%
密云	47.80%	38.96%	30.68%	23.31%	17.06%	12.02%	8.16%	5.33%	3.36%	2.04%
平谷	56.98%	50.44%	43.67%	36.90%	30.41%	24.42%	19.12%	14.61%	10.91%	7.97%
顺义	50.41%	40.42%	31.06%	22.93%	16.35%	11.33%	7.67%	5.10%	3.34%	2.17%
通州	59.37%	53.42%	47.11%	40.59%	34.11%	27.90%	22.19%	17.15%	12.89%	9.42%
延庆	41.29%	34.52%	28.37%	22.95%	18.32%	14.47%	11.32%	8.79%	6.79%	5.21%

表 8-9　　　　　　　　北京市及各区县葡萄生产风险一览

P / Loss / Areas	>0	>5%	>10%	>15%	>20%	>25%	>30%	>35%	>40%	>45%
北京	52.64%	36.00%	20.66%	10.06%	4.39%	1.81%	0.73%	0.29%	0.11%	0.04%
昌平	61.89%	56.74%	51.15%	45.18%	38.92%	32.50%	26.12%	19.99%	14.38%	9.54%
朝阳	51.10%	46.05%	41.02%	36.10%	31.34%	26.82%	22.60%	18.72%	15.23%	12.14%
大兴	56.06%	46.53%	36.58%	26.87%	18.13%	10.96%	5.70%	2.36%	0.65%	0.06%
房山	59.63%	54.59%	49.27%	43.75%	38.15%	32.61%	27.27%	22.26%	17.70%	13.68%
海淀	46.23%	35.93%	27.02%	19.69%	13.95%	9.62%	6.47%	4.26%	2.74%	1.73%
怀柔	58.95%	55.18%	51.35%	47.51%	43.69%	39.95%	36.32%	32.84%	29.54%	26.44%
平谷	65.55%	62.36%	58.89%	55.14%	51.10%	46.77%	42.18%	37.34%	32.32%	27.18%
顺义	44.47%	37.81%	31.66%	26.11%	21.21%	16.98%	13.39%	10.40%	7.95%	5.98%
通州	49.93%	42.64%	35.52%	28.89%	22.97%	17.90%	13.71%	10.36%	7.73%	5.72%
延庆	56.12%	51.38%	46.33%	41.01%	35.50%	29.89%	24.32%	18.95%	13.98%	9.60%

表 8－10　　北京市及各区县水果生产风险一览

P　Loss / Areas	>0	>5%	>10%	>15%	>20%	>25%	>30%	>35%	>40%	>45%
北京	43.82%	26.13%	13.57%	6.17%	2.49%	0.90%	0.29%	0.09%	0.02%	0.01%
昌平	39.35%	29.48%	21.63%	15.50%	10.81%	7.28%	4.70%	2.87%	1.62%	0.83%
朝阳	47.97%	41.01%	34.24%	27.93%	22.27%	17.40%	13.35%	10.08%	7.51%	5.54%
大兴	54.33%	30.26%	11.33%	3.08%	0.70%	0.14%	0.03%	0.00%	0.00%	0.00%
房山	55.87%	52.54%	49.06%	45.46%	41.76%	37.98%	34.16%	30.33%	26.55%	22.85%
海淀	51.58%	35.31%	20.41%	9.41%	3.22%	0.74%	0.10%	0.01%	0.00%	0.00%
怀柔	48.08%	39.40%	31.06%	23.29%	16.35%	10.45%	5.79%	2.54%	0.70%	0.05%
密云	47.21%	40.28%	33.38%	26.74%	20.59%	15.14%	10.55%	6.91%	4.21%	2.35%
平谷	47.84%	30.79%	17.68%	9.37%	4.73%	2.33%	1.13%	0.55%	0.26%	0.13%
顺义	50.22%	37.70%	26.15%	16.81%	10.12%	5.77%	3.16%	1.67%	0.85%	0.42%
通州	45.24%	28.97%	16.78%	9.04%	4.65%	2.32%	1.14%	0.55%	0.26%	0.12%
延庆	53.27%	41.32%	30.24%	21.02%	14.00%	9.02%	5.68%	3.51%	2.14%	1.30%

表 8－11　　北京市及各区县桃生产风险一览

P　Loss / Areas	>0	>5%	>10%	>15%	>20%	>25%	>30%	>35%	>40%	>45%
北京	49.12%	29.12%	14.88%	6.92%	3.07%	1.33%	0.57%	0.24%	0.10%	0.04%
昌平	52.97%	37.68%	23.17%	11.63%	4.27%	0.84%	0.02%	0.00%	0.00%	0.00%
房山	49.31%	37.54%	26.54%	16.90%	9.16%	3.76%	0.86%	0.03%	0.00%	0.00%
海淀	53.52%	38.12%	22.60%	9.43%	1.50%	0.00%	0.00%	0.00%	0.00%	0.00%
怀柔	49.55%	37.13%	26.19%	17.57%	11.35%	7.14%	4.41%	2.69%	1.63%	0.99%
密云	48.10%	40.60%	33.51%	27.10%	21.51%	16.82%	12.97%	9.90%	7.50%	5.64%
平谷	56.66%	41.05%	25.28%	12.80%	5.23%	1.69%	0.41%	0.06%	0.00%	0.00%
顺义	60.03%	55.53%	50.76%	45.79%	40.67%	35.50%	30.38%	25.43%	20.75%	16.43%
通州	63.11%	55.22%	46.06%	35.90%	25.34%	15.35%	7.15%	1.87%	0.01%	0.00%
延庆	74.20%	43.26%	25.22%	14.70%	8.57%	5.00%	2.91%	1.70%	0.99%	0.58%

表 8－12　　　　北京市及各区县花生生产风险一览

P　Loss / Areas	>0	>5%	>10%	>15%	>20%	>25%	>30%	>35%	>40%	>45%
北京	57.69%	40.97%	24.86%	12.84%	5.76%	2.30%	0.83%	0.27%	0.08%	0.02%
昌平	46.93%	38.33%	30.68%	24.17%	18.84%	14.58%	11.23%	8.64%	6.64%	5.11%
大兴	76.59%	74.98%	73.28%	71.48%	69.59%	67.61%	65.54%	63.38%	61.13%	58.81%
房山	50.18%	35.48%	22.97%	13.83%	7.89%	4.34%	2.32%	1.22%	0.63%	0.32%
怀柔	56.27%	39.56%	24.24%	13.07%	6.34%	2.84%	1.19%	0.47%	0.17%	0.06%
密云	55.65%	45.79%	36.35%	27.93%	20.86%	15.23%	10.93%	7.74%	5.43%	3.78%
平谷	53.27%	42.86%	32.77%	23.84%	16.59%	11.13%	7.24%	4.61%	2.88%	1.77%
顺义	55.99%	43.36%	30.58%	19.53%	11.41%	6.22%	3.23%	1.62%	0.79%	0.38%
通州	56.45%	46.24%	35.74%	25.93%	17.63%	11.26%	6.78%	3.86%	2.08%	1.07%
延庆	51.66%	42.79%	34.35%	26.80%	20.39%	15.20%	11.15%	8.07%	5.79%	4.12%

表 8－13　　　　北京市及各区县油料生产风险一览

P　Loss / Areas	>0	>5%	>10%	>15%	>20%	>25%	>30%	>35%	>40%	>45%
北京	57.25%	40.89%	25.11%	13.26%	6.18%	2.63%	1.04%	0.39%	0.14%	0.05%
昌平	51.12%	44.35%	37.79%	31.64%	26.07%	21.18%	17.00%	13.50%	10.63%	8.31%
大兴	55.55%	47.39%	38.86%	30.48%	22.80%	16.25%	11.05%	7.19%	4.48%	2.68%
房山	52.52%	39.80%	27.91%	18.18%	11.13%	6.49%	3.65%	1.99%	1.06%	0.55%
怀柔	52.22%	38.39%	25.90%	16.23%	9.63%	5.51%	3.08%	1.70%	0.93%	0.51%
密云	56.03%	49.01%	41.79%	34.66%	27.94%	21.87%	16.63%	12.29%	8.84%	6.20%
平谷	51.25%	42.72%	34.28%	26.45%	19.68%	14.18%	9.95%	6.85%	4.64%	3.12%
顺义	53.78%	45.32%	36.32%	27.38%	19.21%	12.41%	7.30%	3.86%	1.80%	0.71%
通州	49.70%	42.01%	34.47%	27.43%	21.16%	15.83%	11.49%	8.10%	5.55%	3.70%
延庆	59.91%	50.41%	41.26%	32.96%	25.79%	19.84%	15.06%	11.31%	8.43%	6.24%

表 8-14　　北京市及各区县芝麻生产风险一览

Loss / P / Areas	>0	>5%	>10%	>15%	>20%	>25%	>30%	>35%	>40%	>45%
北京	49.21%	38.27%	28.66%	20.80%	14.73%	10.25%	7.03%	4.78%	3.22%	2.16%
昌平	60.53%	54.53%	48.08%	41.35%	34.60%	28.11%	22.15%	16.92%	12.53%	9.01%
大兴	52.25%	41.60%	31.77%	23.38%	16.70%	11.66%	8.00%	5.42%	3.64%	2.43%
房山	54.21%	42.68%	31.59%	21.85%	14.05%	8.34%	4.52%	2.20%	0.93%	0.32%
怀柔	56.65%	49.16%	41.44%	33.75%	26.41%	19.70%	13.88%	9.14%	5.55%	3.05%
密云	55.94%	49.81%	43.32%	36.57%	29.68%	22.82%	16.24%	10.27%	5.33%	1.88%
平谷	52.78%	41.62%	30.99%	21.84%	14.69%	9.51%	5.98%	3.68%	2.22%	1.33%
通州	55.93%	45.98%	36.07%	27.01%	19.39%	13.44%	9.07%	6.00%	3.92%	2.53%

对这 29 年的农作物生产的产量损失分布拟合和风险概率的估计结果表明，北京市各种作物的风险概率是有很大差异的。从全市来看秋粮作物的生产风险比夏粮大得多，损失大于 25% 的概率前者是 36.62%，后者仅仅为 0.03%，其他作物从大到小依次是西瓜 6.61%，桃 1.33%，大豆 0.75%，苹果 0.66%，玉米 0.04%，梨 0.00%。

各种作物在不同地区的风险也是不一样的，例如，玉米损失率大于 25% 的概率，门头沟是 15.19%，密云是 9.10%，顺义是 0.40%，昌平则是 0.00%。再例如，西瓜损失率大于 25% 的概率最高的是延庆，为 35.66%，其次是密云，为 20.12%，大兴只有 6.26%，通州最低，为 2.02%。但从总体上讲，西瓜生产的风险比玉米要大得多。

三、赔付率超赔分保的费率测算

（一）方法和假设

第一步，对赔款进行统计分析，即对赔付率规模及等级、赔付发生年数和年平均赔付率和赔付额进行全面统计。

第二步，赔付率超赔的比率分析，主要计算赔付率在100%以上的各层损失总额赔款的比例，以及各级起点赔付率以上的超额赔款及其占总赔款的百分比。

第三步，根据上述计算确定在不同层次接受分保的分保费率。由于没有各年赔付率的实际资料，我们这里假定：

1. 全市农户有80%投保，投保农户是均匀分布的；

2. 以每年的成灾面积（根据统计部门的界定损失大于30%的作物面积为成灾面积）作为保险索赔面积。由于成灾面积中的不同作物、不同地区和不同地块的实际损失程度不同，我们假定各种作物和地区的损失是同比例的，并分别假定平均损失程度为65%、70%、75%和80%几种情况来分析。即受灾程度在30%~100%之间的作物可获得保险赔付，取这些数值中的30%~50%（中位数偏下，考虑到实际受灾害程度）作为保险赔付标准水平，故上述保障水平对应的保险赔付水平分别为30%、35%、40%、45%和50%；

3. 保险保障水平按照70%的产量计，产品价格按照2009年市场价格计算。

（二）资料来源及统计口径说明

1. 计算选取北京市1978—2006年13个区县14种农作物的生产和气象数据（数据及其数据情况详见附录2）。

2. 计算中所选取的14种农作物为北京市所有农作物中有代表性、占北京市所有农作物耕种面积绝对比重的作物（包含目前北京市政策性农业保险所覆盖的所有种植业作物）。

3. 各种农作物的受灾面积、成灾面积中的灾害指各种自然灾害，包括水灾、旱灾、雪灾、雹灾、台风等。

4. 计算所选取的蔬菜作物的数据年份为2000—2006年，故本计算中所涉及的蔬菜作物的数据以上述年份为准。

5. 受灾面积、成灾面积的数据来源于1983—2007年《中国统计年鉴》、《中国农业年鉴》，经作者整理而得。

6. 各种农作物的受灾面积、成灾面积的计算以各作物播种面积占当年所选取的14种作物的总播种面积的比例为权重，乘以当年北京市作物受灾面积、成灾面积而得。

（三）计算过程中所用到的公式说明

1. 各种农作物播种面积总和 = ∑各种农作物播种面积

2. 各种作物播种面积占当年各作物播种总面积的比重 = 各种农作物播种面积/各种农作物播种面积总和

3. 各种农作物保费收入 = 各种农作物播种面积 ×80% ×保险金额 ×保险费率

4. 各种作物保费收入总和 = ∑各种农作物保费收入

5. 各农作物成灾面积 = 各种作物播种面积占当年各作物播种总面积的比重 ×北京市各种农作物成灾面积

6. 各种农作物赔付额 = 各农作物成灾面积 ×30%（以保险保障水平 70%，损失率为 60% 为例）

7. 各种农作物赔付额总和 = ∑各种农作物赔付额

8. 各种农作物赔付率 = 各种农作物赔付额总和/各种作物保费收入总和

（四）计算结果分析

1. 在农业保险 70% 的保障水平下，保险作物损失率为 60% 时，各年度赔付情况详见附录 2，整理的计算结果见表 8－15。

表 8－15　　当损失率为 60% 时的赔付率层次

简单赔付率	一定赔付率区间的年数在总年份中的占比		总赔款占保费总收入的占比	
	年数（年）	占比①（%）	保费收入（元）	占比②（%）
100% 以下	22	92	6445915209.0	92.43
100% ～160%	2	8	527973581.4	7.57
160% ～200%	0	0	0	0
200% 以上	0	0	0	0
总计	24	100	6973888790.4	100

① 这里的占比是简单赔付率在 100% 以下、100% ～160% 和 160% ～200% 的年份在总年份（24 年）中所占比例。

② 这里的占比是年赔款额在 24 年总赔付额中所占比例分别为 100% 以下、100% ～160% 和 160% ～200% 所占比例。

2. 在农业保险70%的保障水平下，保险作物损失率为65%时，各年度赔付情况详见附录2，整理的计算结果见表8－16。

表8－16　当损失率为65%时的赔付率层次

简单赔付率	一定赔付率区间的年数在总年份中的占比		总赔款占保费总收入的占比	
	年数（年）	占比（%）	保费收入（元）	占比（%）
100%以下	20	83.33	5804422587.5	83.23
100%～160%	4	16.67	1169466202.9	16.77
160%～200%	0	0	0	0
200%以上	0	0	0	0
总计	24	100	6973888790.4	100

3. 在农业保险70%的保障水平下，保险作物损失率为70%时，各年度赔付情况详见附录2，整理的计算结果见表8－17。

表8－17　当损失率为70%时的赔付率层次

简单赔付率	一定赔付率区间的年数在总年份中的占比		总赔款占保费总收入的占比	
	年数（年）	占比（%）	保费收入（元）	占比（%）
100%以下	20	83.33	5804422587.5	83.23
100%～160%	3	12.50	876536846.3	12.57
160%～200%	1	4.17	292929356.6	4.20
200%以上	0	0	0	0
总计	24	100	6973888790.4	100

4. 在农业保险70%的保障水平下，保险作物损失率为75%时，各年度赔付情况详见附录2，整理的计算结果见表8－18。

表8－18　当损失率为75%时的赔付率层次

简单赔付率	一定赔付率区间的年数在总年份中的占比		总赔款占保费总收入的占比	
	年数（年）	占比（%）	保费收入（元）	占比（%）
100%以下	19	79.17	5501257172.3	78.88
100%～160%	4	16.67	1179702261.5	16.92
160%～200%	1	4.16	292929356.6	4.20
200%以上	0	0	0	0
总计	24	100	6973888790.4	100

5. 在农业保险70%的保障水平下，保险作物损失率为80%时，各年度赔付情况详见附录2，整理的计算结果见表8－19。

表8－19　　当损失率为80%时的赔付率层次

简单赔付率	一定赔付率区间的年数在总年份中的占比		总赔款占保费总收入的占比	
	年数（年）	占比（%）	保费收入（元）	占比（%）
100%以下	19	79.17	5501257172.3	78.88
100%～160%	3	12.50	944658036.7	13.55
160%～200%	1	4.17	235044224.8	3.37
200%以上	1	4.17	292929356.6	4.20
总计	24	100	6973888790.4	100

四、分析和初步结论

我们现在只了解从1983年至2007年北京市每年的成灾面积，成灾面积代表损失在30%～100%之间的面积。但由于无法知道确切的损失程度，只好假定全部成灾面积平均损失分别为30%、35%、40%、45%和55%等条件，对应的收成就是40%、35%、30%、25%和20%。

上面五个表给出的结果表明：

1. 当平均损失为30%时，简单赔付率在100%以下的年份总赔付额在总赔付额中的比重为92.43%的，只有7.57%的赔款是在赔付率100%以上、160%以下。也就是说，在这种条件下保险公司分保100%～160%之间的赔款责任，需要支付再保险纯费率7.57%。因为没有一年的赔付率超过160%，政府不必为赔付率160%以上的责任分保。

2. 当平均损失为35%时，简单赔付率在100%以下的年份总赔付额在总赔付额中的比重为83.23%的，只有16.77%的赔款是在赔付率100%～160%。也就是说，在这种条件下保险公司分保100%～160%之间的赔款责任，需要支付再保险纯费率16.77%。因为没有一年的赔付率超过160%，政府不必为赔付率160%以上的责任分保。

3. 当平均损失为40%时，简单赔付率在100%以下的年份总赔付额在总赔付额中的比重为83.33%的，赔付率在100%～160%之间的年份的赔款总额在24年总赔款中的比重是12.50%，赔付率在160%～200%之间的赔款占总赔款的4.17%。也就是说，在这种条件下，保险公司分保100%～160%之间的赔款责任，需要支付再保险纯费率12.50%。政府要将160%～200%的赔款责任分出，需要支付再保险纯费率是4.17%。因为没有一年的赔付率超过200%，政府不必为赔付率200%以上的责任分保。

4. 当平均损失为45%时，简单赔付率在100%以下的年份总赔付额在总赔付额中的比重为79.17%的，赔付率在100%～160%之间的年份的赔款总额在24年总赔款中的比重是16.67%，赔付率在160%～200%之间的赔款占总赔款的4.16%。也就是说，在这种条件下，保险公司分保100%～160%之间的赔款责任，需要支付再保险纯费率16.67%。政府要将160%～200%的赔款责任分出，需要支付再保险费的纯费率是4.16%。因为没有一年的赔付率超过200%，政府不必为赔付率200%以上的责任分保。

5. 当平均损失为50%时，简单赔付率在100%以下的年份总赔付额在总赔付额中的比重为79.17%的，赔付率在100%～160%之间的年份的赔款总额在24年总赔款中的比重是12.50%，赔付率在160%～200%之间的赔款占总赔款的4.17%。赔付率在200%以上的年份总赔款在24年总赔款中比例是4.17%。也就是说，在这种条件下，保险公司分保100%～160%之间的赔款责任，需要支付再保险纯费率12.50%。政府要将160%～200%的赔款责任分出，需要支付再保险费的纯费率是4.17%，要将200%以上的赔款责任分出，需要支付再保险费的纯费率也是4.17%。

这就是说，在保险平均损失率50%（或实际平均损失80%）的条件下（例如，遭受类似1983—2006年最严重的灾害的年份的损失，灾害损失平均达到80%），假定直接保险保费收入是3.5亿元，政府将160%～250%之间的保险责任分保出去，再保险纯费率8.34%，即纯保险费2900万元左右是合理的（不包括佣金和管理费）。

但是如果考虑到在30%～100%的损失率中，选取中位数，即75%的平均损失率，那么分出赔付率在160%～300%的赔款责任，只需要按照纯费率4.17%支付保费，即1450万元（不包括佣金和管理费）。

当然，因为我们只有北京市25年的农业损失统计资料，在这个经验范围内得到上述结果。超出这个时间序列的年份实际上还有更严重的灾害损失。例如，1960年、1961年、1965年、1976年、1980年，这些年份的灾害都很严重。1980年，农作物受灾25.33万公顷，造成粮食减产4.25亿公斤。这是近30年最严重的灾害年份。从历史上来看，对北京市农业生产造成较大危害且发生频率较高的主要是暴雨、风暴和干旱，其次是雪灾、冻害和低温灾害。

6. 上面的测算和分析讨论针对的都是农作物灾害损失，也没有涉及养殖业的风险和损失。不过从目前能调查到的我市养殖业的疫情来看，损失并不很严重[①]（参见表8－20）。

表8－20　北京市2000—2008年养殖业疫情情况表

年份	猪囊虫病（猪）			猪生殖、呼吸系统综合病（猪）			布氏杆菌病（牛、羊）			新城疫（鸡）			口蹄疫（牛）			鸡马立克氏病（鸡）		
	发生次数	发病数	死亡数	发生次数	发病数	死亡数	发生次数	发病数	死亡数	发生次数	发病数	死亡率	发生次数	发病数	数	发生次数	发病数	死亡数
2000	2	304	5	1	26	4												
2001																		
2002																		
2003																		
2004							5	79	778							1	200	150
2005							11	275	270	3	13871	100875	1	252	2464			
2006				1	9	1	10	52	57	3	10815	39797				2	68	49
2007							8	23	122	1	623	5743				2	40	40
2008							6	14	14	1	640	4010				2	40	25

数据来自《兽医公报》。

从表8－20可以看出，北京市生猪、牛、羊、鸡等畜禽，疫情引起死亡率较高的是肉鸡，带来损失最大的是牛口蹄疫（另有一些免疫病毒性

① 据说，北京市畜禽的疫病在几十年前的个别年份有过一些发生，但没有大的流行。我们也找不到确切数据。只能根据现有数据作判断。

出血症、鼻疽等疫病未列出，因为不是目前政策性农业保险的保险责任)，但死亡率不算高。加之北京市畜牧防疫网络和制度健全，技术力量比较强，发生重大疫情的可能性比较小。加之 2007 和 2008 年政策性农业保险的实验结果表明，简单赔付率不高，2007 年只有 27.34%，2008 年是 36.03%。所以计算赔付率超赔再保险的赔付率时，基本没有考虑这一块的超赔问题。

第九章

简要结论与政策建议

本书的主要结论和政策建议如下：

（一）政策性农业保险是政府通过一系列政策（特别是价格支持政策）支持的经营风险较高的农业保险活动，对我国来说，举办政策性农业保险，主要目的在于促进农业持续稳定发展和保障投保农户的基本生活。

（二）由于农业生产自身和农业风险的特点导致的农业保险经营的高风险，在政策性农业保险制度建设中，除了直接保险业务经营要遵循一般规则之外，还需要建立必要的和可行的巨灾风险管理制度。

（三）经营农业保险历史比较长、制度比较成熟的国家，都从法律和法规层面对建立巨灾风险管理作出了规定和要求。它们对于巨灾风险事故发生后的财务处置措施包括：组织多层次的再保险、发行巨灾债券、财政贷款等；采取的经营技术手段包括；举办指数化保险、将巨灾风险证券化等。

（四）其他省、市、自治区政策性农业保险的巨灾风险管理制度建设中也有许多值得北京市借鉴的经验。

（五）对于北京市政府来说，针对市政府在政策性农业保险制度中承担的风险责任，就目前而言，可供选择的方式主要有：建立大灾风险准备金、购买再保险、发行巨灾债券、政府财政“兜底”等。由于建立大灾风险准备金和购买再保险有一定替代性，建议在购买再保险之后，取消大灾风险准备金。当发生巨灾，损失超过再保险保障水平之后，可以由财政出资或者临时发行巨灾风险债券解决超赔问题。

（六）如果继续建立大灾风险准备金，需要在制度运行和政策环境两个方面完善制度建设。在现有险种、现有费率水平和投保率不超过80%

的条件下，准备金总规模不超过5亿元比较适当。

（七）目前政府的再保险安排是比较适当的。本研究根据1983—2007年的本市灾害统计资料测算，在这25年中，按照成灾面积平均损失75%~80%情况测算，分出160%~300%的赔款责任，再保险的纯费率（不包括佣金和管理费）在4.17%~8.34%之间。

参考文献

1. Ahsan, S. M., A. A. G. Ali and N. J. Kurian. "Toward a Theory of Agricultural Insurance." American Journal of Agricultural Economics 64 (1982): 520 ~ 529.

2. Babcock, B. A. and D. A. Hennessy. "Input Demand under Yield and Revenue Insurance." American Journal of Agricultural Economics 78 (1996): 416 ~ 427.

3. Babcock, B. A., C. E. Hart and D. J. Hayes. "Actuarial Fairness of Crop Insurance Rates with Constant Rate Relativities." American Journal of Agricultural Economics 86 (2004): 563 ~ 575.

4. Bardsley, P., A. Abey and S. Davenport. "The Economics of Insuring Crops Against Drought." Australian Journal of Agricultural Economics 28 (1984): 1 ~ 14.

5. Barnett, B. 2004. Agricultural index insurance products: strengths and limitations. Presented at Agricultural Outlook Forum, 19 February, Washington, USA, USDA.

6. Berliner, B. 1982. Limits of insurability of risks. Englewood Cliffs, NJ, USA, Prentice - Hall.

7. Chambers, R. G. "Insurability and Moral Hazard in Agricultural Insurance Markets." American Journal of Agricultural Economics 71 (1989): 604 ~ 616.

8. Chambers, R. G. and J. Quiggin. "Decomposing Input Adjustments under Price and Production Uncertainty." American Journal of Agricultural Economics 83 (2001): 20 ~ 34.

9. Chayanov, A. V., 1925: The Theory of Peasant Economy, Madison: University of Wisconsin Press, 1986.
10. Crocker, K. J. and J. Morgan. "Is Honesty the Best Policy? Curtailing Insurance Fraud Through Optimal Incentive Contracts." Journal of Political Economy 106 (1998): 355~375.
11. Duncan, J. and R. J. Myers. "Crop Insurance under Catastrophic Risk." American Journal of Agricultural Economics 82 (2000): 842~855.
12. Gardner, B. L. and R. A. Kramer. "An Experience with Crop Insurance Programs in the United States." In P. Hazell, C. Pomerada and A. Valdez, eds. Crop Insurance for Agricultural Development: Issues and Experience. Baltimore: Johns Hopkins University Press, 1986, pp. 195~222.
13. Glauber, J. W. "A Declaration in the U. S. District Court for the District of North Dakota, Southeastern Division Paul Wiley, et al. v. Daniel Glickman." CivilNo. A3-99-32, May 18, 1999.
14. Glauber, J. W. and K. J. Collins. "Crop Insurance, Disaster Assistance and the Role of the Federal Government in Providing Catastrophic Risk Protection." Agricultural Finance Review 69 (2002): 81~102.
15. Goodwin, B. K. "An Empirical Analysis of the Demand for Multiple-Peril Crop Insurance." American Journal of Agricultural Economics 75 (1993): 425~434.
16. Goodwin, B. K. and V. H. Smith. "An Ex Post Evaluation of the Conservation Reserve, Federal Crop Insurance and Other Government Programs: Program Participation and Soil Erosion." Journal of Agricultural and Resource Economics 28 (2003): 201~216.
17. Goodwin, B. K., M. L. Vandeveer and J. Deal. "An Empirical Analysis of Acreage Effects of Participation in the Federal Crop Insurance Program." American Journal of Agricultural Economics 86 (2004).
18. Harwood, J., Heifner, R., Coble, K., Perry, J. & Agapi Somwaru, A. 1999. Managing risk in farming: concepts, research and analysis. In Agricultural Economics Report, No. 774 (March). Available at RMA, USDA website.
19. Hess, U., Richter, K. & Stoppa, A. 2002. Weather risk management for agriculture and agribusiness in developing countries. In Dischel, ed. Cli-

mate risk and the weather market, financial risk management with weather hedges. London, England, Risk Books.
20. Horowitz, J. K. and E. Lichtenburg. "Insurance, Moral Hazard and Chemical Use in Agriculture." American Journal of Agricultural Economics 75 (1993): 926~935.
21. James C. Scott, The Moral Economy of the Peasant: Rebellion and Subsistence in Southeast Asia Haven: Yale University Press, 1976.
22. Jarry R. Skees. The Development of the New Group Risk Plan in the United States. 载庹国柱、C. F. Framingham:《农业保险:理论、经验与问题》,中国农业出版社 1995 年版。
23. Just, R. E., L. Calvin and J. Quiggin. "Adverse Selection in Crop Insurance: Actuarial and Asymmetric Information Incentives." American Journal of Agricultural Economics 81 (1999): 834~849.
24. King, R. P. and G. E. Oamek. "Risk Management by Colorado Dryland Wheat Farmers and the Elimination of the Disaster Assistance Program." American Journal of Agricultural Economics 65 (1983): 247~255.
25. Knight, T. O. and K. H. Coble. "A Survey of Multiple Peril Crop Insurance Literature Since 1980." Review of Agricultural Economics 19 (1997): 128~156.
26. Knight, T. O. and K. H. Coble. "Actuarial Effects of Unit Structure in the U. S. Actual Production History Crop Insurance Program." Journal of Agricultural and Applied Economics 31 (1999): 519~535.
27. Makki, S. S. 2002. Crop insurance: inherent problems and innovative solutions. In Luther Tweeten, L. & Thompson, S. R. eds. Agricultural policy for the 21st century. Iowa State University Press, Ohio, USA.
28. Miller, T. A. and A. S. Walter. "A Options for Improving Government Programs that Cover Crop Losses Caused by Natural Hazards." USDA Economic Research Service No. 654, March 1977.
29. Miranda, M. & Glauber, J. W. 1997. Systemic risk, reinsurance and the failure of crop insurance markets. American Journal of Agricultural Economics, Vol. 79 February.
30. Miranda, M. J. "Area - Yield Crop Insurance Reconsidered." American

Journal of Agricultural Economics 73 (1991): 233 ~ 242

31. Miranda, M. J. and J. W. Glauber. "A Systemic Risk, Reinsurance and the Failure of Crop Insurance Markets." American Journal of Agricultural Economics 79 (1997): 206 ~ 215.

32. Nelson, C. H. and E. T. Loehman. "Further Towards a Theory of Agricultural Insurance." American Journal of Agricultural Economics 69 (1987): 523 ~ 531.

33. Polanyi, Karl, Conrad M. Arensberg and Harry W. Pearson. 1957. Trade and Market in the Early Empires: Economies in History and Theory. Glencoe, Illinois: The Free Press.

34. Quiggin, J. 1994. The optimal design of crop insurance. In Hueth, D. L. & Furtan, W. H., eds. Economics of agricultural crop insurance: theory and evidence. London, England, Kluwer Academic Publishers.

35. Quiggin, J., G. Karagiannis and J. Stanton. "Crop Insurance and Crop Production: Empirical Study of Moral Hazard and Adverse Selection." Australian Journal of Agricultural Economics 37 (1993): 95 ~ 113.

36. Ramaswami, B. "Supply Response to Agricultural Insurance: Risk Reduction and Moral Hazard Effects." American Journal of Agricultural Economics 75 (1993): 914 ~ 925.

37. Rejesus, R. M., B. B. Little, A. Lovell, M. Cross and M. Schucking. "Patterns of Collusion in the U. S. Crop Insurance Program: An Empirical Analysis." Journal of Agricultural and Applied Economics 36 (2004): 449 ~ 466.

38. Robert Dismukes, Joseph Glauber. Why Hasn't Crop Insurance Eliminated Disaster Assistance? 34 AMBER WAVES VOLUME 3 ISSUE 3, JUNE 2005.

39. Roberts, R. A. J. 2005. Insurance of crops in developing countries. FAO Agricultural Services.

40. Rubinstein, A. and M. Yaari. "Repeated Insurance Contracts and Moral Hazard." Journal of Economic Theory 30 (1983): 74 ~ 79.

41. Shaik, S. and J. Atwood. "Demand for Optional Units in Crop Insurance." Paper presented at the AAEA annual meeting, Montreal, Can-

ada, 27 ~30 July 2003.

42. Skees, J. R. , P. B. R. Hazell and M. Miranda. 1999. "New Approaches to Public/Private Crop - Yield Insurance." EPTD Discussion Paper No. 55, International Food Policy Research Institute, Washington, DC.

43. Skees, J. . 2003. Risk management challenges in rural financial markets: blending risk management innovations with rural finance. Presented at the International Conference: Paving the Way Forward for Rural Finance, June 2 ~4, Washington DC, USA.

44. Skees, J. R. and M. R. Reed. "Rate - Making for Farm - Level Crop Insurance: Implications for Adverse Selection." American Journal of Agricultural Economics 68 (1986): 653 ~659.

45. Smith, V. H. and B. K. Goodwin. "Crop Insurance, Moral Hazard and Agricultural Chemical Use." American Journal of Agricultural Economics 78 (1996): 428 ~438.

46. U. S. Department of Agriculture, Risk Management Agency. "A USDA to Suspend Pilot Watermelon Crop Insurance Program." Press release. September 12, 1999. Available at http: //www. act. fcic. usda. gov/news/pr/1999/.

47. U. S. General Accounting Office. "Agriculture in Transition: Farmers Use of Risk Management Strategies." GAO/RCED -99 -90, April 1999.

48. U. S. General Accounting Office. "A Disaster Assistance: Crop Insurance Can Provide Assistance More Effectively than Other Programs." GAO/RCED -89 -211, September 1989.

49. Vercammen, J. and G. C. van Kooten. "Moral Hazard Cycles in Individual - Coverage Crop Insurance." American Journal of Agricultural Economics 76 (1994): 250 ~261.

50. Wenner, N. & Arias, D. 2003. Agricultural insurance in Latin America: Where are we? Presented at the International Conference: Paving the Way Forward for Rural Finance, 2 -4 June, Washington, DC, USA.

51. World Bank. 2004. Managing agricultural risk, vulnerability and disaster. In Agriculture Investment Sourcebook Module 10. Available at World Bank website.

52. World Trade Organization. Dispute Settlement Body. “United States – Subsidies on Upland Cotton（WT/DS267）.” 2004. Available at http://www.wto.org/english/tratop e/dispu e/dispu e.htm.
53. Young，C. E.，M. L. Vandeveer and R. D. Schnepf. “Production and Price Impacts of US Crop Insurance Programs.” Amer. J. Agr. Econ. 83（Number 5，2001）：1196～1203.
54. 布罗姆利：《经济利益与经济制度》，上海三联书店 1996 年版。
55. 财政部《关于印发〈中央财政农业保险保费补贴试点管理办法〉的通知》，财金［2007］25 号，2007 年 4 月 13 日，http://www.mof.gov.cn/news/20070809_3351_27365.htm.
56. 蔡文远：《农业灾害与农业保险的国际比较》，陕西科学技术出版社 1992 年版。
57. 曹幸穗、王利华、张家炎、瞿为民：《民国时期的农业》，江苏文史数据编辑部 1993 年版。
58. 曹幸穗：《旧中国苏南农家经济研究》，中央编译出版社 1996 年版。
59. 陈意新：“重新认识民国时期农业经济——对中国学者近年著述的评论”，《中国学术》，2004 年第 1 期。
60. 从翰香：《近代冀鲁豫乡村》，中国社会科学出版社 1995 年版。
61. 戴维斯、诺斯：“制度创新的理论”，载于《财产权利与制度变迁》，上海三联书店 1999 年版。
62. 丁少群、庹国柱：“国外农业保险发展模式及扶持政策”，《世界农业》，1997 年第 8 期。
63. 凡勃伦：《有闲阶级论》，商务印书馆 1964 年版。
64. 冯文丽：“我国农业保险短缺的经济分析”，《福建论坛（经济社会版）》，2003 年第 6 期。
65. 冯文丽：“我国农业保险市场失灵与制度供给”，《金融研究》，2004 年第 4 期。
66. 顾海英、张跃华：“政策性农业保险的商业化运作——以上海农业保险为例”，《中国农村经济》，2005 年第 6 期。
67. 郭文韬、曹隆恭：《中国近代农业科技史》，中国农业科技出版社 1989 年版。
68. 郭晓航：“关于我国农业保险实施决策的选择”，《保险研究》，1984 年第4期。
69. 郭晓航："建立农村保险基金是保障农业发展战略重点的有效措施"，《保险研究》，1983年第4期。
70. 郭晓航：《农业保险》，东北财经大学出版社1993年版。
71. 黄如金："论把农业保险纳入农村社会保障体系"，《市场与人口分析》，1999年第1期。
72. 康芒斯：《制度经济学》，商务印书馆1962年版。
73. 柯武钢、史漫飞：《制度经济学》，商务印书馆2000年版。
74. 兰日旭："近代中国商业银行资金来源与运作的创新行为分析"，《学术前沿》，2004年第8期。
75. 李军：《农业保险》，中国金融出版社2002年版。
76. 李军："农业保险的性质、立法原则及发展思路"，《中国农村经济》，1996年第1期。
77. 李军、段志煌：《农业风险管理和政府的作用——中美农业保险交流与考察》，中国金融出版社2004年版。
78. 林毅夫："诱致性制度变迁与强制性制度变迁"，载盛洪主编：《现代制度经济学（下卷）》，北京大学出版社2003年版。
79. 刘长标：《农作物区域产量保险的精算研究》，中国人民大学博士论文2000年版。
80. 刘京生：《中国农村保险制度论纲》，中国社会科学出版社2000年版。
81. 刘宽："我国农业保险的现状、问题及对策"，《中国农村经济》，1999年第10期。
82. 龙文军：《谁来拯救农业保险：农业保险行为主体互动研究》，中国农业出版社2004年版。
83. 诺斯、托马斯：《西方世界的兴起》，华夏出版社1999年版。
84. 诺斯：《经济史中的结构与变迁》，上海三联书店1994年版。
85. 诺斯：《制度、制度变迁与经济绩效》，上海三联书店1999年版。
86. 潘劲："民国时期农村合作社的发展与评价"，《中国农村观察》，2002年第2期。
87. 皮立波、李军："我国农村经济发展新阶段的保险需求与商业性供给研究"，《中国农村经济》，2003年第5期。
88. 青木昌彦：《比较制度分析》，周黎安译，上海远东出版社2000年版。

89. 任素梅:《农业保险概论》、中国农业出版社 1995 年版。
90. 舒尔茨:“制度与人的经济价值的不断提高”,载于《财产权利与制度变迁》,上海三联书店 1994 年版。
91. 庹国柱:“建设新农村需要加快农业保险建设”,《经济与管理研究》,2006 年第 5 期。
92. 庹国柱:“当前政策性农业保险试验中的困难和问题”,《保险研究》,2006 年第 9 期。
93. 庹国柱、C. F. Framingham:《农业保险:理论、经验与问题》,中国农业出版社 1995 年版。
94. 庹国柱、丁少群:“论农业保险划分及其理论根据”,《当代经济科学》,1994 年第 3 期。
95. 庹国柱、丁少群:“农作物保险风险分区和费率分区问题的探讨”,《中国农村经济》,1994 年第 10 期。
96. 庹国柱、李军:《国外农业保险:实践、研究和法规》,陕西人民出版社 1996 年版。
97. 庹国柱、李军:《我国农业保险试验的成就、矛盾及出路》,《金融研究》,2003 年第 9 期。
98. 庹国柱、李军:《农业保险》,中国人民大学出版社 2004 年版。
99. 庹国柱、李军、王国军:“外国农业保险立法的比较与借鉴”,《中国农村经济》,2001 年第 1 期。
100. 庹国柱、王国军:《中国农业保险与农村社会保障制度研究》,首都经济贸易大学出版社 2002 年版。
101. 庹国柱、朱俊生:“关于农业保险立法几个重要问题的探讨”,《中国农村经济》,2007 年第 2 期。
102. 庹国柱、朱俊生:“关于我国农业保险制度建设几个重要问题的探讨”,《中国农村经济》,2005 年第 5 期。
103. 庹国柱、朱俊生:“建立我国政策性农业保险制度问题探讨”,《首都经济贸易大学学报》,2004 年第 6 期。
104. 庹国柱、朱俊生:“论政策性农业保险的财政税收政策”,《经济与管理研究》,2007 年第 5 期。
105. 庹国柱、朱俊生:“对相互保险公司的制度分析”,《经济与管理研究》,2008 年第 5 期。

106. 庹国柱、朱俊生："农业保险新一轮试点面临的问题"，《中国金融》，2004 年第 6 期。
107. 吴扬："从'负保护'到积极的政策性农业保险运作"，《上海经济研究》，2003 年第 3 期。
108. 邢鹂：《中国种植业生产风险与政策性农业保险研究》，南京农业大学博士论文 2004 年版。
109. 袁庆明：《新制度经济学》，中国发展出版社 2005 年版。
110. 张跃华：《需求、福利与制度选择——中国农业保险的理论与实证研究》，上海交通大学博士学位论文 2006 年版。
111. 张跃华："中国农业保险经营模式分析——以上海、新疆、河南为例"，《中国金融》，2004 年第 24 期。
112. 张跃华："农村互助统筹保险模式分析——以河南省为例"，《金融理论与实践》，2004 年第 12 期。
113. 张跃华、顾海英："准公共品、外部性与农业保险的性质——对农业保险政策性补贴理论的探讨"，《中国软科学》，2004 年第 9 期。
114. 张跃华："中国农业保险经营模式分析——以上海、新疆、河南为例"，《中国金融》，2004 年第 24 期。
115. 张跃华、顾海英、史清华："农业保险需求不足效用层面的一个解释及实证研究"，《数量经济技术经济研究》，2005 年第 4 期。
116. 张跃华、顾海英、万皓："新疆建设兵团农业保险调查——对农业保险商业性保险公司代理模式的分析"，《新疆大学学报》，第 33 卷第 2 期。
117. 赵学军、吴俊丽："政府干预与中国农业保险的发展"，《中国经济史研究》，2004 年第 1 期。
118. 中国保险学会《中国保险史》编审委员会：《中国保险史》，中国金融出版社 1998 年版。
119. 朱俊生、庹国柱："我国发达地区政策性农业保险试验的比较制度分析"，《保险研究》，2007 年第 7 期。
120. 朱俊生："问题意识、田野调查与农业保险理论研究"，《经济与管理研究》，2006 年第 6 期。
121. 朱俊生："发达地区农业保险试点分析"，《银行家》，2007 年第 9 期。
122. 朱俊生、庹国柱："公私合作视角下中国农业保险的发展"，《保险研究》，2009 年第 3 期。

附录 1

北京市农作物生产风险分析及保险费率厘定

说明:

1. 所有作物的单产趋势拟和均利用直线滑动平均法实现。

2. 对数据缺失值采取临近年份平均的方法进行近似。

3. 在桃果的统计量中，除北京市利用 1978—2006 年数据计算，其余 8 个区县是按照 1979—2006 年数据计量的。

4. 单产分布模型的确定和选择是利用 Easyfit5.0 得到的。生产风险及费率的计算是利用 Matlab7.0 实现的。

5. 这里的计算主要参考了王克的硕士学位论文及王克与张峭发表的相关论文。

目　录

一、保费厘定与生产风险分析

无论是在财产保险、人寿保险等商业性保险中，还是在农业保险中，保险合同设计均是保险产品赢得市场认可、获得持续发展的重要保障，可以说，保险产品的成功与否很大程度上取决于保险合同的设计是否合理。险种开发则是适应和满足市场需求，使保险获得永续发展的一项重要工作。作为保险经营中两项十分重要的工种，保险合同设计和险种开发都需要回答和解决一个关键的问题，即保险产品的定价，或费率厘定的问题。由于信息不对称，逆选择和道德风险问题普遍存在于保险市场中，如果保险费率厘定不合理，则会加重逆选择和道德风险问题，阻碍保险的发展，甚至导致保险产品的失败。

科学合理的农业保险产品定价则需要准确地对农作物生产中面临的风险（一般为生产风险）进行分析和评估。农作物生产风险，又称单产风险，是农民所面临的三大风险（制度风险、生产风险和市场风险）之一，同时也是从事粮食等种植业生产农户最为关注的风险之一（Joy Harwood，1999）。对农作物生产风险进行定量化分析和评估，不仅可以为广大农民、农业企业和政府管理者提供决策依据，而且是农业风险区分、农业保险合同设计及费率厘定的基础。

（一）农作物生产风险的概念

风险源于事物发展变化过程中的不确定性，已成为市场经济的常态。目前，国内外学术界对风险概念尚没有一个公认统一的定义，有些学者认为风险就是事物的不确定性；另外一些学者认为风险是预期损失发生的可能性。孙良媛①对这些观点进行了评述和借鉴，认为风险是在一定时期和一定客观环境下，由于不确定性的存在和人的有限理性，致使经济行为主

① 孙良媛：《经营环境，组织制度与农业风险》，中国经济出版社2004年版，第16～18页。

体的预期收益与实际收益可能发生偏离的程度。我们认为，一般情况下，尤其是在保险业中，实际收益高于预期收益的积极结果不被视为风险①。因此，本书将风险的概念界定为：在一定时期和一定客观环境下，由于不确定性的存在和人的有限理性，致使经济行为主体的实际收益低于预期收益的程度。农作物生产风险是指农作物在生长过程（从种植到收获）中的风险。本书认为农作物生产风险应该是农作物实际单产低于预期单产的程度，即随机波动为负的程度。

（二）农作物生产风险的影响因素

农业生产是一个自然再生产和经济再生产相互交织的过程，受自然条件影响较大，农作物单产水平很大程度上受到天气等自然因素（如冰雹、洪涝灾害等）的影响。然而，农业生产风险不仅仅是自然灾害风险，作物单产水平既受天气等自然条件的影响，同时还与作物品种、生产投入和田间管理活动等因素密切相关。因此，农作物生产风险程度需要通过作物单产随机波动的大小得以体现，也就是说，农作物单产是影响作物生长的各个因素综合作用的最终结果，其波动频度和程度真正体现了作物的生产风险。

（三）农作物生产风险的计量

由于农作物生产风险程度可以由作物单产的随机波动形式和大小来体现，所以国内外经济学家和农业经济学家大都通过计量农作物单产波动大小和概率分布来度量和估算农作物生产风险。其一般步骤为：（1）收集作物单产的历史数据；（2）利用统计学和计量经济学知识分离出作物单产的"随机波动"；（3）确定作物单产波动的概率分布模型形式，并运用数理统计方法对模型参数进行估计；（4）计算出单产波动的概率，估算出农作物生产风险的大小。

① 黄崇福："自然灾害风险分析的基本原理"，《自然灾害学报》，1999 年 8 月第 2 期：第 21 ~30 页。

庹国柱、丁少群："论农作物保险区划及其理论依据——农作物保险区划研究之一"，《当代经济科学》，1994 年第 16 期：第 64 ~69 页。

CATHERINE P. LAWAS, Crop Insurance Premium rate impacts of flexible parametric yield distributions: an evaluation of Johnson family of distributions, A Thesis of Master of Science, Texas Tech University, 2005.

二、数据处理

（一）数据来源及说明

本书利用了北京市及其下属13个区县四大类17种主要农作物的历史单产数据。数据年限为1978年到2006年，数据来源于北京市农委、北京市统计局。

本书中北京市及其管辖区县作物风险分析中包括的具体作物种类见附表1。具体而言，北京市作物生产风险分析包括的主要作物有17种，分别为：大豆、稻谷、高粱、谷子、玉米、春小麦、冬小麦、西瓜、梨、苹果、葡萄、桃、烟叶、棉花、花生、油料作物和芝麻；昌平区作物生产风险分析包括的主要作物有14种，分别为：大豆、稻谷、高粱、谷子、玉米、冬小麦、西瓜、梨、苹果、葡萄、桃、花生、油料作物和芝麻；朝阳区作物生产风险分析包括的主要作物有7种，分别为：大豆、稻谷、玉米、冬小麦、梨、苹果和葡萄；大兴区作物生产风险分析包括的主要作物有12种，分别为：大豆、高粱、玉米、冬小麦、西瓜、梨、苹果、葡萄、棉花、花生、油料作物和芝麻；房山区作物生产风险分析包括的主要作物有14种，分别为：大豆、稻谷、高粱、谷子、玉米、冬小麦、西瓜、梨、苹果、葡萄、桃、花生、油料作物和芝麻；丰台区作物生产风险分析包括的主要作物有3种，分别为：大豆、玉米和冬小麦；海淀区作物生产风险分析包括的主要作物有8种，分别为：大豆、稻谷、玉米、冬小麦、梨、苹果、葡萄和桃；怀柔区作物生产风险分析包括的主要作物有14种，分别为：大豆、稻谷、高粱、谷子、玉米、冬小麦、梨、苹果、葡萄、桃、烟叶、花生、油料作物和芝麻；门头沟区作物生产风险分析包括的主要作物有5种，分别为：大豆、高粱、谷子、玉米和冬小麦；密云县作物生产风险分析包括的主要作物有13种，分别为：大豆、稻谷、高粱、谷子、玉米、冬小麦、西瓜、梨、苹果、桃、花生、油料作物和芝麻；平谷区作物生产风险分析包括的主要作物有15种，分别为：大豆、高粱、谷子、玉米、冬小麦、西瓜、梨、苹果、葡萄、桃、烟叶、棉花、花生、油料作物和芝麻；顺义区作物生产风险分析包括的主要作物有 12 种，分别为：大豆、高粱、玉米、冬小麦、西瓜、梨、苹果、葡萄、桃、棉花、花生和油料作物；通州区作物生产风险分析包括的主要作物有 14 种，分别为：大豆、稻谷、高粱、玉米、冬小麦、西瓜、梨、苹果、葡萄、桃、棉花、花生、油料作物和芝麻；延庆县作物生产风险分析包括的主要作物有 13 种，分别为：大豆、稻谷、高粱、谷子、玉米、冬小麦、西瓜、梨、苹果、葡萄、桃、花生和油料作物。

附表 1 北京市及各区县主要农作物生产风险分析包含的主要作物种类

	秋粮类作物					夏粮作物		水果类作物					经济作物				
	大豆	稻谷	高粱	谷子	玉米	春小麦	冬小麦	西瓜	梨	苹果	葡萄	桃	棉花	花生	烟叶	油料作物	芝麻
北京市	√	√	√	√	√	√	√	√	√	√	√	√	√	√	√	√	√
昌平区	√	√	√	√	√	—	√	√	√	√	√	√		√	—	√	√
朝阳区	√	√			√	—	√		√	√	√	—	—	—	—	—	—
大兴区	√	—	√	—	√	—	√	√	√	√	√	—	√	√	—	√	√
房山区	√	√	√	√	√	—	√	√	√	√	√	√	—	√	—	√	√
丰台区	√	—	—	—	√	—	√	—	—	—	—	—	—	—	—	—	—
海淀区	√	√	—	—	√	—	√	—	√	√	√	√	—	—	—	—	—
怀柔区	√	√	√	√	√	—	√	—	√	√	√	√	—	√	√	√	√
门头沟区	√	—	√	√	√	—	√	—	—	—	—	—	—	—	—	—	—
密云县	√	√	√	√	√	—	√	√	√	√	—	√	—	√	—	√	√
平谷区	√	—	√	√	√	—	√	√	√	√	√	√	√	√	√	√	√
顺义区	√		√	—	√	—	√	√	√	√	√	√	√	√	—	√	
通州区	√	√	√	—	√	—	√	√	√	√	√	√	√	√	—	√	√
延庆县	√	√	√	√	√	—	√	√	√	√	√	√	—	—	—	√	—

备注：如某区域作物生产风险分析中包含某种作物种类，在表中用√表示，否则用—表示。

（二）稳定性检验

由于我们用到的是时间序列数据，因此在数据分析之前，必须对时间序列进行稳定性检验（即单位根检验），这是因为对时序数据的统计和计算是建立在序列平稳基础之上，如果序列不平稳，那么就意味着时间序列的数字特征是随着时间的变化而变化的，这时我们就很难通过序列已知信息去掌握时间序列整体上的随机性（高铁梅，2006）。稳定性检验的常用方法有 ADF 检验和 PP 检验，由于与 ADF 检验相比，PP 检验具有对残差假设较少、拒绝存在单位根原假设可信度更强的优点（Enders W，1995），本书采用 PP 检验对北京市 15 种作物的历史单产序列进行稳定性检验。通过观测各区县各作物的单产波动序列图，发现都存在常数项和明显的时间趋势。因此，本书运用 Eviews5.1 软件，对各样本进行存在常数项和时间趋势下的稳定性检验（检验方法选择 PP 检验），结果表明，各样本都在显著水平下拒绝了其存在单位根的原假设，可以认为各样本在剔除时间趋势后序列平稳。

（三）剔除趋势和随机波动的计算

从理论上讲，由于农业技术进步、品种改良和劳动者素质提高等因素，作物单产的潜在水平不是稳定不变的，一般都有一个上升的趋势。因此，剔除单产数据的时间趋势十分重要，否则，直接将不同年份的单产进行比较没有太大意义，不能反映出单产的真实波动水平。

确定作物单产长期趋势的方法有很多种，大体分为三类：（1）回归模型法。该方法是依据时间序列的变化，运用统计回归技术，建立时间 t 的线性和非线性方程来分解趋势变化的。常用方程形式有直线、指数曲线、对数曲线、二次抛物线、幂曲线、S 形曲线等。该方法是一种模拟趋势变化较常用的和有效的方法，但它的前提是其趋势必须具有确定性的函数形式，不适用于随机性时间趋势序列，且在趋势方程选择上带有较大的主观性；（2）滑动平均模拟法，又称动态平均模拟法。它是以一定的滑动时段计算出滑动平均值来模拟趋势产量的方法，一般计算公式为：

$$\bar{Y}_t = \sum_{i=1}^{k} W_i \times Y_{t+i} \qquad (0.1)$$

式中，Y_t 为产量序列中第 t 个序列（实际产量）值，$\bar{Y}_t$ 为经过滑动平均模拟后的第 t 个产量序列（即趋势产量）值，W_i 为权重系数。滑动平均模拟可以用于模拟确定性趋势序列也可以模拟非确定性的趋势序列，同时它还可以通过改变滑动时段（即步长）K 来反映序列短期、中期和长期趋势。该方法简单客观，易于使用，适用于长期趋势较为复杂，且不规则变动很大的时间数据处理，但缺点也很明显，首先是滑动时段难以标准化、客观化，其选择有较大主观性，而且最主要的是经过滑动平均后，序列会损失 2K 个样本，使样本量减小，丢失序列所包含的大量信息；（3）直线滑动平均模拟法。该方法是一种线性回归模拟与滑动平均模拟相结合的模拟方法，它将时间序列按照一定步长分割成若干时段，在时段内的变化看作线性函数，呈一直线，随着时段的连续滑动，直线不断改变位置，后延滑动，依次求取各时段内的直线回归模型，然后将每一时间点上各直线滑动回归模拟值进行平均，确定为该时间点上的趋势值，从而反映序列历史演变趋势的连续变化。

若某阶段的线性趋势方程为：

$$y_i = a_i + b_i t \tag{0.2}$$

式中，$i=n-K+1$，为方程个数；K 为滑动步长；n 为样本序列个数；t 为时间序号。

则：当 $i=1$ 时，$t=1, 2, 3, \cdots, K$

当 $i=2$ 时，$t=2, 3, 4, \cdots, K+1$

……

当 $i=n-K+1$ 时，$t=n-K+1, n-K+2, n-K+3, \cdots, n$

计算每个方程在 t 点上的函数值 $y_i(t)$，这样每个 t 点上分别有 q 个函数值，q 的多少与 n、K 有关。当 $K \leqslant n/2$，则 $q=1, 2, 3, \cdots, K, \cdots, K, \cdots, 3, 2, 1$；$q$ 连续为 K 的个数等于 $n-2(K+1)$；当 $K>n/2$，则 $q=1, 2, 3, \cdots, n-K+1, \cdots, n-K+1, \cdots, 3, 2, 1$；$q$ 连续为 $n-K+1$ 的个数等于 $2K-n$。然后再求算每个 t 点上 q 个函数值的平均值：

$$\overline{y}_i(t) = \frac{1}{q}\sum_{j=1}^{q} y_j(t) \qquad (j = 1,2\cdots q) \tag{0.3}$$

连接各点的 $\overline{y}_i(t)$，即可表示产量的历史演变趋势。这种趋势模拟方法的优点在于既不必主观假定（或判定）产量历史演变的曲线类型，又不损失样本序列的数量，是一种较好的趋势模拟方法，可以运用于确定性时间序列和非确定性时间序列（张峭，1998）。本书采用直线滑动平均模拟法拟合各样本的单产趋势值，步长 K 值选择为 10 年。

如前面本书对作物生产风险的概率界定，作物生产风险是指农作物在生长过程（从种植到收获）中的风险，是指农作物实际单产低于预期单产的程度，即随机波动为负的程度，其风险程度可以通过作物单产随机波动的大小得以体现。因此，在拟和出作物单产趋势后，我们就很容易剔除单产序列的时间趋势，估算出作物历年的“生产风险”，即随机波动序列，该过程可以用如下公式表示：

$$y = y_t + y_w \quad \Rightarrow \quad y_w = y - y_t \tag{0.4}$$

其中，y 为作物实际单产值；y_t 为单产趋势值；y_w 为随机波动值。

虽然各样本的单产随机波动序列 y_w 是平稳的，可以直接用来进行后续的分析，但是其具有“量纲”，存在可比性差的缺点。相比而言，相对随机波动值（RSV）既可以表示作物的生产风险大小，同时又具有不受时间和空间影响、可比性好的优点，能较好地描述气象灾害等各种短期变动因子对作物单产的影响（邓国等，2002）。因此，本书采用相对随机波动（RSV）作为作物生产风险的代表，相对随机波动的计算公式为：

$$RSV = \frac{y_w}{y_t} \tag{0.5}$$

根据上文介绍的方法，利用公式（0.4）、（0.5），本书计算出北京市及各区县各种作物的相对随即波动值，各样本 RSV 序列的简单统计量如附表 2～附表 20 所示。

附表 2　　北京市及各区县秋粮 RSV 序列的简单统计量

	均值	中位数	最大值	最小值	标准差	偏度	峰度	JB 统计量	概率
北京市	0.00	0.00	0.22	−0.16	0.08	0.19	3.52	0.50	0.78
昌平区	0.00	0.00	0.16	−0.15	0.08	0.19	2.35	0.69	0.71
朝阳区	0.01	−0.01	0.35	−0.26	0.10	0.61	6.60	17.47	0.00
大兴区	0.00	0.01	0.25	−0.18	0.08	0.20	5.09	5.46	0.07
房山区	0.00	0.01	0.14	−0.08	0.05	0.21	2.49	0.53	0.77
丰台区	0.01	0.01	0.26	−0.25	0.13	−0.06	2.24	0.72	0.70
海淀区	0.00	0.01	0.19	−0.15	0.08	0.12	3.08	0.08	0.96
怀柔区	0.01	0.01	0.33	−0.28	0.11	0.53	5.34	7.97	0.02
门头沟区	0.01	0.01	0.38	−0.52	0.24	−0.48	2.71	1.24	0.54
密云县	0.01	0.01	0.40	−0.58	0.21	−1.08	5.20	11.47	0.00
平谷区	0.01	0.03	0.36	−0.36	0.15	−0.49	4.19	2.86	0.24
顺义区	0.00	−0.01	0.23	−0.18	0.10	0.18	3.25	0.24	0.89
通州区	0.01	0.02	0.25	−0.21	0.10	−0.08	2.92	0.04	0.98
延庆县	0.00	0.04	0.22	−0.40	0.13	−0.93	3.98	5.30	0.07

附表 3　　北京市及各区县玉米 RSV 序列的简单统计量

	均值	中位数	最大值	最小值	标准差	偏度	峰度	JB 统计量	概率
北京市	0.00	0.00	0.12	-0.17	0.07	-0.41	2.63	0.96	0.62
昌平区	0.00	-0.02	0.15	-0.14	0.08	0.34	2.23	1.27	0.53
朝阳区	0.00	0.01	0.22	-0.36	0.12	-1.40	5.34	16.05	0.00
大兴区	0.00	0.02	0.16	-0.23	0.08	-0.85	3.65	4.03	0.13
房山区	0.00	0.03	0.11	-0.09	0.06	-0.15	1.72	2.09	0.35
丰台区	0.01	0.02	0.26	-0.22	0.14	-0.04	2.04	1.12	0.57
海淀区	0.00	0.02	0.12	-0.24	0.08	-1.31	4.71	11.90	0.00
怀柔区	0.00	0.02	0.29	-0.24	0.11	0.25	3.77	1.03	0.60
门头沟区	0.01	0.00	0.46	-0.49	0.24	-0.25	2.58	0.53	0.77
密云县	0.00	-0.01	0.47	-0.59	0.20	-0.64	5.36	8.68	0.01
平谷区	0.01	0.03	0.34	-0.35	0.15	-0.38	3.71	1.32	0.52
顺义区	0.00	0.01	0.19	-0.20	0.09	-0.11	3.45	0.31	0.86
通州区	0.01	0.04	0.27	-0.28	0.11	-0.39	3.84	1.61	0.45
延庆县	0.00	0.04	0.19	-0.36	0.12	-0.88	3.77	4.47	0.11

附表 4　　北京市及各区县稻谷 RSV 序列的简单统计量

	均值	中位数	最大值	最小值	标准差	偏度	峰度	JB 统计量	概率
北京市	0.00	0.00	0.16	-0.18	0.06	-0.68	6.87	20.33	0.00
昌平区	0.00	0.01	0.11	-0.16	0.06	-0.57	3.50	1.87	0.39
朝阳区	0.00	0.00	0.13	-0.30	0.07	-1.94	10.47	85.60	0.00
房山区	0.00	-0.02	0.14	-0.19	0.08	0.05	2.75	0.09	0.96
海淀区	-0.01	0.01	0.22	-0.31	0.11	-0.56	4.32	3.61	0.16
怀柔区	0.00	0.00	0.13	-0.17	0.07	-0.30	2.76	0.49	0.78
通州区	0.00	0.00	0.15	-0.23	0.08	-0.53	4.31	3.41	0.18
延庆县	0.00	-0.02	0.24	-0.26	0.11	0.04	2.56	0.24	0.89
密云县	0.01	0.02	0.40	-0.42	0.22	-0.26	2.72	0.42	0.81

附表 5　　北京市及各区县谷子 RSV 序列的简单统计量

	均值	中位数	最大值	最小值	标准差	偏度	峰度	JB 统计量	概率
北京市	0.00	0.01	0.38	-0.55	0.19	-0.52	4.21	3.09	0.21
昌平区	-0.01	-0.04	1.32	-0.65	0.37	1.50	7.14	31.56	0.00
房山区	-0.01	0.03	0.34	-0.70	0.21	-1.26	5.32	14.20	0.00
怀柔区	-0.01	-0.01	0.31	-0.38	0.13	-0.49	4.56	4.10	0.13
门头沟区	0.01	-0.01	0.47	-0.62	0.26	-0.80	3.78	3.82	0.15
密云县	0.00	0.00	0.67	-0.70	0.29	-0.32	3.78	1.24	0.54
平谷区	0.00	0.01	0.52	-0.60	0.23	-0.48	4.08	2.52	0.28
延庆县	0.00	0.03	0.26	-0.54	0.18	-1.16	4.37	8.75	0.01

附表 6　　北京市及各区县高粱 RSV 序列的简单统计量

	均值	中位数	最大值	最小值	标准差	偏度	峰度	JB 统计量	概率
北京市	0.00	0.00	0.23	-0.37	0.15	-0.24	2.73	0.37	0.83
昌平区	-0.01	-0.02	0.48	-0.43	0.20	0.28	3.62	0.84	0.66
大兴区	0.00	-0.05	0.35	-0.51	0.19	-0.19	3.03	0.18	0.91
房山区	0.12	-0.15	3.27	-0.84	0.99	1.67	5.29	19.75	0.00
怀柔区	0.00	0.04	0.28	-0.49	0.16	-1.29	5.09	13.36	0.00
门头沟区	0.00	-0.01	0.83	-0.73	0.41	0.01	2.36	0.50	0.78
密云县	0.00	0.02	0.55	-0.77	0.29	-0.62	3.44	2.11	0.35
平谷区	0.01	-0.01	0.39	-0.44	0.20	-0.23	2.90	0.26	0.88
顺义区	0.00	-0.02	0.39	-0.39	0.21	0.05	2.18	0.82	0.66
通州区	0.01	-0.01	0.30	-0.26	0.16	0.09	2.07	1.09	0.58
延庆县	0.00	0.05	0.29	-0.57	0.20	-0.87	3.49	3.92	0.14

附表 7　　北京市及各区县大豆 RSV 序列的简单统计量

	均值	中位数	最大值	最小值	标准差	偏度	峰度	JB 统计量	概率
北京市	0.01	0.02	0.23	-0.20	0.10	-0.21	2.86	0.23	0.89
昌平区	0.00	0.04	0.23	-0.19	0.11	-0.04	2.05	1.10	0.58
朝阳区	0.05	-0.06	1.77	-0.52	0.52	1.70	5.86	23.88	0.00
大兴区	0.01	0.01	0.26	-0.19	0.11	0.33	2.77	0.60	0.74
房山区	0.00	0.02	0.46	-0.29	0.16	0.33	3.57	0.93	0.63
丰台区	0.00	0.05	0.72	-0.63	0.29	0.02	3.71	0.60	0.74
海淀区	-0.01	-0.09	1.45	-1.00	0.43	1.19	6.51	21.70	0.00
怀柔区	0.01	0.02	0.55	-0.39	0.17	0.51	5.15	6.87	0.03
门头沟区	0.01	0.08	0.33	-0.72	0.27	-1.16	4.07	7.82	0.02
密云县	0.02	0.00	0.50	-0.71	0.29	-0.57	3.45	1.79	0.41
平谷区	0.02	0.01	0.40	-0.48	0.21	-0.32	2.93	0.51	0.77
顺义区	0.02	0.01	0.42	-0.31	0.14	0.61	4.35	3.99	0.14
通州区	0.02	0.02	0.84	-0.47	0.32	0.75	3.22	2.74	0.25
延庆县	0.00	0.02	0.29	-0.45	0.19	-0.49	2.66	1.28	0.53

附表 8　　北京市及各区县夏粮 RSV 序列的简单统计量

	均值	中位数	最大值	最小值	标准差	偏度	峰度	JB 统计量	概率
北京市	0.01	0.01	0.23	-0.20	0.08	0.26	5.90	10.45	0.01
昌平区	0.00	0.00	0.31	-0.21	0.11	0.55	3.82	2.25	0.32
朝阳区	0.00	0.00	0.17	-0.23	0.08	-0.71	5.24	8.47	0.01
大兴区	0.01	0.01	0.26	-0.17	0.08	0.84	5.36	10.12	0.01
房山区	0.01	0.00	0.22	-0.18	0.08	0.25	4.26	2.23	0.33
丰台区	0.00	0.03	0.19	-0.26	0.13	-0.38	2.20	1.47	0.48
海淀区	0.01	0.03	0.31	-0.27	0.13	-0.11	3.32	0.18	0.91
怀柔区	0.00	0.01	0.19	-0.26	0.09	-0.33	4.38	2.80	0.25
门头沟区	0.01	0.03	0.30	-0.47	0.16	-0.92	4.13	5.66	0.06
密云县	0.01	0.02	0.19	-0.31	0.09	-1.18	6.39	20.64	0.00
平谷区	0.01	0.01	0.21	-0.21	0.09	-0.47	3.54	1.41	0.49
顺义区	0.01	0.00	0.30	-0.20	0.09	0.90	7.15	24.70	0.00
通州区	0.01	0.00	0.36	-0.20	0.10	1.41	7.95	39.21	0.00
延庆县	0.00	0.00	0.20	-0.28	0.09	-0.52	5.95	11.84	0.00

附表 9　　北京市及各区县冬小麦 RSV 序列的简单统计量

	均值	中位数	最大值	最小值	标准差	偏度	峰度	JB 统计量	概率
北京市	0.01	0.01	0.25	−0.21	0.08	0.40	6.37	14.53	0.00
昌平区	0.00	0.00	0.31	−0.21	0.11	0.50	3.72	1.85	0.40
朝阳区	0.00	0.00	0.17	−0.24	0.08	−0.62	5.24	7.91	0.02
大兴区	0.01	0.01	0.27	−0.17	0.08	0.96	5.79	13.87	0.00
房山区	0.01	0.00	0.24	−0.18	0.08	0.38	4.55	3.61	0.16
丰台区	0.00	0.03	0.20	−0.26	0.13	−0.36	2.20	1.39	0.50
海淀区	0.01	0.02	0.31	−0.28	0.13	−0.13	3.29	0.19	0.91
怀柔区	0.00	0.00	0.20	−0.28	0.10	−0.41	4.62	3.98	0.14
门头沟区	0.01	0.03	0.30	−0.46	0.16	−0.99	4.19	6.40	0.04
密云县	0.01	0.02	0.21	−0.34	0.10	−1.12	6.72	22.77	0.00
平谷区	0.01	0.01	0.24	−0.21	0.09	−0.25	3.94	1.36	0.51
顺义区	0.01	0.00	0.30	−0.20	0.08	0.99	7.74	31.84	0.00
通州区	0.01	0.00	0.37	−0.21	0.10	1.38	7.83	37.27	0.00
延庆县	0.01	0.00	0.22	−0.29	0.09	−0.50	5.89	11.27	0.00

附表 10　　北京市及各区县苹果 RSV 序列的简单统计量

	均值	中位数	最大值	最小值	标准差	偏度	峰度	JB 统计量	概率
北京市	0.01	0.01	0.32	−0.24	0.11	0.66	4.68	5.47	0.06
昌平区	0.01	0.01	0.41	−1.00	0.24	−2.16	11.55	110.78	0.00
朝阳区	−0.03	−0.01	2.76	−0.98	0.71	1.98	9.38	68.09	0.00
大兴区	−0.02	−0.02	1.88	−0.68	0.46	2.40	11.84	122.15	0.00
房山区	−0.01	0.00	1.85	−0.71	0.43	2.65	13.12	157.61	0.00
海淀区	0.00	0.00	0.53	−0.64	0.25	−0.07	3.49	0.32	0.85
怀柔区	0.01	−0.04	1.47	−0.57	0.43	1.83	6.84	33.98	0.00
密云县	0.01	0.04	0.55	−0.44	0.23	0.00	2.88	0.02	0.99
平谷区	−0.01	−0.03	1.80	−0.73	0.44	2.20	10.96	99.89	0.00
顺义区	0.00	0.03	0.88	−0.62	0.26	0.75	6.82	20.34	0.00
通州区	−0.01	−0.04	1.86	−0.65	0.50	2.20	9.05	67.72	0.00
延庆县	0.00	0.01	0.70	−0.97	0.33	−0.49	4.52	3.94	0.14

附表 11　　北京市及各区县梨 RSV 序列的简单统计量

	均值	中位数	最大值	最小值	标准差	偏度	峰度	JB 统计量	概率
北京市	0.01	0.00	0.21	−0.15	0.10	0.36	2.01	1.79	0.41
昌平区	0.01	0.05	0.53	−0.96	0.30	−1.06	5.24	11.46	0.00
朝阳区	0.07	−0.04	1.50	−0.83	0.52	1.18	4.95	11.39	0.00
大兴区	0.00	−0.01	0.33	−0.87	0.22	−1.95	9.39	67.62	0.00
房山区	0.00	−0.04	0.43	−0.23	0.17	0.94	3.15	4.26	0.12
海淀区	−0.05	−0.04	2.55	−0.90	0.64	2.27	10.55	93.84	0.00
怀柔区	0.00	0.01	0.51	−0.90	0.26	−1.29	6.80	25.50	0.00
密云县	−2.28	0.08	1.68	−67.70	12.59	−5.09	26.96	818.90	0.00
平谷区	−0.22	−0.19	2.58	−1.92	0.76	1.14	8.23	39.29	0.00
顺义区	0.01	−0.03	0.50	−0.30	0.22	0.57	2.47	1.90	0.39
通州区	0.04	−0.02	0.96	−0.41	0.30	1.05	4.51	8.13	0.02
延庆县	−0.01	−0.09	1.19	−0.96	0.44	0.60	3.77	2.44	0.30

附表 12　　北京市及各区县葡萄 RSV 序列的简单统计量

	均值	中位数	最大值	最小值	标准差	偏度	峰度	JB 统计量	概率
北京市	0.01	−0.02	0.37	−0.35	0.15	0.39	3.45	0.98	0.61
昌平区	−0.04	−0.12	0.83	−0.56	0.37	0.69	2.61	2.48	0.29
朝阳区	0.00	−0.04	0.80	−0.75	0.38	0.14	2.61	0.28	0.87
大兴区	0.00	−0.05	0.74	−0.38	0.24	1.08	4.63	8.87	0.01
房山区	−0.02	−0.07	1.75	−0.77	0.48	1.69	7.68	40.25	0.00
海淀区	0.00	0.01	0.32	−0.48	0.18	−0.57	3.25	1.65	0.44
怀柔区	−0.12	−0.06	1.63	−1.00	0.59	0.59	4.02	2.95	0.23
平谷区	−0.05	−0.19	2.27	−0.77	0.64	1.96	7.45	42.57	0.00
顺义区	0.02	0.07	0.56	−0.60	0.29	−0.42	2.72	0.94	0.62
通州区	0.01	0.02	0.92	−0.66	0.34	0.36	3.88	1.56	0.46
延庆县	0.04	−0.16	1.08	−0.64	0.46	0.79	2.45	3.36	0.19

附表 13　　北京市及各区县桃 RSV 序列的简单统计量

	均值	中位数	最大值	最小值	标准差	偏度	峰度	JB 统计量	概率
北京市	0.00	0.00	0.38	-0.15	0.11	1.38	6.62	25.11	0.00
昌平区	0.00	0.00	0.43	-0.24	0.14	0.77	4.14	4.27	0.12
海淀区	0.01	0.02	0.36	-0.21	0.13	0.58	3.25	1.67	0.43
怀柔区	-0.01	0.00	0.51	-0.57	0.20	-0.22	5.09	5.31	0.07
密云县	0.01	-0.02	0.56	-1.00	0.30	-0.99	6.07	15.58	0.00
平谷区	0.01	-0.03	1.09	-0.26	0.24	3.38	16.51	266.17	0.00
顺义区	-0.02	-0.03	2.38	-0.72	0.58	2.50	11.85	120.57	0.00
通州区	0.00	-0.09	1.33	-0.37	0.33	2.49	10.90	101.69	0.00
延庆县	0.00	-0.04	0.68	-0.54	0.28	0.72	3.38	2.61	0.27
房山区	0.00	-0.01	0.25	-0.25	0.14	-0.04	2.16	0.83	0.66

附表 14　　北京市及各区县水果 RSV 序列的简单统计量

	均值	中位数	最大值	最小值	标准差	偏度	峰度	JB 统计量	概率
北京市	0.01	0.01	0.21	-0.24	0.10	-0.28	2.94	0.38	0.83
昌平区	0.01	0.05	0.22	-0.37	0.15	-0.91	3.26	4.11	0.13
朝阳区	0.03	0.01	1.10	-0.74	0.38	0.89	5.24	9.90	0.01
大兴区	0.01	-0.01	0.40	-0.19	0.12	1.36	5.78	18.26	0.00
房山区	0.04	-0.02	2.27	-0.86	0.66	1.37	5.87	19.09	0.00
海淀区	0.01	0.01	0.33	-0.23	0.13	0.52	3.28	1.41	0.49
怀柔区	0.01	0.06	0.37	-0.32	0.19	-0.04	2.15	0.88	0.64
密云县	0.05	0.00	0.73	-0.50	0.31	0.57	2.98	1.60	0.45
平谷区	0.01	0.02	0.38	-0.35	0.14	0.03	4.61	3.14	0.21
顺义区	0.01	0.01	0.78	-0.44	0.21	1.33	7.60	34.09	0.00
通州区	0.01	0.03	0.39	-0.30	0.13	0.21	4.33	2.33	0.31
延庆县	-0.01	-0.01	0.35	-0.53	0.19	-0.19	3.64	0.68	0.71

附表 15　　北京市及各区县油料 RSV 序列的简单统计量

	均值	中位数	最大值	最小值	标准差	偏度	峰度	JB 统计量	概率
北京市	-0.01	-0.02	0.62	-0.35	0.17	1.55	8.00	41.84	0.00
昌平区	-0.01	0.02	0.65	-0.80	0.33	-0.41	3.32	0.93	0.63
大兴区	0.02	0.00	1.58	-0.54	0.39	2.36	10.34	92.13	0.00
房山区	0.00	0.00	0.63	-0.41	0.20	0.75	5.26	8.90	0.01
怀柔区	0.00	0.00	0.57	-0.58	0.20	0.19	6.22	12.74	0.00
密云县	0.00	-0.01	1.73	-0.64	0.42	2.36	11.81	120.53	0.00
平谷区	0.02	0.00	0.80	-0.57	0.30	0.58	3.69	2.19	0.33
顺义区	0.07	0.02	2.40	-0.41	0.50	3.66	17.88	332.34	0.00
通州区	0.03	0.03	1.09	-0.53	0.32	1.01	5.56	12.83	0.00
延庆县	-0.01	0.03	0.51	-0.99	0.26	-1.50	7.79	38.64	0.00

附表 16　　北京市及各区县花生 RSV 序列的简单统计量

	均值	中位数	最大值	最小值	标准差	偏度	峰度	JB 统计量	概率
北京市	-0.01	-0.01	0.64	-0.31	0.17	1.80	8.99	59.11	0.00
昌平区	0.00	0.00	0.63	-0.83	0.26	-0.66	5.38	8.98	0.01
大兴区	-0.54	-0.79	3.80	-3.05	1.12	1.64	9.39	62.40	0.00
房山区	0.00	0.01	0.58	-0.36	0.17	0.74	6.47	17.13	0.00
怀柔区	-0.01	-0.01	0.62	-0.35	0.16	1.64	9.19	59.24	0.00
密云县	-0.01	0.02	0.69	-0.93	0.27	-0.91	7.06	23.95	0.00
平谷区	-0.01	-0.01	1.02	-0.57	0.27	1.35	8.69	47.86	0.00
顺义区	0.00	-0.02	0.59	-0.40	0.21	1.01	4.81	8.93	0.01
通州区	0.00	-0.02	0.87	-0.43	0.25	1.35	6.29	21.93	0.00
延庆县	-0.01	0.01	0.59	-0.55	0.25	0.01	3.00	0.00	1.00

附表 17　　北京市及各区县芝麻 RSV 序列的简单统计量

	均值	中位数	最大值	最小值	标准差	偏度	峰度	JB 统计量	概率
北京市	-0.01	0.02	0.39	-0.53	0.20	-0.57	3.77	2.30	0.32
昌平区	-0.02	-0.06	2.13	-0.80	0.50	2.74	13.24	162.95	0.00
大兴区	-0.02	0.00	0.44	-0.64	0.22	-0.43	4.15	2.48	0.29
房山区	-0.01	-0.04	0.49	-0.35	0.19	0.37	3.54	1.02	0.60
怀柔区	-0.02	-0.03	0.62	-0.49	0.26	0.47	3.01	1.09	0.58
密云县	0.00	-0.01	0.67	-0.41	0.29	0.57	2.63	1.75	0.42
平谷区	0.00	0.01	0.61	-0.48	0.21	0.46	4.17	2.66	0.26
通州区	-0.02	-0.04	0.57	-0.53	0.23	0.30	3.32	0.55	0.76

附表 18　　北京市及各区县棉花 RSV 序列的简单统计量

	均值	中位数	最大值	最小值	标准差	偏度	峰度	JB 统计量	概率
北京市	-0.02	-0.03	0.53	-0.34	0.19	0.94	4.79	8.13	0.02
大兴区	-0.03	0.00	0.58	-0.55	0.22	0.07	4.63	3.25	0.20
平谷区	-0.01	-0.03	0.43	-0.31	0.16	0.51	3.91	2.25	0.32
顺义区	-0.02	-0.10	0.62	-0.31	0.22	1.02	3.62	5.54	0.06
通州区	-0.02	-0.03	0.56	-0.36	0.21	0.89	4.22	5.64	0.06

附表 19　　北京市及各区县烟叶 RSV 序列的简单统计量

	均值	中位数	最大值	最小值	标准差	偏度	峰度	JB 统计量	概率
北京市	0.00	0.04	0.69	-0.84	0.27	-0.47	5.37	7.83	0.02
平谷区	0.01	0.02	0.82	-1.00	0.37	-0.81	5.01	8.01	0.02
怀柔区	-0.01	0.00	1.09	-1.00	0.35	0.28	6.27	13.34	0.00

附表 20　　北京市及各区县西瓜 RSV 序列的简单统计量

	均值	中位数	最大值	最小值	标准差	偏度	峰度	JB 统计量	概率
北京市	-0.02	0.00	0.41	-0.61	0.19	-0.71	5.51	10.06	0.01
昌平区	-0.01	-0.03	0.62	-0.50	0.29	0.51	3.00	1.24	0.54
大兴区	-0.01	0.00	0.41	-0.44	0.18	0.12	3.82	0.89	0.64
房山区	0.00	0.01	0.53	-0.39	0.18	0.51	4.48	3.90	0.14
密云县	-0.01	-0.01	1.41	-0.76	0.39	1.20	8.11	38.43	0.00
平谷区	-0.01	0.00	0.45	-0.60	0.23	-0.18	3.73	0.80	0.67
顺义区	-0.01	-0.01	0.35	-0.28	0.15	0.57	3.23	1.65	0.44
通州区	0.00	0.00	0.38	-0.36	0.14	0.26	4.81	4.30	0.12
延庆县	0.20	-0.04	4.33	-0.65	0.93	3.04	14.27	198.19	0.00

上附表中的最后一列为样本序列服从正态分布的概率，严格讲是拒绝样本序列服从正态分布假设所犯错误的概率。从附表 2 ~ 附表 20 可以看出，北京市及其区县的 20 种农作物服从正态分布的概率都不是很大，如在水果作物中，除房山的桃、怀柔水果、平谷和大兴的西瓜服从正态分布的概率大于 60% 外，其余均显著拒绝服从正态分布的原假设；在夏粮类作物中，除了海淀的夏粮和冬小麦以 91% 的概率服从正态分布外，北京市及其余 12 个区县均显著拒绝原假设。这表明，国内在作物单产波动服从正态分布的基础上进行保险费率厘定的做法值得商榷，可能造成很大的误差，这种误差在农业保险中是十分严重的。另外，通过下面的分析也可以看到，即使是附表 2 ~ 附表 20 中可能服从正态分布的样本序列，其最优的分布模型也不是正态分布，选择其他分布模型更为精确一些。

三、各样本 RSV 序列的参数分布拟合（单产波动模型）

单产波动模型的构建是农作物生产风险分析和评估的关键步骤，模型构建的准确性和合理性直接关系到作物生产风险分析评估结果的可靠性，影响到后续的风险管理决策的制定。本书采用参数估计方法来确定作物单产的波动模型，而参数估计方法就是“首先假定单产波动模型的分布函数形式，然后利用数据拟合估算出该分布函数的参数，确定模型的具体形式”。因此，利用参数方法确定作物单产波动模型面临的首要问题就是“选择合适的分布函数形式”。

目前，国外学者对农业生产风险进行了大量研究，提出了多种作物单产分布模型，如 Beta 分布（Nelson and Preckel，1989）、Gamma 分布（Gallagher，1987）、Weibull 分布（Sherrick et al，1997）、Burr 分布（Chen and Miranda，2004）、对数正态分布（Goodwin、Roberts and Coble，2000）和双曲线反正旋分布（Ramirez，1997）等。但是对于模型选择标准的研究不多，尚没有一个统一的模型选择标准。在计量经济学中，判断一组数据是否服从某一分布，或这组数据是否来自于某一分布的常用方法是拟和优度检验（goodness - of - fit test），其根本思想是通过比较样本分布曲线和该分布理论分布曲线之间的差距大小，进而判断该分布是否能够对样本观测值进行很好地拟和，常用的拟和优度检验方法有 Chi - Squared（卡方）拟和优度检验、Kolmogorov - Smirnov（K - S）检验和 Anderson - Darling（AD）检验。借鉴前人研究成果，本书首先假定样本单产的随机波动序列可能服从 Beta 分布、Gamma 分布、Weibull 分布、Burr 分布、Normal 分布、Lognormal 分布、Johnson SU 和 SB 等国外研究中提到的可能的单产分布模型，然后利用拟和优度检验对样本序列是否服从这些参数分布模型进行验证，最后根据检验统计量选择最优模型。如三种检验方法得到的最优模型结论一致，则认定该模型为最优模型；如三种方法结论不一致，但其中两种方法得出的结论一致，则最优模型选为这两种方法得出的共同结论；如三种方法得出的结论都不一致，由于 AD 检验是拟和优度检验中最为稳健的方法，以 AD 检验结果为准。

北京市各种作物单产分布的最优模型的计算、选择结果如后。

（一）大豆

从附图 1 可以看出，除 Ralyeigh 外，其余 8 种概率分布模型均能很好地拟合出北京市大豆 RSV 序列的概率分布。从附表 21 各分布模型的拟合优度检验结果可以很容易看出，Johnson SU 分布为拟合北京市大豆 RSV 序列的最优模型。

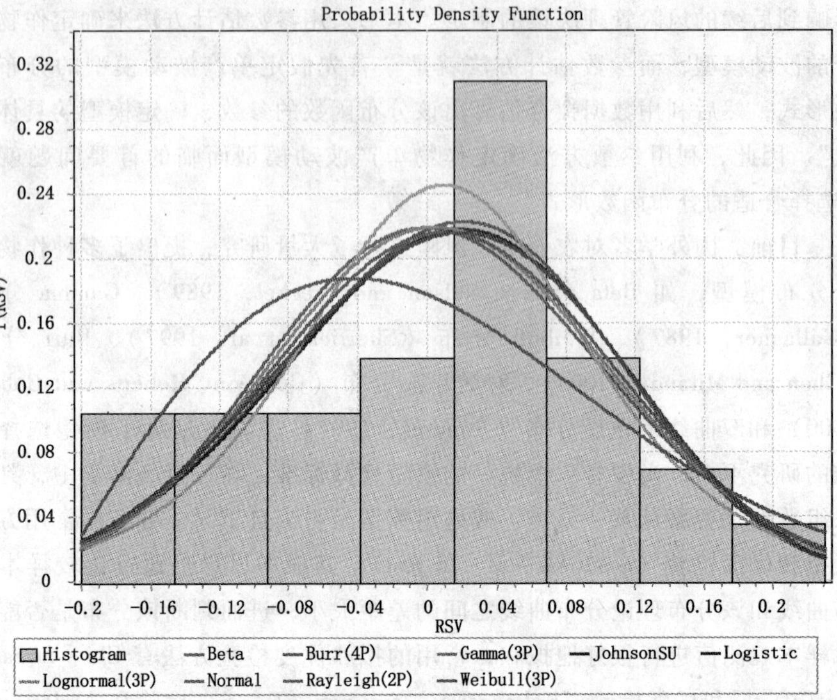

附图 1　北京市大豆 RSV 序列的直方图与可能的单产分布模型

附表 21　北京市大豆 RSV 序列单产分布模型的拟合优度检验一览

#	Distribution	Kolmogorov Smirnov		Anderson Darling		Chi - Squared	
		Statistic	Rank	Statistic	Rank	Statistic	Rank
1	Beta	0. 11152	3	0. 37825	3	3. 5703	4
2	Burr (4P)	0. 10951	2	0. 36422	1	3. 5472	3
3	Gamma (3P)	0. 13834	8	0. 53676	8	4. 222	6
4	Johnson SU	0. 10908	1	0. 36444	2	0. 34899	1
5	Logistic	0. 12384	6	0. 40576	5	4. 7642	8
6	Lognormal (3P)	0. 13054	7	0. 48042	7	4. 5506	7
7	Normal	0. 12346	5	0. 42917	6	3. 5729	5
8	Rayleigh (2P)	0. 19525	9	1. 1327	9	8. 543	9
9	Weibull (3P)	0. 11327	4	0. 39175	4	3. 5064	2

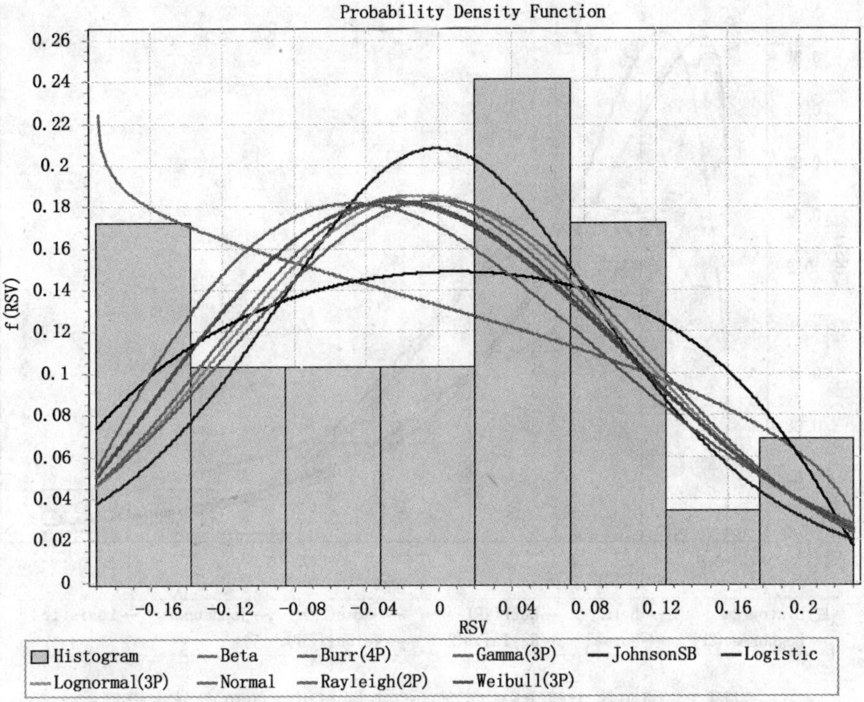

附图 2　昌平区大豆 RSV 序列的直方图与可能的单产分布模型

从附图 2 可以看出，除 Beta 分布外，其余 8 种概率分布模型均能在一定程度上很好地拟合出昌平区大豆 RSV 序列的概率分布。从附表 22 各分布模型的拟合优度检验结果可以很容易看出，Johnson SB 分布为拟合昌平区大豆 RSV 序列的最优模型。

附表 22　昌平区大豆 RSV 序列单产分布模型的拟合优度检验一览

#	Distribution	Kolmogorov Smirnov		Anderson Darling		Chi - Squared	
		Statistic	Rank	Statistic	Rank	Statistic	Rank
1	Beta	0.1935	9	4.4991	9	N/A	
2	Burr (4P)	0.17729	7	0.59995	5	2.8087	6
3	Gamma (3P)	0.17322	4	0.56613	4	2.7626	4
4	Johnson SB	0.13097	1	0.35706	1	2.462	1
5	Logistic	0.17572	5	0.71384	8	3.2049	8
6	Lognormal (3P)	0.16588	3	0.53909	3	2.7272	3
7	Normal	0.15855	2	0.48222	2	2.6931	2
8	Rayleigh (2P)	0.19096	8	0.69401	7	2.864	7
9	Weibull (3P)	0.1768	6	0.60677	6	2.7826	5

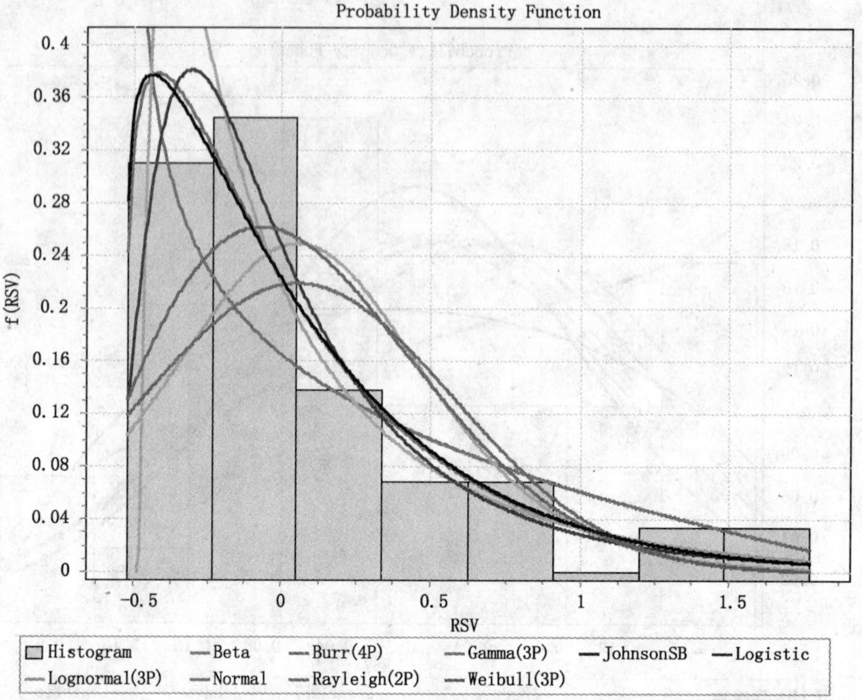

附图 3　朝阳区大豆 RSV 序列的直方图与可能的单产分布模型

从附图 3 可以看出，除 Beta 分布外，其余 8 种概率分布模型均能在一定程度上很好地拟合出朝阳区大豆 RSV 序列的概率分布。从附表 23 各分布模型的拟合优度检验结果可以很容易看出，三参数的 Lognormal 分布为拟合朝阳区大豆 RSV 序列的最优模型。

附表 23　朝阳区大豆 RSV 序列单产分布模型的拟合优度检验一览

#	Distribution	Kolmogorov Smirnov		Anderson Darling		Chi - Squared	
		Statistic	Rank	Statistic	Rank	Statistic	Rank
1	Beta	0.1746	6	4.8202	9	N/A	
2	Burr (4P)	0.09524	1	0.29981	3	9.5448	7
3	Gamma (3P)	0.09891	3	0.28334	2	7.0116	4
4	Johnson SB	0.12514	5	4.5509	8	N/A	
5	Logistic	0.1846	8	1.3177	6	3.6754	2
6	Lognormal (3P)	0.1002	4	0.20115	1	7.3409	5
7	Normal	0.1898	9	1.5072	7	6.6559	3
8	Rayleigh (2P)	0.18057	7	1.1949	5	3.2555	1
9	Weibull (3P)	0.09526	2	0.30088	4	9.5421	6

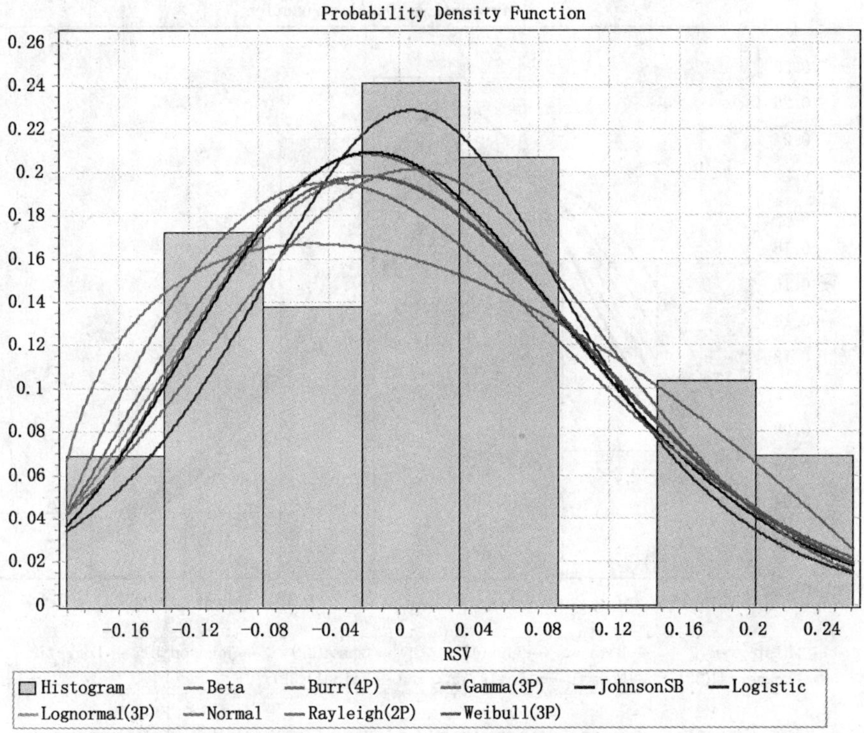

附图 4　大兴区大豆 RSV 序列的直方图与可能的单产分布模型

从附图 4 可以看出，除 Beta 分布外，其余 8 种概率分布模型均能在一定程度上很好地拟合出大兴区大豆 RSV 序列的概率分布。从附表 24 各分布模型的拟合优度检验结果可以很容易看出，三参数的 Lognormal 分布为拟合大兴区大豆 RSV 序列的最优模型。

附表 24　大兴区大豆 RSV 序列单产分布模型的拟合优度检验一览

#	Distribution	Kolmogorov Smirnov		Anderson Darling		Chi - Squared	
		Statistic	Rank	Statistic	Rank	Statistic	Rank
1	Beta	0.12244	9	0.4093	9	7.0877	9
2	Burr (4P)	0.09353	5	0.2467	4	5.7247	8
3	Gamma (3P)	0.08734	1	0.22485	3	0.67814	5
4	Johnson SB	0.09787	6	0.22383	2	0.66912	3
5	Logistic	0.08977	3	0.24978	6	4.2187	6
6	Lognormal (3P)	0.08768	2	0.22116	1	0.67602	4
7	Normal	0.11017	7	0.26046	7	0.27744	1
8	Rayleigh (2P)	0.11699	8	0.32505	8	4.4141	7
9	Weibull (3P)	0.09351	4	0.24764	5	0.64376	2

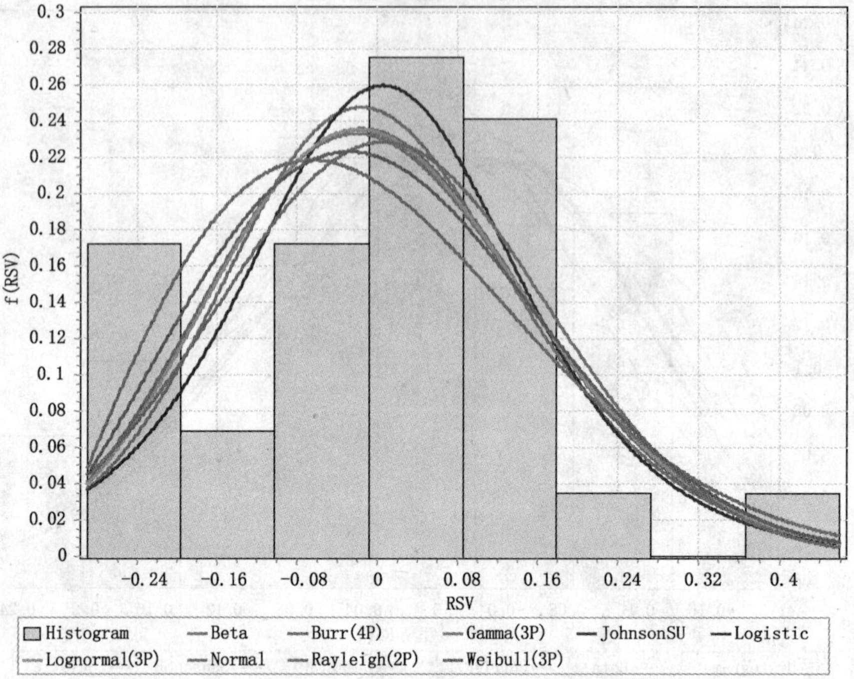

附图 5　房山区大豆 RSV 序列的直方图与可能的单产分布模型

从附图 5 可以看出，9 种概率分布模型均能在一定程度上很好地拟合出房山区大豆 RSV 序列的概率分布。从附表 25 各分布模型的拟合优度检验结果可以很容易看出，Logistic 分布为拟合房山区大豆 RSV 序列的最优模型。

附表 25　房山区大豆 RSV 序列单产分布模型的拟合优度检验一览

#	Distribution	Kolmogorov Smirnov		Anderson Darling		Chi - Squared	
		Statistic	Rank	Statistic	Rank	Statistic	Rank
1	Beta	0.09516	7	0.33508	7	0.25558	5
2	Burr（4P）	0.09377	5	0.32669	5	5.2332	8
3	Gamma（3P）	0.09388	6	0.3274	6	0.25062	4
4	Johnson SU	0.09369	4	0.30802	3	5.3559	9
5	Logistic	0.07919	1	0.24099	1	0.18077	2
6	Lognormal（3P）	0.09335	3	0.3239	4	0.2482	3
7	Normal	0.08787	2	0.2831	2	0.11973	1
8	Rayleigh（2P）	0.14177	9	0.56945	9	4.3706	7
9	Weibull（3P）	0.10767	8	0.38364	8	0.4963	6

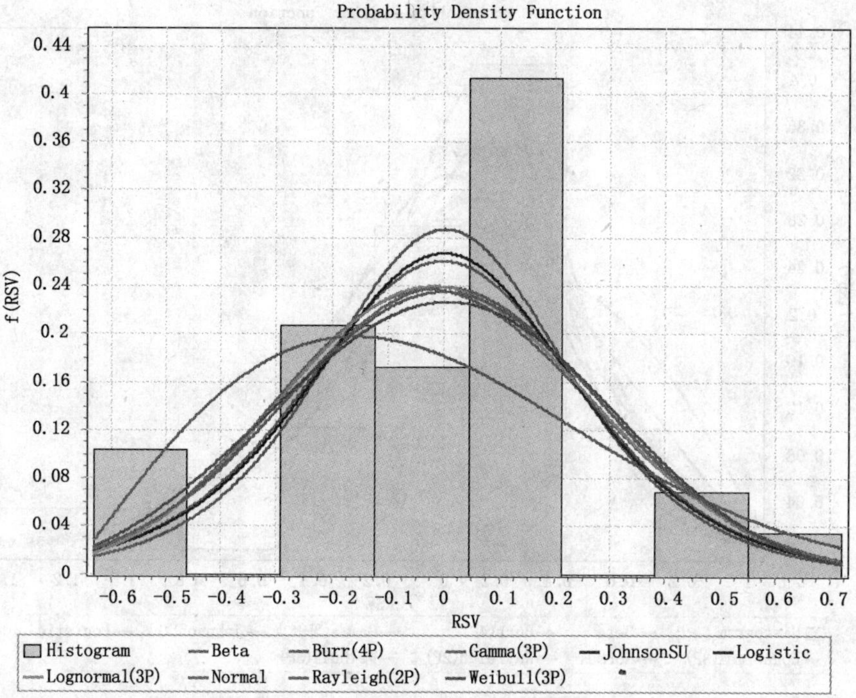

附图 6　丰台区大豆 RSV 序列的直方图与可能的单产分布模型

从附图 6 可以看出，除 Rayleigh 外，其余 8 种概率分布模型均能在一定程度上很好地拟合出丰台区大豆 RSV 序列的概率分布。从附表 26 各分布模型的拟合优度检验结果可以很容易看出，四参数的 Burr 分布为拟合丰台区大豆 RSV 序列的最优模型。

附表 26　丰台区大豆 RSV 序列单产分布模型的拟合优度检验一览

#	Distribution	Kolmogorov Smirnov		Anderson Darling		Chi - Squared	
		Statistic	Rank	Statistic	Rank	Statistic	Rank
1	Beta	0.1457	6	0.71659	4	0.57869	2
2	Burr (4P)	0.1183	1	0.56982	1	2.4407	9
3	Gamma (3P)	0.14229	5	0.76859	7	0.80356	4
4	Johnson SU	0.13063	3	0.59784	3	0.85181	7
5	Logistic	0.12705	2	0.5715	2	0.87317	8
6	Lognormal (3P)	0.14151	4	0.74447	6	0.82259	6
7	Normal	0.1497	7	0.72545	5	0.58985	3
8	Rayleigh (2P)	0.21775	9	1.613	9	0.80723	5
9	Weibull (3P)	0.15317	8	0.79104	8	0.56462	1

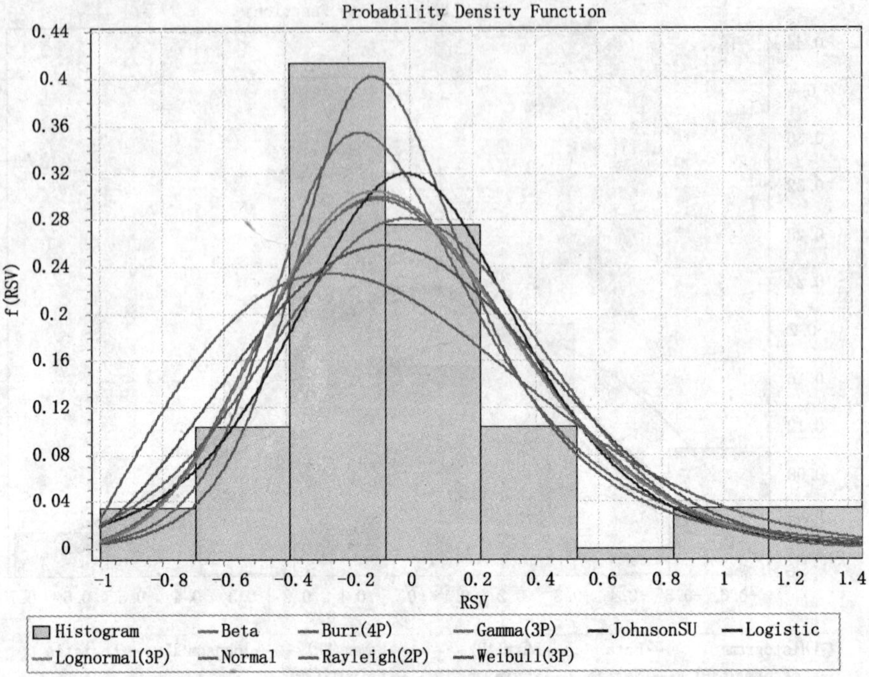

附图 7　海淀区大豆 RSV 序列的直方图与可能的单产分布模型

从附图 7 可以看出，除 Rayleigh 外，其余 8 种概率分布模型均能在一定程度上很好地拟合出海淀区大豆 RSV 序列的概率分布。从附表 27 各分布模型的拟合优度检验结果可以很容易看出，四参数的 Burr 分布为拟合海淀区大豆 RSV 序列的最优模型。

附表 27　海淀区大豆 RSV 序列单产分布模型的拟合优度检验一览

#	Distribution	Kolmogorov Smirnov		Anderson Darling		Chi - Squared	
		Statistic	Rank	Statistic	Rank	Statistic	Rank
1	Beta	0.11385	4	0.84294	6	0.49397	2
2	Burr (4P)	0.09202	1	0.28136	1	0.88391	4
3	Gamma (3P)	0.11211	3	0.82619	5	0.49108	1
4	Johnson SU	0.11738	5	0.48044	2	1.1734	6
5	Logistic	0.12915	6	0.80023	4	1.4608	7
6	Lognormal (3P)	0.11062	2	0.78397	3	0.49526	3
7	Normal	0.1379	7	1.1117	7	2.9199	8
8	Rayleigh (2P)	0.21686	9	1.9293	9	12.072	9
9	Weibull (3P)	0.14478	8	1.2465	8	1.1089	5

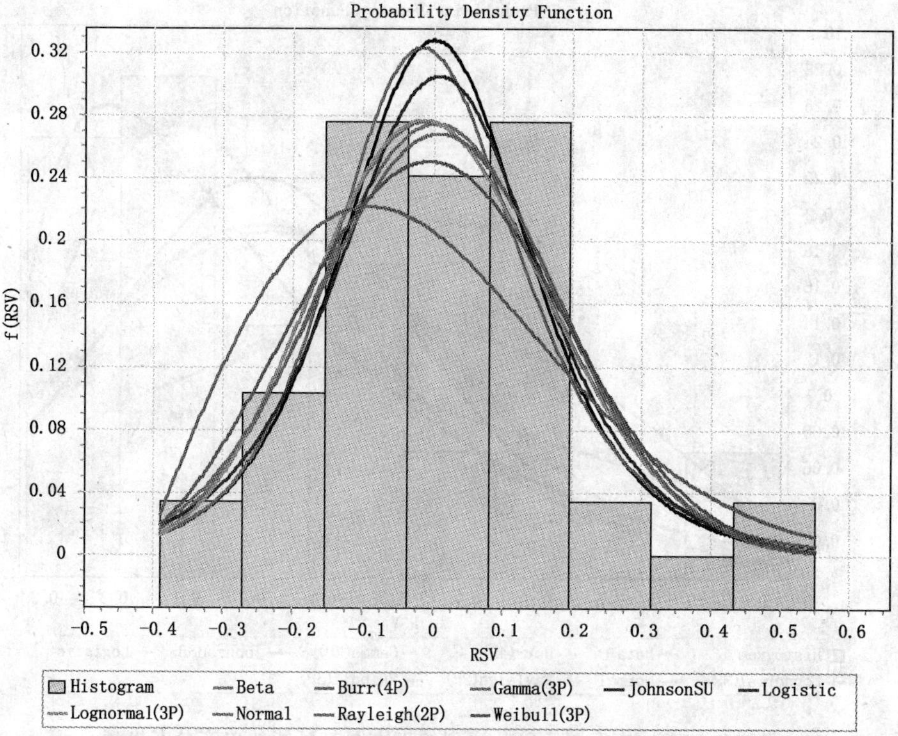

附图 8　怀柔区大豆 RSV 序列的直方图与可能的单产分布模型

从附图 8 可以看出，概率分布模型均能在一定程度上很好地拟合出怀柔区大豆 RSV 序列的概率分布。从附表 28 各分布模型的拟合优度检验结果可以很容易看出，四参数的 Burr 分布为拟合怀柔区大豆 RSV 序列的最优模型。

附表 28　怀柔区大豆 RSV 序列单产分布模型的拟合优度检验一览

#	Distribution	Kolmogorov Smirnov		Anderson Darling		Chi - Squared	
		Statistic	Rank	Statistic	Rank	Statistic	Rank
1	Beta	0.1349	6	0.4977	4	0.5549	7
2	Burr (4P)	0.1017	2	0.28831	1	0.45047	4
3	Gamma (3P)	0.12792	5	0.50098	6	0.42844	3
4	Johnson SU	0.09853	1	0.33888	3	0.47037	5
5	Logistic	0.11863	3	0.33066	2	0.51828	6
6	Lognormal (3P)	0.12665	4	0.49917	5	0.42443	2
7	Normal	0.14081	7	0.53577	7	0.58302	8
8	Rayleigh (2P)	0.18992	9	1.5091	9	2.946	9
9	Weibull (3P)	0.1418	8	0.67734	8	0.31828	1

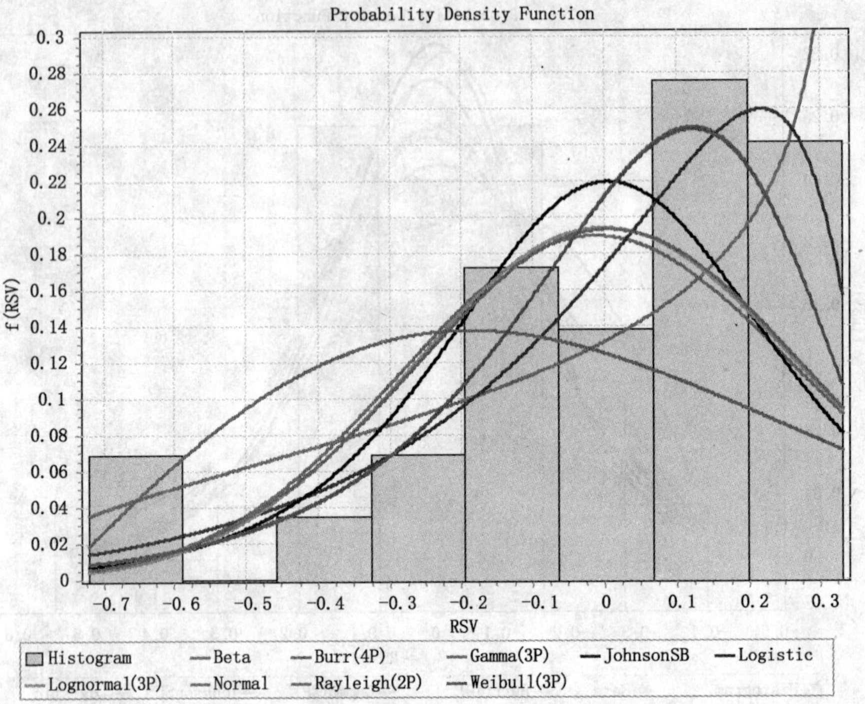

附图 9　门头沟区大豆 RSV 序列的直方图与可能的单产分布模型

从附图 9 可以看出，概率分布模型均能在一定程度上很好地拟合出门头沟区大豆 RSV 序列的概率分布。从附表 29 各分布模型的拟合优度检验结果可以很容易看出，三参数的 Weibull 分布为拟合门头沟区大豆 RSV 序列的最优模型。

附表 29　门头沟区大豆 RSV 序列单产分布模型的拟合优度检验一览

#	Distribution	Kolmogorov Smirnov		Anderson Darling		Chi－Squared	
		Statistic	Rank	Statistic	Rank	Statistic	Rank
1	Beta	0. 15716	8	2. 3284	8	2. 5392	7
2	Burr（4P）	0. 07925	2	0. 26692	3	0. 13516	2
3	Gamma（3P）	0. 13262	6	0. 93838	7	1. 2384	4
4	Johnson SB	0. 09017	3	0. 25574	1	0. 75402	3
5	Logistic	0. 14	7	0. 68928	4	3. 1078	8
6	Lognormal（3P）	0. 12696	5	0. 8477	6	1. 4001	5
7	Normal	0. 12611	4	0. 80294	5	1. 4021	6
8	Rayleigh（2P）	0. 24193	9	2. 8609	9	6. 2571	9
9	Weibull（3P）	0. 07882	1	0. 26377	2	0. 13436	1

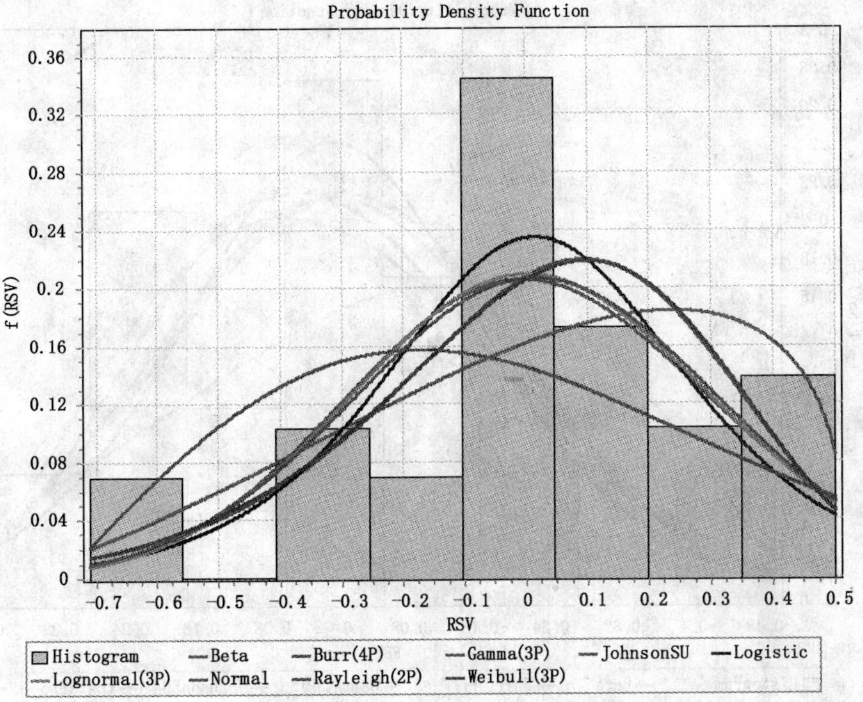

附图 10　密云县大豆 RSV 序列的直方图与可能的单产分布模型

从附图 10 可以看出，概率分布模型均能在一定程度上很好地拟合出密云县大豆 RSV 序列的概率分布。从附表 30 各分布模型的拟合优度检验结果可以很容易看出，Logistic 分布为拟合密云县大豆 RSV 序列的最优模型。

附表 30　密云县大豆 RSV 序列单产分布模型的拟合优度检验一览

#	Distribution	Kolmogorov Smirnov		Anderson Darling		Chi - Squared	
		Statistic	Rank	Statistic	Rank	Statistic	Rank
1	Beta	0.14006	4	0.80086	8	6.2891	4
2	Burr（4P）	0.12274	2	0.48907	3	4.4329	2
3	Gamma（3P）	0.16733	8	0.61177	7	8.0799	8
4	Johnson SU	0.12105	1	0.46738	2	4.5172	3
5	Logistic	0.14462	5	0.42475	1	8.0793	7
6	Lognormal（3P）	0.16299	7	0.58008	6	7.9538	5
7	Normal	0.15764	6	0.5434	5	7.9996	6
8	Rayleigh（2P）	0.27046	9	2.0836	9	9.3355	9
9	Weibull（3P）	0.12284	3	0.49333	4	4.4281	1

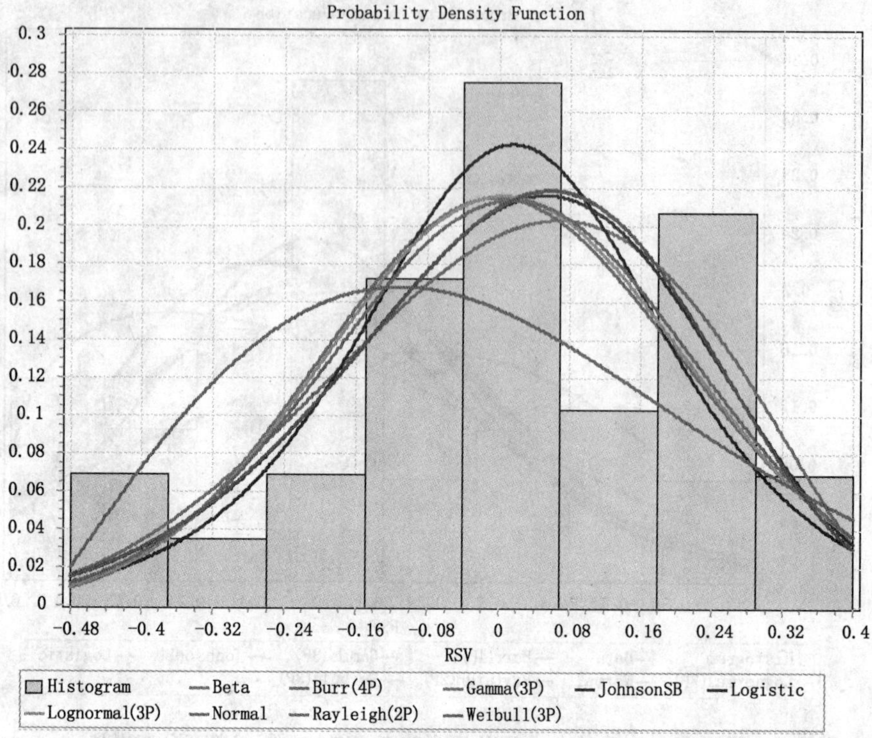

附图 11　平谷区大豆 RSV 序列的直方图与可能的单产分布模型

从附图 11 可以看出，概率分布模型均能在一定程度上很好地拟合出平谷区大豆 RSV 序列的概率分布。从附表 31 各分布模型的拟合优度检验结果可以很容易看出，Johnson SB 分布为拟合平谷区大豆 RSV 序列的最优模型。

附表 31　平谷区大豆 RSV 序列单产分布模型的拟合优度检验一览

#	Distribution	Kolmogorov Smirnov		Anderson Darling		Chi - Squared	
		Statistic	Rank	Statistic	Rank	Statistic	Rank
1	Beta	0.10191	8	0.22525	6	1.3529	8
2	Burr (4P)	0.0983	6	0.19903	2	0.55695	1
3	Gamma (3P)	0.09116	3	0.25436	8	1.3128	6
4	Johnson SB	0.09707	4	0.18823	1	0.59343	3
5	Logistic	0.0997	7	0.20004	4	0.64579	4
6	Lognormal (3P)	0.08644	2	0.23324	7	1.3041	5
7	Normal	0.08054	1	0.20663	5	1.3132	7
8	Rayleigh (2P)	0.19585	9	1.379	9	2.7465	9
9	Weibull (3P)	0.09815	5	0.19911	3	0.5571	2

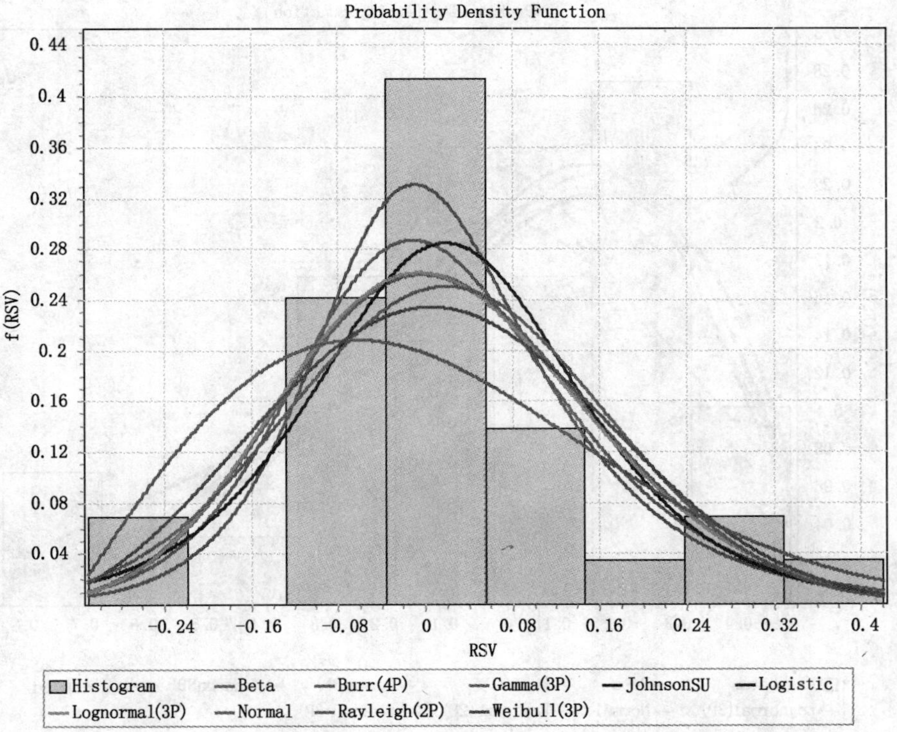

附图 12　顺义区大豆 RSV 序列的直方图与可能的单产分布模型

从附图 12 可以看出，概率分布模型均能在一定程度上很好地拟合出顺义区大豆 RSV 序列的概率分布。从附表 32 各分布模型的拟合优度检验结果可以很容易看出，四参数 Burr 分布为拟合顺义区大豆 RSV 序列的最优模型。

附表 32　顺义区大豆 RSV 序列单产分布模型的拟合优度检验一览

#	Distribution	Kolmogorov Smirnov		Anderson Darling		Chi - Squared	
		Statistic	Rank	Statistic	Rank	Statistic	Rank
1	Beta	0.17306	5	0.89719	6	3.9694	3
2	Burr（4P）	0.13117	1	0.50536	1	1.1915	1
3	Gamma（3P）	0.16982	4	0.89317	5	3.9779	4
4	Johnson SU	0.14803	2	0.66898	2	2.3926	2
5	Logistic	0.17349	6	0.8285	3	4.4464	7
6	Lognormal（3P）	0.16729	3	0.87581	4	3.9829	5
7	Normal	0.19028	8	1.0533	7	4.3358	6
8	Rayleigh（2P）	0.23943	9	1.7551	9	9.689	9
9	Weibull（3P）	0.18454	7	1.1102	8	6.152	8

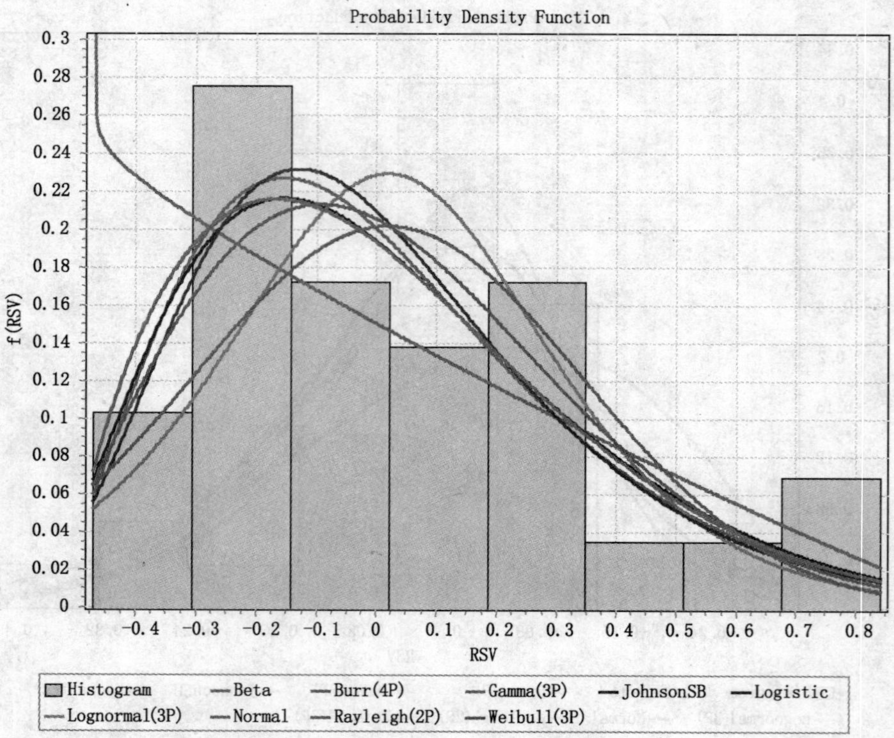

附图 13　通州区大豆 RSV 序列的直方图与可能的单产分布模型

从附图 13 可以看出，概率分布模型均能在一定程度上很好地拟合出通州区大豆 RSV 序列的概率分布。从附表 33 各分布模型的拟合优度检验结果可以很容易看出，三参数 Lognormal 分布为拟合通州区大豆 RSV 序列的最优模型。

附表 33　通州区大豆 RSV 序列单产分布模型的拟合优度检验一览

#	Distribution	Kolmogorov Smirnov		Anderson Darling		Chi - Squared	
		Statistic	Rank	Statistic	Rank	Statistic	Rank
1	Beta	0. 13379	8	1. 1988	9	0. 93008	5
2	Burr (4P)	0. 08239	2	0. 23501	4	1. 4519	7
3	Gamma (3P)	0. 08889	5	0. 21388	3	6.7289	9
4	Johnson SB	0. 07947	1	0. 20459	2	1. 574	8
5	Logistic	0. 14535	9	0. 44779	7	0. 30144	2
6	Lognormal (3P)	0. 08598	4	0. 20146	1	0. 69426	4
7	Normal	0. 12533	7	0. 46043	8	0. 24777	1
8	Rayleigh (2P)	0. 1038	6	0. 25112	6	0. 38402	3
9	Weibull (3P)	0. 08336	3	0. 2358	5	1. 45	6

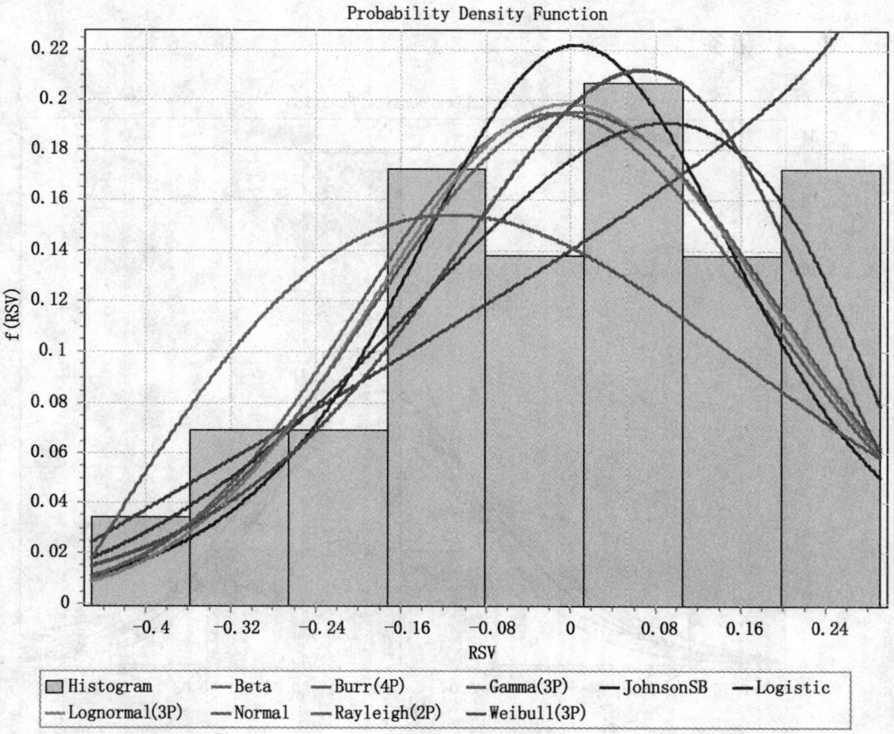

附图 14　延庆县大豆 RSV 序列的直方图与可能的单产分布模型

从附图 14 可以看出，概率分布模型均能在一定程度上很好地拟合出延庆县大豆 RSV 序列的概率分布。从附表 34 各分布模型的拟合优度检验结果可以很容易看出，Johnson SB 分布为拟合延庆县大豆 RSV 序列的最优模型。

附表 34　延庆县大豆 RSV 序列单产分布模型的拟合优度检验一览

#	Distribution	Kolmogorov Smirnov		Anderson Darling		Chi - Squared	
		Statistic	Rank	Statistic	Rank	Statistic	Rank
1	Beta	0.13123	8	4.2186	9	N/A	
2	Burr (4P)	0.07185	3	0.1504	3	0.16569	1
3	Gamma (3P)	0.09588	7	0.34133	7	0.52078	4
4	Johnson SB	0.05907	1	0.11228	1	0.70049	6
5	Logistic	0.09099	6	0.30008	6	2.9716	7
6	Lognormal (3P)	0.08196	5	0.27583	5	0.53373	5
7	Normal	0.07857	4	0.23946	4	0.26518	3
8	Rayleigh (2P)	0.18985	9	1.321	8	3.6165	8
9	Weibull (3P)	0.07116	2	0.14925	2	0.16735	2

（二）稻谷

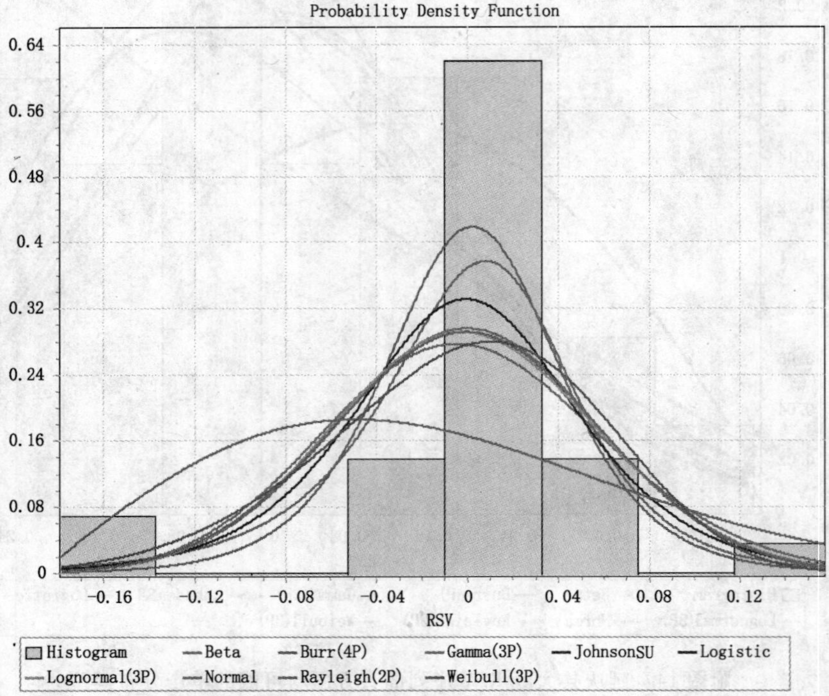

附图 15　北京市稻谷 RSV 序列的直方图与可能的单产分布模型

从附图 15 可以看出，除 Ralyeigh 外，其余 8 种概率分布模型均能很好地拟合出北京市稻谷 RSV 序列的概率分布。从附表 35 各分布模型的拟合优度检验结果可以很容易看出，四参数的 Burr 分布为拟合北京市稻谷 RSV 序列的最优模型。

附表 35　北京市稻谷 RSV 序列单产分布模型的拟合优度检验一览

#	Distribution	Kolmogorov Smirnov		Anderson Darling		Chi – Squared	
		Statistic	Rank	Statistic	Rank	Statistic	Rank
1	Beta	0. 22706	5	2. 1324	4	22. 61	4
2	Burr（4P）	0. 17957	1	1. 2517	1	6. 5704	2
3	Gamma（3P）	0. 24057	8	2. 369	8	22. 775	8
4	Johnson SU	0. 19815	2	1. 3408	2	6. 7278	3
5	Logistic	0. 22112	3	1. 7398	3	22. 907	9
6	Lognormal（3P）	0. 23311	7	2. 2092	6	22. 65	7
7	Normal	0. 2296	6	2. 1665	5	22. 63	5
8	Rayleigh（2P）	0. 37504	9	4. 8407	9	4. 5498	1
9	Weibull（3P）	0. 22304	4	2. 2225	7	22. 642	6

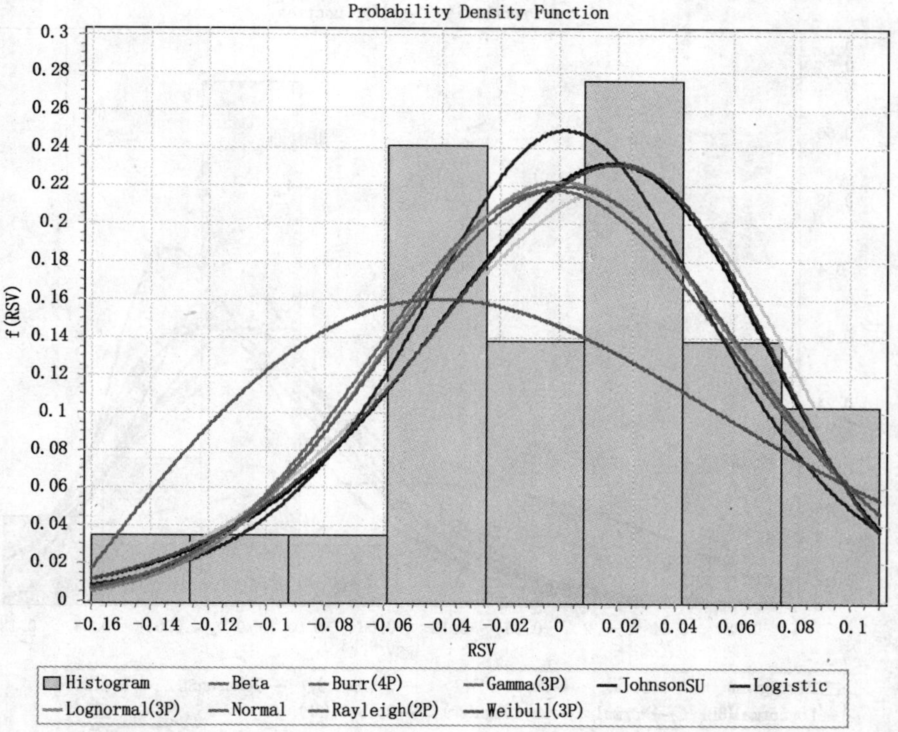

附图 16　昌平区稻谷 RSV 序列的直方图与可能的单产分布模型

从附图 16 可以看出，9 种概率分布模型均能很好地拟合出昌平区稻谷 RSV 序列的概率分布。从附表 36 各分布模型的拟合优度检验结果可以很容易看出，Johnson SU 分布为拟合昌平区稻谷 RSV 序列的最优模型。

附表 36　昌平区稻谷 RSV 序列单产分布模型的拟合优度检验一览

#	Distribution	Kolmogorov Smirnov		Anderson Darling		Chi - Squared	
		Statistic	Rank	Statistic	Rank	Statistic	Rank
1	Beta	0.09751	4	0.27119	5	0.82439	6
2	Burr (4P)	0.09698	3	0.24581	2	0.85954	8
3	Gamma (3P)	0.11639	8	0.37357	8	0.09789	1
4	Johnson SU	0.09623	1	0.23454	1	0.85975	9
5	Logistic	0.09919	5	0.26439	4	0.11452	4
6	Lognormal (3P)	0.10476	6	0.32405	7	0.10393	2
7	Normal	0.1084	7	0.30702	6	0.10998	3
8	Rayleigh (2P)	0.25793	9	2.0212	9	0.7442	5
9	Weibull (3P)	0.09633	2	0.24721	3	0.85381	7

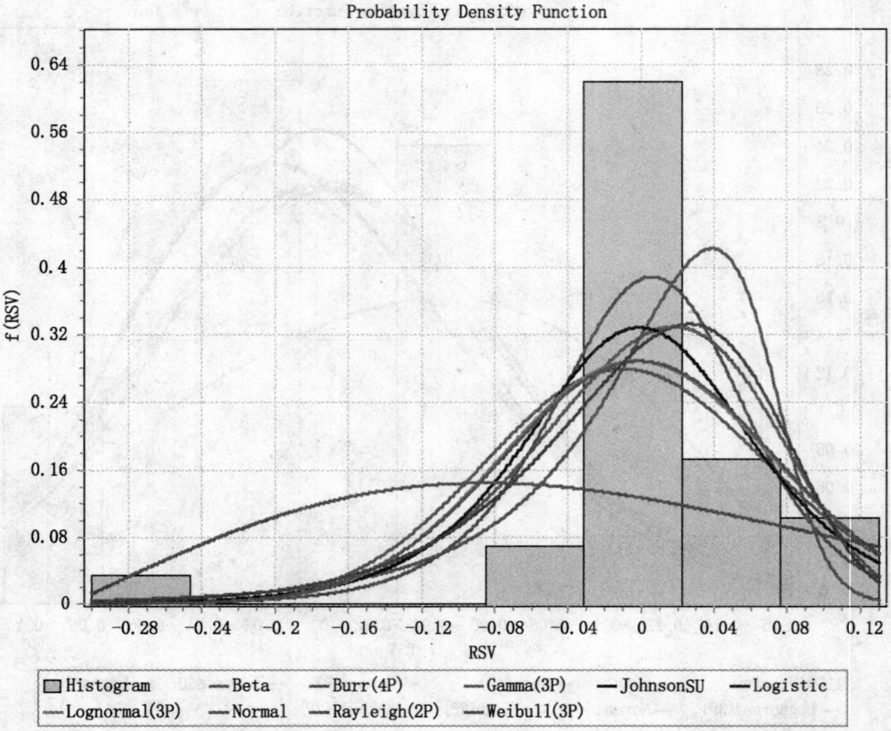

附图 17 朝阳区稻谷 RSV 序列的直方图与可能的单产分布模型

从附图 17 可以看出，9 种概率分布模型均能很好地拟合出朝阳区稻谷 RSV 序列的概率分布。从附表 37 各分布模型的拟合优度检验结果可以很容易看出，四参数的 Burr 分布为拟合朝阳区稻谷 RSV 序列的最优模型。

附表 37 朝阳区稻谷 RSV 序列单产分布模型的拟合优度检验一览

#	Distribution	Kolmogorov Smirnov		Anderson Darling		Chi - Squared	
		Statistic	Rank	Statistic	Rank	Statistic	Rank
1	Beta	0. 20209	3	1. 2823	3	2. 2785	4
2	Burr (4P)	0. 18051	1	0. 88961	1	0. 54427	2
3	Gamma (3P)	0. 27913	8	2. 0368	8	6. 998	6
4	Johnson SU	0. 21941	4	1. 6883	6	3. 5065	5
5	Logistic	0. 22694	5	1. 2579	2	9. 4004	7
6	Lognormal (3P)	0. 24787	7	1. 7089	7	9. 4799	9
7	Normal	0. 24501	6	1. 6707	5	9. 4465	8
8	Rayleigh (2P)	0. 43761	9	6. 1615	9	0. 23141	1
9	Weibull (3P)	0. 20175	2	1. 3548	4	2. 2163	3

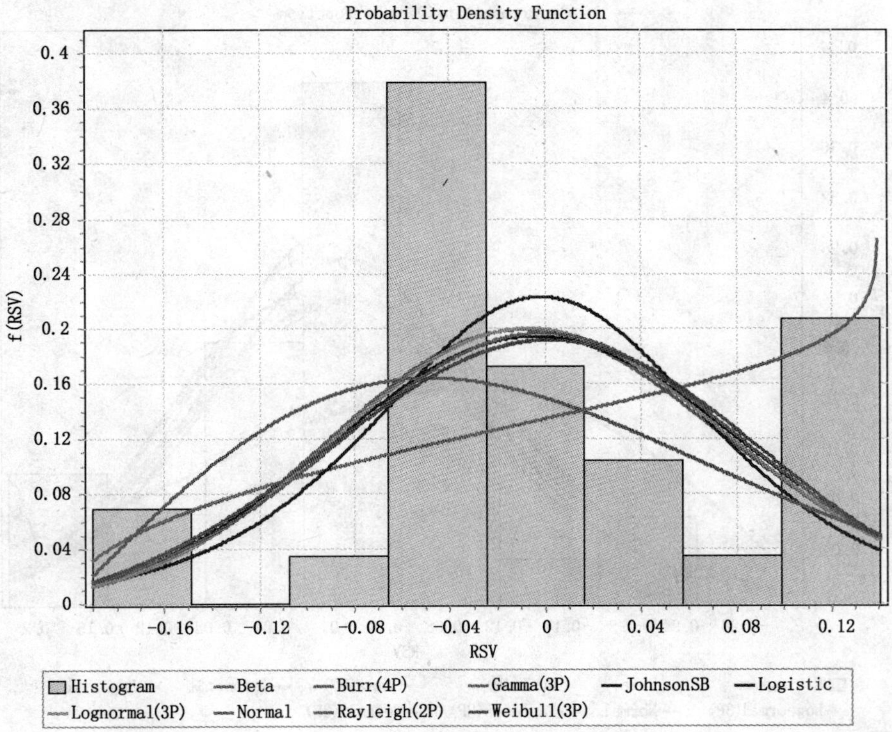

附图 18　房山区稻谷 RSV 序列的直方图与可能的单产分布模型

从附图 18 可以看出，9 种概率分布模型均能很好地拟合出房山区稻谷 RSV 序列的概率分布。从附表 38 各分布模型的拟合优度检验结果可以很容易看出，三参数的 Gamma 分布为拟合房山区稻谷 RSV 序列的最优模型。

附表 38　房山区稻谷 RSV 序列单产分布模型的拟合优度检验一览

#	Distribution	Kolmogorov Smirnov		Anderson Darling		Chi - Squared	
		Statistic	Rank	Statistic	Rank	Statistic	Rank
1	Beta	0.22233	8	8.9899	9	N/A	
2	Burr (4P)	0.1725	6	0.90523	7	1.1241	3
3	Gamma (3P)	0.16083	1	0.81169	1	1.2232	7
4	Johnson SB	0.16755	3	0.84407	3	1.1547	5
5	Logistic	0.18369	7	0.89466	5	1.0331	1
6	Lognormal (3P)	0.16559	2	0.83202	2	1.1753	6
7	Normal	0.1724	5	0.86329	4	1.1046	2
8	Rayleigh (2P)	0.24578	9	1.392	8	7.7025	8
9	Weibull (3P)	0.17154	4	0.90366	6	1.1258	4

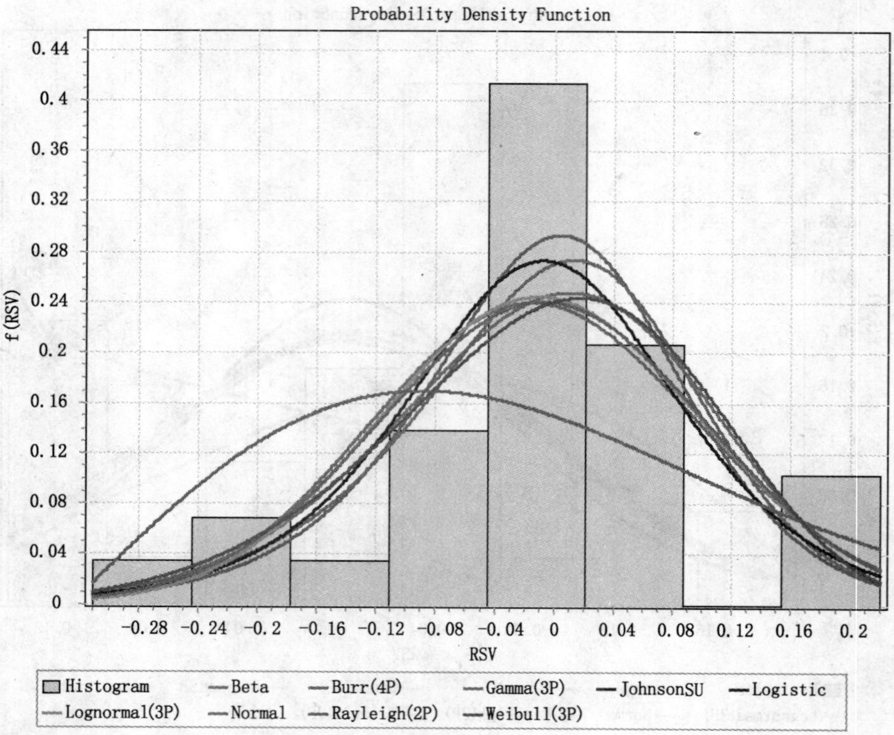

附图 19　海淀区稻谷 RSV 序列的直方图与可能的单产分布模型

从附图 19 可以看出，9 种概率分布模型均能很好地拟合出海淀区稻谷 RSV 序列的概率分布。从附表 39 各分布模型的拟合优度检验结果可以很容易看出，四参数的 Burr 分布为拟合海淀区稻谷 RSV 序列的最优模型。

附表 39　海淀区稻谷 RSV 序列单产分布模型的拟合优度检验一览

#	Distribution	Kolmogorov Smirnov		Anderson Darling		Chi - Squared	
		Statistic	Rank	Statistic	Rank	Statistic	Rank
1	Beta	0.17136	7	1.0732	4	4.0465	7
2	Burr (4P)	0.14033	1	0.82396	1	0.36149	1
3	Gamma (3P)	0.1606	4	1.2313	8	2.0572	2
4	Johnson SU	0.15996	3	0.88222	2	4.1704	8
5	Logistic	0.15198	2	0.93826	3	2.1379	5
6	Lognormal (3P)	0.16335	5	1.1685	7	2.0632	3
7	Normal	0.16564	6	1.1551	6	2.0865	4
8	Rayleigh (2P)	0.30112	9	3.0628	9	5.3506	9
9	Weibull (3P)	0.17675	8	1.1126	5	4.0352	6

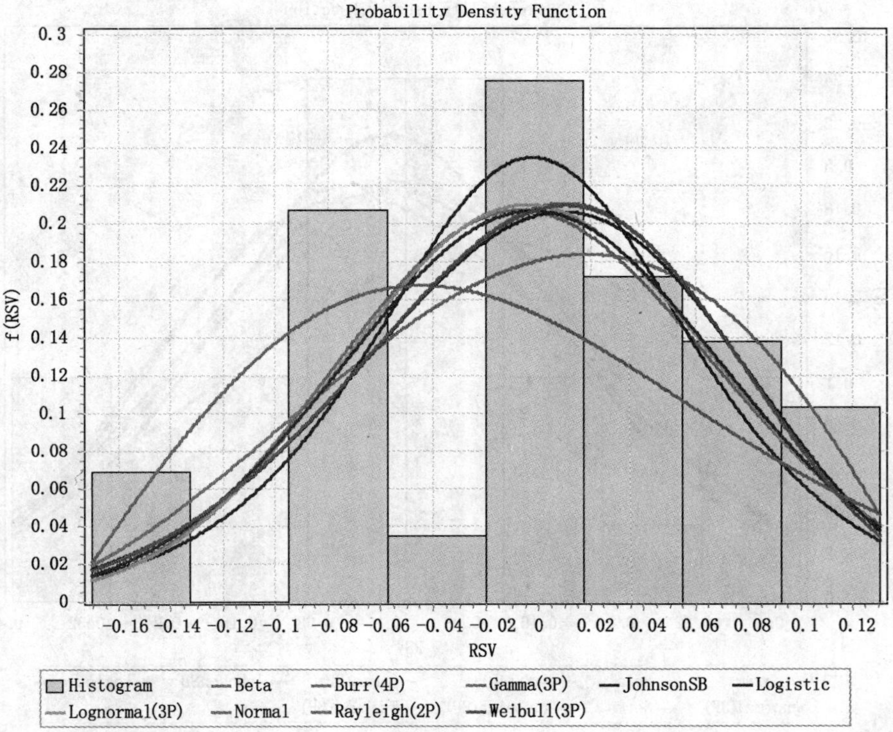

附图 20　怀柔区稻谷 RSV 序列的直方图与可能的单产分布模型

从附图 20 可以看出，9 种概率分布模型均能很好地拟合出怀柔区稻谷 RSV 序列的概率分布。从附表 40 各分布模型的拟合优度检验结果可以很容易看出，四参数的 Burr 分布为拟合怀柔区稻谷 RSV 序列的最优模型。

附表 40　怀柔区稻谷 RSV 序列单产分布模型的拟合优度检验一览

#	Distribution	Kolmogorov Smirnov		Anderson Darling		Chi - Squared	
		Statistic	Rank	Statistic	Rank	Statistic	Rank
1	Beta	0. 12882	4	0. 36962	8	7. 4627	9
2	Burr （4P）	0. 12519	1	0. 26497	2	2. 9151	1
3	Gamma （3P）	0. 15085	8	0. 33006	7	3. 9628	8
4	Johnson SB	0. 12658	3	0. 26246	1	3. 8208	5
5	Logistic	0. 14013	5	0. 3025	5	3. 0083	2
6	Lognormal （3P）	0. 14422	6	0. 31201	6	3. 9205	7
7	Normal	0. 14603	7	0. 29274	4	3. 9003	6
8	Rayleigh （2P）	0. 23476	9	1. 2523	9	3. 256	3
9	Weibull （3P）	0. 12587	2	0. 26751	3	3. 7883	4

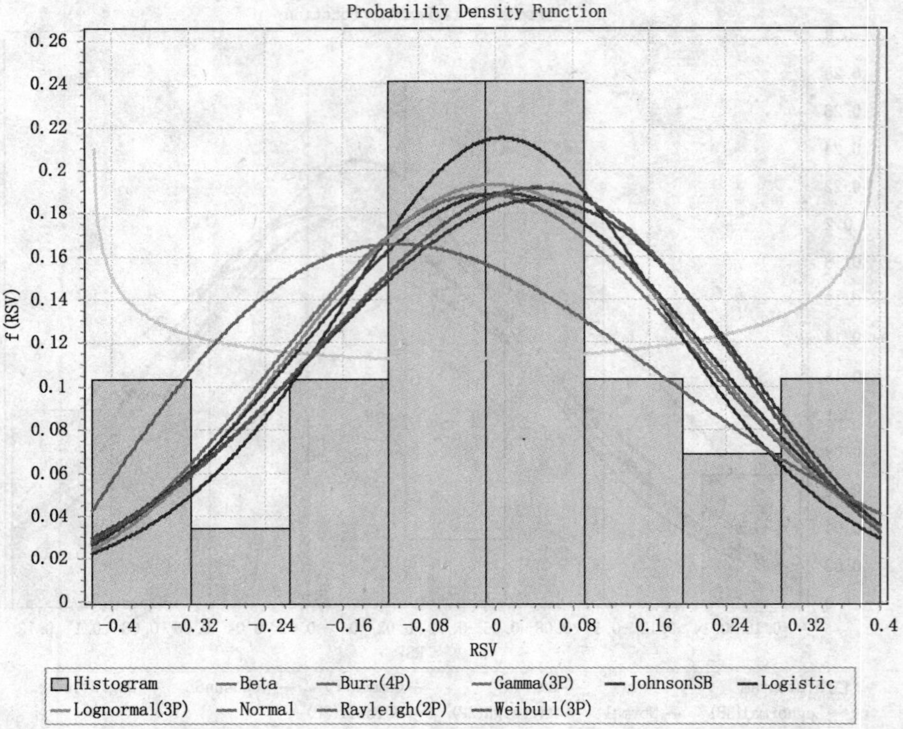

附图 21　密云县稻谷 RSV 序列的直方图与可能的单产分布模型

从附图 21 可以看出，9 种概率分布模型均能很好地拟合出密云县稻谷 RSV 序列的概率分布。从附表 41 各分布模型的拟合优度检验结果可以很容易看出，三参数的 Weibull 分布为拟合密云县稻谷 RSV 序列的最优模型。

附表 41　密云县稻谷 RSV 序列单产分布模型的拟合优度检验一览

#	Distribution	Kolmogorov Smirnov		Anderson Darling		Chi－Squared	
		Statistic	Rank	Statistic	Rank	Statistic	Rank
1	Beta	0.18317	8	8.5103	9	N/A	
2	Burr（4P）	0.09104	2	0.33343	3	0.96798	2
3	Gamma（3P）	0.11824	7	0.41724	7	1.8393	5
4	Johnson SB	0.09465	4	0.32597	2	1.0383	3
5	Logistic	0.09256	3	0.28817	1	8.2444	8
6	Lognormal（3P）	0.10721	6	0.38374	6	1.7919	4
7	Normal	0.10381	5	0.34791	5	2.5381	6
8	Rayleigh（2P）	0.18597	9	1.13	8	3.3186	7
9	Weibull（3P）	0.08851	1	0.33383	4	0.96567	1

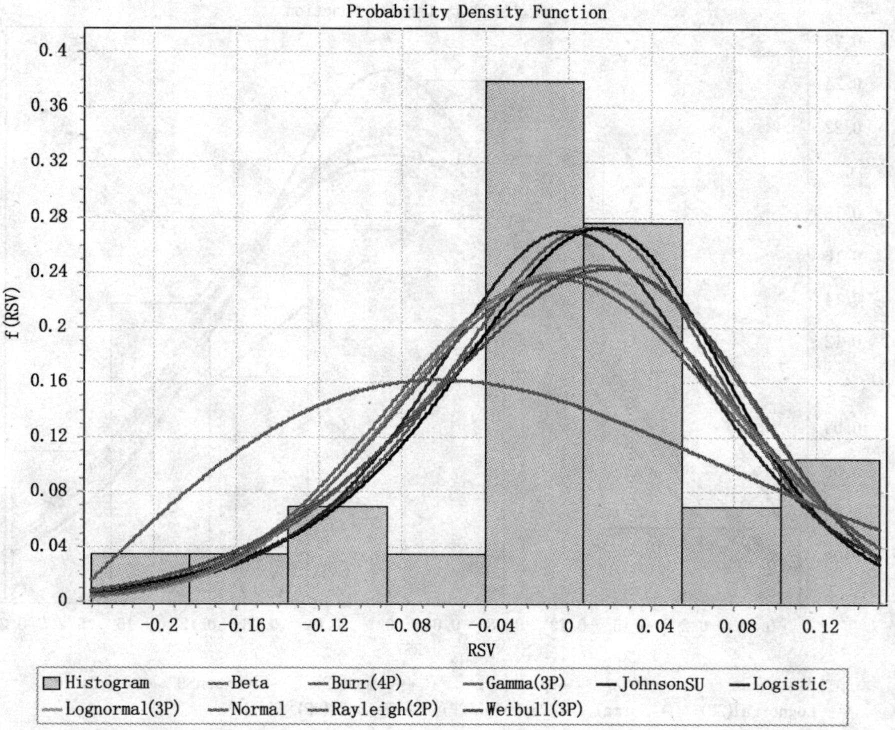

附图 22　通州区稻谷 RSV 序列的直方图与可能的单产分布模型

从附图 22 可以看出，9 种概率分布模型均能很好地拟合出通州区稻谷 RSV 序列的概率分布。从附表 42 各分布模型的拟合优度检验结果可以很容易看出，四参数的 Burr 分布为拟合通州区稻谷 RSV 序列的最优模型。

附表 42　通州区稻谷 RSV 序列单产分布模型的拟合优度检验一览

#	Distribution	Kolmogorov Smirnov		Anderson Darling		Chi - Squared	
		Statistic	Rank	Statistic	Rank	Statistic	Rank
1	Beta	0.16031	3	0.85979	4	16.065	7
2	Burr (4P)	0.15063	2	0.67796	1	9.98	3
3	Gamma (3P)	0.19853	8	1.0066	8	7.2025	1
4	Johnson SU	0.14127	1	0.69104	2	16.378	8
5	Logistic	0.16943	5	0.70803	3	10.316	5
6	Lognormal (3P)	0.18368	7	0.92807	7	10.188	4
7	Normal	0.18252	6	0.91053	6	9.8847	2
8	Rayleigh (2P)	0.32828	9	3.1156	9	26.886	9
9	Weibull (3P)	0.16271	4	0.89718	5	16.025	6

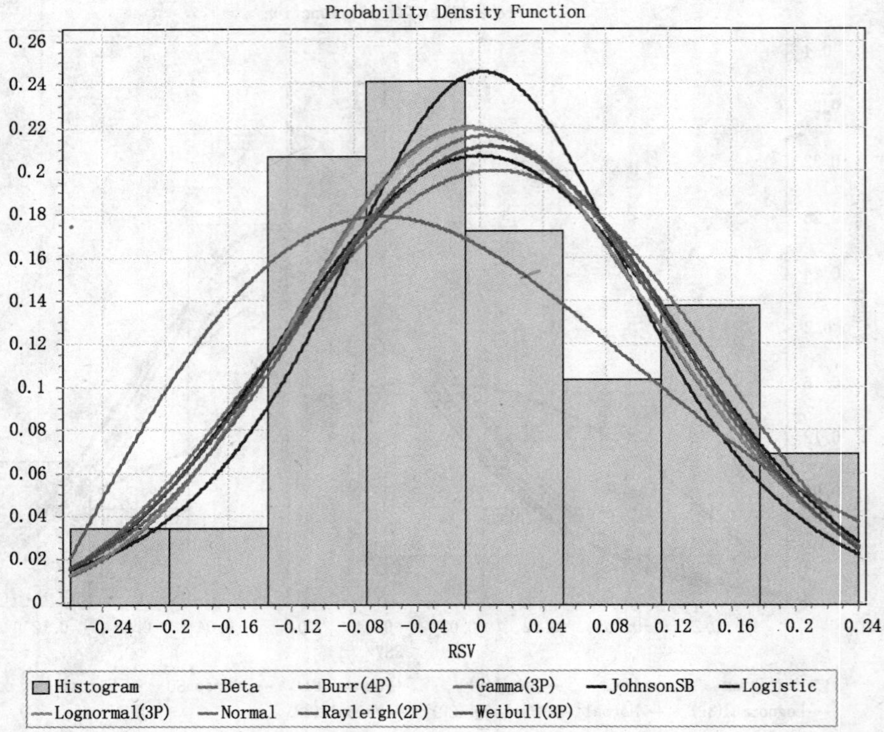

附图 23　延庆县稻谷 RSV 序列的直方图与可能的单产分布模型

从附图 23 可以看出，9 种概率分布模型均能很好地拟合出延庆县稻谷 RSV 序列的概率分布。从附表 43 各分布模型的拟合优度检验结果可以很容易看出，Johnson SB 分布为拟合延庆县稻谷 RSV 序列的最优模型。

附表 43　延庆县稻谷 RSV 序列单产分布模型的拟合优度检验一览

#	Distribution	Kolmogorov Smirnov		Anderson Darling		Chi - Squared	
		Statistic	Rank	Statistic	Rank	Statistic	Rank
1	Beta	0.09511	7	0.2789	6	2.4076	7
2	Burr（4P）	0.09269	4	0.27628	5	1.6204	4
3	Gamma（3P）	0.08511	1	0.26407	2	3.7833	9
4	Johnson SB	0.09189	3	0.25489	1	1.6292	5
5	Logistic	0.10746	8	0.38829	8	1.5301	2
6	Lognormal（3P）	0.08664	2	0.2647	3	3.7809	8
7	Normal	0.09426	5	0.27325	4	1.6386	6
8	Rayleigh（2P）	0.18551	9	0.88456	9	0.61815	1
9	Weibull（3P）	0.09468	6	0.28007	7	1.6171	3

（三）高粱

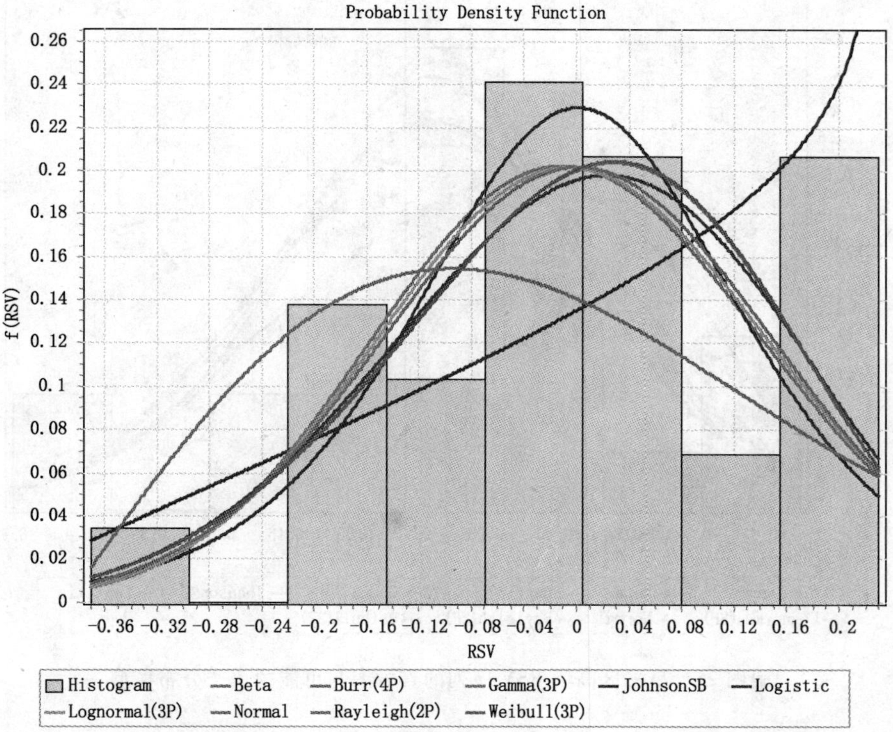

附图 24　北京市高粱 RSV 序列的直方图与可能的单产分布模型

从附图 24 可以看出，9 种概率分布模型均能很好地拟合出北京市高粱 RSV 序列的概率分布。从附表 44 各分布模型的拟合优度检验结果可以很容易看出，三参数的 Lognormal 分布为拟合北京市高粱 RSV 序列的最优模型。

附表 44　北京市高粱 RSV 序列单产分布模型的拟合优度检验一览

#	Distribution	Kolmogorov Smirnov		Anderson Darling		Chi - Squared	
		Statistic	Rank	Statistic	Rank	Statistic	Rank
1	Beta	0.1836	9	8.1728	9	N/A	
2	Burr（4P）	0.09885	5	0.34675	6	1.6649	5
3	Gamma（3P）	0.0852	3	0.28548	3	4.0993	7
4	Johnson SB	0.09676	4	0.31294	4	1.7244	6
5	Logistic	0.10217	7	0.34312	5	0.68906	1
6	Lognormal（3P）	0.08083	1	0.27484	1	0.77863	3
7	Normal	0.08379	2	0.28065	2	0.73158	2
8	Rayleigh（2P）	0.17274	8	1.4063	8	4.865	8
9	Weibull（3P）	0.09967	6	0.35253	7	1.655	4

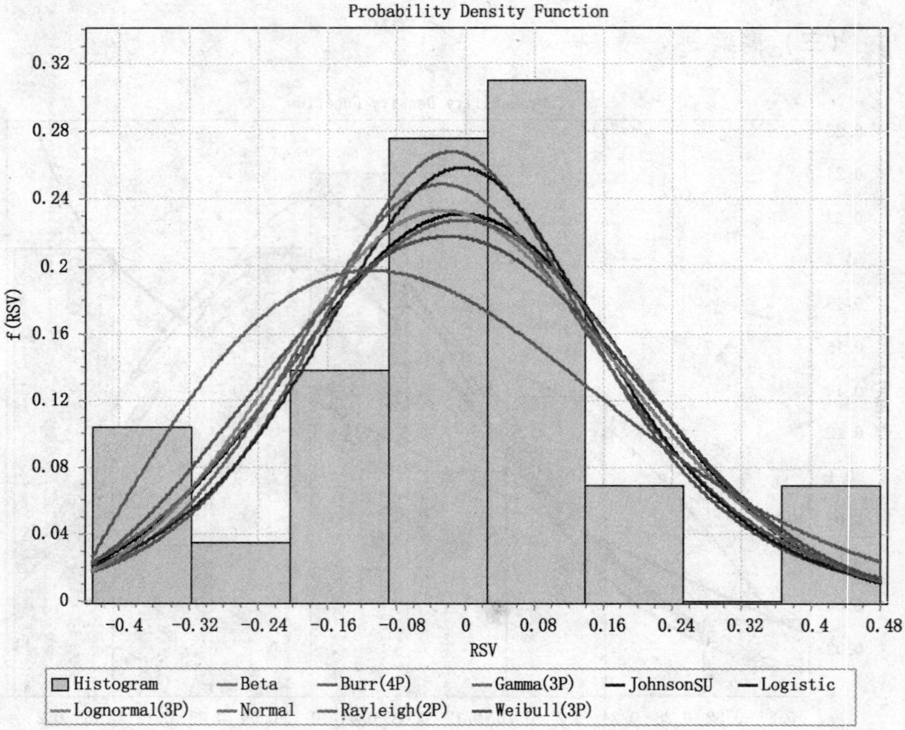

附图 25　昌平区高粱 RSV 序列的直方图与可能的单产分布模型

从附图 25 可以看出，9 种概率分布模型均能很好地拟合出昌平区高粱 RSV 序列的概率分布。从附表 45 各分布模型的拟合优度检验结果可以很容易看出，四参数的 Burr 分布为拟合昌平区高粱 RSV 序列的最优模型。

附表 45　昌平区高粱 RSV 序列单产分布模型的拟合优度检验一览

#	Distribution	Kolmogorov Smirnov		Anderson Darling		Chi - Squared	
		Statistic	Rank	Statistic	Rank	Statistic	Rank
1	Beta	0.10697	4	0.38063	6	0.25933	2
2	Burr (4P)	0.08544	1	0.228	1	0.29864	5
3	Gamma (3P)	0.10739	5	0.3663	5	0.4105	8
4	Johnson SU	0.10221	3	0.28352	3	0.28971	4
5	Logistic	0.08786	2	0.23881	2	0.03592	1
6	Lognormal (3P)	0.10749	6	0.36429	4	0.41012	7
7	Normal	0.11052	7	0.39328	7	0.27227	3
8	Rayleigh (2P)	0.18599	9	0.99327	9	2.9907	9
9	Weibull (3P)	0.1145	8	0.45521	8	0.40258	6

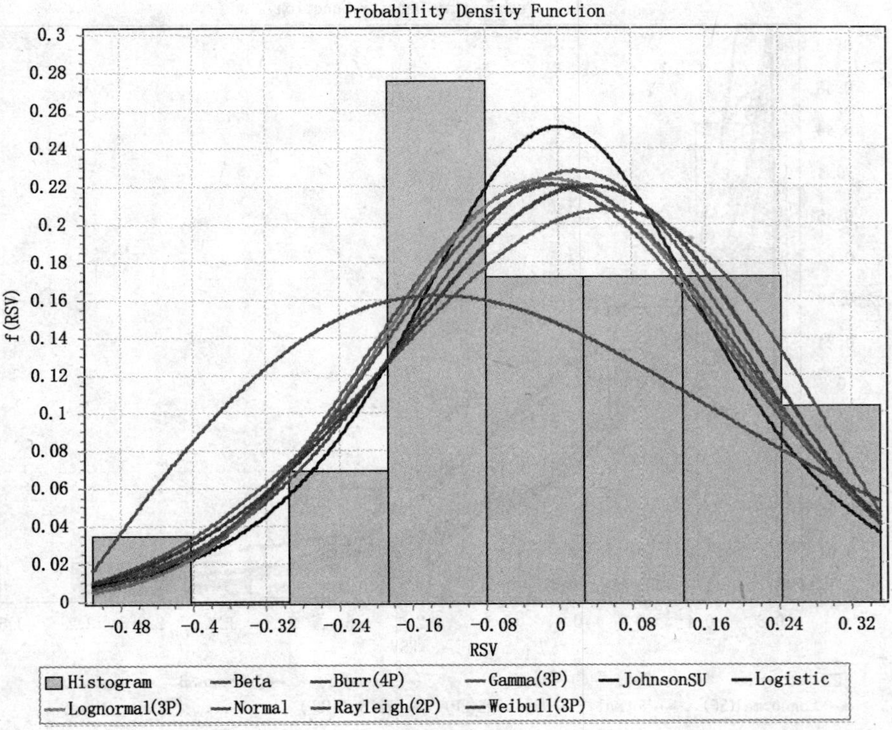

附图 26　大兴区高粱 RSV 序列的直方图与可能的单产分布模型

从附图 26 可以看出，9 种概率分布模型均能很好地拟合出大兴区高粱 RSV 序列的概率分布。从附表 46 各分布模型的拟合优度检验结果可以很容易看出，三参数的 Gamma 分布为拟合大兴区高粱 RSV 序列的最优模型。

附表 46　大兴区高粱 RSV 序列单产分布模型的拟合优度检验一览

#	Distribution	Kolmogorov Smirnov		Anderson Darling		Chi - Squared	
		Statistic	Rank	Statistic	Rank	Statistic	Rank
1	Beta	0.13737	5	0.51845	8	2.0092	8
2	Burr (4P)	0.1369	4	0.4849	5	1.5843	6
3	Gamma (3P)	0.11453	1	0.41268	1	1.3351	4
4	Johnson SU	0.13822	7	0.46319	4	1.5476	5
5	Logistic	0.14148	8	0.49648	7	2.5059	9
6	Lognormal (3P)	0.12381	2	0.4157	2	1.3347	3
7	Normal	0.12429	3	0.42026	3	1.3301	2
8	Rayleigh (2P)	0.23434	9	1.8262	9	0.01866	1
9	Weibull (3P)	0.1375	6	0.48804	6	1.5858	7

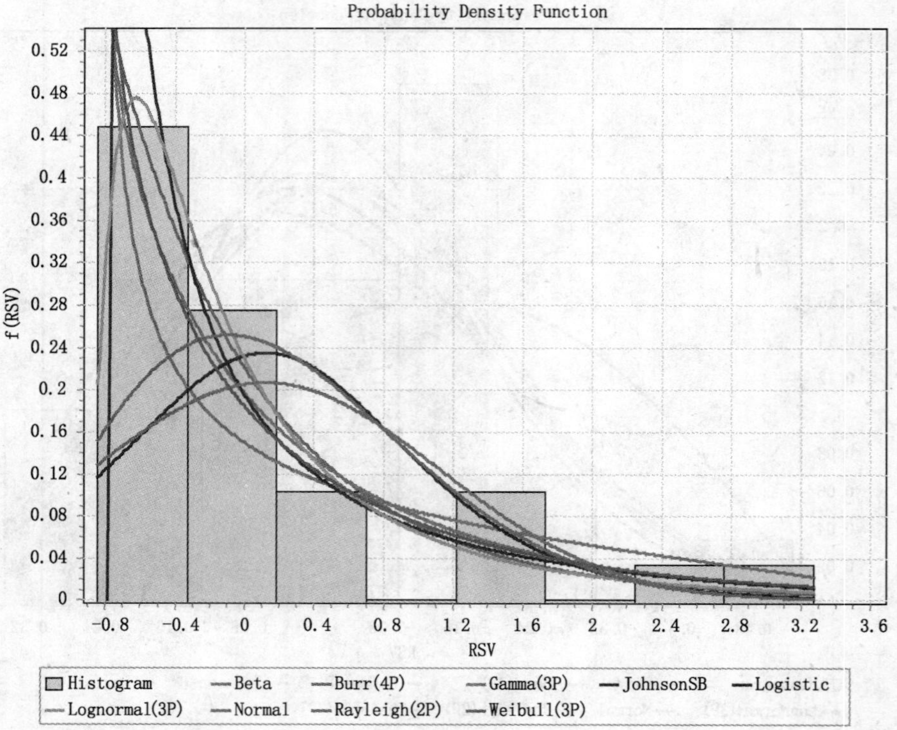

附图 27　房山区高粱 RSV 序列的直方图与可能的单产分布模型

从附图 27 可以看出，9 种概率分布模型均能很好地拟合出房山区高粱 RSV 序列的概率分布。从附表 47 各分布模型的拟合优度检验结果可以很容易看出，三参数的 Lognormal 分布为拟合房山区高粱 RSV 序列的最优模型。

附表 47　房山区高粱 RSV 序列单产分布模型的拟合优度检验一览

#	Distribution	Kolmogorov Smirnov		Anderson Darling		Chi - Squared	
		Statistic	Rank	Statistic	Rank	Statistic	Rank
1	Beta	0.16193	6	4.8852	8	N/A	
2	Burr (4P)	0.10857	2	1.1637	2	0.48073	2
3	Gamma (3P)	0.13189	5	4.149	6	N/A	
4	Johnson SB	0.10933	3	7.7451	9	N/A	
5	Logistic	0.24844	8	1.891	3	6.689	4
6	Lognormal (3P)	0.07995	1	0.20595	1	0.21766	1
7	Normal	0.24552	7	1.9749	5	6.1817	3
8	Rayleigh (2P)	0.25103	9	1.9236	4	7.7273	5
9	Weibull (3P)	0.12453	4	4.2332	7	N/A	

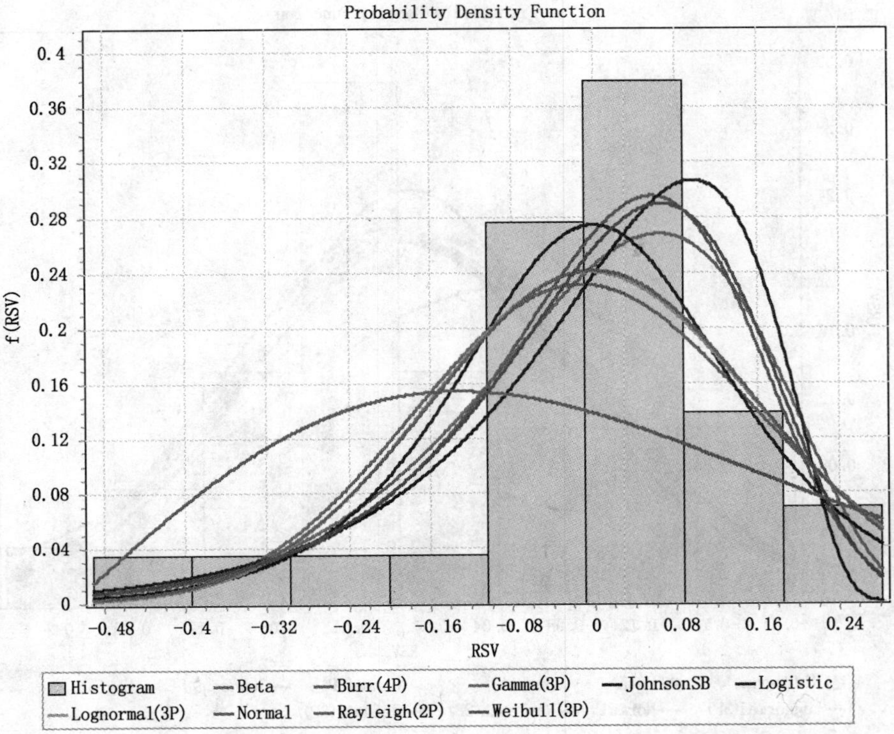

附图 28 怀柔区高粱 RSV 序列的直方图与可能的单产分布模型

从附图 28 可以看出，9 种概率分布模型均能很好地拟合出怀柔区高粱 RSV 序列的概率分布。从附表 48 各分布模型的拟合优度检验结果可以很容易看出，四参数的 Burr 分布为拟合怀柔区高粱 RSV 序列的最优模型。

附表 48 怀柔区高粱 RSV 序列单产分布模型的拟合优度检验一览

#	Distribution	Kolmogorov Smirnov		Anderson Darling		Chi - Squared	
		Statistic	Rank	Statistic	Rank	Statistic	Rank
1	Beta	0.1288	3	0.5207	3	0.06446	3
2	Burr (4P)	0.11475	1	0.3764	1	0.06404	2
3	Gamma (3P)	0.16752	7	1.2213	8	21.399	8
4	Johnson SB	0.15383	4	0.72763	4	0.03378	1
5	Logistic	0.17079	8	0.82344	5	17.09	7
6	Lognormal (3P)	0.1596	5	1.0588	7	4.9643	6
7	Normal	0.1609	6	1.0228	6	4.8975	5
8	Rayleigh (2P)	0.30912	9	3.7708	9	23.208	9
9	Weibull (3P)	0.1241	2	0.40442	2	0.07095	4

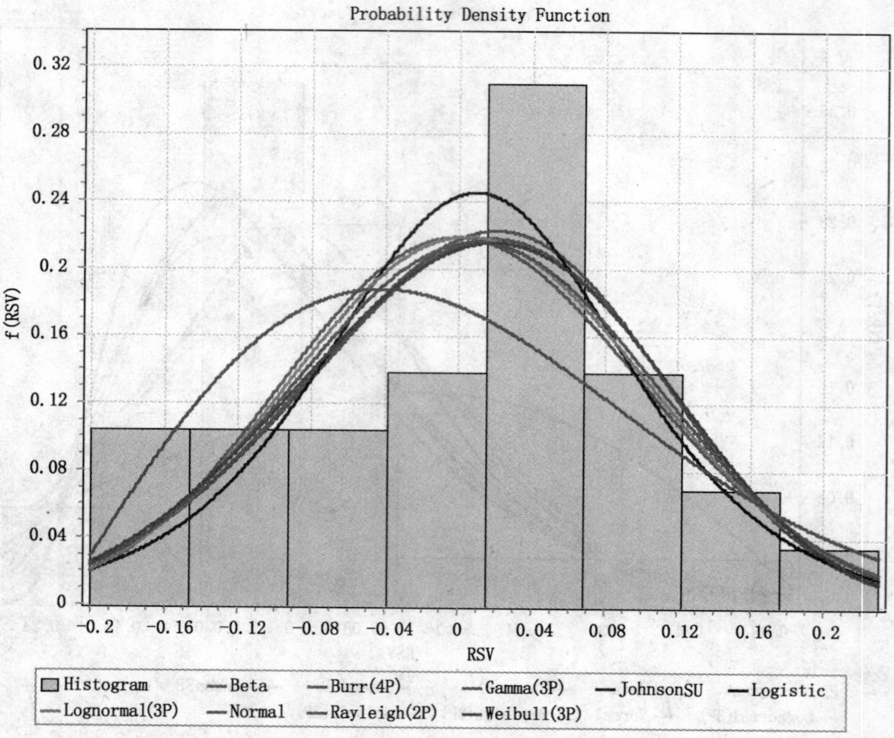

附图 29　门头沟区高粱 RSV 序列的直方图与可能的单产分布模型

从附图 29 可以看出，9 种概率分布模型均能很好地拟合出门头沟区高粱 RSV 序列的概率分布。从附表 49 各分布模型的拟合优度检验结果可以很容易看出，Johnson SU 分布为拟合门头沟区高粱 RSV 序列的最优模型。

附表 49　门头沟区高粱 RSV 序列单产分布模型的拟合优度检验一览

#	Distribution	Kolmogorov Smirnov		Anderson Darling		Chi - Squared	
		Statistic	Rank	Statistic	Rank	Statistic	Rank
1	Beta	0.11152	3	0.37825	3	3.5703	4
2	Burr (4P)	0.10951	2	0.36422	1	3.5472	3
3	Gamma (3P)	0.13834	8	0.53676	8	4.222	6
4	Johnson SU	0.10908	1	0.36444	2	0.34899	1
5	Logistic	0.12384	6	0.40576	5	4.7642	8
6	Lognormal (3P)	0.13054	7	0.48042	7	4.5506	7
7	Normal	0.12346	5	0.42917	6	3.5729	5
8	Rayleigh (2P)	0.19525	9	1.1327	9	8.543	9
9	Weibull (3P)	0.11327	4	0.39175	4	3.5064	2

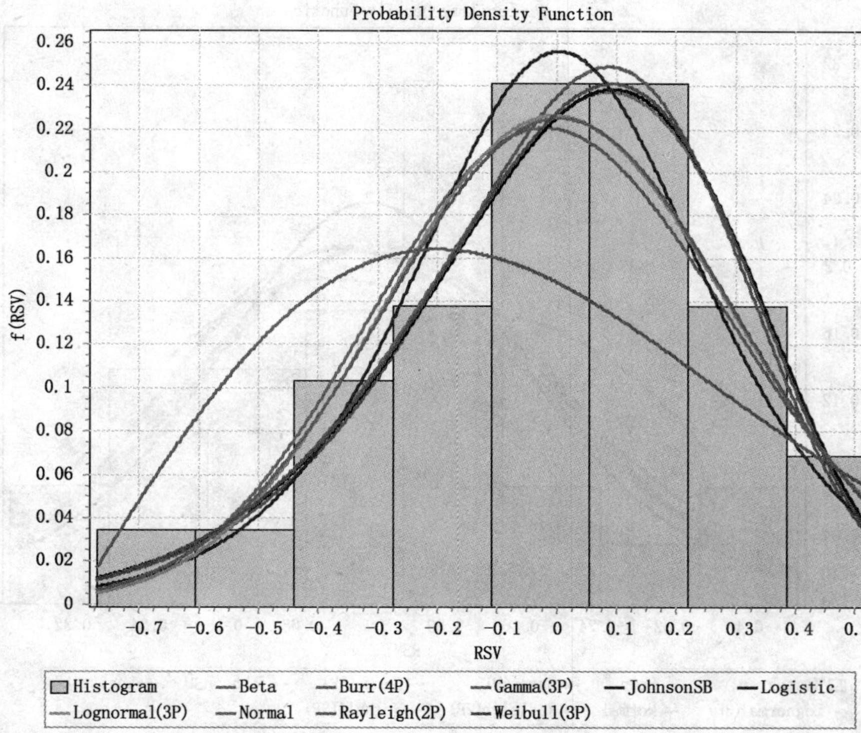

附图 30 密云县高粱 RSV 序列的直方图与可能的单产分布模型

从附图 30 可以看出，9 种概率分布模型均能很好地拟合出密云县高粱 RSV 序列的概率分布。从附表 50 各分布模型的拟合优度检验结果可以很容易看出，四参数的 Burr 分布为拟合密云县高粱 RSV 序列的最优模型。

附表 50 密云县高粱 RSV 序列单产分布模型的拟合优度检验一览

#	Distribution	Kolmogorov Smirnov		Anderson Darling		Chi - Squared	
		Statistic	Rank	Statistic	Rank	Statistic	Rank
1	Beta	0.10107	4	0.16514	4	0.21982	1
2	Burr (4P)	0.09246	1	0.14098	1	4.4514	7
3	Gamma (3P)	0.13973	8	0.4274	8	0.60006	4
4	Johnson SB	0.09849	2	0.15958	3	4.4593	8
5	Logistic	0.10598	5	0.2662	5	0.61202	5
6	Lognormal (3P)	0.12412	6	0.34604	7	0.5771	3
7	Normal	0.12734	7	0.32632	6	0.57032	2
8	Rayleigh (2P)	0.27056	9	2.0878	9	8.9201	9
9	Weibull (3P)	0.09866	3	0.15789	2	4.3925	6

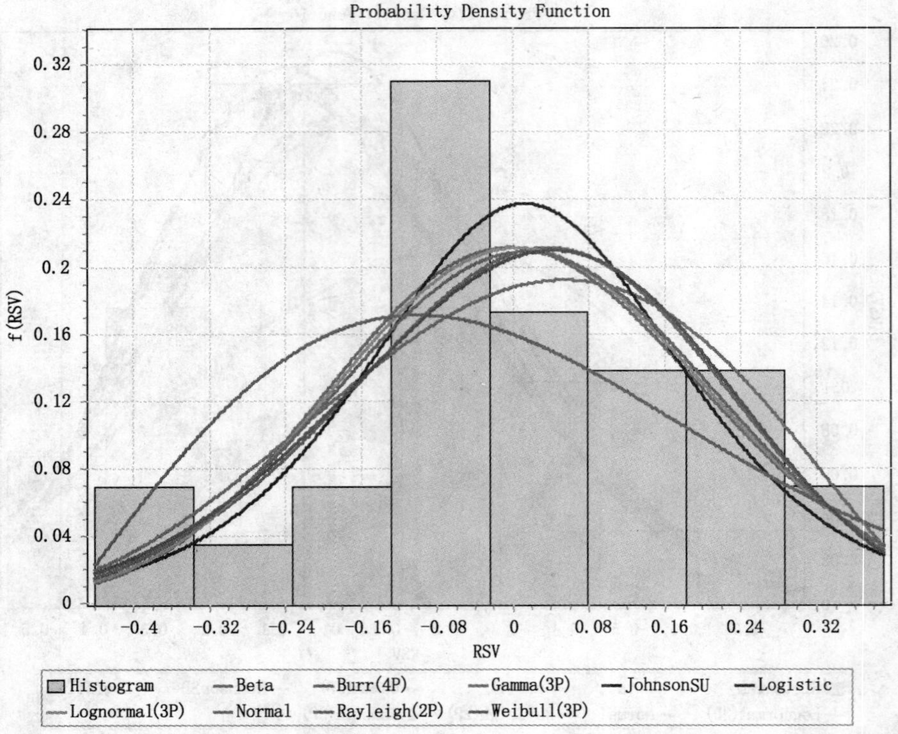

附图 31　平谷区高粱 RSV 序列的直方图与可能的单产分布模型

从附图 31 可以看出，9 种概率分布模型均能很好地拟合出平谷区高粱 RSV 序列的概率分布。从附表 51 各分布模型的拟合优度检验结果可以很容易看出，Logistic 分布为拟合平谷区高粱 RSV 序列的最优模型。

附表 51　平谷区高粱 RSV 序列单产分布模型的拟合优度检验一览

#	Distribution	Kolmogorov Smirnov		Anderson Darling		Chi - Squared	
		Statistic	Rank	Statistic	Rank	Statistic	Rank
1	Beta	0.11352	6	0.40707	8	0.40633	2
2	Burr (4P)	0.10274	3	0.35306	4	2.5303	7
3	Gamma (3P)	0.11767	8	0.37477	7	0.04389	1
4	Johnson SU	0.10119	2	0.33423	2	2.6053	8
5	Logistic	0.09332	1	0.30542	1	1.3898	5
6	Lognormal (3P)	0.11364	7	0.35595	6	0.46675	4
7	Normal	0.11351	5	0.34204	3	0.46302	3
8	Rayleigh (2P)	0.22292	9	1.2857	9	9.0893	9
9	Weibull (3P)	0.10289	4	0.35449	5	2.5259	6

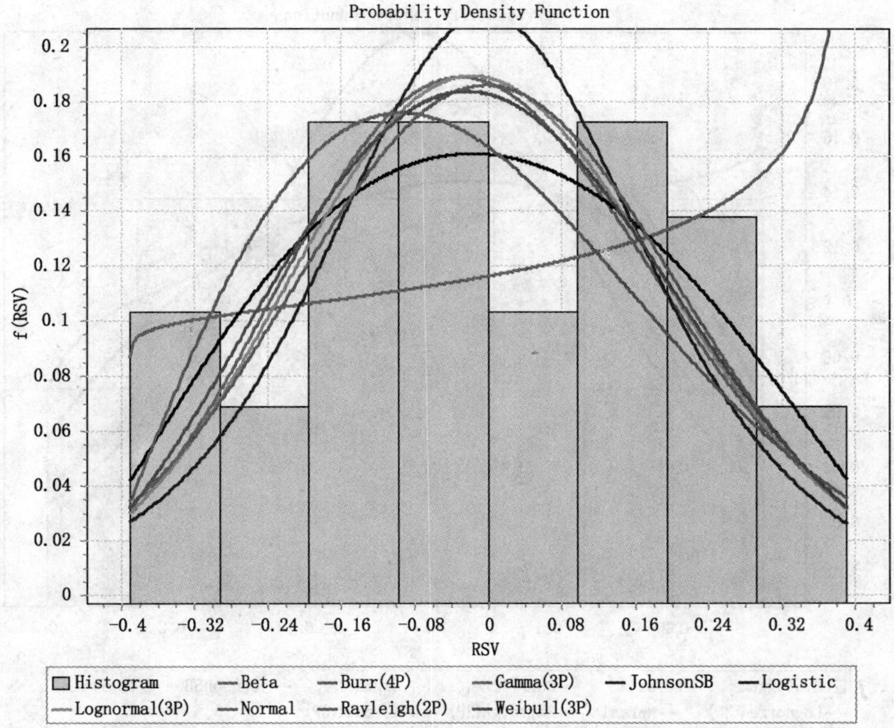

附图 32　顺义区高粱 RSV 序列的直方图与可能的单产分布模型

从附图 32 可以看出，9 种概率分布模型均能很好地拟合出顺义区高粱 RSV 序列的概率分布。从附表 52 各分布模型的拟合优度检验结果可以很容易看出，Johnson SB 分布为拟合顺义区高粱 RSV 序列的最优模型。

附表 52　顺义区高粱 RSV 序列单产分布模型的拟合优度检验一览

#	Distribution	Kolmogorov Smirnov		Anderson Darling		Chi - Squared	
		Statistic	Rank	Statistic	Rank	Statistic	Rank
1	Beta	0.18067	9	1.6976	9	3.244	8
2	Burr (4P)	0.09017	3	0.2313	3	2.6337	4
3	Gamma (3P)	0.09575	6	0.23885	5	2.7676	5
4	Johnson SB	0.07148	1	0.1732	1	3.5641	9
5	Logistic	0.11119	8	0.39143	8	1.7759	2
6	Lognormal (3P)	0.0913	4	0.24308	6	2.776	6
7	Normal	0.09365	5	0.23289	4	2.8704	7
8	Rayleigh (2P)	0.10518	7	0.35242	7	0.37554	1
9	Weibull (3P)	0.09009	2	0.2311	2	2.6317	3

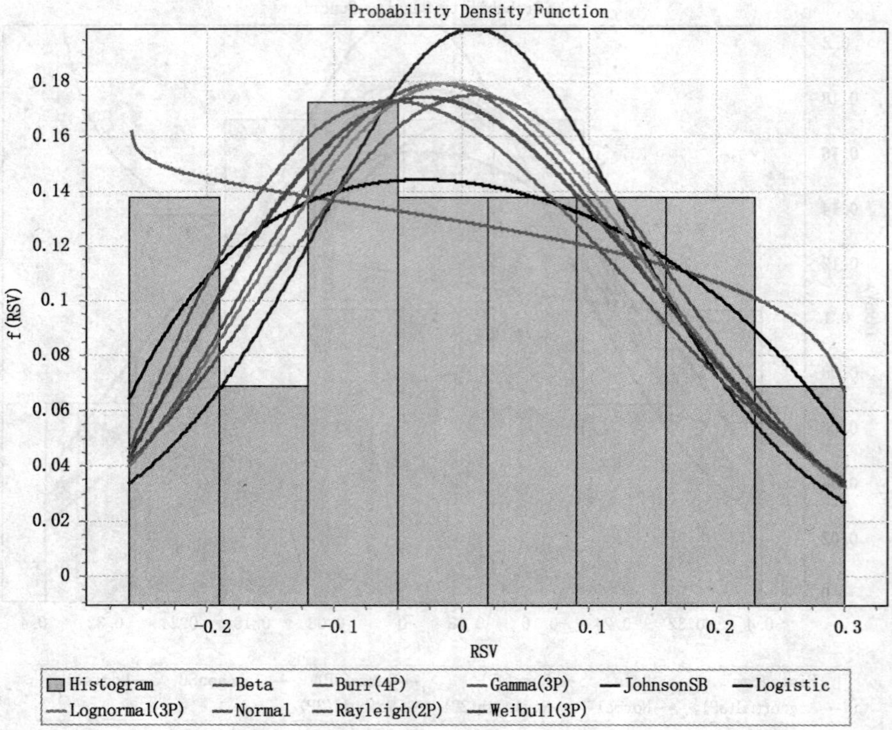

附图 33 通州区高粱 RSV 序列的直方图与可能的单产分布模型

从附图 33 可以看出，9 种概率分布模型均能很好地拟合出通州区高粱 RSV 序列的概率分布。从附表 53 各分布模型的拟合优度检验结果可以很容易看出，Johnson SB 分布为拟合通州区高粱 RSV 序列的最优模型。

附表 53 通州区高粱 RSV 序列单产分布模型的拟合优度检验一览

#	Distribution	Kolmogorov Smirnov		Anderson Darling		Chi - Squared	
		Statistic	Rank	Statistic	Rank	Statistic	Rank
1	Beta	0.10291	3	4.2015	9	N/A	
2	Burr (4P)	0.10999	4	0.29888	3	0.09412	2
3	Gamma (3P)	0.11289	7	0.30152	5	1.8752	5
4	Johnson SB	0.07104	1	0.18208	1	0.81068	4
5	Logistic	0.1236	9	0.47761	8	3.4042	8
6	Lognormal (3P)	0.11115	6	0.30384	6	1.9768	6
7	Normal	0.10094	2	0.29258	2	0.15884	3
8	Rayleigh (2P)	0.11418	8	0.33016	7	2.7976	7
9	Weibull (3P)	0.11102	5	0.29977	4	0.09401	1

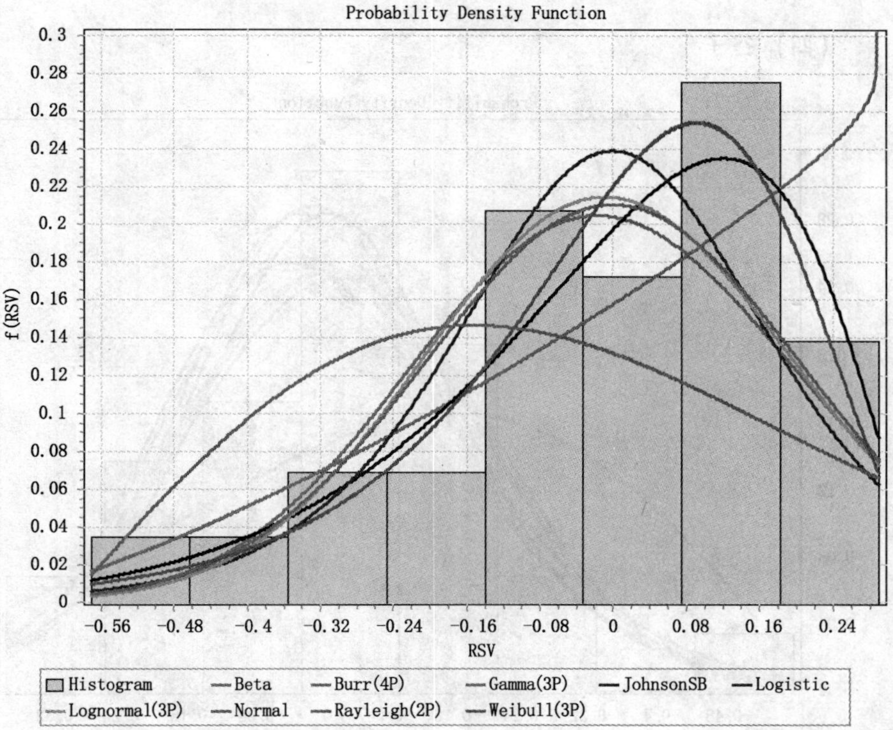

附图 34　延庆县高粱 RSV 序列的直方图与可能的单产分布模型

从附图 34 可以看出，9 种概率分布模型均能很好地拟合出延庆县高粱 RSV 序列的概率分布。从附表 54 各分布模型的拟合优度检验结果可以很容易看出，Johnson SB 分布为拟合延庆县高粱 RSV 序列的最优模型。

附表 54　延庆县高粱 RSV 序列单产分布模型的拟合优度检验一览

#	Distribution	Kolmogorov Smirnov		Anderson Darling		Chi - Squared	
		Statistic	Rank	Statistic	Rank	Statistic	Rank
1	Beta	0. 13546	8	1. 0218	8	0. 47035	1
2	Burr （4P）	0. 08075	1	0. 17666	2	0. 76303	3
3	Gamma （3P）	0. 12427	6	0. 60283	7	2. 148	5
4	Johnson SB	0. 0838	3	0. 14509	1	1. 2131	4
5	Logistic	0. 12742	7	0. 52452	5	2. 3541	7
6	Lognormal （3P）	0. 123	5	0. 55319	6	2. 2291	6
7	Normal	0. 1148	4	0. 49006	4	2. 8949	8
8	Rayleigh （2P）	0. 23745	9	2. 4278	9	3. 9575	9
9	Weibull （3P）	0. 08125	2	0. 17803	3	0. 75706	2

（四）谷子

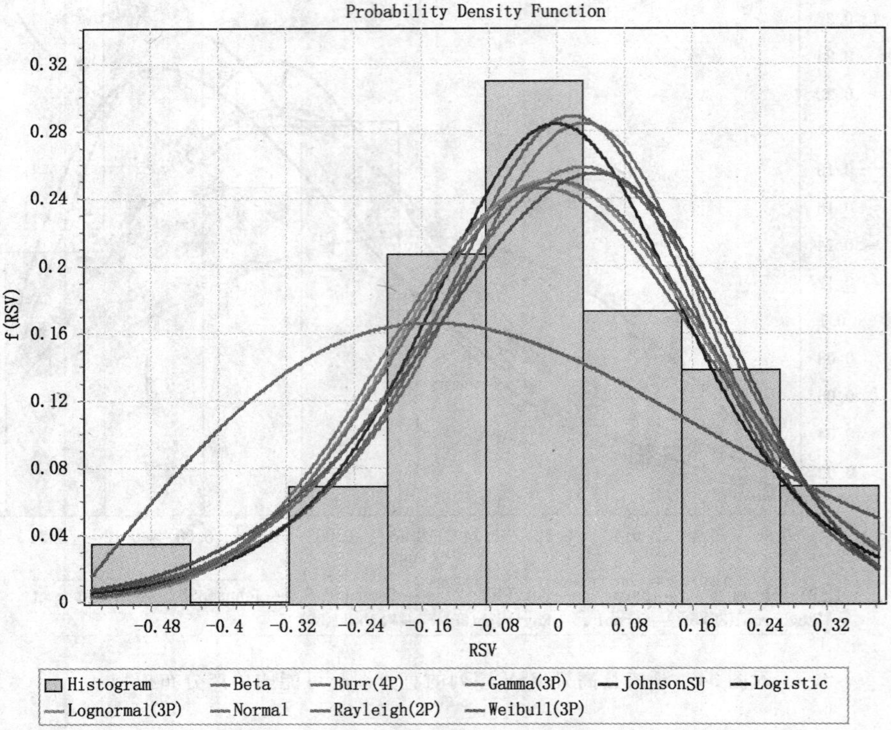

附图 35　北京市谷子 RSV 序列的直方图与可能的单产分布模型

从附图 35 可以看出，9 种概率分布模型均能很好地拟合出北京市谷子 RSV 序列的概率分布。从附表 55 各分布模型的拟合优度检验结果可以很容易看出，Logistic 分布为拟合北京市谷子 RSV 序列的最优模型。

附表 55　北京市谷子 RSV 序列单产分布模型的拟合优度检验一览

#	Distribution	Kolmogorov Smirnov		Anderson Darling		Chi – Squared	
		Statistic	Rank	Statistic	Rank	Statistic	Rank
1	Beta	0. 08698	6	0. 20542	4	0. 93764	4
2	Burr（4P）	0. 07191	2	0. 13157	2	0. 603	3
3	Gamma（3P）	0. 08954	7	0. 31704	8	1. 2168	5
4	Johnson SU	0. 08663	5	0. 1577	3	0. 58535	2
5	Logistic	0. 06091	1	0. 13079	1	1. 2412	7
6	Lognormal（3P）	0. 07644	4	0. 25287	7	1. 218	6
7	Normal	0. 07268	3	0. 23646	5	2. 4289	8
8	Rayleigh（2P）	0. 25405	9	2. 7127	9	5. 1737	9
9	Weibull（3P）	0. 0946	8	0. 25171	6	0. 53516	1

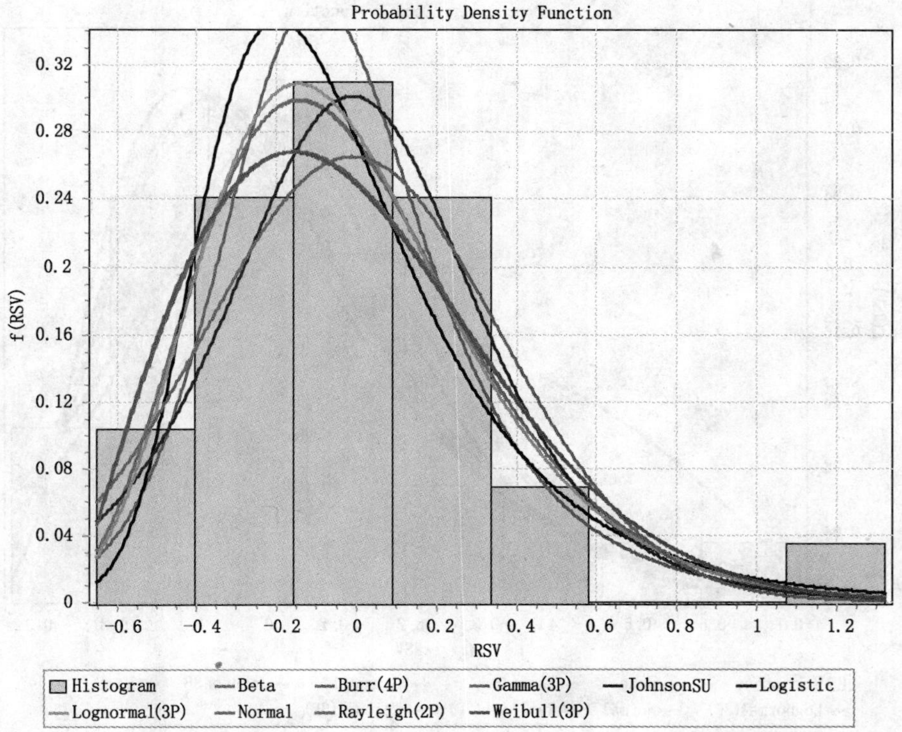

附图 36　昌平区谷子 RSV 序列的直方图与可能的单产分布模型

从附图 36 可以看出，9 种概率分布模型均能很好地拟合出昌平区谷子 RSV 序列的概率分布。从附表 56 各分布模型的拟合优度检验结果可以很容易看出，四参数的 Burr 分布为拟合昌平区谷子 RSV 序列的最优模型。

附表 56　昌平区谷子 RSV 序列单产分布模型的拟合优度检验一览

#	Distribution	Kolmogorov Smirnov		Anderson Darling		Chi - Squared	
		Statistic	Rank	Statistic	Rank	Statistic	Rank
1	Beta	0.13704	4	0.48382	4	2.2946	4
2	Burr (4P)	0.13009	1	0.26971	1	7.3076	8
3	Gamma (3P)	0.13642	3	0.47869	3	2.2948	5
4	Johnson SU	0.17161	9	0.53715	5	0.3646	1
5	Logistic	0.13392	2	0.57655	6	7.6251	9
6	Lognormal (3P)	0.14037	6	0.44207	2	2.2999	6
7	Normal	0.15557	8	0.84001	9	4.4807	7
8	Rayleigh (2P)	0.13783	5	0.67458	7	2.2742	3
9	Weibull (3P)	0.14128	7	0.68832	8	2.2731	2

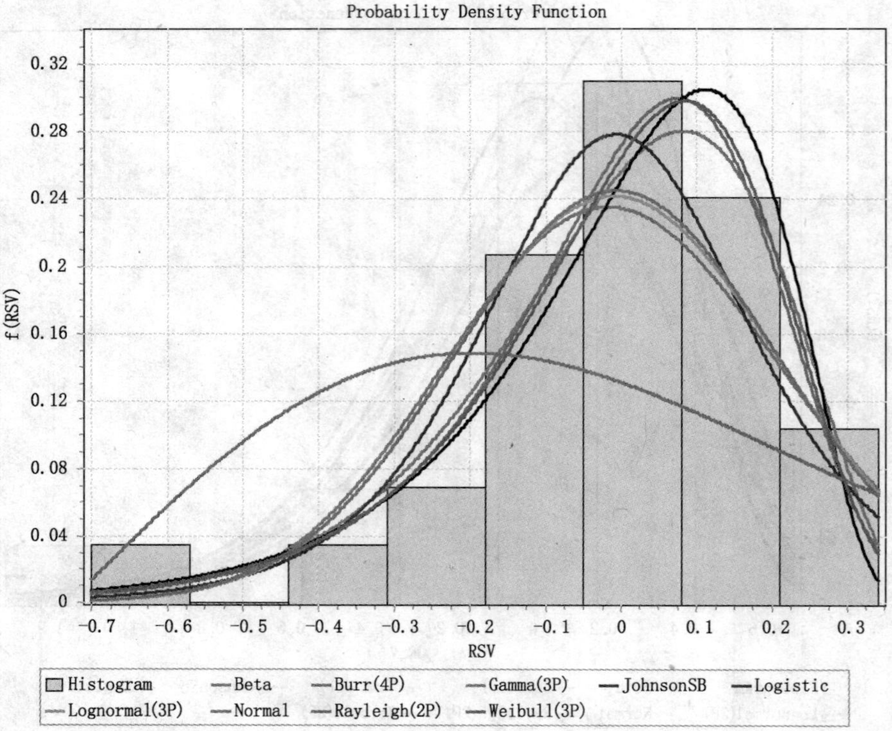

附图 37　房山区谷子 RSV 序列的直方图与可能的单产分布模型

从附图 37 可以看出，9 种概率分布模型均能很好地拟合出房山区谷子 RSV 序列的概率分布。从附表 57 各分布模型的拟合优度检验结果可以很容易看出，四参数的 Burr 分布为拟合房山区谷子 RSV 序列的最优模型。

附表 57　房山区谷子 RSV 序列单产分布模型的拟合优度检验一览

#	Distribution	Kolmogorov Smirnov		Anderson Darling		Chi - Squared	
		Statistic	Rank	Statistic	Rank	Statistic	Rank
1	Beta	0. 10707	3	0. 25454	3	0. 38271	1
2	Burr（4P）	0. 09279	1	0. 18816	1	1. 3202	3
3	Gamma（3P）	0. 13798	7	0. 82159	8	2. 0405	6
4	Johnson SB	0. 11084	4	0. 29238	4	1. 1876	2
5	Logistic	0. 14362	8	0. 55851	5	7. 7772	8
6	Lognormal（3P）	0. 13347	5	0. 72752	7	1. 6531	5
7	Normal	0. 13681	6	0. 69953	6	1. 6425	4
8	Rayleigh（2P）	0. 28584	9	3. 8397	9	10. 604	9
9	Weibull（3P）	0. 09892	2	0. 20131	2	2. 3583	7

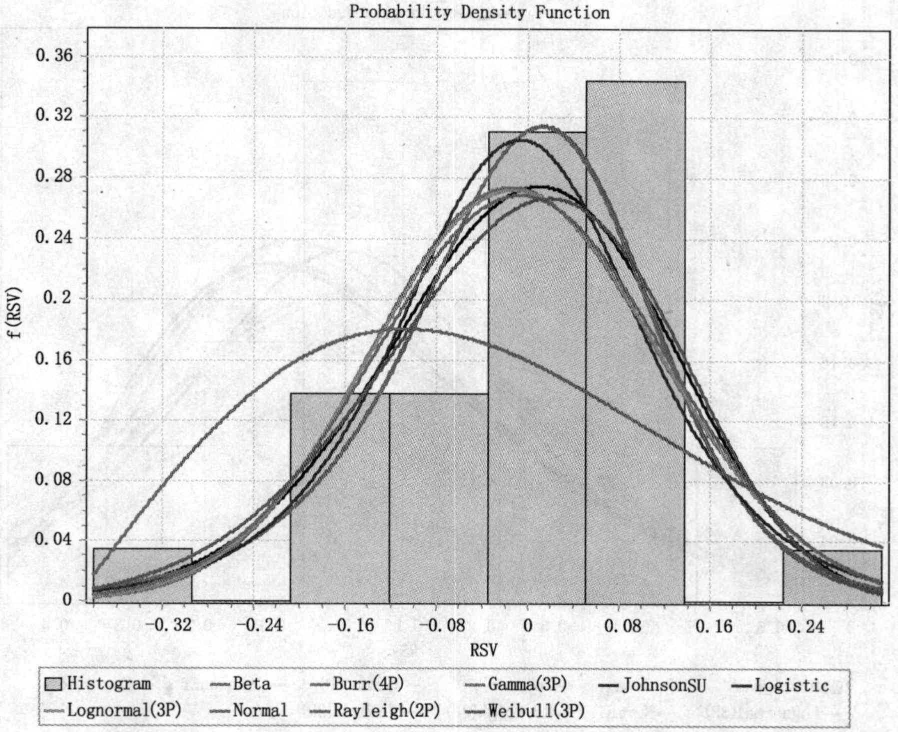

附图 38　怀柔区谷子 RSV 序列的直方图与可能的单产分布模型

从附图 38 可以看出，9 种概率分布模型均能很好地拟合出怀柔区谷子 RSV 序列的概率分布。从附表 58 各分布模型的拟合优度检验结果可以很容易看出，四参数的 Burr 分布为拟合怀柔区谷子 RSV 序列的最优模型。

附表 58　怀柔区谷子 RSV 序列单产分布模型的拟合优度检验一览

#	Distribution	Kolmogorov Smirnov		Anderson Darling		Chi - Squared	
		Statistic	Rank	Statistic	Rank	Statistic	Rank
1	Beta	0. 12191	4	0. 51346	4	6. 8873	3
2	Burr (4P)	0. 09804	1	0. 36493	2	0. 50772	1
3	Gamma (3P)	0. 12754	8	0. 61785	8	7. 3303	8
4	Johnson SU	0. 10145	2	0. 35777	1	0. 52979	2
5	Logistic	0. 10905	3	0. 45814	3	7. 0815	5
6	Lognormal (3P)	0. 12722	7	0. 60934	7	7. 3251	7
7	Normal	0. 12644	6	0. 58653	6	7. 3231	6
8	Rayleigh (2P)	0. 25569	9	2. 9121	9	11. 976	9
9	Weibull (3P)	0. 12492	5	0. 56697	5	6. 8892	4

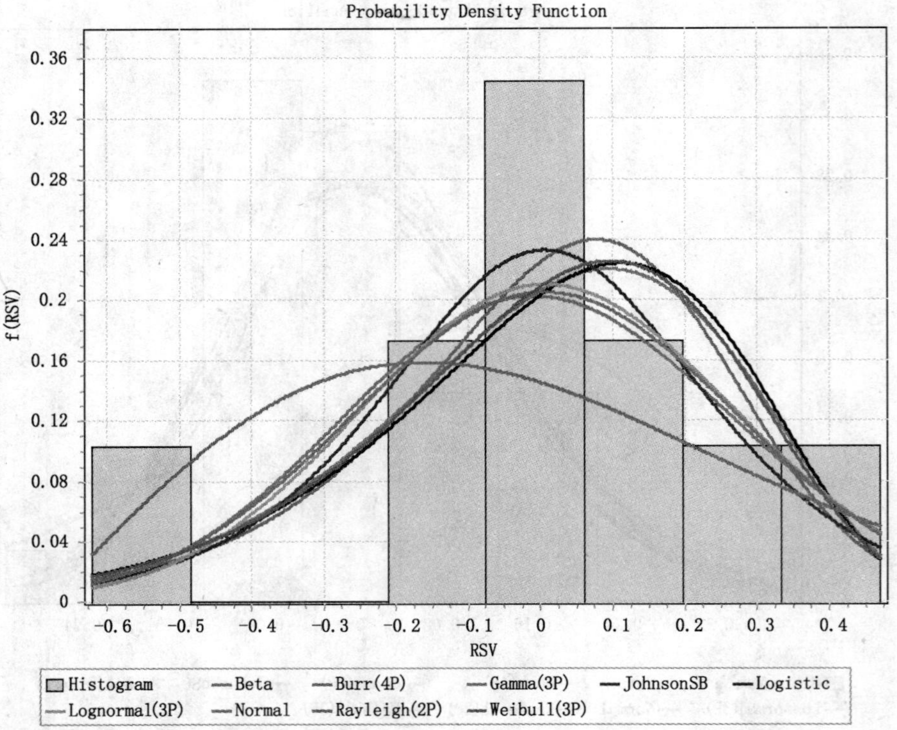

附图 39 门头沟区谷子 RSV 序列的直方图与可能的单产分布模型

从附图 39 可以看出，9 种概率分布模型均能很好地拟合出门头沟区谷子 RSV 序列的概率分布。从附表 59 各分布模型的拟合优度检验结果可以很容易看出，四参数的 Burr 分布为拟合门头沟区谷子 RSV 序列的最优模型。

附表 59 门头沟区谷子 RSV 序列单产分布模型的拟合优度检验一览

#	Distribution	Kolmogorov Smirnov		Anderson Darling		Chi - Squared	
		Statistic	Rank	Statistic	Rank	Statistic	Rank
1	Beta	0. 15789	4	0. 67367	4	0. 09758	2
2	Burr (4P)	0. 14465	1	0. 57766	1	0. 09806	3
3	Gamma (3P)	0. 19997	8	1. 0855	8	4. 7662	9
4	Johnson SB	0. 15158	2	0. 6689	3	0. 9361	5
5	Logistic	0. 17386	5	0. 73924	5	0. 53651	4
6	Lognormal (3P)	0. 1787	6	0. 977	7	2. 7583	6
7	Normal	0. 1933	7	0. 97098	6	2. 7871	7
8	Rayleigh (2P)	0. 31651	9	2. 6666	9	3. 6698	8
9	Weibull (3P)	0. 15438	3	0. 65159	2	0. 0966	1

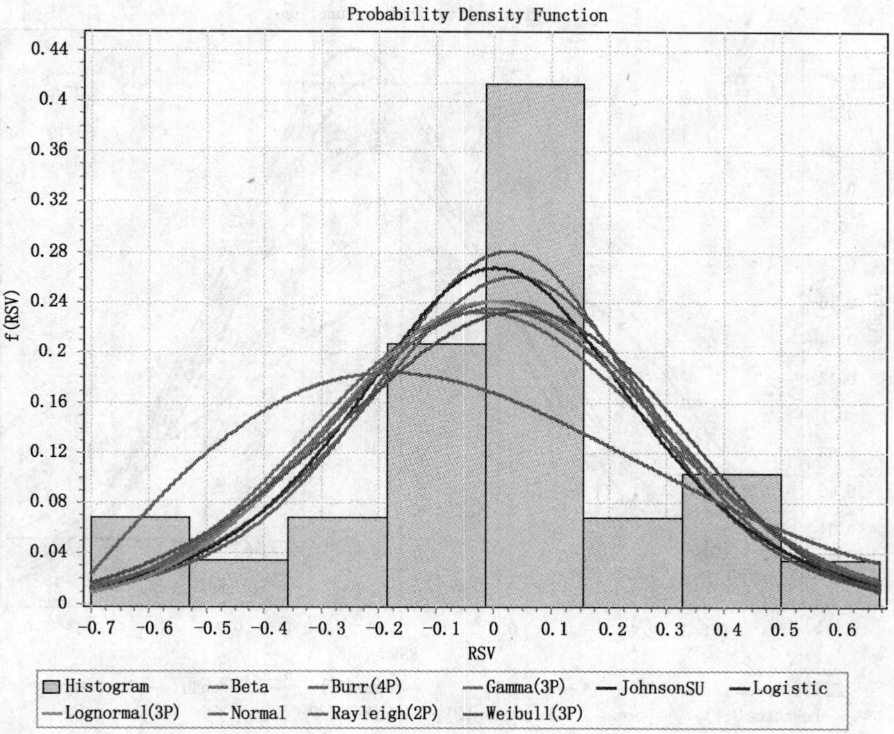

附图 40　密云县谷子 RSV 序列的直方图与可能的单产分布模型

从附图 40 可以看出，9 种概率分布模型均能很好地拟合出密云县谷子 RSV 序列的概率分布。从附表 60 各分布模型的拟合优度检验结果可以很容易看出，四参数的 Burr 分布为拟合密云县谷子 RSV 序列的最优模型。

附表 60　密云县谷子 RSV 序列单产分布模型的拟合优度检验一览

#	Distribution	Kolmogorov Smirnov		Anderson Darling		Chi - Squared	
		Statistic	Rank	Statistic	Rank	Statistic	Rank
1	Beta	0.15623	5	0.7585	4	15.858	5
2	Burr (4P)	0.12826	1	0.57851	1	4.1306	1
3	Gamma (3P)	0.1785	8	0.87996	8	16.072	8
4	Johnson SU	0.13733	2	0.62138	2	4.1882	2
5	Logistic	0.14597	3	0.62619	3	16.323	9
6	Lognormal (3P)	0.15597	4	0.80086	7	15.921	6
7	Normal	0.16495	7	0.79374	6	15.977	7
8	Rayleigh (2P)	0.2849	9	2.1592	9	11.825	3
9	Weibull (3P)	0.15722	6	0.77988	5	15.83	4

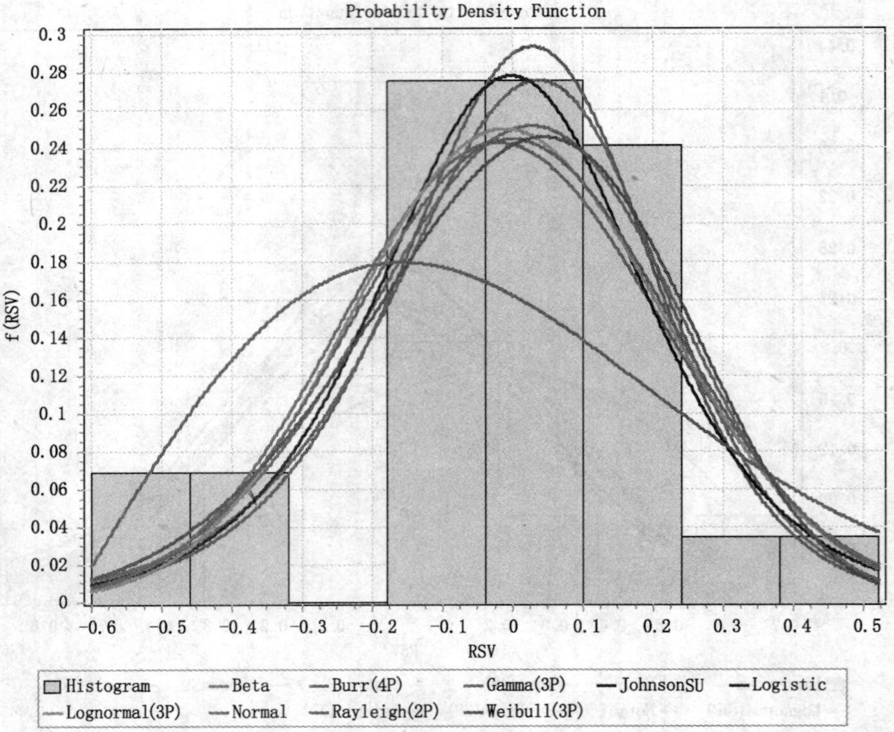

附图 41　平谷区谷子 RSV 序列的直方图与可能的单产分布模型

从附图 41 可以看出，9 种概率分布模型均能很好地拟合出平谷区谷子 RSV 序列的概率分布。从附表 61 各分布模型的拟合优度检验结果可以很容易看出，四参数的 Burr 分布为拟合平谷区谷子 RSV 序列的最优模型。

附表 61　平谷区谷子 RSV 序列单产分布模型的拟合优度检验一览

#	Distribution	Kolmogorov Smirnov		Anderson Darling		Chi - Squared	
		Statistic	Rank	Statistic	Rank	Statistic	Rank
1	Beta	0.1662	4	0.68545	4	1.1653	7
2	Burr (4P)	0.13432	1	0.45928	1	0.10983	2
3	Gamma (3P)	0.19511	8	0.90605	8	0.96034	6
4	Johnson SU	0.14623	2	0.5008	2	0.0539	1
5	Logistic	0.16048	3	0.59352	3	0.36186	4
6	Lognormal (3P)	0.18069	6	0.82061	7	0.343	3
7	Normal	0.18077	7	0.7929	6	0.50472	5
8	Rayleigh (2P)	0.31848	9	2.5448	9	2.8947	9
9	Weibull (3P)	0.16993	5	0.7155	5	1.1693	8

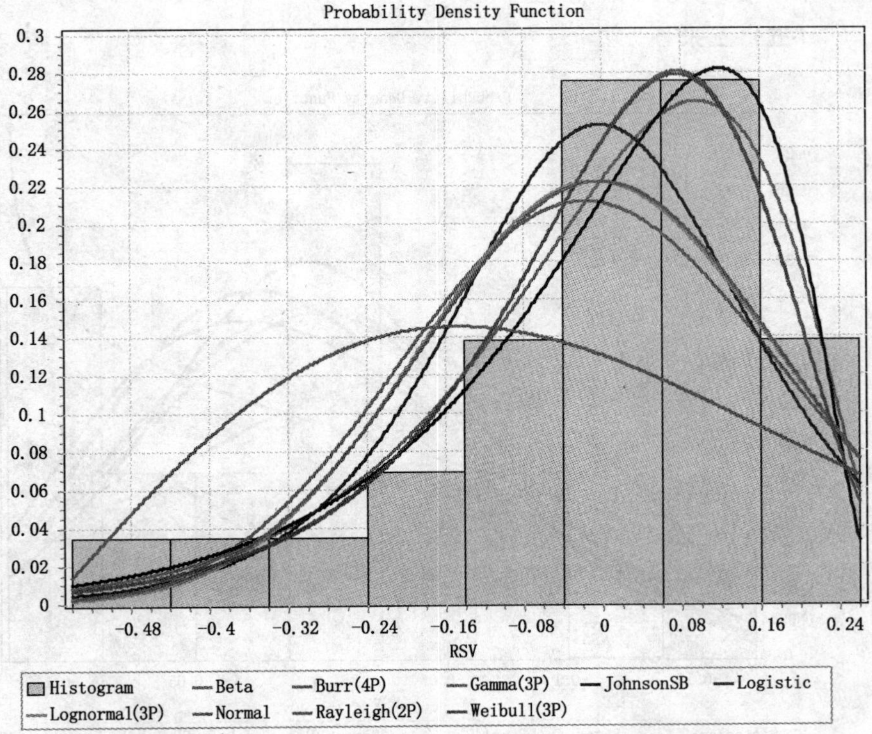

附图 42　延庆县谷子 RSV 序列的直方图与可能的单产分布模型

从附图 42 可以看出，9 种概率分布模型均能很好地拟合出延庆县谷子 RSV 序列的概率分布。从附表 62 各分布模型的拟合优度检验结果可以很容易看出，四参数的 Burr 分布为拟合延庆县谷子 RSV 序列的最优模型。

附表 62　延庆县谷子 RSV 序列单产分布模型的拟合优度检验一览

#	Distribution	Kolmogorov Smirnov		Anderson Darling		Chi - Squared	
		Statistic	Rank	Statistic	Rank	Statistic	Rank
1	Beta	0.09679	3	0.19028	3	0.1176	1
2	Burr (4P)	0.08112	2	0.16027	1	0.12327	3
3	Gamma (3P)	0.14911	8	0.93395	8	1.4539	5
4	Johnson SB	0.09825	4	0.25365	4	0.126	4
5	Logistic	0.1337	7	0.63181	5	2.1836	6
6	Lognormal (3P)	0.12919	5	0.76311	7	8.5474	9
7	Normal	0.12936	6	0.72721	6	8.4986	8
8	Rayleigh (2P)	0.2583	9	3.2207	9	5.1805	7
9	Weibull (3P)	0.08037	1	0.16055	2	0.12293	2

（五）玉米

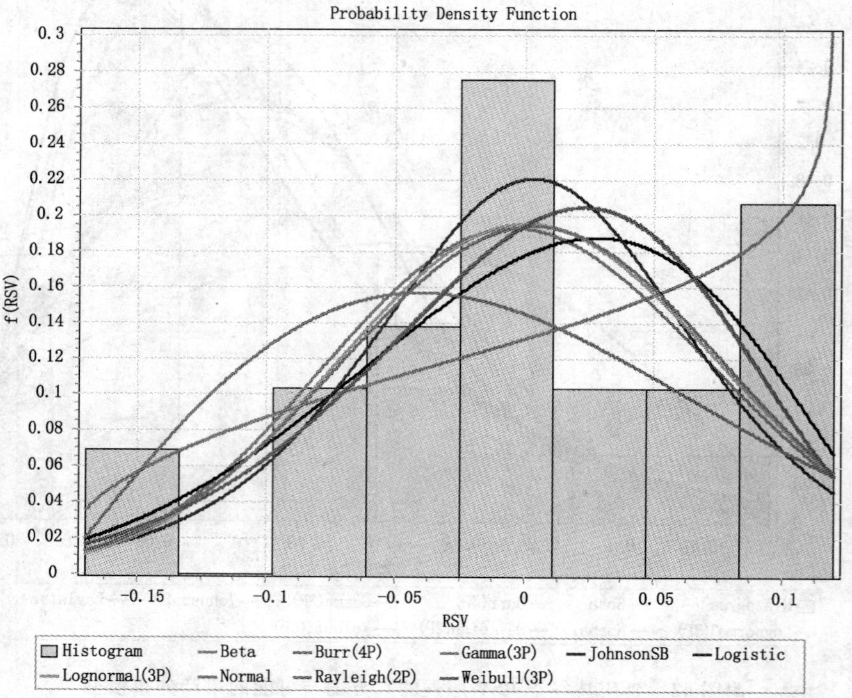

附图 43　北京市玉米 RSV 序列的直方图与可能的单产分布模型

从附图 43 可以看出，除 Ralyeigh 外，其余 8 种概率分布模型均能很好地拟合出北京市玉米 RSV 序列的概率分布。从附表 63 各分布模型的拟合优度检验结果可以很容易看出，Johnson SB 分布为拟合北京市玉米 RSV 序列的最优模型。

附表 63　北京市玉米 RSV 序列单产分布模型的拟合优度检验一览

#	Distribution	Kolmogorov Smirnov		Anderson Darling		Chi - Squared	
		Statistic	Rank	Statistic	Rank	Statistic	Rank
1	Beta	0.12625	7	4.3457	9	N/A	
2	Burr (4P)	0.10116	3	0.33372	3	0.54657	2
3	Gamma (3P)	0.13617	8	·0.3911	7	8.1964	8
4	Johnson SB	0.09109	1	0.29681	1	7.8302	5
5	Logistic	0.10843	4	0.36147	6	5.853	4
6	Lognormal (3P)	0.12053	6	0.34149	5	8.1593	6
7	Normal	0.11795	5	0.32145	2	8.1717	7
8	Rayleigh (2P)	0.21372	9	1.2527	8	3.2638	3
9	Weibull (3P)	0.10081	2	0.33465	4	0.54453	1

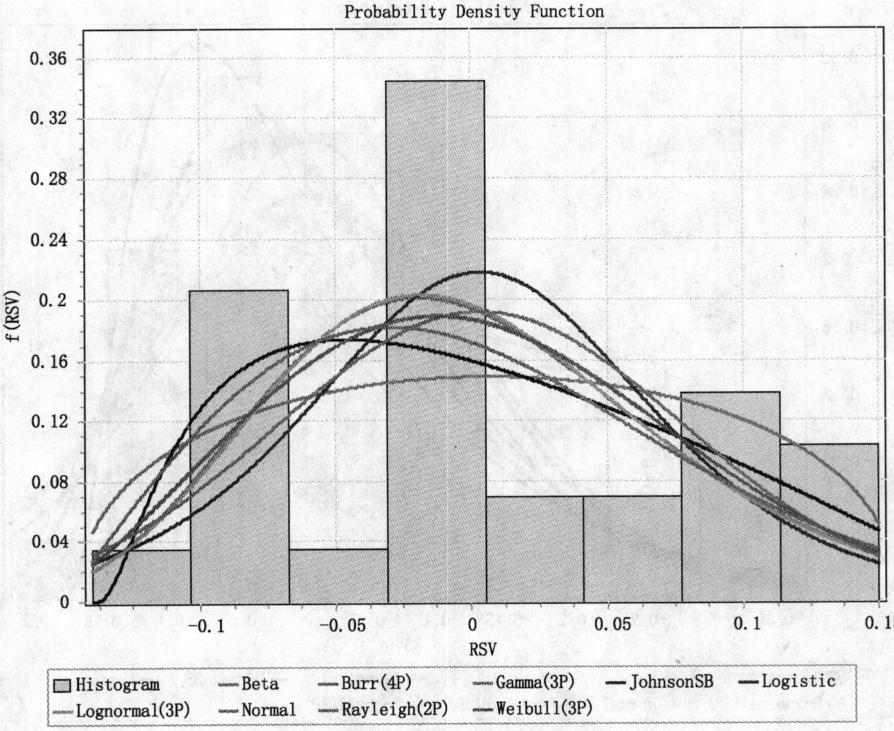

附图 44　昌平区玉米 RSV 序列的直方图与可能的单产分布模型

从附图 44 可以看出，除 Beta 分布外，其余 8 种概率分布模型均能在一定程度上很好地拟合出昌平区玉米 RSV 序列的概率分布。从附表 64 各分布模型的拟合优度检验结果可以很容易看出，三参数的 Gamma SB 分布为拟合昌平区玉米 RSV 序列的最优模型。

附表 64　昌平区玉米 RSV 序列单产分布模型的拟合优度检验一览

#	Distribution	Kolmogorov Smirnov		Anderson Darling		Chi - Squared	
		Statistic	Rank	Statistic	Rank	Statistic	Rank
1	Beta	0.15002	7	0.62813	6	2.0047	3
2	Burr (4P)	0.12864	6	0.5019	5	8.0376	4
3	Gamma (3P)	0.11675	2	0.47092	1	8.2312	6
4	Johnson SB	0.11502	1	4.2019	9	N/A	
5	Logistic	0.16436	9	0.81528	8	1.3895	1
6	Lognormal (3P)	0.11772	3	0.47835	2	8.2417	7
7	Normal	0.15518	8	0.65162	7	1.7428	2
8	Rayleigh (2P)	0.12404	4	0.49498	3	10.38	8
9	Weibull (3P)	0.12774	5	0.498	4	8.045	5

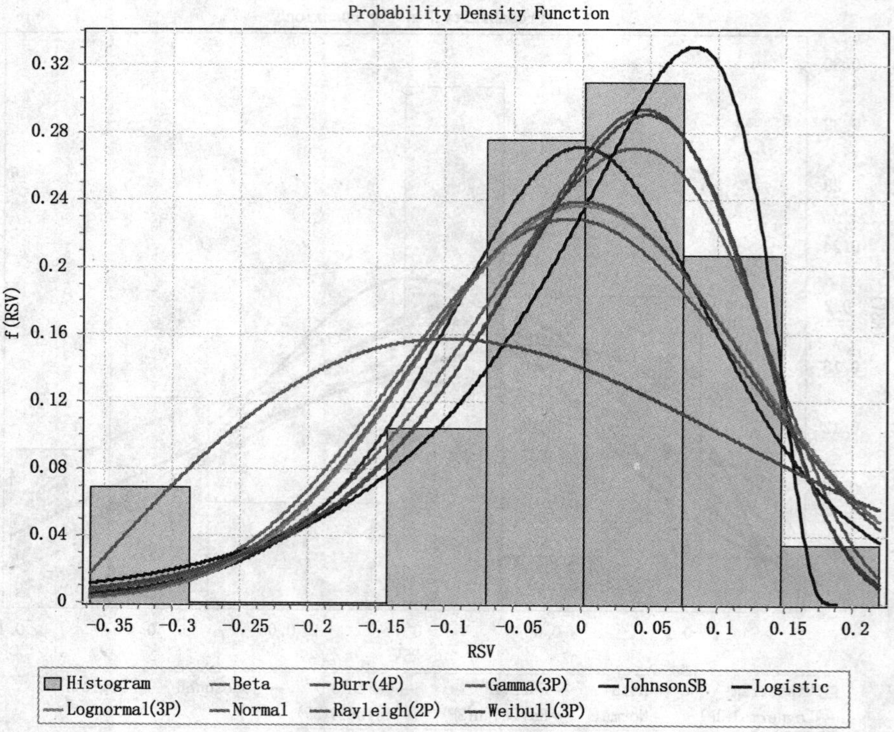

附图 45　朝阳区玉米 RSV 序列的直方图与可能的单产分布模型

从附图 59 可以看出，除 Beta 分布外，其余 8 种概率分布模型均能在一定程度上很好地拟合出朝阳区玉米 RSV 序列的概率分布。从附表 65 各分布模型的拟合优度检验结果可以很容易看出，四参数的 Burr 分布为拟合朝阳区玉米 RSV 序列的最优模型。

附表 65　朝阳区玉米 RSV 序列单产分布模型的拟合优度检验一览

#	Distribution	Kolmogorov Smirnov		Anderson Darling		Chi - Squared	
		Statistic	Rank	Statistic	Rank	Statistic	Rank
1	Beta	0.18228	4	0.8717	3	5.1066	2
2	Burr (4P)	0.16305	2	0.68143	1	0.55425	1
3	Gamma (3P)	0.243	8	1.677	7	9.2204	7
4	Johnson SB	0.13423	1	4.4609	9	N/A	
5	Logistic	0.22246	6	1.2503	4	5.7988	5
6	Lognormal (3P)	0.22105	5	1.4826	5	5.4241	3
7	Normal	0.23079	7	1.4893	6	5.6958	4
8	Rayleigh (2P)	0.35311	9	4.064	8	20.957	8
9	Weibull (3P)	0.16554	3	0.70773	2	7.0375	6

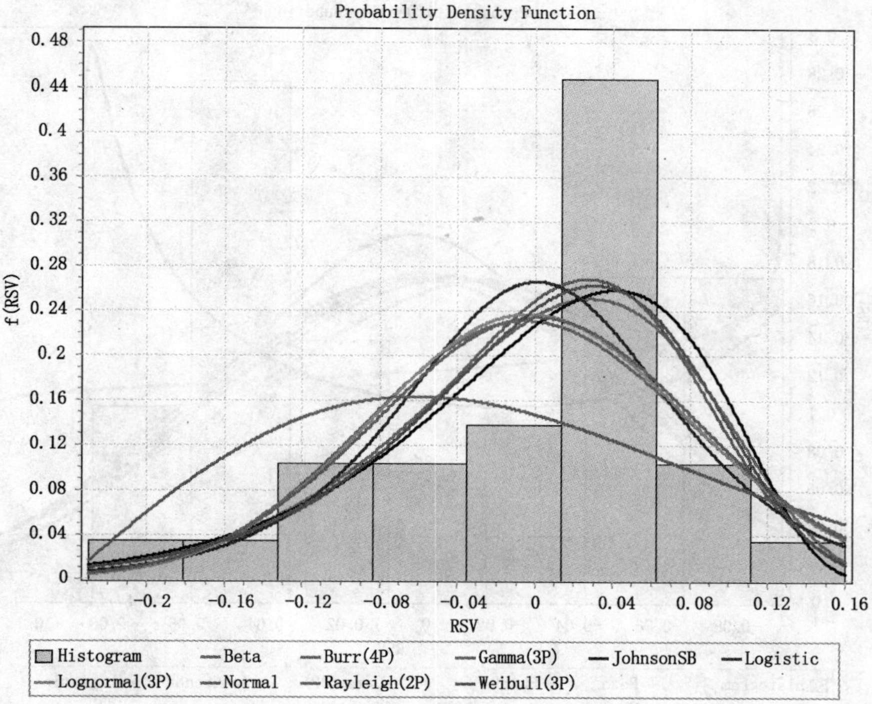

附图 46　大兴区玉米 RSV 序列的直方图与可能的单产分布模型

从附图 46 可以看出，除 Beta 分布外，其余 8 种概率分布模型均能在一定程度上很好地拟合出大兴区玉米 RSV 序列的概率分布。从附表 66 各分布模型的拟合优度检验结果可以很容易看出，四参数的 Burr 分布为拟合大兴区玉米 RSV 序列的最优模型。

附表 66　大兴区玉米 RSV 序列单产分布模型的拟合优度检验一览

#	Distribution	Kolmogorov Smirnov		Anderson Darling		Chi - Squared	
		Statistic	Rank	Statistic	Rank	Statistic	Rank
1	Beta	0.13829	3	0.5182	4	3.387	4
2	Burr (4P)	0.14122	4	0.4564	1	3.4202	6
3	Gamma (3P)	0.18543	6	0.98765	8	1.9847	1
4	Johnson SB	0.1202	1	0.51625	3	4.9016	7
5	Logistic	0.19019	8	0.86943	5	5.307	8
6	Lognormal (3P)	0.18754	7	0.96389	7	2.0666	2
7	Normal	0.17822	5	0.87803	6	2.0779	3
8	Rayleigh (2P)	0.25575	9	2.752	9	28.266	9
9	Weibull (3P)	0.13454	2	0.46427	2	3.3946	5

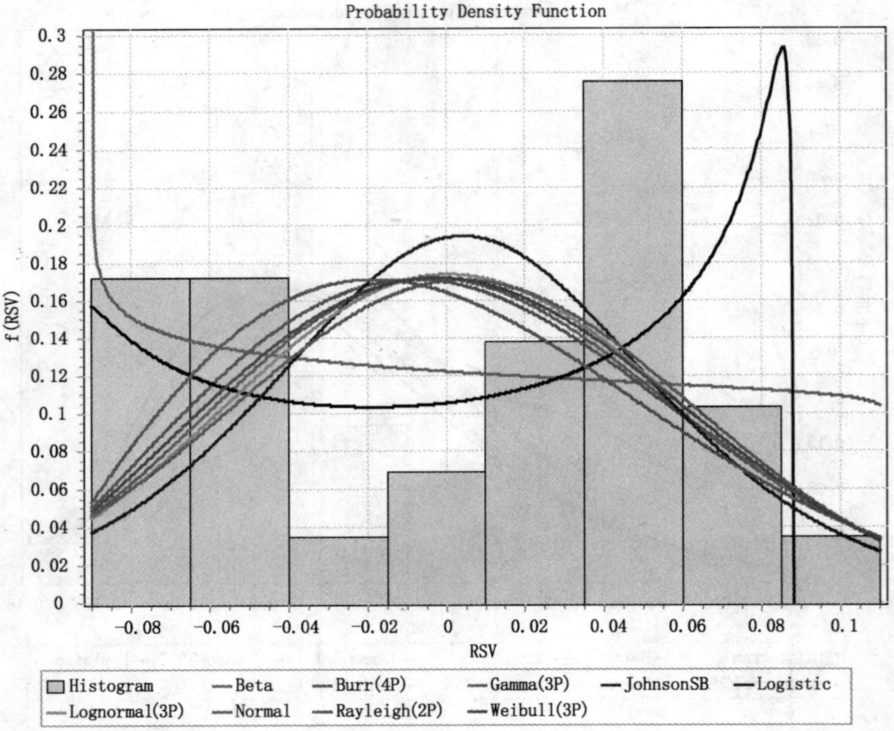

附图 47　房山区玉米 RSV 序列的直方图与可能的单产分布模型

从附图 47 可以看出，9 种概率分布模型均能在一定程度上很好地拟合出房山区玉米 RSV 序列的概率分布。从附表 67 各分布模型的拟合优度检验结果可以很容易看出，Normal 分布为拟合房山区玉米 RSV 序列的最优模型。

附表 67　房山区玉米 RSV 序列单产分布模型的拟合优度检验一览

#	Distribution	Kolmogorov Smirnov		Anderson Darling		Chi - Squared	
		Statistic	Rank	Statistic	Rank	Statistic	Rank
1	Beta	0.14953	2	1.5599	8	2.8455	1
2	Burr (4P)	0.20526	7	1.4116	5	10.408	7
3	Gamma (3P)	0.19914	5	1.3128	3	10.299	6
4	Johnson SB	0.11778	1	4.4071	9	N/A	
5	Logistic	0.20808	8	1.5462	7	10.091	3
6	Lognormal (3P)	0.19478	4	1.2997	2	10.156	4
7	Normal	0.18846	3	1.1757	1	10.059	2
8	Rayleigh (2P)	0.21613	9	1.4967	6	10.813	8
9	Weibull (3P)	0.19933	6	1.36	4	10.18	5

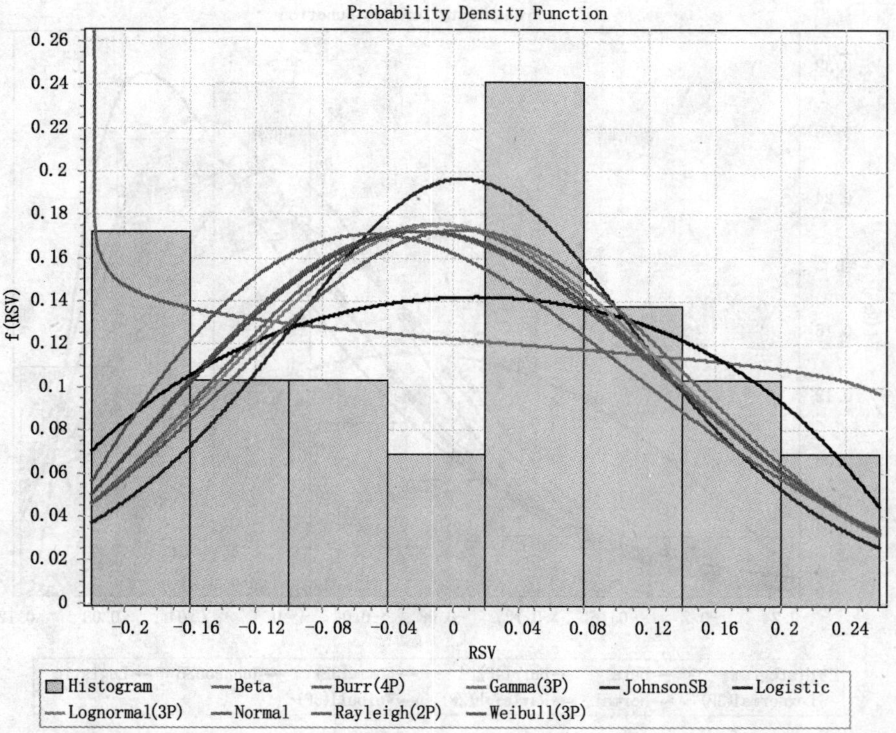

附图 48　丰台区玉米 RSV 序列的直方图与可能的单产分布模型

从附图 62 可以看出，除 Rayleigh 外，其余 8 种概率分布模型均能在一定程度上很好地拟合出丰台区玉米 RSV 序列的概率分布。从附表 68 各分布模型的拟合优度检验结果可以很容易看出，Johnson SB 分布为拟合丰台区玉米 RSV 序列的最优模型。

附表 68　丰台区玉米 RSV 序列单产分布模型的拟合优度检验一览

#	Distribution	Kolmogorov Smirnov		Anderson Darling		Chi - Squared	
		Statistic	Rank	Statistic	Rank	Statistic	Rank
1	Beta	0. 10968	4	1. 2049	9	0. 67527	1
2	Burr（4P）	0. 12999	8	0. 45385	6	1. 4744	4
3	Gamma（3P）	0. 12284	6	0. 39965	4	1. 7763	6
4	Johnson SB	0. 10569	2	0. 23485	1	6. 1413	9
5	Logistic	0. 10374	1	0. 48136	7	1. 4477	3
6	Lognormal（3P）	0. 11628	5	0. 377	3	1. 7616	5
7	Normal	0. 10578	3	0. 32607	2	4. 3793	8
8	Rayleigh（2P）	0. 15563	9	0. 56464	8	4. 1592	7
9	Weibull（3P）	0. 12758	7	0. 4379	5	1. 4441	2

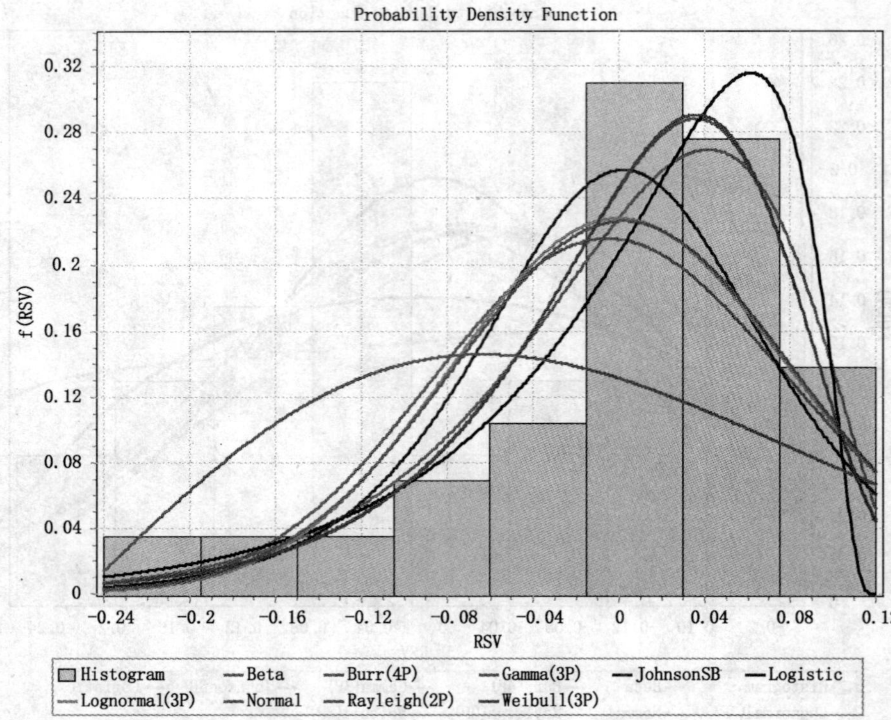

附图 49　海淀区玉米 RSV 序列的直方图与可能的单产分布模型

从附图 49 可以看出，除 Rayleigh 外，其余 8 种概率分布模型均能在一定程度上很好地拟合出海淀区玉米 RSV 序列的概率分布。从附表 69 各分布模型的拟合优度检验结果可以很容易看出，三参数的 Weibull 分布为拟合海淀区玉米 RSV 序列的最优模型。

附表 69　海淀区玉米 RSV 序列单产分布模型的拟合优度检验一览

#	Distribution	Kolmogorov Smirnov		Anderson Darling		Chi - Squared	
		Statistic	Rank	Statistic	Rank	Statistic	Rank
1	Beta	0.12727	4	0.50124	3	12.492	5
2	Burr (4P)	0.12542	3	0.41688	2	12.607	7
3	Gamma (3P)	0.21192	8	1.4665	7	11.356	4
4	Johnson SB	0.11606	1	4.5559	9	N/A	
5	Logistic	0.20037	7	1.0793	4	5.0261	1
6	Lognormal (3P)	0.19786	6	1.2698	6	5.1311	3
7	Normal	0.19498	5	1.2118	5	5.1095	2
8	Rayleigh (2P)	0.32923	9	3.7325	8	18.969	8
9	Weibull (3P)	0.1235	2	0.41265	1	12.579	6

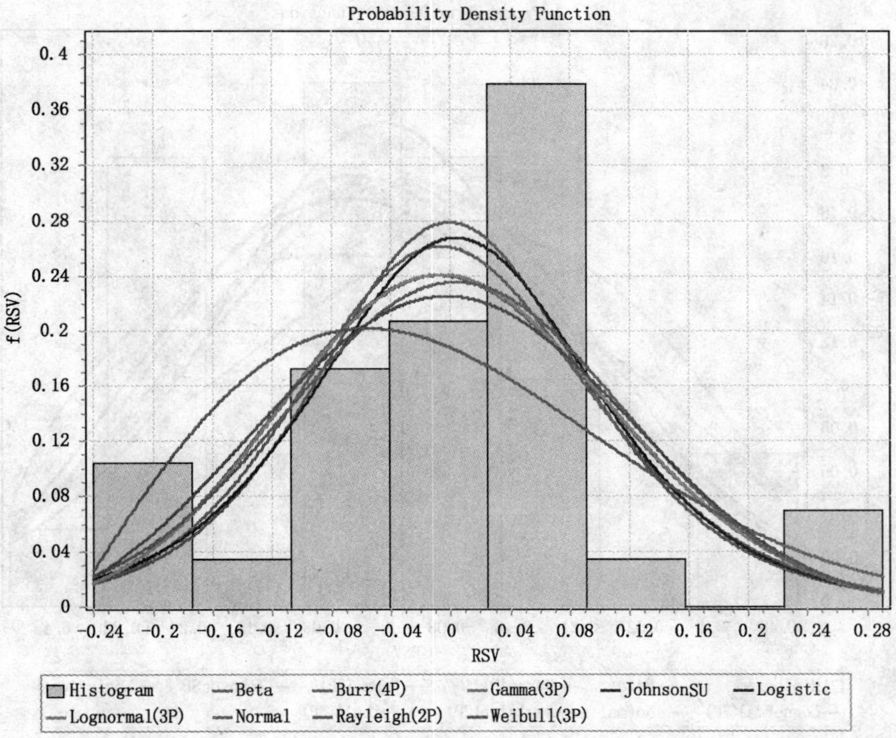

附图 50　怀柔区玉米 RSV 序列的直方图与可能的单产分布模型

从附图 50 可以看出，9 种概率分布模型均能在一定程度上很好地拟合出怀柔区玉米 RSV 序列的概率分布。从附表 70 各分布模型的拟合优度检验结果可以很容易看出，四参数的 Burr 分布为拟合怀柔区玉米 RSV 序列的最优模型。

附表 70　怀柔区玉米 RSV 序列单产分布模型的拟合优度检验一览

#	Distribution	Kolmogorov Smirnov		Anderson Darling		Chi - Squared	
		Statistic	Rank	Statistic	Rank	Statistic	Rank
1	Beta	0.11706	5	0.54667	5	0.24845	3
2	Burr（4P）	0.10193	2	0.40641	1	1.2509	7
3	Gamma（3P）	0.11991	7	0.55061	6	0.25168	5
4	Johnson SU	0.10417	3	0.44585	3	0.23872	2
5	Logistic	0.0948	1	0.41119	2	2.5191	8
6	Lognormal（3P）	0.11674	4	0.54377	4	0.24858	4
7	Normal	0.1171	6	0.56039	7	0.20548	1
8	Rayleigh（2P）	0.21086	9	1.2547	9	2.7791	9
9	Weibull（3P）	0.13002	8	0.63423	8	0.25369	6

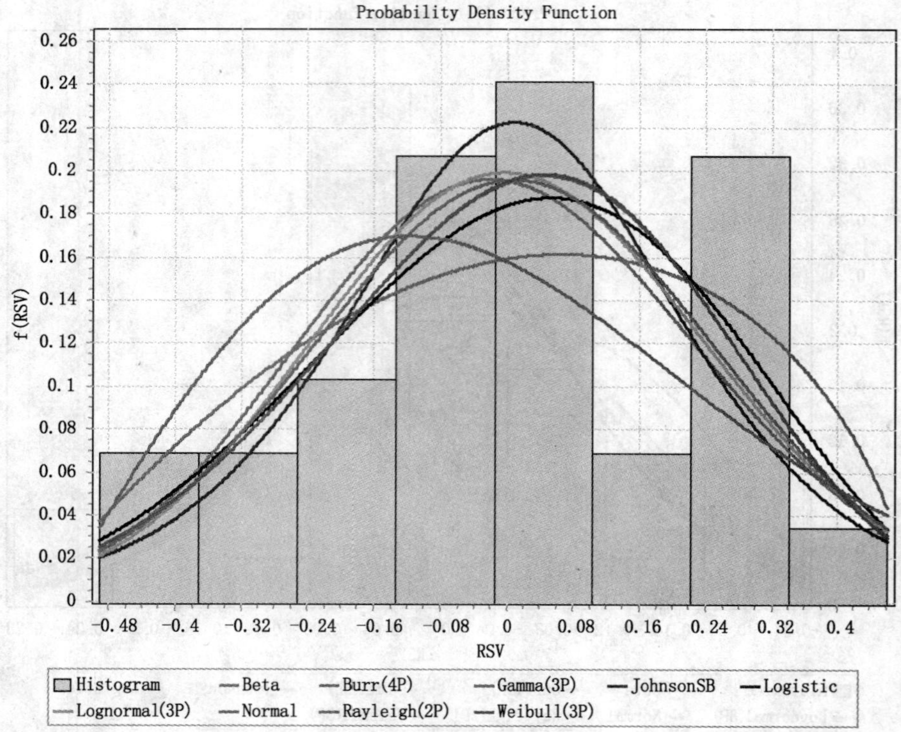

附图 51　门头沟区玉米 RSV 序列的直方图与可能的单产分布模型

从附图 51 可以看出，9 种概率分布模型均能在一定程度上很好地拟合出门头沟区玉米 RSV 序列的概率分布。从附表 71 各分布模型的拟合优度检验结果可以很容易看出，Johnson SB 分布为拟合门头沟区玉米 RSV 序列的最优模型。

附表 71　门头沟区玉米 RSV 序列单产分布模型的拟合优度检验一览

#	Distribution	Kolmogorov Smirnov		Anderson Darling		Chi − Squared	
		Statistic	Rank	Statistic	Rank	Statistic	Rank
1	Beta	0.11672	7	0.45568	8	15.991	9
2	Burr (4P)	0.10635	4	0.357	3	2.8202	4
3	Gamma (3P)	0.11879	8	0.4269	7	5.4801	6
4	Johnson SB	0.11213	6	0.34701	1	2.8104	3
5	Logistic	0.1097	5	0.36309	5	0.53793	1
6	Lognormal (3P)	0.10061	2	0.37759	6	7.6651	7
7	Normal	0.09734	1	0.3502	2	7.7319	8
8	Rayleigh (2P)	0.18633	9	0.99348	9	2.8797	5
9	Weibull (3P)	0.10531	3	0.36142	4	2.8027	2

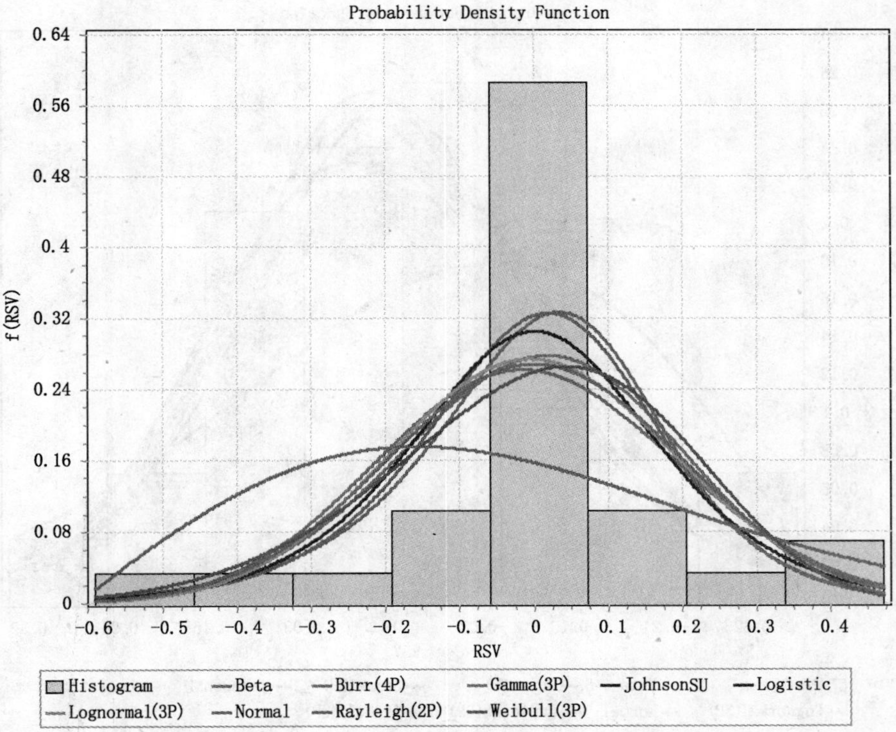

附图 52　密云县玉米 RSV 序列的直方图与可能的单产分布模型

从附图 52 可以看出，9 种概率分布模型均能在一定程度上很好地拟合出密云县玉米 RSV 序列的概率分布。从附表 72 各分布模型的拟合优度检验结果可以很容易看出，Johnson SU 分布为拟合密云县玉米 RSV 序列的最优模型。

附表 72　密云县玉米 RSV 序列单产分布模型的拟合优度检验一览

#	Distribution	Kolmogorov Smirnov		Anderson Darling		Chi - Squared	
		Statistic	Rank	Statistic	Rank	Statistic	Rank
1	Beta	0.18291	4	1.2	4	11.506	8
2	Burr (4P)	0.16748	2	0.86226	2	6.6778	2
3	Gamma (3P)	0.21241	8	1.4279	8	9.5533	7
4	Johnson SU	0.15828	1	0.8443	1	6.1272	1
5	Logistic	0.18778	5	0.99224	3	6.76	3
6	Lognormal (3P)	0.19805	7	1.2927	5	9.501	5
7	Normal	0.19613	6	1.2962	6	9.5154	6
8	Rayleigh (2P)	0.32827	9	3.8228	9	7.6405	4
9	Weibull (3P)	0.18	3	1.3118	7	18.481	9

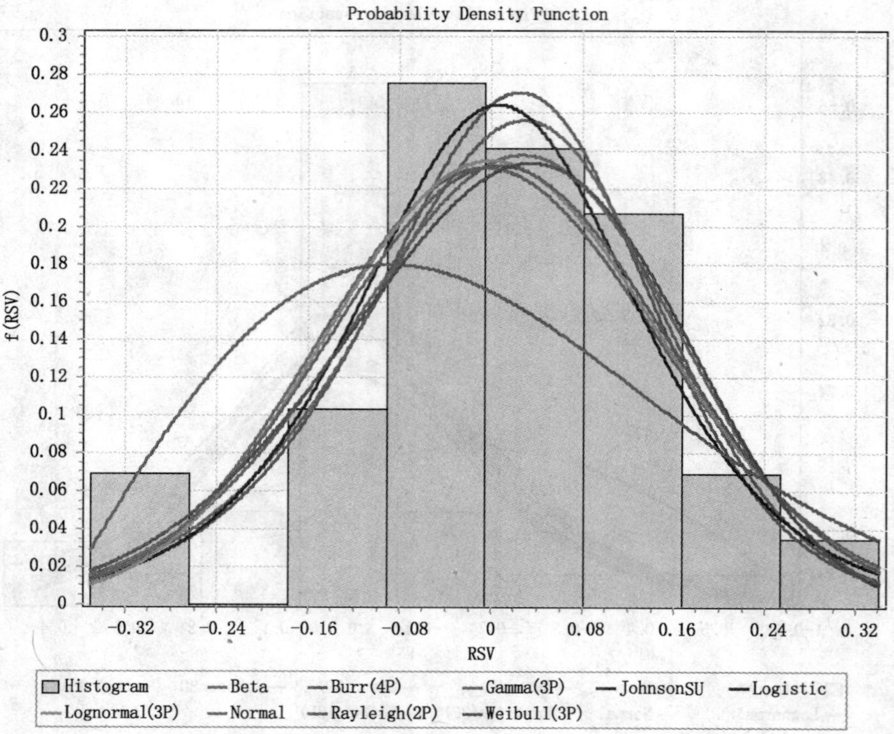

附图 53　平谷区玉米 RSV 序列的直方图与可能的单产分布模型

从附图 53 可以看出，9 种概率分布模型均能在一定程度上很好地拟合出平谷区玉米 RSV 序列的概率分布。从附表 73 各分布模型的拟合优度检验结果可以很容易看出，四参数的 Burr 分布为拟合平谷区玉米 RSV 序列的最优模型。

附表 73　平谷区玉米 RSV 序列单产分布模型的拟合优度检验一览

#	Distribution	Kolmogorov Smirnov		Anderson Darling		Chi - Squared	
		Statistic	Rank	Statistic	Rank	Statistic	Rank
1	Beta	0.09547	4	0.32745	4	0.15925	2
2	Burr (4P)	0.07242	1	0.20766	1	0.68761	5
3	Gamma (3P)	0.11535	8	0.47964	8	7.2815	7
4	Johnson SU	0.08522	2	0.23294	2	0.1835	3
5	Logistic	0.09069	3	0.25789	3	7.4121	8
6	Lognormal (3P)	0.10859	7	0.43386	7	7.2181	6
7	Normal	0.10843	6	0.40333	6	0.22497	4
8	Rayleigh (2P)	0.23765	9	1.9587	9	9.8011	9
9	Weibull (3P)	0.10024	5	0.35799	5	0.15187	1

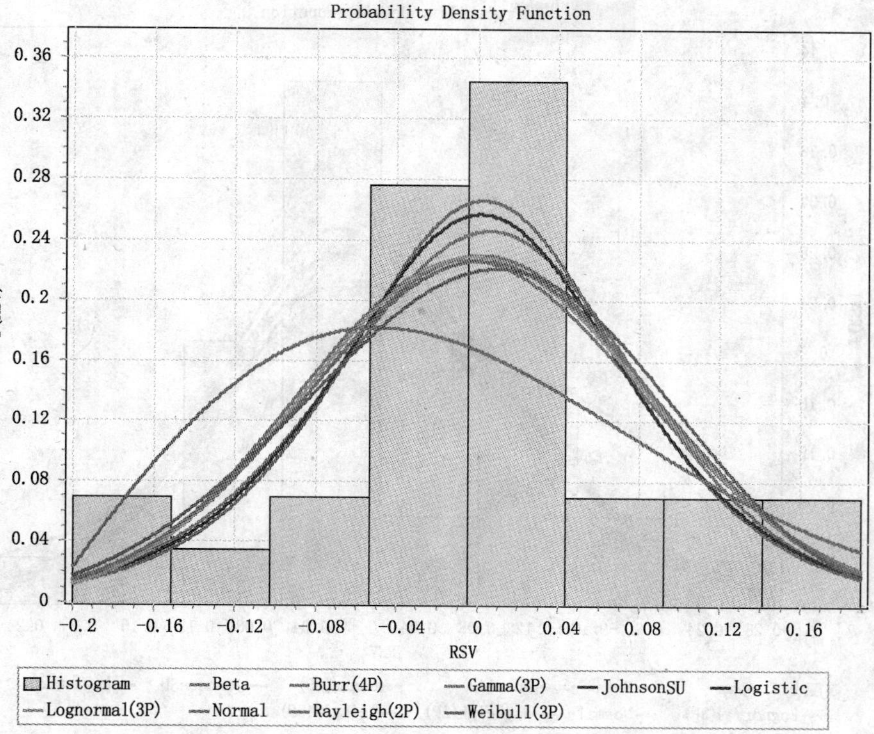

附图 54　顺义区玉米 RSV 序列的直方图与可能的单产分布模型

从附图 54 可以看出，9 种概率分布模型均能在一定程度上很好地拟合出顺义区玉米 RSV 序列的概率分布。从附表 74 各分布模型的拟合优度检验结果可以很容易看出，四参数的 Burr 分布为拟合顺义区玉米 RSV 序列的最优模型。

附表 74　顺义区玉米 RSV 序列单产分布模型的拟合优度检验一览

#	Distribution	Kolmogorov Smirnov		Anderson Darling		Chi - Squared	
		Statistic	Rank	Statistic	Rank	Statistic	Rank
1	Beta	0.12605	6	0.53134	4	2.4293	6
2	Burr (4P)	0.11175	1	0.34872	1	0.73391	2
3	Gamma (3P)	0.11933	3	0.57741	7	1.0554	3
4	Johnson SU	0.12472	5	0.41716	3	1.2942	5
5	Logistic	0.11215	2	0.36449	2	0.61807	1
6	Lognormal (3P)	0.12376	4	0.54999	6	2.4493	8
7	Normal	0.12828	7	0.54322	5	2.4456	7
8	Rayleigh (2P)	0.22328	9	1.6877	9	10.453	9
9	Weibull (3P)	0.13722	8	0.59113	8	1.2077	4

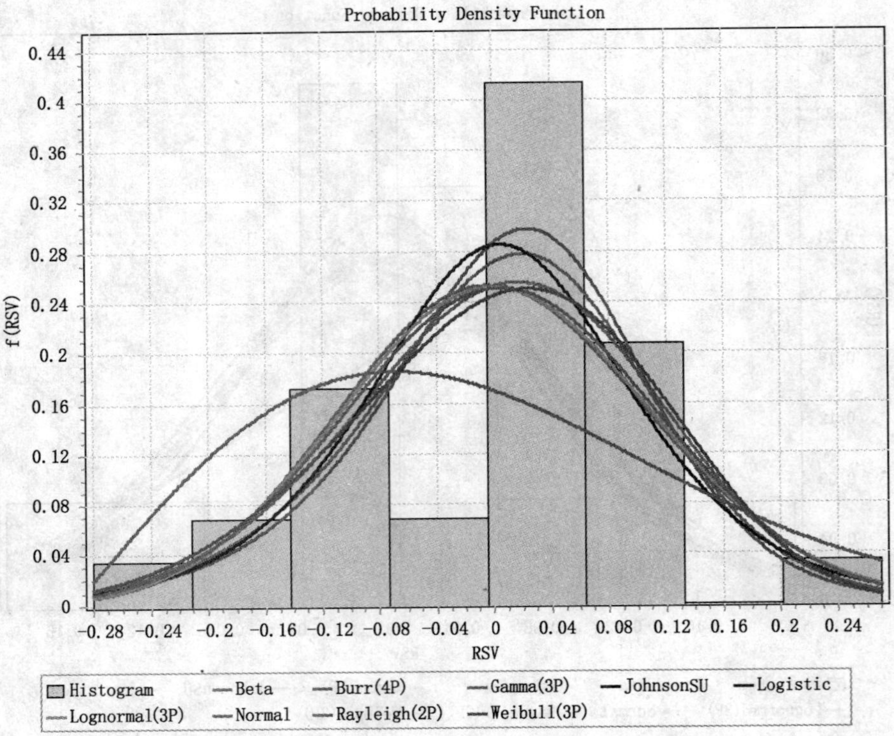

附图 55　通州区玉米 RSV 序列的直方图与可能的单产分布模型

从附图 69 可以看出，9 种概率分布模型均能在一定程度上很好地拟合出通州区玉米 RSV 序列的概率分布。从附表 75 各分布模型的拟合优度检验结果可以很容易看出，四参数的 Burr 分布为拟合通州区玉米 RSV 序列的最优模型。

附表 75　通州区玉米 RSV 序列单产分布模型的拟合优度检验一览

#	Distribution	Kolmogorov Smirnov		Anderson Darling		Chi - Squared	
		Statistic	Rank	Statistic	Rank	Statistic	Rank
1	Beta	0.1363	3	0.61867	3	0.41312	4
2	Burr (4P)	0.1341	2	0.50865	1	4.9012	8
3	Gamma (3P)	0.15604	7	0.76987	8	0.33998	1
4	Johnson SU	0.13674	4	0.53154	2	1.6685	6
5	Logistic	0.16059	8	0.6584	5	4.1993	7
6	Lognormal (3P)	0.14993	6	0.736	7	0.34553	2
7	Normal	0.14474	5	0.69304	6	0.36567	3
8	Rayleigh (2P)	0.23179	9	2.2542	9	21.088	9
9	Weibull (3P)	0.12882	1	0.62364	4	0.41395	5

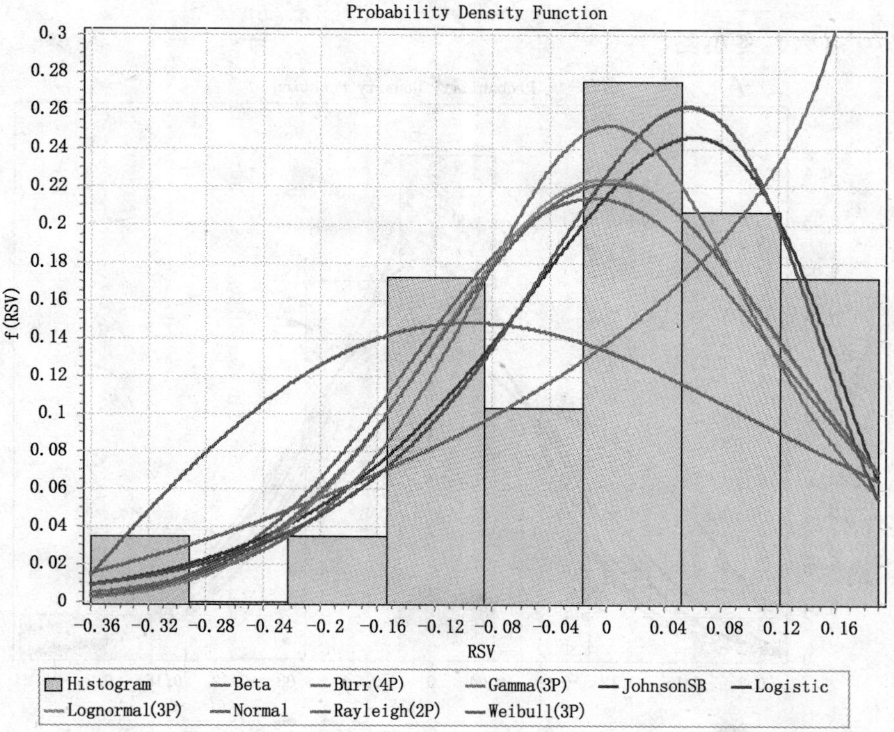

附图 56　延庆县玉米 RSV 序列的直方图与可能的单产分布模型

从附图 56 可以看出，9 种概率分布模型均能在一定程度上很好地拟合出延庆县玉米 RSV 序列的概率分布。从附表 76 各分布模型的拟合优度检验结果可以很容易看出，Johnson SB 分布为拟合延庆县玉米 RSV 序列的最优模型。

附表 76　延庆县玉米 RSV 序列单产分布模型的拟合优度检验一览

#	Distribution	Kolmogorov Smirnov		Anderson Darling		Chi－Squared	
		Statistic	Rank	Statistic	Rank	Statistic	Rank
1	Beta	0.2208	8	5.5657	9	N/A	
2	Burr (4P)	0.09846	3	0.20377	3	5.4169	5
3	Gamma (3P)	0.15008	6	0.60129	7	8.2517	8
4	Johnson SB	0.08613	1	0.18632	1	4.6876	3
5	Logistic	0.15299	7	0.47811	6	1.811	1
6	Lognormal (3P)	0.13803	5	0.47121	5	8.0988	7
7	Normal	0.13784	4	0.45525	4	8.077	6
8	Rayleigh (2P)	0.22898	9	2.7044	8	4.0287	2
9	Weibull (3P)	0.09785	2	0.20329	2	5.4164	4

（六）冬小麦

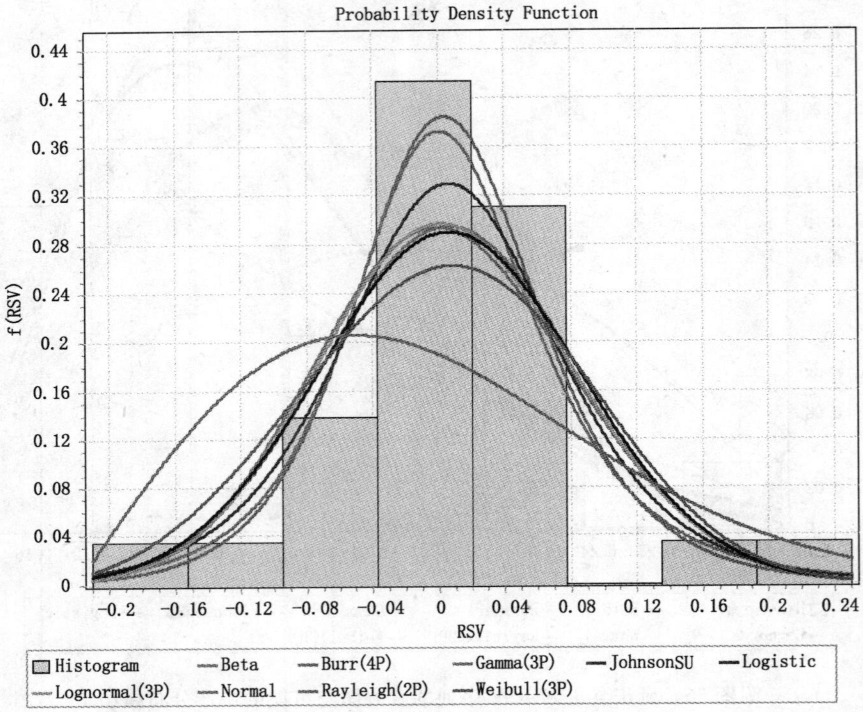

附图 57　北京市冬小麦 RSV 序列的直方图与可能的单产分布模型

从附图 57 可以看出，除 Ralyeigh 外，其余 8 种概率分布模型均能很好地拟合出北京市冬小麦 RSV 序列的概率分布。从附表 77 各分布模型的拟合优度检验结果可以很容易看出，四参数的 Burr 分布为拟合北京市冬小麦 RSV 序列的最优模型。

附表 77　北京市冬小麦 RSV 序列单产分布模型的拟合优度检验一览

#	Distribution	Kolmogorov Smirnov		Anderson Darling		Chi - Squared	
		Statistic	Rank	Statistic	Rank	Statistic	Rank
1	Beta	0.207587192	6	1.71605014	5	11.2688815	5
2	Burr（4P）	0.171596125	2	1.05377202	1	19.366538	9
3	Gamma（3P）	0.194717598	4	1.72473081	6	11.2594314	4
4	Johnson SU	0.166557567	1	1.06069906	2	9.46127611	2
5	Logistic	0.194508408	3	1.35336666	3	11.4586944	8
6	Lognormal（3P）	0.19971737	5	1.69262985	4	11.2528944	3
7	Normal	0.209400691	7	1.74750029	7	11.2830722	7
8	Rayleigh（2P）	0.327754959	9	3.65852507	9	2.33912587	1
9	Weibull（3P）	0.212735944	8	2.03324524	8	11.2796293	6

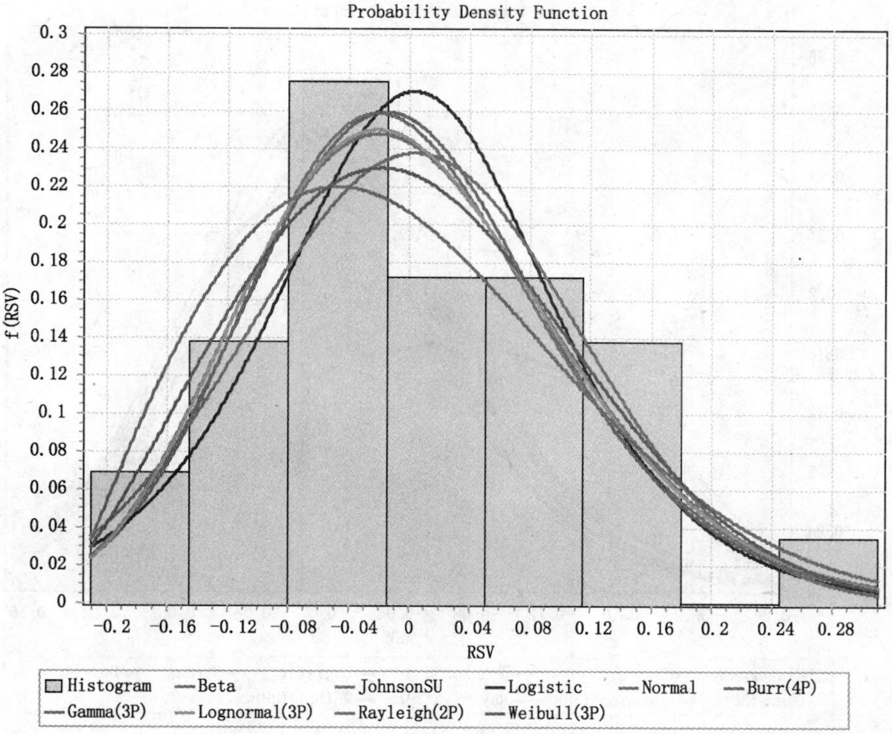

附图 58　昌平区冬小麦 RSV 序列的直方图与可能的单产分布模型

从附图 58 可以看出，除 Beta 分布外，其余 8 种概率分布模型均能在一定程度上很好地拟合出昌平区冬小麦 RSV 序列的概率分布。从附表 78 各分布模型的拟合优度检验结果可以很容易看出，Johnson SU 分布为拟合昌平区冬小麦 RSV 序列的最优模型。

附表 78　昌平区冬小麦 RSV 序列单产分布模型的拟合优度检验一览

#	Distribution	Kolmogorov Smirnov		Anderson Darling		Chi - Squared	
		Statistic	Rank	Statistic	Rank	Statistic	Rank
1	Beta	0.085853799	4	0.165744869	5	0.527783976	2
2	Burr (4P)	0.078654979	1	0.146348452	2	0.551351242	6
3	Gamma (3P)	0.086449845	5	0.164333894	4	0.528653565	3
4	Johnson SU	0.081643208	2	0.142977653	1	0.557475023	7
5	Logistic	0.092020189	6	0.207746411	6	1.28461058	8
6	Lognormal (3P)	0.085664678	3	0.160200347	3	0.532320426	4
7	Normal	0.095455594	7	0.242348821	8	0.533698073	5
8	Rayleigh (2P)	0.143716409	9	0.443314239	9	1.31687523	9
9	Weibull (3P)	0.098927367	8	0.22456183	7	0.510592508	1

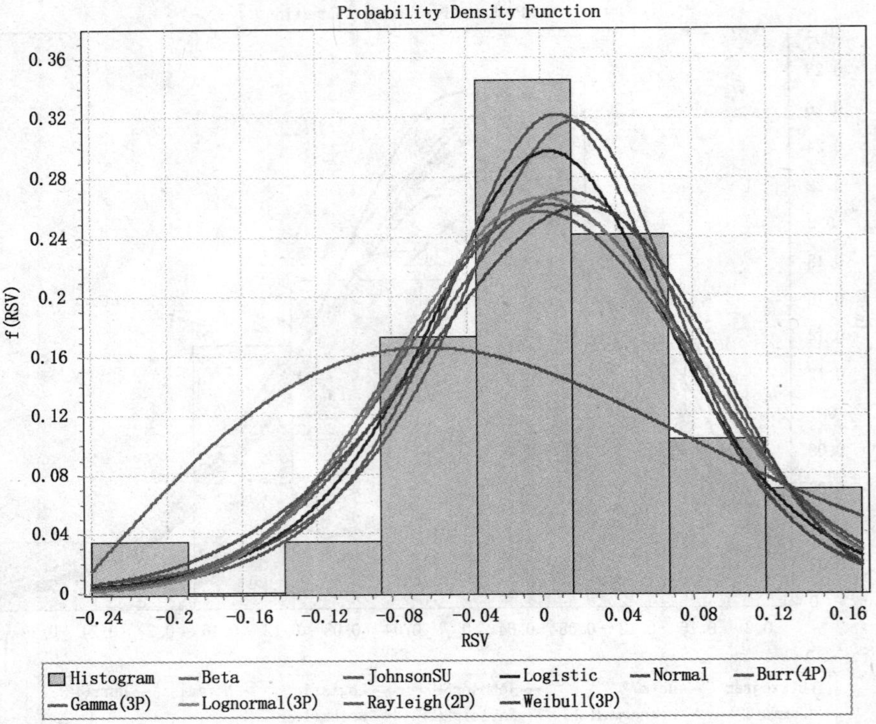

附图 59　朝阳区冬小麦 RSV 序列的直方图与可能的单产分布模型

从附图 59 可以看出，除 Beta 分布外，其余 8 种概率分布模型均能在一定程度上很好地拟合出朝阳区冬小麦 RSV 序列的概率分布。从附表 79 中，各分布模型的拟合优度检验结果可以很容易看出，四参数的 Burr 分布为拟合朝阳区冬小麦 RSV 序列的最优模型。

附表 79　朝阳区冬小麦 RSV 序列单产分布模型的拟合优度检验一览

#	Distribution	Kolmogorov Smirnov		Anderson Darling		Chi - Squared	
		Statistic	Rank	Statistic	Rank	Statistic	Rank
1	Beta	0.160396612	7	0.737939213	4	2.58566951	4
2	Burr（4P）	0.125547064	1	0.407299858	1	2.64606995	5
3	Gamma（3P）	0.148565392	5	0.857925828	7	2.74026981	8
4	Johnson SU	0.143559417	3	0.451260734	2	0.592342364	1
5	Logistic	0.130993119	2	0.509494681	3	2.05496225	2
6	Lognormal（3P）	0.144062703	4	0.775450649	5	2.66981229	6
7	Normal	0.15098193	6	0.784602062	6	2.67367755	7
8	Rayleigh（2P）	0.329974579	9	3.63373492	9	21.6489357	9
9	Weibull（3P）	0.16950462	8	0.861551357	8	2.58286444	3

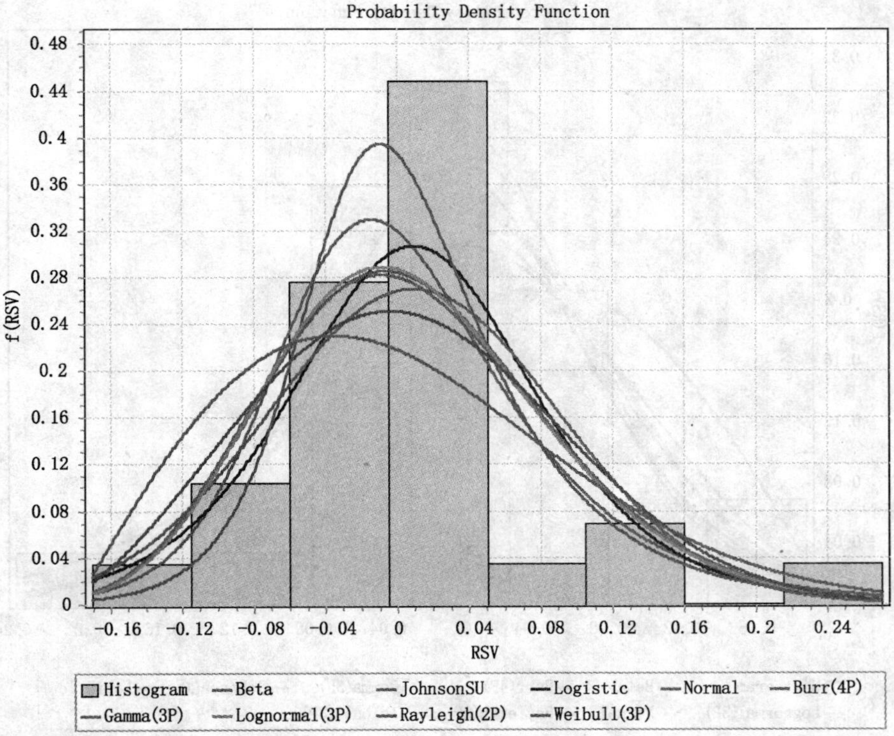

附图 60　大兴区冬小麦 RSV 序列的直方图与可能的单产分布模型

从附图 60 可以看出，除 Beta 分布外，其余 8 种概率分布模型均能在一定程度上很好地拟合出大兴区冬小麦 RSV 序列的概率分布。从附表 80 中可以很容易看出各分布模型的拟合优度检验结果，四参数的 Burr 分布为拟合大兴区冬小麦 RSV 序列的最优模型。

附表 80　大兴区冬小麦 RSV 序列单产分布模型的拟合优度检验一览

#	Distribution	Kolmogorov Smirnov		Anderson Darling		Chi - Squared	
		Statistic	Rank	Statistic	Rank	Statistic	Rank
1	Beta	0.196995734	4	1.06861241	6	5.9297732	6
2	Burr（4P）	0.157742307	1	0.683699905	1	9.34010149	7
3	Gamma（3P）	0.197840071	5	1.05076633	5	5.92451225	3
4	Johnson SU	0.17819656	2	0.813925934	2	4.02554175	2
5	Logistic	0.212372558	7	1.00761412	3	1.49553256	1
6	Lognormal（3P）	0.193723878	3	1.02535934	4	5.92547962	5
7	Normal	0.225508621	8	1.26529335	7	10.5455344	8
8	Rayleigh（2P）	0.249028222	9	1.87754086	9	12.106126	9
9	Weibull（3P）	0.211041322	6	1.3309625	8	5.92479094	4

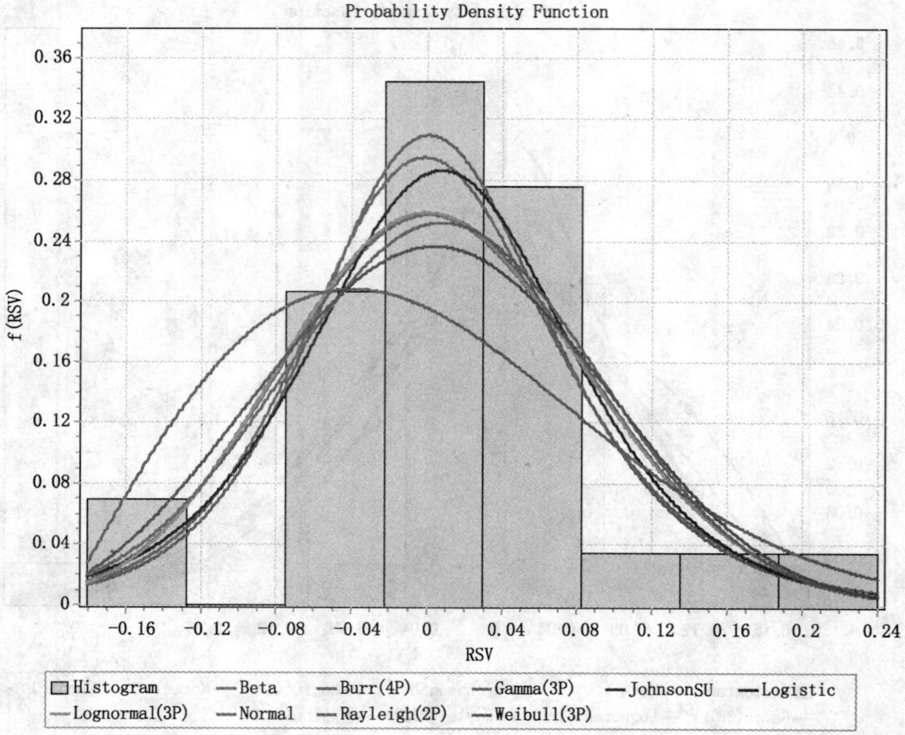

附图 61　房山区冬小麦 RSV 序列的直方图与可能的单产分布模型

从附图 61 可以看出，9 种概率分布模型均能在一定程度上很好地拟合出房山区冬小麦 RSV 序列的概率分布。从附表 81 各分布模型的拟合优度检验结果可以很容易看出，四参数的 Burr 分布为拟合房山区冬小麦 RSV 序列的最优模型。

附表 81　房山区冬小麦 RSV 序列单产分布模型的拟合优度检验一览

#	Distribution	Kolmogorov Smirnov		Anderson Darling		Chi - Squared	
		Statistic	Rank	Statistic	Rank	Statistic	Rank
1	Beta	0.115334861	6	0.626867959	5	0.347706459	4
2	Burr (4P)	0.083511391	1	0.328326792	1	0.48903493	6
3	Gamma (3P)	0.114467225	5	0.62776603	6	0.346676159	3
4	Johnson SU	0.091534866	2	0.368296127	2	0.521747819	7
5	Logistic	0.104207665	3	0.424378096	3	0.683204218	8
6	Lognormal (3P)	0.113745087	4	0.620645204	4	0.346580884	2
7	Normal	0.122842215	7	0.667496328	7	0.362387299	5
8	Rayleigh (2P)	0.21465796	9	1.67705658	9	3.78154368	9
9	Weibull (3P)	0.127916	8	0.808758061	8	0.34484428	1

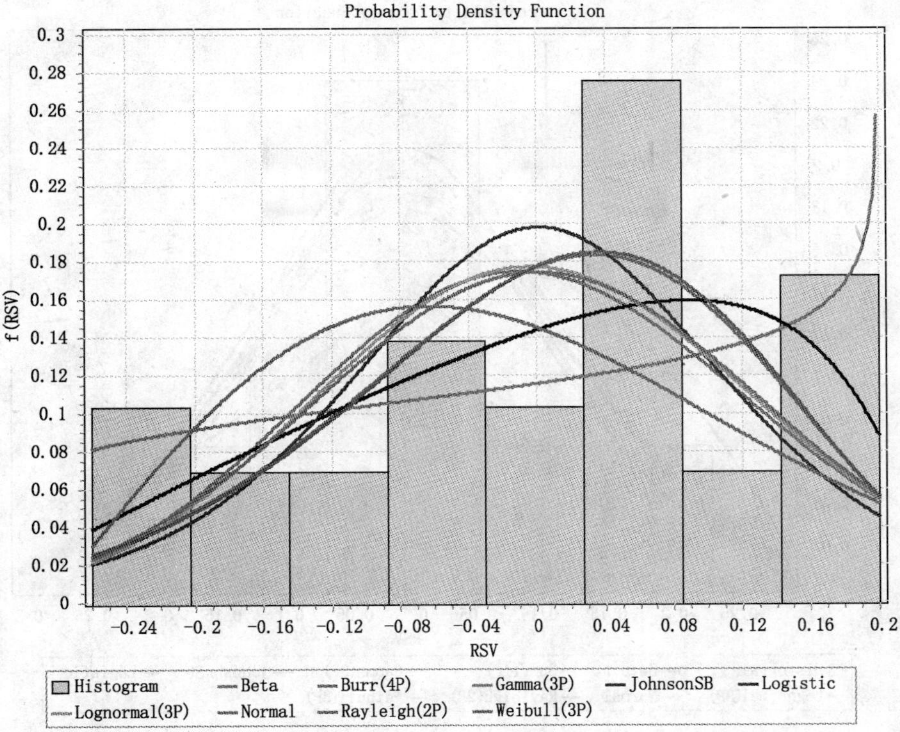

附图 62　丰台区冬小麦 RSV 序列的直方图与可能的单产分布模型

从附图 62 可以看出，除 Rayleigh 外，其余 8 种概率分布模型均能在一定程度上很好地拟合出丰台区冬小麦 RSV 序列的概率分布。从附表 82 中，各种分布模型的拟合优度检验结果可以很容易看出，Johnson SB 分布为拟合丰台区冬小麦 RSV 序列的最优模型。

附表 82　丰台区冬小麦 RSV 序列单产分布模型的拟合优度检验一览

#	Distribution	Kolmogorov Smirnov		Anderson Darling		Chi - Squared	
		Statistic	Rank	Statistic	Rank	Statistic	Rank
1	Beta	0.157238518	7	4.51930281	9	N/A	
2	Burr (4P)	0.114913639	3	0.364490924	2	4.23981249	5
3	Gamma (3P)	0.158863385	8	0.544119559	6	6.21121525	8
4	Johnson SB	0.105981601	1	0.308447272	1	0.869742472	1
5	Logistic	0.151531521	6	0.578817263	7	2.0768225	2
6	Lognormal (3P)	0.149465575	5	0.51630221	5	2.1513071	3
7	Normal	0.147837638	4	0.46051536	4	3.54275248	4
8	Rayleigh (2P)	0.207679487	9	0.961336728	8	4.51862101	6
9	Weibull (3P)	0.110750461	2	0.369283618	3	4.92588614	7

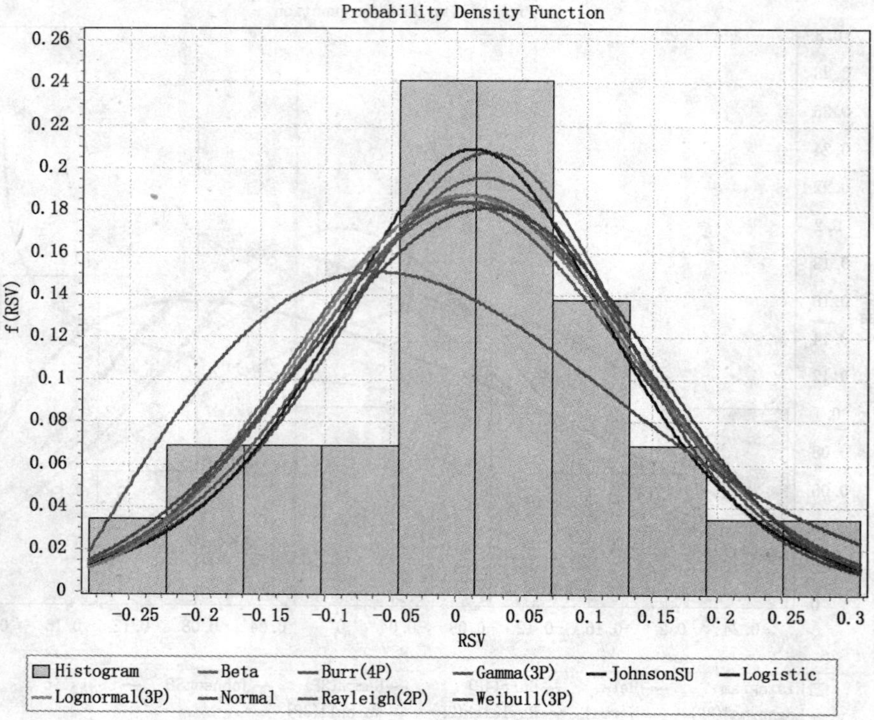

附图 63　海淀区冬小麦 RSV 序列的直方图与可能的单产分布模型

从附图 63 可以看出，除 Rayleigh 外，其余 8 种概率分布模型均能在一定程度上很好地拟合出海淀区冬小麦 RSV 序列的概率分布。从附表 83 中，各分布模型的拟合优度检验结果可以很容易看出，四参数的 Burr 分布为拟合海淀区冬小麦 RSV 序列的最优模型。

附表 83　海淀区冬小麦 RSV 序列单产分布模型的拟合优度检验一览

#	Distribution	Kolmogorov Smirnov		Anderson Darling		Chi - Squared	
		Statistic	Rank	Statistic	Rank	Statistic	Rank
1	Beta	0.127316839	5	0.369829532	4	4.96483046	6
2	Burr（4P）	0.102251743	1	0.247791611	1	5.08349155	8
3	Gamma（3P）	0.142924008	8	0.44844304	8	3.42971928	1
4	Johnson SU	0.114428383	3	0.293278728	3	5.0854813	9
5	Logistic	0.113689824	2	0.286904645	2	3.55351086	2
6	Lognormal（3P）	0.133296498	7	0.406360421	7	4.96326452	5
7	Normal	0.129679652	6	0.378239821	6	4.99980647	7
8	Rayleigh（2P）	0.232354843	9	1.36480335	9	4.1315464	3
9	Weibull（3P）	0.126226717	4	0.377229282	5	4.92217281	4

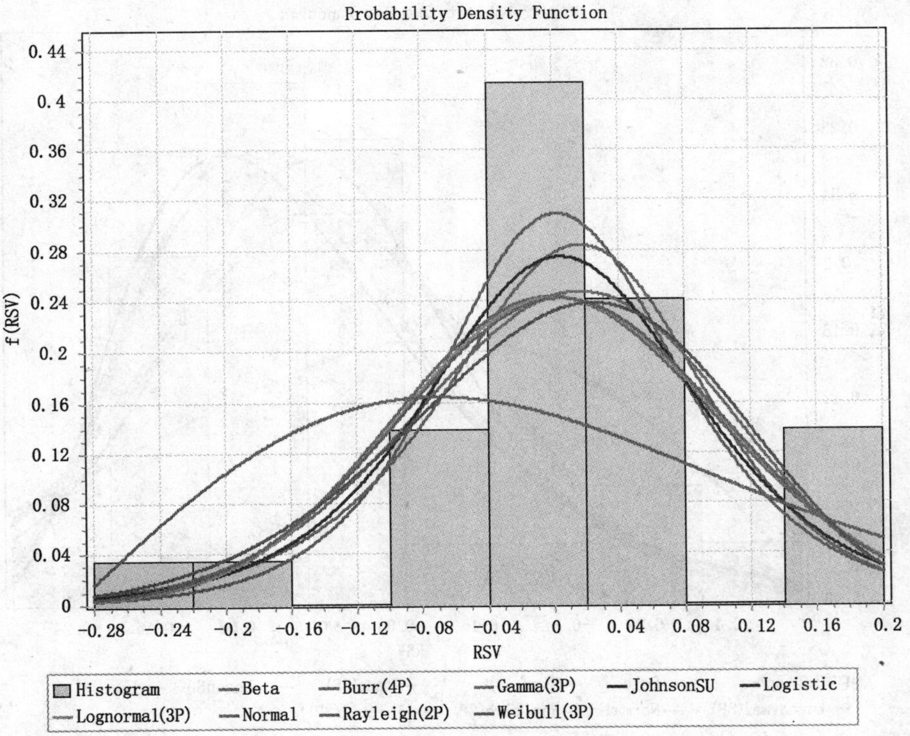

附图 64　怀柔区冬小麦 RSV 序列的直方图与可能的单产分布模型

从附图 64 可以看出，9 种概率分布模型均能在一定程度上很好地拟合出怀柔区冬小麦 RSV 序列的概率分布。从附表 84 各分布模型的拟合优度检验结果可以很容易看出，四参数的 Burr 分布为拟合怀柔区冬小麦 RSV 序列的最优模型。

附表 84　怀柔区冬小麦 RSV 序列单产分布模型的拟合优度检验一览

#	Distribution	Kolmogorov Smirnov		Anderson Darling		Chi - Squared	
		Statistic	Rank	Statistic	Rank	Statistic	Rank
1	Beta	0.194648218	7	1.27945646	7	11.6947584	9
2	Burr (4P)	0.149668018	1	0.864366009	1	8.8342063	2
3	Gamma (3P)	0.179894632	4	1.26412316	6	8.92724085	4
4	Johnson SU	0.176737653	3	1.02334099	3	8.96427939	6
5	Logistic	0.166313412	2	0.984721837	2	9.03482728	7
6	Lognormal (3P)	0.18668276	6	1.25264602	4	8.933695	5
7	Normal	0.186249208	5	1.25605018	5	8.8882917	3
8	Rayleigh (2P)	0.298811884	9	3.37747027	9	8.82005277	1
9	Weibull (3P)	0.202902957	8	1.39389517	8	11.6748164	8

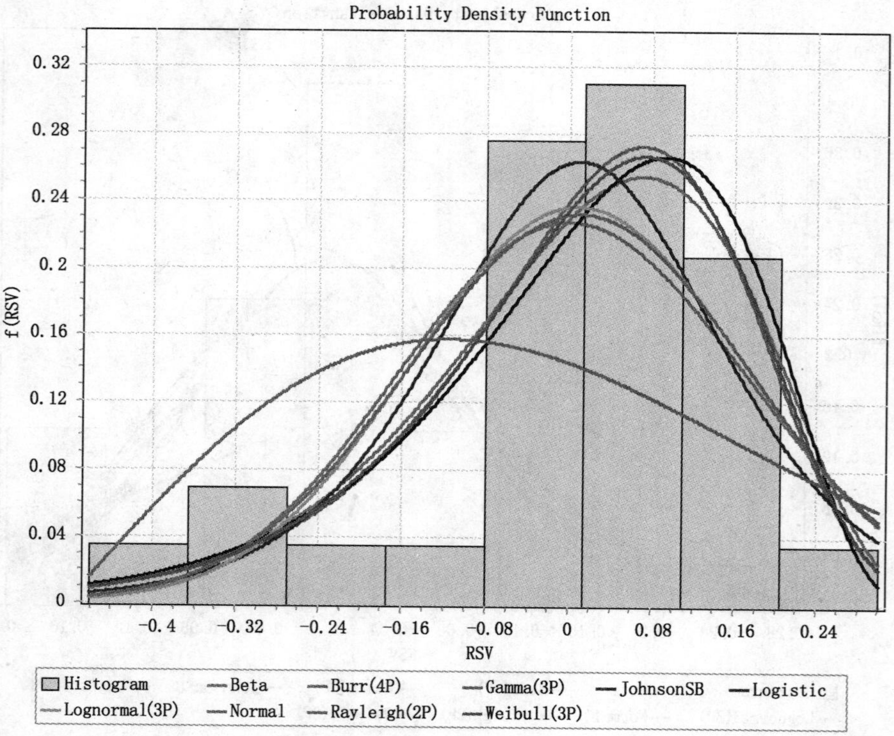

附图 65　门头沟区冬小麦 RSV 序列的直方图与可能的单产分布模型

从附图 65 可以看出，9 种概率分布模型均能在一定程度上很好地拟合出门头沟区冬小麦 RSV 序列的概率分布。从附表 85 各种分布模型的拟合优度检验结果可以很容易看出，四参数的 Burr 分布为拟合门头沟区冬小麦 RSV 序列的最优模型。

附表 85　门头沟区冬小麦 RSV 序列单产分布模型的拟合优度检验一览

#	Distribution	Kolmogorov Smirnov		Anderson Darling		Chi - Squared	
		Statistic	Rank	Statistic	Rank	Statistic	Rank
1	Beta	0.120280888	4	0.385868791	3	0.480333498	1
2	Burr（4P）	0.107807509	1	0.316243867	1	0.57055682	2
3	Gamma（3P）	0.169985834	8	0.893635773	8	2.01280576	5
4	Johnson SB	0.116445096	3	0.40566893	4	0.965652304	4
5	Logistic	0.141621899	5	0.612215094	5	2.07779421	6
6	Lognormal（3P）	0.154082906	6	0.778818452	7	2.40297773	7
7	Normal	0.1609063	7	0.769527556	6	2.4094166	8
8	Rayleigh（2P）	0.312968064	9	3.05611643	9	18.8163552	9
9	Weibull（3P）	0.111838067	2	0.338616009	2	0.628186018	3

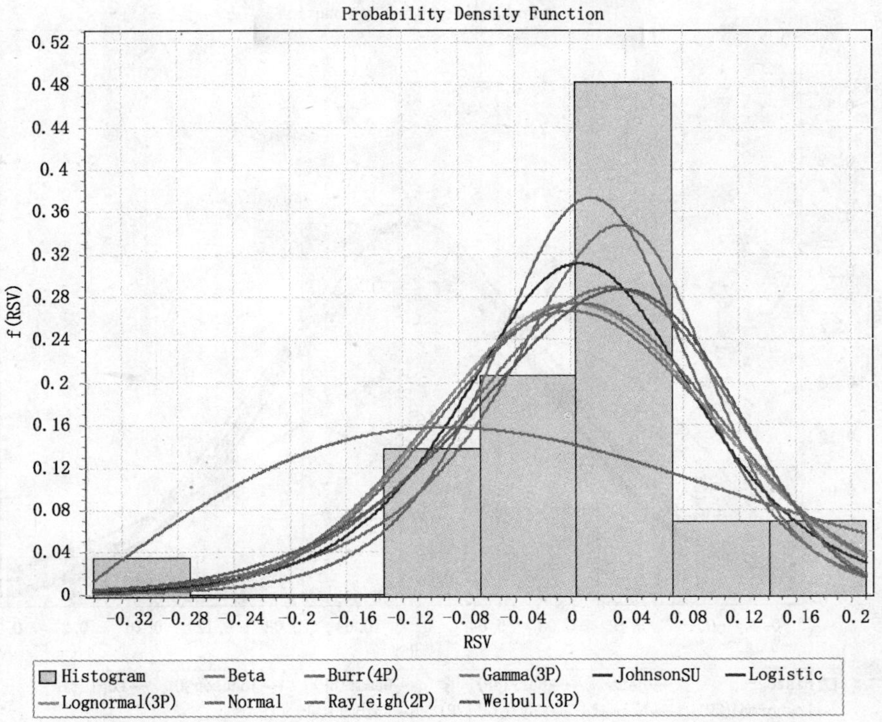

附图 66　密云县冬小麦 RSV 序列的直方图与可能的单产分布模型

从附图 66 可以看出，9 种概率分布模型均能在一定程度上很好地拟合出密云县冬小麦 RSV 序列的概率分布。从附表 86 各种分布模型的拟合优度检验结果可以很容易看出，四参数的 Burr 分布为拟合密云县冬小麦 RSV 序列的最优模型。

附表 86　密云县冬小麦 RSV 序列单产分布模型的拟合优度检验一览

#	Distribution	Kolmogorov Smirnov		Anderson Darling		Chi - Squared	
		Statistic	Rank	Statistic	Rank	Statistic	Rank
1	Beta	0.148350717	3	0.883614073	4	0.487313299	1
2	Burr (4P)	0.12705793	1	0.514150253	1	2.28927423	7
3	Gamma (3P)	0.152290828	6	1.14090722	8	0.808496788	4
4	Johnson SU	0.150755755	5	0.586941665	2	4.91428312	8
5	Logistic	0.148352571	4	0.734435896	3	0.567954225	3
6	Lognormal (3P)	0.152858876	7	1.0752331	7	0.845761821	5
7	Normal	0.140993102	2	1.00466207	6	0.857237452	6
8	Rayleigh (2P)	0.335800514	9	4.52521879	9	22.5152536	9
9	Weibull (3P)	0.152968351	8	0.945641983	5	0.498065699	2

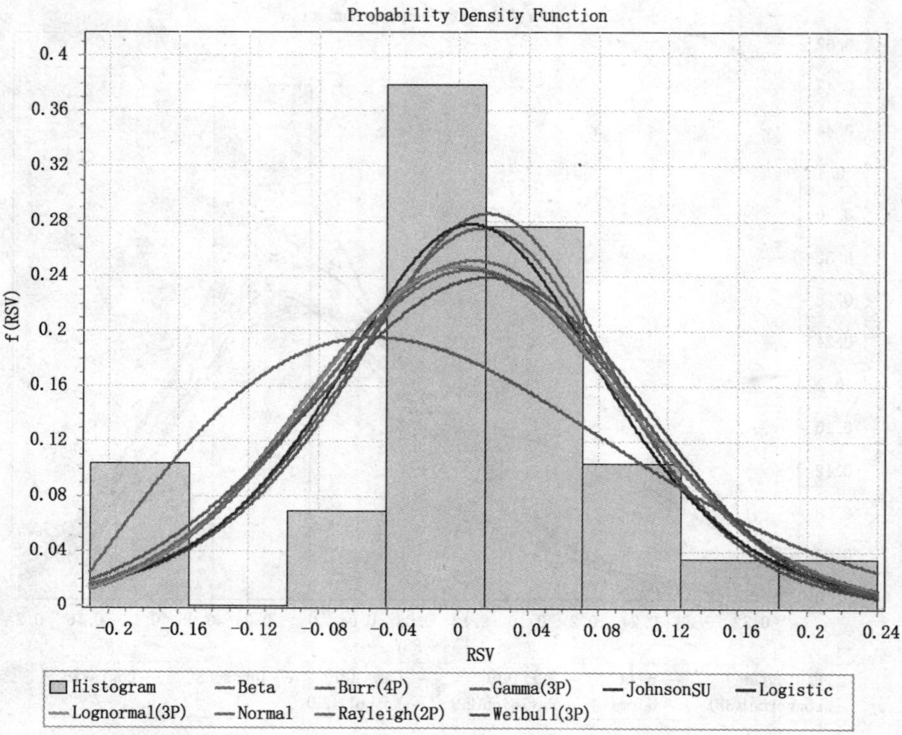

附图 67　平谷区冬小麦 RSV 序列的直方图与可能的单产分布模型

从附图 67 可以看出，9 种概率分布模型均能在一定程度上很好地拟合出平谷区冬小麦 RSV 序列的概率分布。从附表 87 各种分布模型的拟合优度检验结果可以很容易看出，四参数的 Burr 分布为拟合平谷区冬小麦 RSV 序列的最优模型。

附表 87　平谷区冬小麦 RSV 序列单产分布模型的拟合优度检验一览

#	Distribution	Kolmogorov Smirnov		Anderson Darling		Chi - Squared	
		Statistic	Rank	Statistic	Rank	Statistic	Rank
1	Beta	0.138206221	4	0.576529147	4	0.586453536	1
2	Burr (4P)	0.10941658	1	0.356642931	1	6.22896506	8
3	Gamma (3P)	0.150216397	8	0.672216276	8	1.29820962	6
4	Johnson SU	0.120093116	2	0.395225536	2	0.691432698	4
5	Logistic	0.128872617	3	0.433185271	3	1.39853404	7
6	Lognormal (3P)	0.14774219	7	0.646793337	7	1.29688088	5
7	Normal	0.143446458	6	0.610956076	5	0.608458792	3
8	Rayleigh (2P)	0.25071645	9	1.89757867	9	10.0555389	9
9	Weibull (3P)	0.140367889	5	0.620154305	6	0.589813525	2

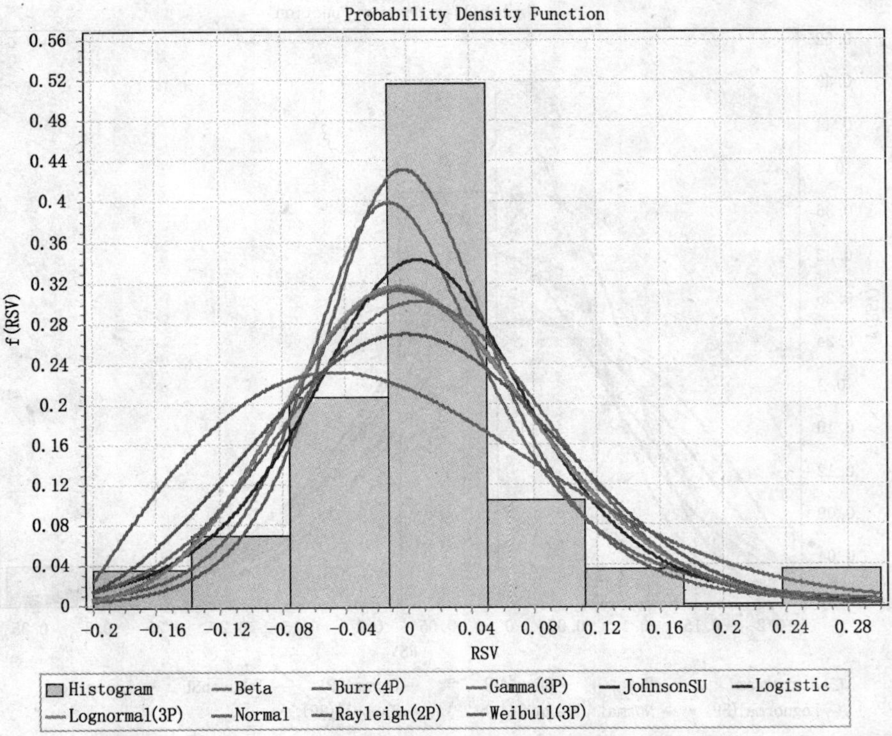

附图 68　顺义区冬小麦 RSV 序列的直方图与可能的单产分布模型

从附图 68 可以看出，9 种概率分布模型均能在一定程度上很好地拟合出顺义区冬小麦 RSV 序列的概率分布。从附表 88 各分布模型的拟合优度检验结果可以很容易看出，四参数的 Burr 分布为拟合顺义区冬小麦 RSV 序列的最优模型。

附表 88　顺义区冬小麦 RSV 序列单产分布模型的拟合优度检验一览

#	Distribution	Kolmogorov Smirnov		Anderson Darling		Chi - Squared	
		Statistic	Rank	Statistic	Rank	Statistic	Rank
1	Beta	0.17339113	4	1.42174809	6	11.4042499	6
2	Burr (4P)	0.152059559	2	0.695872142	1	1.45254372	2
3	Gamma (3P)	0.174827905	5	1.4005131	5	11.4033869	5
4	Johnson SU	0.148873595	1	0.878970566	2	1.49738748	3
5	Logistic	0.18544202	6	1.14657325	3	11.6433146	8
6	Lognormal (3P)	0.17174951	3	1.38434597	4	11.401618	4
7	Normal	0.194057307	8	1.53792928	7	11.496096	7
8	Rayleigh (2P)	0.282084457	9	3.01297895	9	0.011829398	1
9	Weibull (3P)	0.191518002	7	1.85875685	8	18.3682054	9

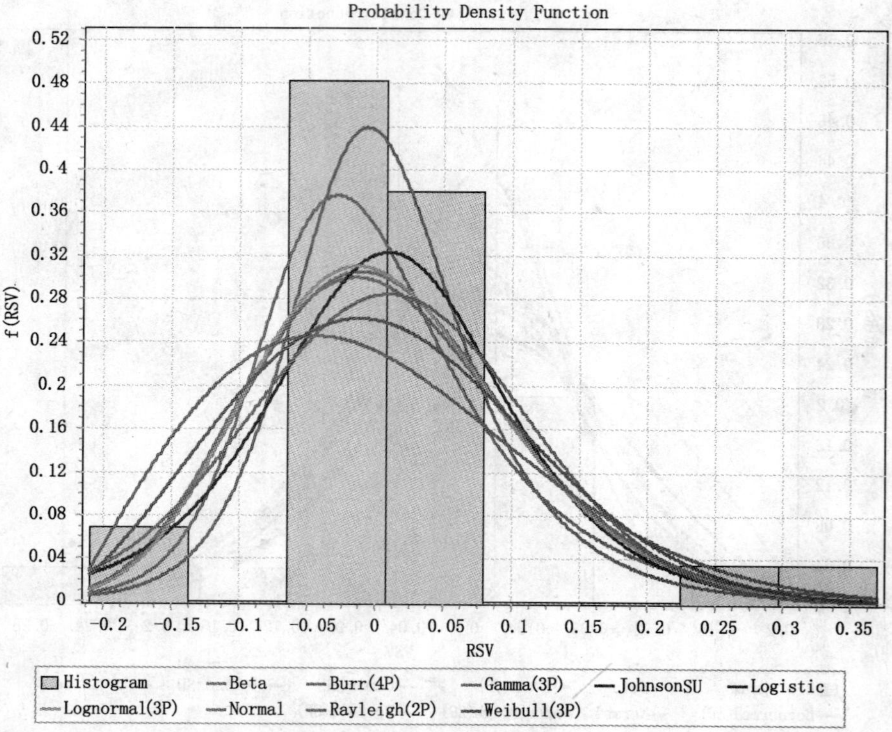

附图 69　通州区冬小麦 RSV 序列的直方图与可能的单产分布模型

从附图 69 可以看出，9 种概率分布模型均能在一定程度上很好地拟合出通州区冬小麦 RSV 序列的概率分布。从附表 89 各分布模型的拟合优度检验结果可以很容易看出，四参数的 Burr 分布为拟合通州区冬小麦 RSV 序列的最优模型。

附表 89　通州区冬小麦 RSV 序列单产分布模型的拟合优度检验一览

#	Distribution	Kolmogorov Smirnov		Anderson Darling		Chi - Squared	
		Statistic	Rank	Statistic	Rank	Statistic	Rank
1	Beta	0.212657951	5	2.12899154	6	14.6763876	5
2	Burr（4P）	0.157404932	1	1.24117941	1	11.2693944	1
3	Gamma（3P）	0.211282589	4	2.0845263	5	14.6740226	4
4	Johnson SU	0.208832116	3	1.74980601	2	11.6208924	2
5	Logistic	0.221361247	6	1.93761288	3	15.1957124	9
6	Lognormal（3P）	0.206353118	2	2.04556947	4	14.6628979	3
7	Normal	0.239864677	8	2.35951151	7	15.0193889	7
8	Rayleigh（2P）	0.272336508	9	2.94074933	9	15.0912204	8
9	Weibull（3P）	0.227769884	7	2.48926158	8	14.7013394	6

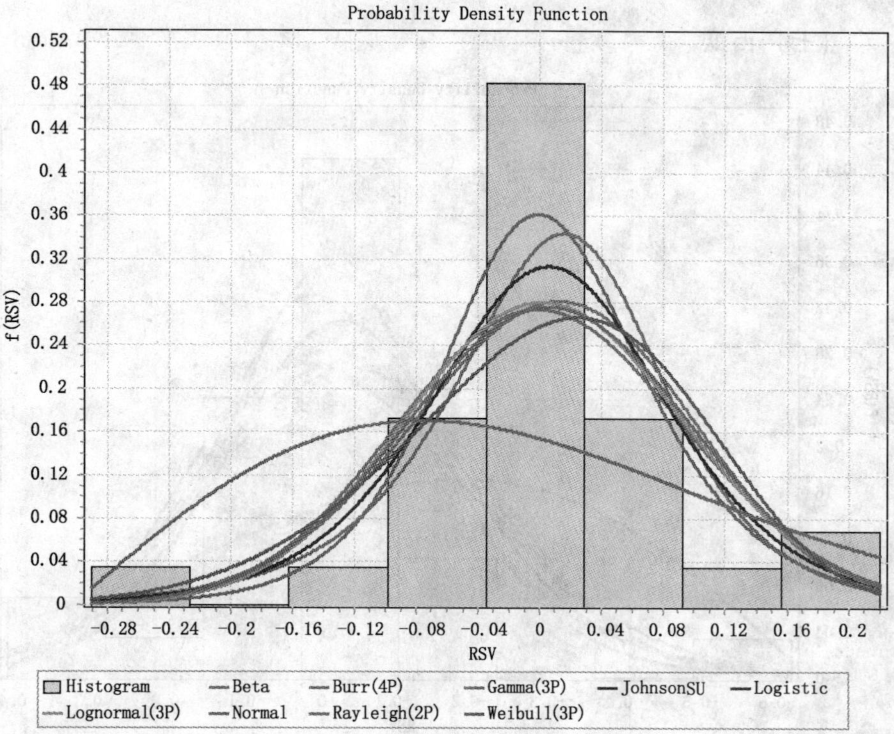

附图 70　延庆县冬小麦 RSV 序列的直方图与可能的单产分布模型

从附图 70 可以看出，9 种概率分布模型均能在一定程度上很好地拟合出延庆县冬小麦 RSV 序列的概率分布。从附表 90 各分布模型的拟合优度检验结果可以很容易看出，四参数的 Burr 分布为拟合延庆县冬小麦 RSV 序列的最优模型。

附表 90　延庆县冬小麦 RSV 序列单产分布模型的拟合优度检验一览

#	Distribution	Kolmogorov Smirnov		Anderson Darling		Chi - Squared	
		Statistic	Rank	Statistic	Rank	Statistic	Rank
1	Beta	0. 210460994	6	1. 14233088	5	11. 3555577	3
2	Burr (4P)	0. 188319675	1	0. 707479719	1	11. 5233811	5
3	Gamma (3P)	0. 189826615	2	1. 1944875	7	14. 9277979	8
4	Johnson SU	0. 223901324	8	0. 869195223	2	2. 28519248	1
5	Logistic	0. 202109834	4	0. 888905815	3	11. 6452615	6
6	Lognormal (3P)	0. 19658024	3	1. 13243816	4	14. 8623747	7
7	Normal	0. 204752833	5	1. 15167344	6	11. 4593573	4
8	Rayleigh (2P)	0. 323195276	9	4. 05459333	9	25. 8884043	9
9	Weibull (3P)	0. 222072982	7	1. 32696531	8	11. 3461113	2

（七）西瓜

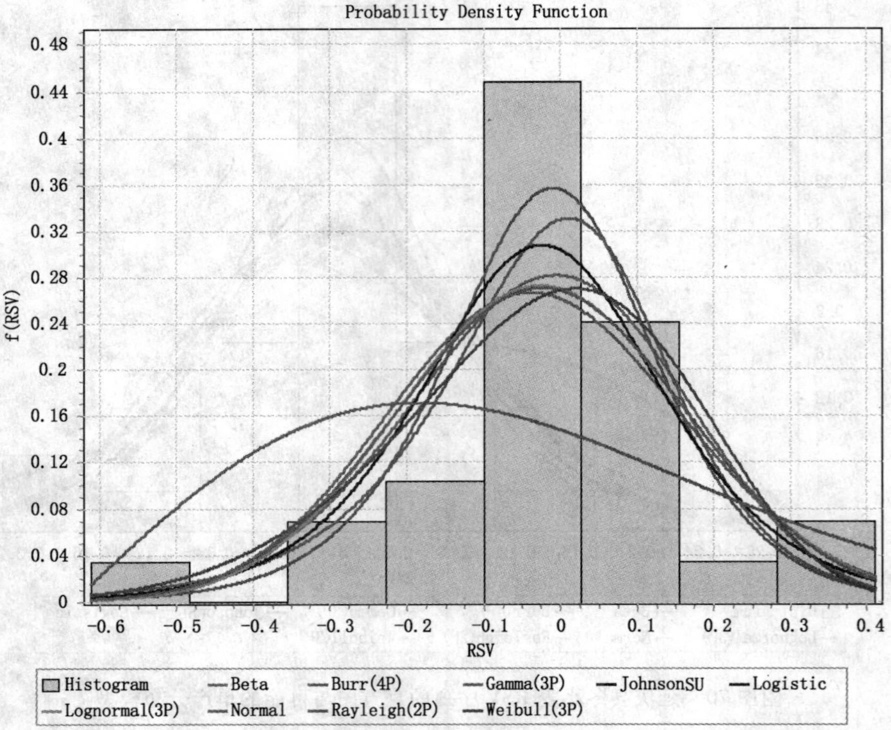

附图 71　北京市西瓜 RSV 序列的直方图与可能的单产分布模型

从附图 71 可以看出，除 Ralyeigh 外，其余 8 种概率分布模型均能很好地拟合出北京市西瓜 RSV 序列的概率分布。从附表 91 各分布模型的拟合优度检验结果可以很容易看出，四参数的 Burr 分布为拟合北京市西瓜 RSV 序列的最优模型。

附表 91　　北京市西瓜 RSV 序列单产分布模型的拟合优度检验一览

#	Distribution	Kolmogorov Smirnov		Anderson Darling		Chi – Squared	
		Statistic	Rank	Statistic	Rank	Statistic	Rank
1	Beta	0.157412728	3	1.11159194	4	6.09768676	1
2	Burr（4P）	0.132237244	1	0.740340755	1	9.38043345	6
3	Gamma（3P）	0.183341468	8	1.31559969	8	8.9197665	5
4	Johnson SU	0.150372013	2	0.773105871	2	12.4399853	8
5	Logistic	0.162033605	4	0.95058721	3	12.5079441	9
6	Lognormal（3P）	0.164563301	5	1.20592901	5	8.88952829	4
7	Normal	0.169388325	6	1.21166107	6	8.87035452	3
8	Rayleigh（2P）	0.302026731	9	3.9440155	9	9.46814659	7
9	Weibull（3P）	0.172454006	7	1.2263035	7	8.46358579	2

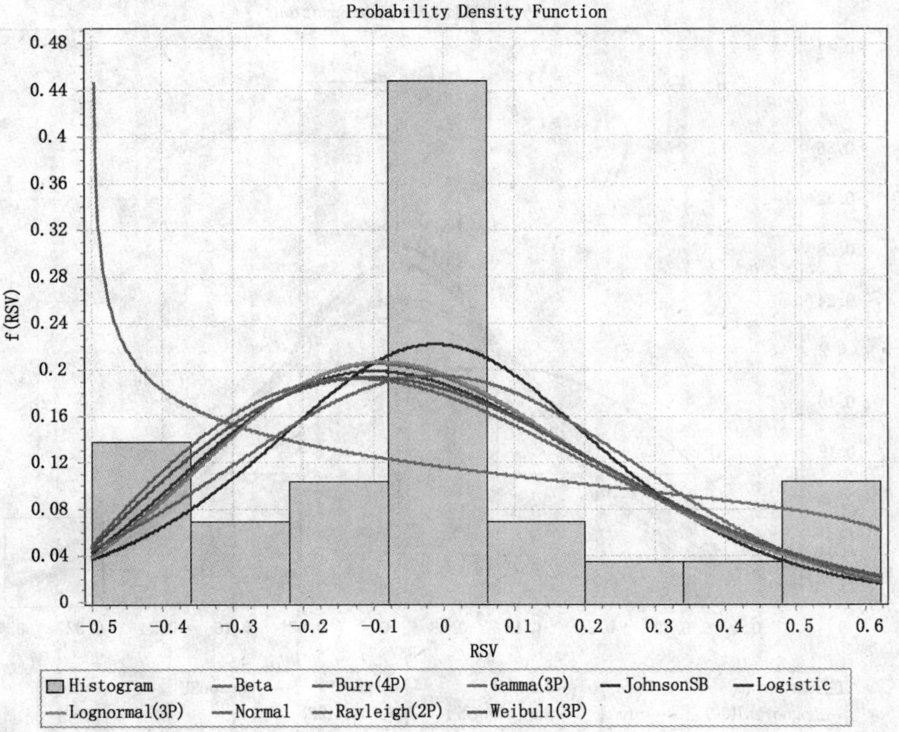

附图 72　昌平区西瓜 RSV 序列的直方图与可能的单产分布模型

从附图 72 可以看出，除 Beta 分布外，其余 8 种概率分布模型均能在一定程度上很好地拟合出昌平区西瓜 RSV 序列的概率分布。从附表 92 各种分布模型的拟合优度检验结果可以很容易看出，三参数的 Lognormal 分布为拟合昌平区西瓜 RSV 序列的最优模型。

附表 92　昌平区西瓜 RSV 序列单产分布模型的拟合优度检验一览

#	Distribution	Kolmogorov Smirnov		Anderson Darling		Chi-Squared	
		Statistic	Rank	Statistic	Rank	Statistic	Rank
1	Beta	0.21926346	9	2.05413393	9	8.98781299	1
2	Burr（4P）	0.157868071	4	0.737660073	5	13.1598349	3
3	Gamma（3P）	0.151267845	2	0.676904922	2	13.4220376	5
4	Johnson SB	0.154476637	3	0.687585869	3	13.5061264	7
5	Logistic	0.159346511	6	0.728787037	4	18.4842434	8
6	Lognormal（3P）	0.149452793	1	0.667849381	1	13.4569145	6
7	Normal	0.170825206	7	0.825252687	8	22.0414568	9
8	Rayleigh（2P）	0.170955186	8	0.76630319	7	13.204705	4
9	Weibull（3P）	0.158216525	5	0.738651194	6	13.1499032	2

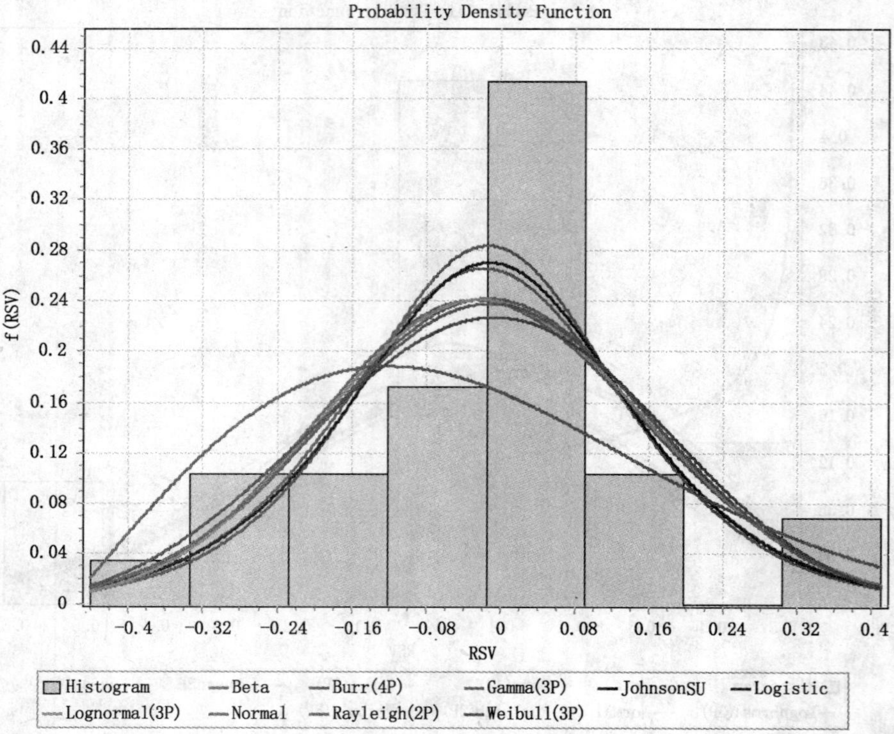

附图 73　大兴区西瓜 RSV 序列的直方图与可能的单产分布模型

从附图 73 可以看出，除 Beta 分布外，其余 8 种概率分布模型均能在一定程度上很好地拟合出大兴区西瓜 RSV 序列的概率分布。从附表 93 各分布模型的拟合优度检验结果可以很容易看出，四参数的 Burr 分布为拟合大兴区西瓜 RSV 序列的最优模型。

附表 93　大兴区西瓜 RSV 序列单产分布模型的拟合优度检验一览

#	Distribution	Kolmogorov Smirnov		Anderson Darling		Chi - Squared	
		Statistic	Rank	Statistic	Rank	Statistic	Rank
1	Beta	0.132622806	6	0.548515536	4	12.4112919	8
2	Burr (4P)	0.110908135	1	0.377633794	1	5.48351916	1
3	Gamma (3P)	0.126360817	4	0.558611064	6	7.54441501	3
4	Johnson SU	0.116753107	2	0.4179007	3	7.78862013	4
5	Logistic	0.117675716	3	0.39535727	2	7.81840245	5
6	Lognormal (3P)	0.131215368	5	0.550782079	5	7.53797589	2
7	Normal	0.136197035	7	0.564343087	7	12.4740811	9
8	Rayleigh (2P)	0.207239153	9	1.69106177	9	9.49916746	6
9	Weibull (3P)	0.140316655	8	0.64875533	8	12.3464643	7

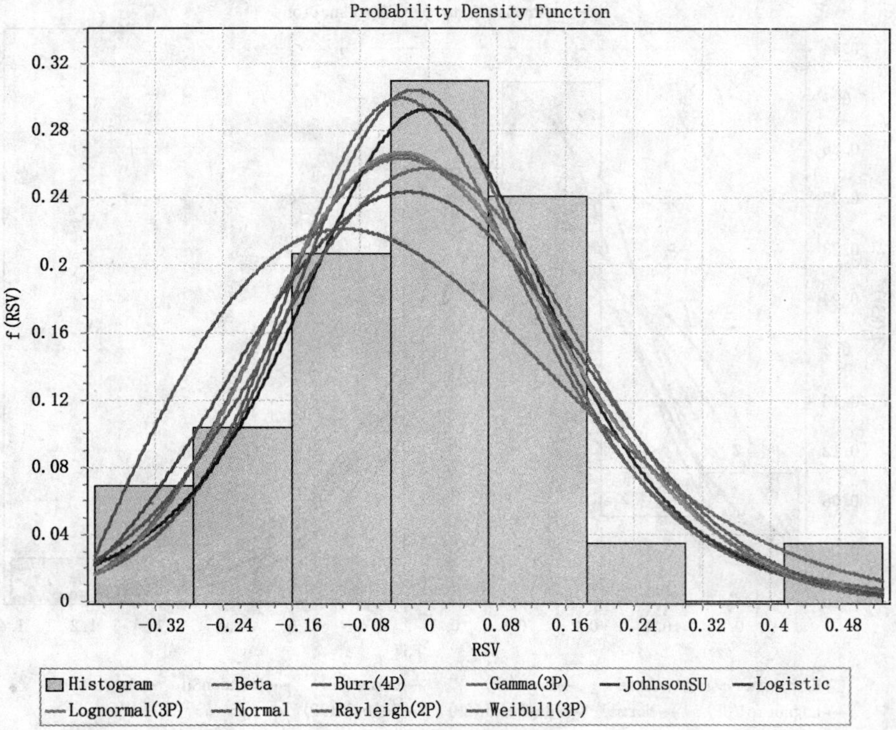

附图 74　房山区西瓜 RSV 序列的直方图与可能的单产分布模型

从附图 74 可以看出，9 种概率分布模型均能在一定程度上很好地拟合出房山区西瓜 RSV 序列的概率分布。从附表 94 各分布模型的拟合优度检验结果可以很容易看出，四参数的 Burr 分布为拟合房山区西瓜 RSV 序列的最优模型。

附表 94　房山区西瓜 RSV 序列单产分布模型的拟合优度检验一览

#	Distribution	Kolmogorov Smirnov		Anderson Darling		Chi - Squared	
		Statistic	Rank	Statistic	Rank	Statistic	Rank
1	Beta	0.109210709	4	0.386581482	6	3.80808772	8
2	Burr (4P)	0.110609759	5	0.271238271	1	1.59312401	5
3	Gamma (3P)	0.108866106	3	0.374542699	5	3.81284678	9
4	Johnson SU	0.11989052	6	0.304148717	3	1.59384422	6
5	Logistic	0.100200085	1	0.279721071	2	0.67433814	2
6	Lognormal (3P)	0.107550692	2	0.37211983	4	3.80727936	7
7	Normal	0.122775213	8	0.411966782	7	0.269638264	1
8	Rayleigh (2P)	0.176500226	9	1.08820398	9	1.53263787	4
9	Weibull (3P)	0.122333621	7	0.493900008	8	1.13433898	3

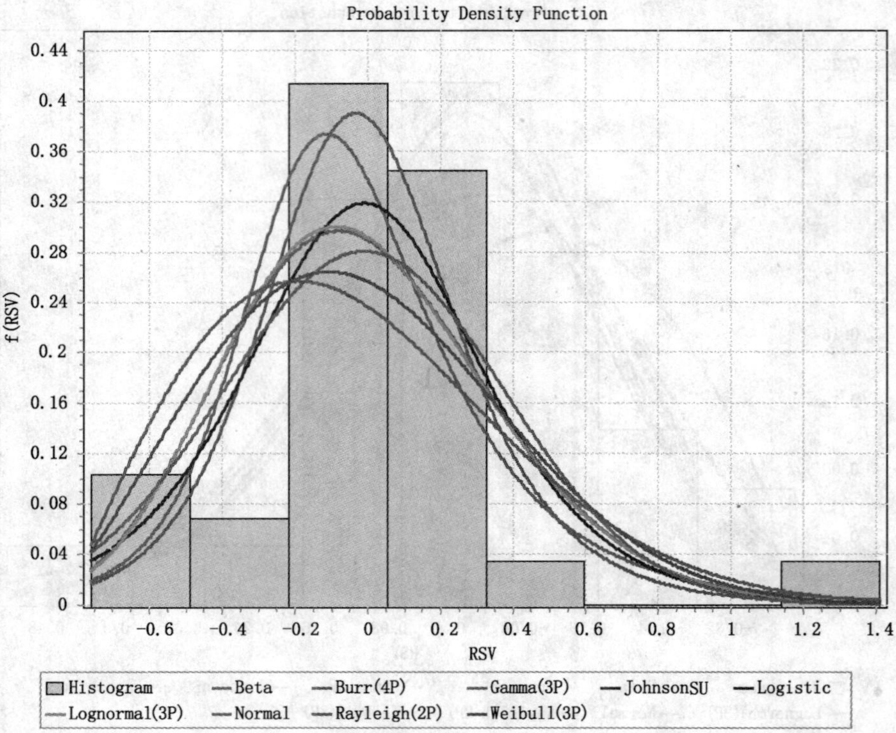

附图 75　密云县西瓜 RSV 序列的直方图与可能的单产分布模型

从附图 75 可以看出，9 种概率分布模型均能在一定程度上很好地拟合出密云县西瓜 RSV 序列的概率分布。从附表 95 各分布模型的拟合优度检验结果可以很容易看出，四参数的 Burr 分布为拟合密云县西瓜 RSV 序列的最优模型。

附表 95　密云县西瓜 RSV 序列单产分布模型的拟合优度检验一览

#	Distribution	Kolmogorov Smirnov		Anderson Darling		Chi – Squared	
		Statistic	Rank	Statistic	Rank	Statistic	Rank
1	Beta	0. 168720351	5	1. 49129328	6	4. 40754301	4
2	Burr (4P)	0. 124853486	1	0. 83433026	1	7. 01602665	8
3	Gamma (3P)	0. 168655372	4	1. 48869408	5	4. 4083122	5
4	Johnson SU	0. 179213022	6	1. 19811182	3	2. 30483863	1
5	Logistic	0. 16585733	3	1. 13505971	2	6. 3824772	7
6	Lognormal (3P)	0. 165801693	2	1. 48148056	4	4. 39146581	3
7	Normal	0. 188470076	8	1. 54505057	7	15. 3461966	9
8	Rayleigh (2P)	0. 214525104	9	2. 17178996	9	6. 08951603	6
9	Weibull (3P)	0. 182919329	7	1. 83086721	8	4. 38313902	2

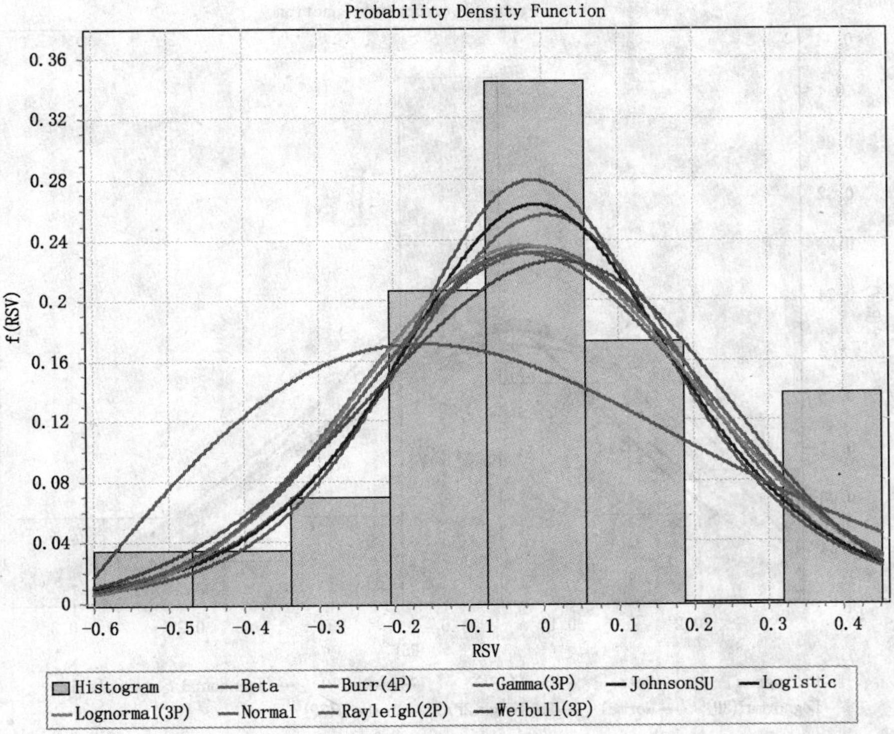

附图 76　平谷区西瓜 RSV 序列的直方图与可能的单产分布模型

从附图 76 可以看出，9 种概率分布模型均能在一定程度上很好地拟合出平谷区西瓜 RSV 序列的概率分布。从附表 96 各分布模型的拟合优度检验结果可以很容易看出，四参数的 Burr 分布为拟合平谷区西瓜 RSV 序列的最优模型。

附表 96　平谷区西瓜 RSV 序列单产分布模型的拟合优度检验一览

#	Distribution	Kolmogorov Smirnov		Anderson Darling		Chi - Squared	
		Statistic	Rank	Statistic	Rank	Statistic	Rank
1	Beta	0.139169978	6	0.627739844	4	2.79768977	6
2	Burr (4P)	0.111665419	1	0.431130053	1	0.750401684	1
3	Gamma (3P)	0.133390634	5	0.653536856	7	1.23606862	4
4	Johnson SU	0.13176838	4	0.517347827	3	2.87254726	7
5	Logistic	0.120865209	2	0.463048326	2	0.801205958	2
6	Lognormal (3P)	0.130222475	3	0.633123173	5	1.21405214	3
7	Normal	0.141459796	7	0.6388484	6	4.23804124	8
8	Rayleigh (2P)	0.256381111	9	2.20065464	9	14.7026039	9
9	Weibull (3P)	0.153360043	8	0.73123561	8	2.61221518	5

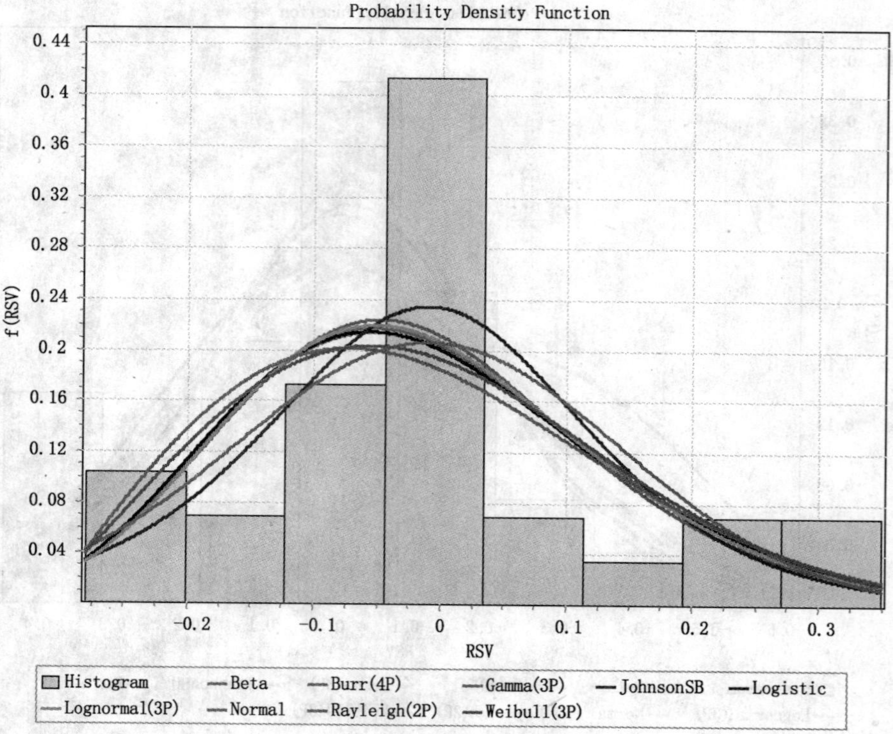

附图 77　顺义区西瓜 RSV 序列的直方图与可能的单产分布模型

从附图 77 可以看出，9 种概率分布模型均能在一定程度上很好地拟合出顺义区西瓜 RSV 序列的概率分布。从附表 97 各分布模型的拟合优度检验结果可以很容易看出，四参数的 Burr 分布为拟合顺义区西瓜 RSV 序列的最优模型。

附表 97　顺义区西瓜 RSV 序列单产分布模型的拟合优度检验一览

#	Distribution	Kolmogorov Smirnov		Anderson Darling		Chi - Squared	
		Statistic	Rank	Statistic	Rank	Statistic	Rank
1	Beta	0.133512383	6	0.440710744	5	1.48865882	2
2	Burr（4P）	0.123927235	1	0.398471488	1	1.51911813	5
3	Gamma（3P）	0.130893281	3	0.425266346	3	1.50460353	3
4	Johnson SB	0.131246378	4	0.42952865	4	1.53643339	6
5	Logistic	0.148393131	8	0.476320068	6	2.21470459	7
6	Lognormal（3P）	0.129332056	2	0.414570169	2	1.5164492	4
7	Normal	0.164363073	9	0.587171406	9	9.67719012	9
8	Rayleigh（2P）	0.132283414	5	0.541172102	8	2.82011349	8
9	Weibull（3P）	0.138512892	7	0.494581035	7	1.42512536	1

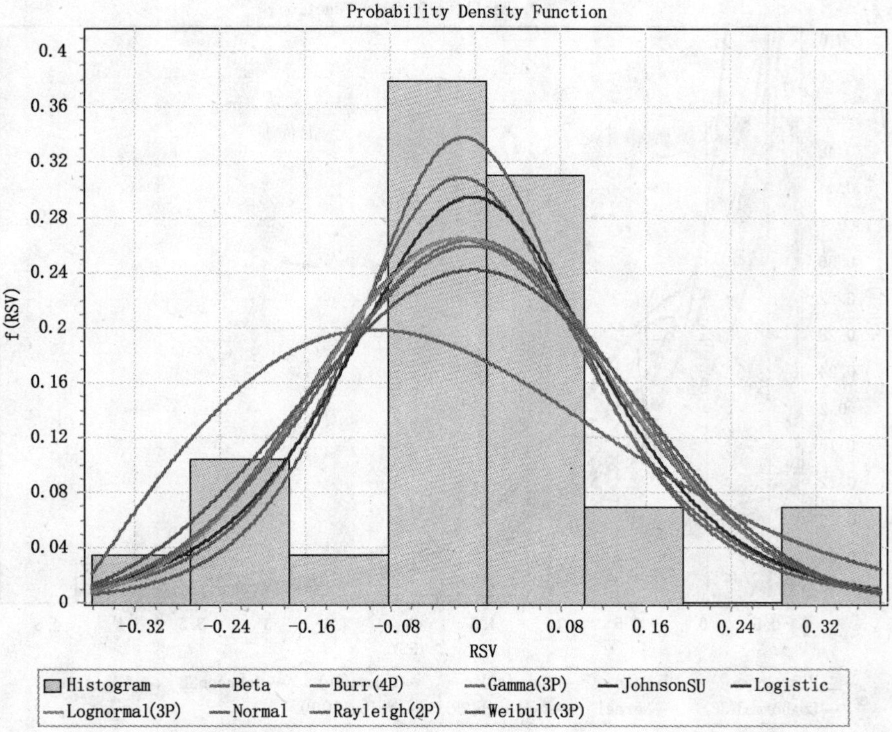

附图 78　通州区西瓜 RSV 序列的直方图与可能的单产分布模型

从附图 78 可以看出，8 种概率分布模型均能在一定程度上很好地拟合出通州区西瓜 RSV 序列的概率分布。从附表 98 各分布模型的拟合优度检验结果可以很容易看出，四参数的 Burr 分布为拟合通州区西瓜 RSV 序列的最优模型。

附表 98　通州区西瓜 RSV 序列单产分布模型的拟合优度检验一览

#	Distribution	Kolmogorov Smirnov		Anderson Darling		Chi - Squared	
		Statistic	Rank	Statistic	Rank	Statistic	Rank
1	Beta	0.164769551	6	1.12916225	6	11.5614918	8
2	Burr (4P)	0.137704696	2	0.737287049	1	6.0091407	4
3	Gamma (3P)	0.155678919	4	1.12746185	5	5.97024106	3
4	Johnson SU	0.137199464	1	0.794430885	2	6.17256893	6
5	Logistic	0.15458621	3	0.862070111	3	6.14600008	5
6	Lognormal (3P)	0.156866075	5	1.11662094	4	5.96853602	2
7	Normal	0.166567989	7	1.15144966	7	11.5908032	9
8	Rayleigh (2P)	0.274836583	9	2.52477022	9	2.2070937	1
9	Weibull (3P)	0.166750344	8	1.30860484	8	11.5406396	7

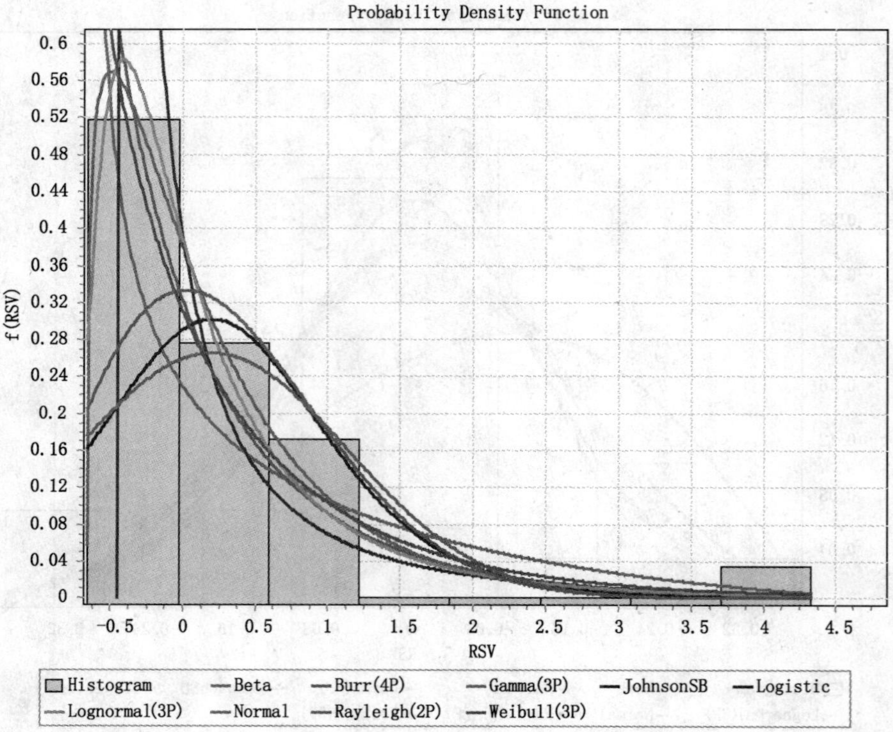

附图 79 延庆县西瓜 RSV 序列的直方图与可能的单产分布模型

从附图 79 可以看出，9 种概率分布模型均能在一定程度上很好地拟合出延庆县西瓜 RSV 序列的概率分布。从附表 99 各分布模型的拟合优度检验结果可以很容易看出，三参数的 Lognormal 分布为拟合延庆县西瓜 RSV 序列的最优模型。

附表 99 延庆县西瓜 RSV 序列单产分布模型的拟合优度检验一览

#	Distribution	Kolmogorov Smirnov		Anderson Darling		Chi - Squared	
		Statistic	Rank	Statistic	Rank	Statistic	Rank
1	Beta	0.186625001	9	5.17773701	8	N/A	
2	Burr (4P)	0.167602928	4	4.47255113	7	N/A	
3	Gamma (3P)	0.09839419	1	0.858227893	2	3.31944348	4
4	Johnson SB	0.172274644	5	21.2759513	9	N/A	
5	Logistic	0.172837594	6	1.5654809	3	2.0017781	1
6	Lognormal (3P)	0.119420329	2	0.440060112	1	3.03979838	3
7	Normal	0.182856676	8	2.02534481	5	5.20787123	5
8	Rayleigh (2P)	0.179132926	7	1.57308445	4	2.10644046	2
9	Weibull (3P)	0.132081635	3	4.36746996	6	N/A	

（八）梨

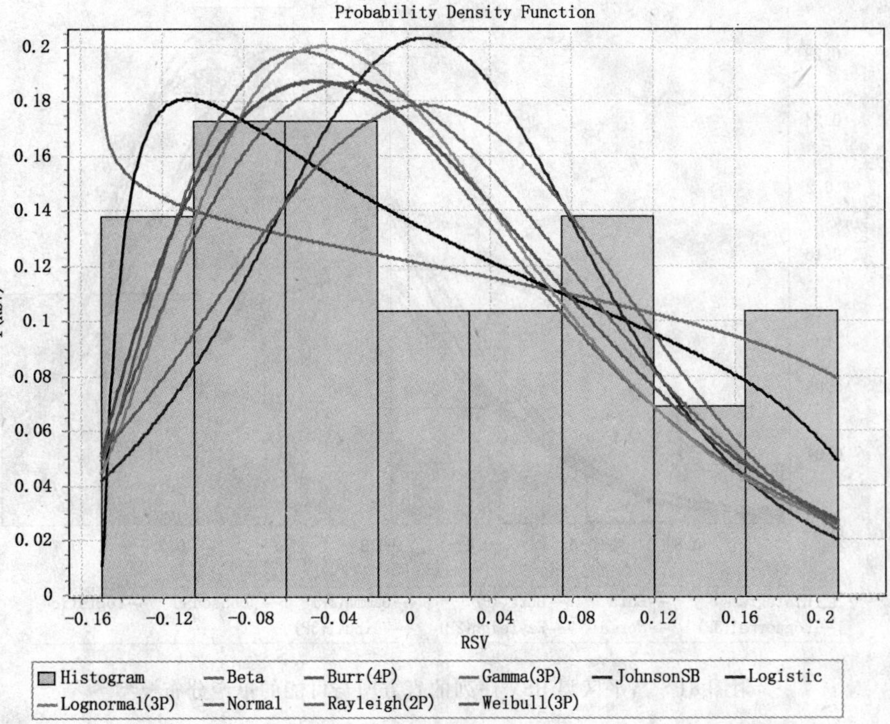

附图 80　北京市梨 RSV 序列的直方图与可能的单产分布模型

从附图 80 可以看出，除 Ralyeigh 外，其余 8 种概率分布模型均能很好地拟合出北京市梨 RSV 序列的概率分布。从附表 100 各分布模型的拟合优度检验结果可以很容易看出，Johnson SB 分布为拟合北京市梨 RSV 序列的最优模型。

附表 100　北京市梨 RSV 序列单产分布模型的拟合优度检验一览

#	Distribution	Kolmogorov Smirnov		Anderson Darling		Chi - Squared	
		Statistic	Rank	Statistic	Rank	Statistic	Rank
1	Beta	0. 119590429	7	1. 2095433	9	3. 10421766	9
2	Burr（4P）	0. 094915417	3	0. 271206489	1	2. 39873209	6
3	Gamma（3P）	0. 097582672	4	0. 298193799	4	2. 38175044	5
4	Johnson SB	0. 073732849	1	0. 271553551	2	0. 500673434	1
5	Logistic	0. 151287985	9	0. 697340645	8	2. 924789	8
6	Lognormal（3P）	0. 101022778	5	0. 345374305	5	1. 97407139	3
7	Normal	0. 128630575	8	0. 471029314	7	2. 08419947	4
8	Rayleigh（2P）	0. 117589015	6	0. 352785633	6	1. 80703867	2
9	Weibull（3P）	0. 093644553	2	0. 274951318	3	2. 41651011	7

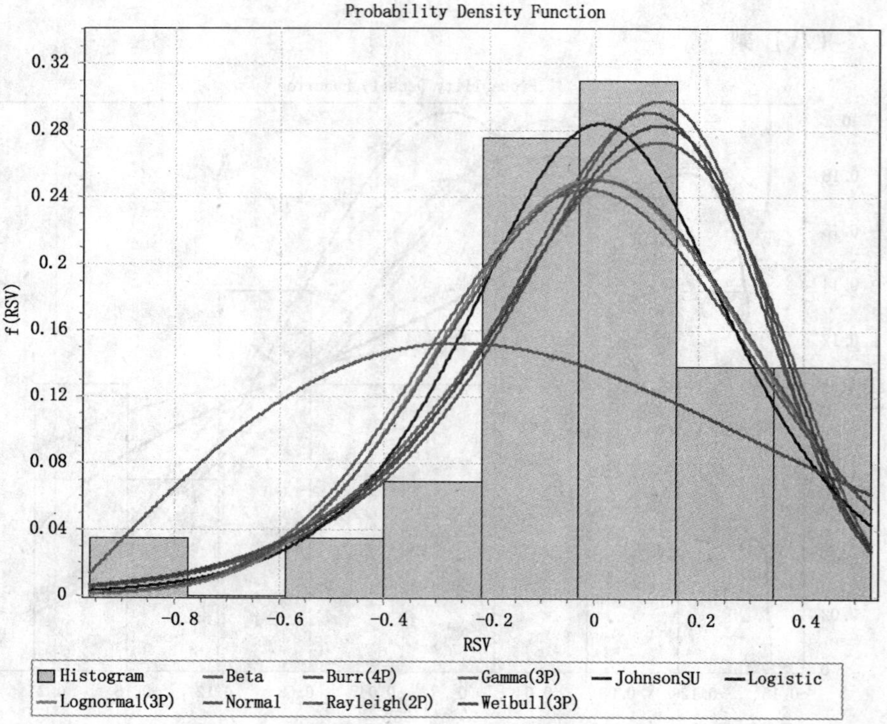

附图 81　昌平区梨 RSV 序列的直方图与可能的单产分布模型

从附图 81 可以看出，除 Beta 分布外，其余 8 种概率分布模型均能在一定程度上很好地拟合出昌平区梨 RSV 序列的概率分布。从附表 101 各分布模型的拟合优度检验结果可以很容易看出，四参数的 Burr 分布为拟合昌平区梨 RSV 序列的最优模型。

附表 101　昌平区梨 RSV 序列单产分布模型的拟合优度检验一览

#	Distribution	Kolmogorov Smirnov		Anderson Darling		Chi - Squared	
		Statistic	Rank	Statistic	Rank	Statistic	Rank
1	Beta	0. 079658311	3	0. 256232369	4	0. 538303183	5
2	Burr (4P)	0. 073864551	1	0. 215693577	1	0. 524455982	4
3	Gamma (3P)	0. 117786696	8	0. 587597832	8	5. 3847885	8
4	Johnson SU	0. 082831592	4	0. 235728155	2	0. 992842208	7
5	Logistic	0. 102531845	6	0. 306452037	5	0. 10670314	3
6	Lognormal (3P)	0. 103495974	7	0. 466252543	7	0. 100110026	1
7	Normal	0. 100571484	5	0. 44019604	6	0. 105269208	2
8	Rayleigh (2P)	0. 297804599	9	3. 60534352	9	5. 98231534	9
9	Weibull (3P)	0. 077309358	2	0. 244332484	3	0. 542853454	6

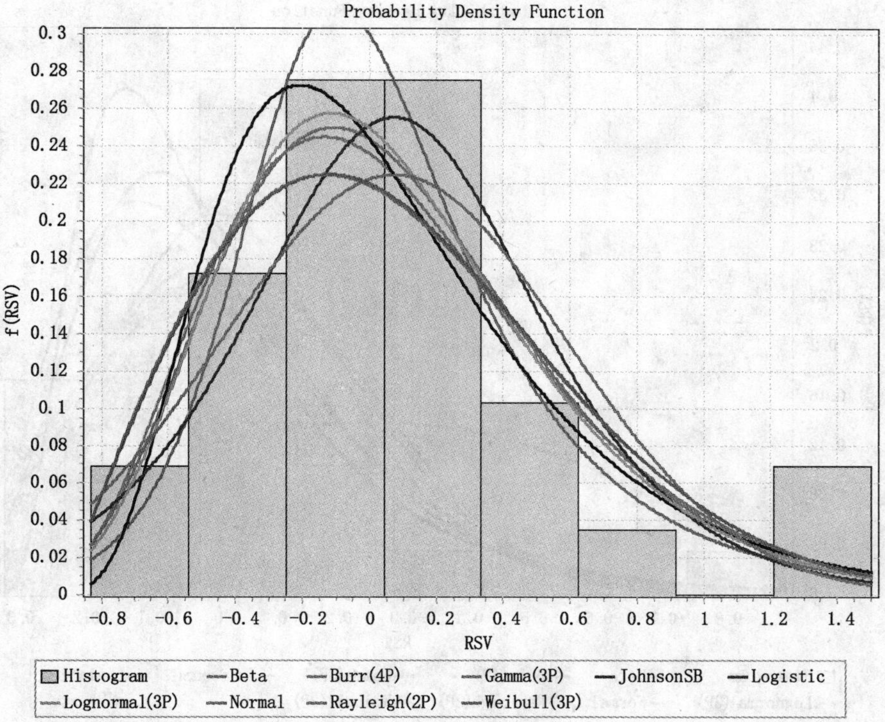

附图 82　朝阳区梨 RSV 序列的直方图与可能的单产分布模型

从附图 82 可以看出，除 Beta 分布外，其余 8 种概率分布模型均能在一定程度上很好地拟合出朝阳区梨 RSV 序列的概率分布。从附表 102 各分布模型的拟合优度检验结果我们很容易看出，四参数的 Burr 分布为拟合朝阳区梨 RSV 序列的最优模型。

附表 102　朝阳区梨 RSV 序列单产分布模型的拟合优度检验一览

#	Distribution	Kolmogorov-Smirnov		Anderson Darling		Chi - Squared	
		Statistic	Rank	Statistic	Rank	Statistic	Rank
1	Beta	0.126420596	5	0.559246642	4	0.574575517	6
2	Burr (4P)	0.077007569	1	0.241212368	1	0.613805513	7
3	Gamma (3P)	0.117893839	4	0.523151913	3	0.546336658	4
4	Johnson SB	0.126482882	6	0.610981111	5	0.03192667	1
5	Logistic	0.116384395	3	0.712459716	6	1.61931001	9
6	Lognormal (3P)	0.114749757	2	0.470455375	2	0.106500277	2
7	Normal	0.138632918	7	0.970698882	9	1.55177889	8
8	Rayleigh (2P)	0.145901519	9	0.737074214	8	0.546605402	5
9	Weibull (3P)	0.143220095	8	0.730755879	7	0.542821604	3

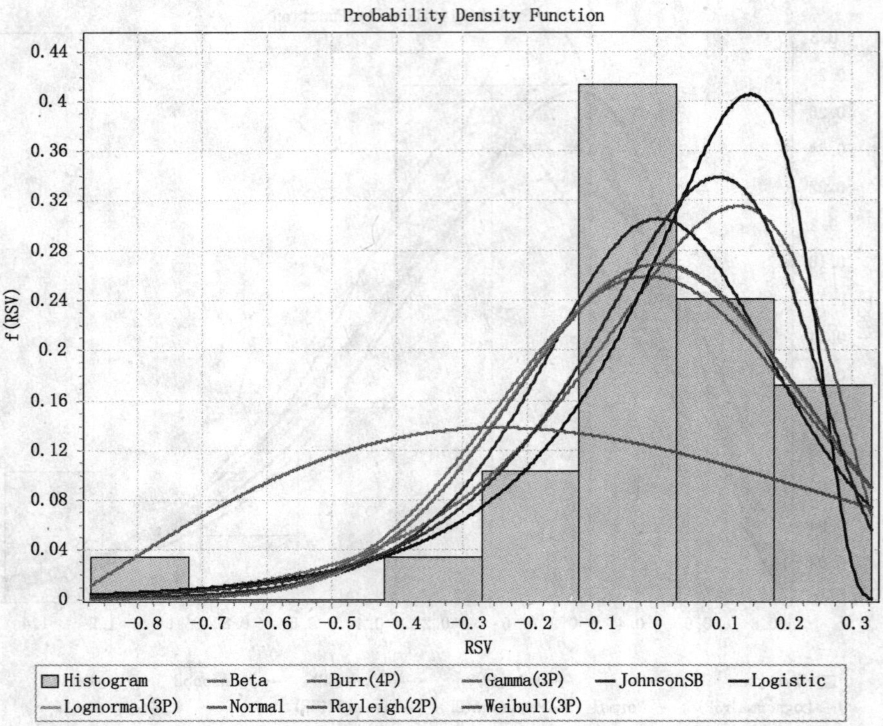

附图 83　大兴区梨 RSV 序列的直方图与可能的单产分布模型

从附图 83 可以看出，除 Beta 分布外，其余 8 种概率分布模型均能在一定程度上很好地拟合出大兴区梨 RSV 序列的概率分布。从附表 103 各分布模型的拟合优度检验结果可以很容易看出，四参数的 Burr 分布为拟合大兴区梨 RSV 序列的最优模型。

附表 103　大兴区梨 RSV 序列单产分布模型的拟合优度检验一览

#	Distribution	Kolmogorov Smirnov		Anderson Darling		Chi－Squared	
		Statistic	Rank	Statistic	Rank	Statistic	Rank
1	Beta	0.158334817	4	0.791973305	4	0.872377022	2
2	Burr（4P）	0.141361428	1	0.639974238	1	0.923637949	4
3	Gamma（3P）	0.2109191	8	1.34613961	7	3.90013718	7
4	Johnson SB	0.157571534	3	1.47639465	8	1.56455655	5
5	Logistic	0.170200651	5	0.763133036	3	3.16413009	6
6	Lognormal（3P）	0.192373273	6	1.14191475	6	5.35104394	9
7	Normal	0.192761918	7	1.10733424	5	5.32101279	8
8	Rayleigh（2P）	0.420158519	9	5.57990943	9	0.005459889	1
9	Weibull（3P）	0.141695497	2	0.642787779	2	0.919921105	3

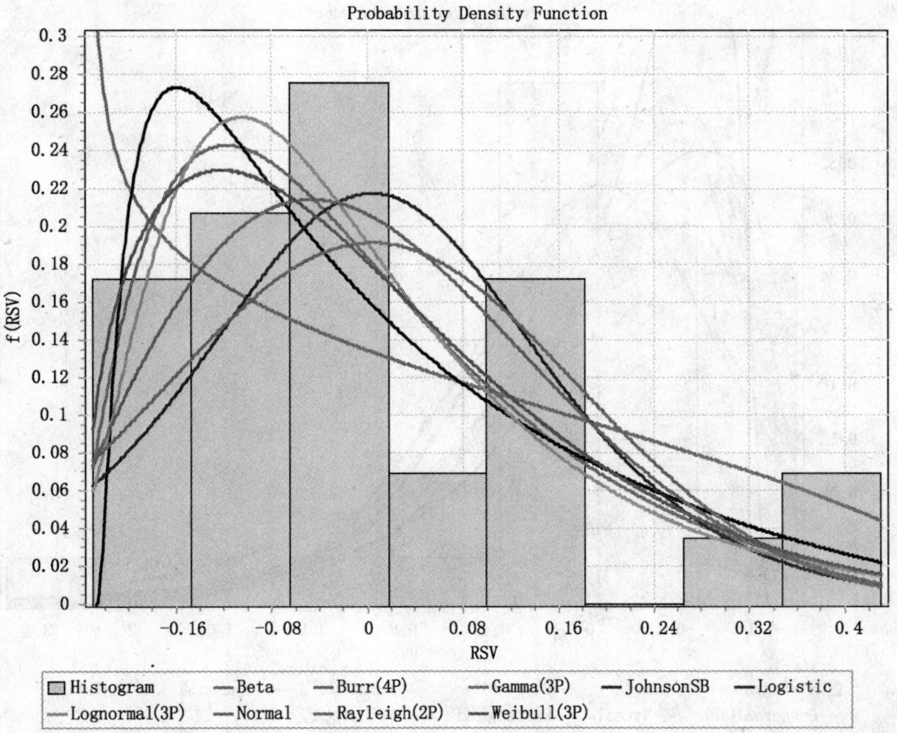

附图 84　房山区梨 RSV 序列的直方图与可能的单产分布模型

从附图 84 可以看出，9 种概率分布模型均能在一定程度上很好地拟合出房山区梨 RSV 序列的概率分布。从附表 104 各分布模型的拟合优度检验结果可以很容易看出，三参数的 Lognormal 分布为拟合房山区梨 RSV 序列的最优模型。

附表 104　房山区梨 RSV 序列单产分布模型的拟合优度检验一览

#	Distribution	Kolmogorov Smirnov		Anderson Darling		Chi - Squared	
		Statistic	Rank	Statistic	Rank	Statistic	Rank
1	Beta	0.171969017	7	1.4205054	8	2.82549098	8
2	Burr (4P)	0.103253589	4	0.21987636	3	1.44833168	3
3	Gamma (3P)	0.09367841	2	0.193313604	2	1.50890461	5
4	Johnson SB	0.099929699	3	3.98843321	9	N/A	
5	Logistic	0.191499442	9	0.939079457	7	1.71735877	6
6	Lognormal (3P)	0.085391167	1	0.189938662	1	1.47895706	4
7	Normal	0.18715478	8	0.907387735	6	1.37287938	1
8	Rayleigh (2P)	0.167779886	6	0.634529082	5	1.83327563	7
9	Weibull (3P)	0.103441585	5	0.220821787	4	1.44533733	2

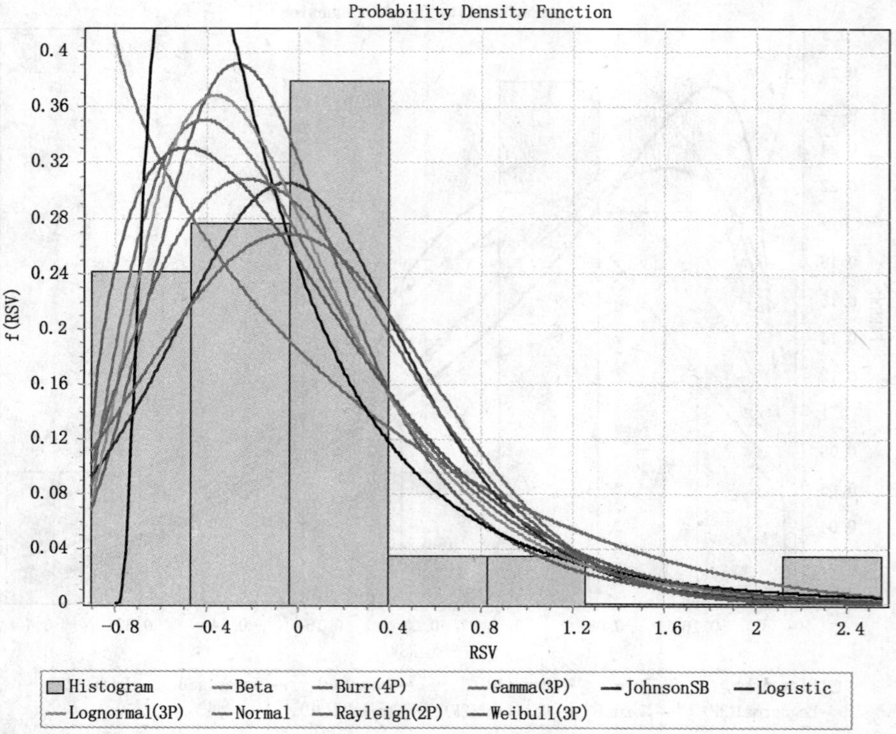

附图 85　海淀区梨 RSV 序列的直方图与可能的单产分布模型

从附图 85 可以看出，除 Rayleigh 外，其余 8 种概率分布模型均能在一定程度上很好地拟合出海淀区梨 RSV 序列的概率分布。从附表 105 各分布模型的拟合优度检验结果可以很容易看出，四参数的 Burr 分布为拟合海淀区梨 RSV 序列的最优模型。

附表 105　海淀区梨 RSV 序列单产分布模型的拟合优度检验一览

#	Distribution	Kolmogorov Smirnov		Anderson Darling		Chi – Squared	
		Statistic	Rank	Statistic	Rank	Statistic	Rank
1	Beta	0. 19929329	6	5. 63017084	8	N/A	
2	Burr （4P）	0. 136167237	1	0. 680475015	1	1. 61490057	1
3	Gamma （3P）	0. 162866237	3	0. 858580804	3	2. 39086924	3
4	Johnson SB	0. 171670653	4	6. 5790286	9	N/A	
5	Logistic	0. 213326871	8	1. 13497652	6	6. 31342132	5
6	Lognormal （3P）	0. 151748171	2	0. 798568873	2	2. 45117903	4
7	Normal	0. 232418894	9	1. 51193656	7	9. 37139772	7
8	Rayleigh （2P）	0. 209588008	7	1. 06033068	5	7. 28160023	6
9	Weibull （3P）	0. 173030282	5	0. 965939958	4	2. 33702516	2

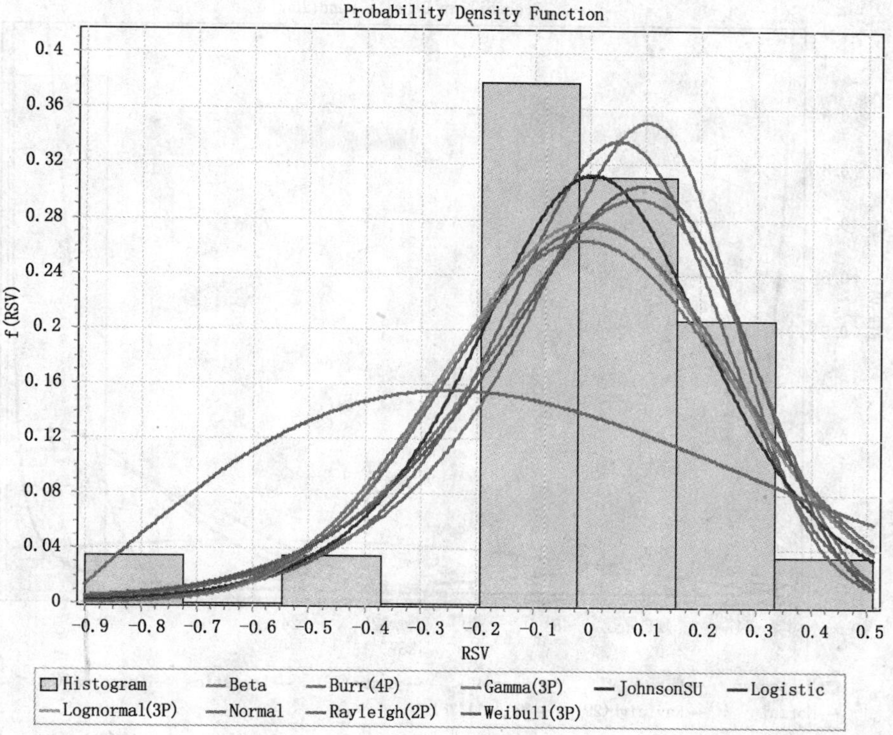

附图 86　怀柔区梨 RSV 序列的直方图与可能的单产分布模型

从附图 86 可以看出，9 种概率分布模型均能在一定程度上很好地拟合出怀柔区梨 RSV 序列的概率分布。从附表 106 各分布模型的拟合优度检验结果可以很容易看出，四参数的 Burr 分布为拟合怀柔区梨 RSV 序列的最优模型。

附表 106　怀柔区梨 RSV 序列单产分布模型的拟合优度检验一览

#	Distribution	Kolmogorov Smirnov		Anderson Darling		Chi - Squared	
		Statistic	Rank	Statistic	Rank	Statistic	Rank
1	Beta	0.155523343	5	0.512562409	5	0.128188307	2
2	Burr (4P)	0.129802396	2	0.333241142	1	0.126821437	1
3	Gamma (3P)	0.189705742	8	0.89431435	8	0.549651701	7
4	Johnson SU	0.127075474	1	0.398559882	2	2.33253077	8
5	Logistic	0.155211186	4	0.485845447	3	0.439182043	4
6	Lognormal (3P)	0.181610726	7	0.780919008	7	0.510797693	5
7	Normal	0.177873881	6	0.740297677	6	0.513892294	6
8	Rayleigh (2P)	0.39220411	9	4.52025198	9	19.0447945	9
9	Weibull (3P)	0.154041435	3	0.490913912	4	0.37028124	3

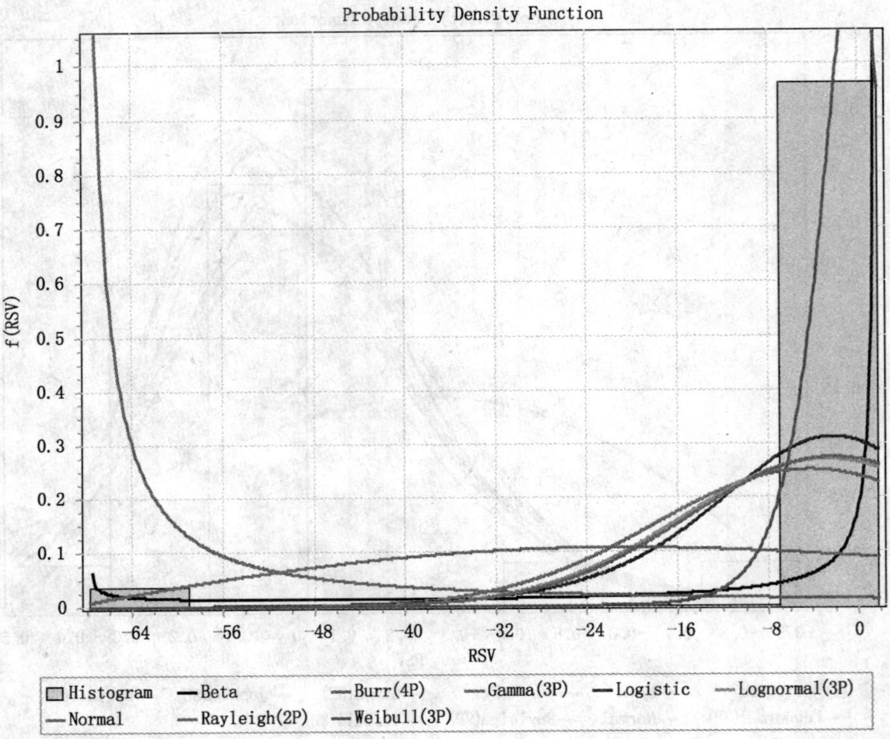

附图 87　密云县梨 RSV 序列的直方图与可能的单产分布模型

从附图 87 可以看出，8 种概率分布模型均能在一定程度上很好地拟合出密云县梨 RSV 序列的概率分布。从附表 107 各分布模型的拟合优度检验结果可以很容易看出，三参数的 Weibull 分布为拟合密云县梨 RSV 序列的最优模型。

附表 107　密云县梨 RSV 序列单产分布模型的拟合优度检验一览

#	Distribution	Kolmogorov Smirnov		Anderson Darling		Chi - Squared	
		Statistic	Rank	Statistic	Rank	Statistic	Rank
1	Beta	0.76586702	8	23.5487922	8	N/A	
2	Burr (4P)	0.59111183	6	15.1030465	7	N/A	
3	Gamma (3P)	0.550479472	5	10.6267121	5	N/A	
4	Logistic	0.512236496	3	9.68243268	2	N/A	
5	Lognormal (3P)	0.518267791	4	10.0599804	4	N/A	
6	Normal	0.506667552	2	9.87912615	3	N/A	
7	Rayleigh (2P)	0.599565663	7	11.6343652	6	N/A	
8	Weibull (3P)	0.488469971	1	8.85287182	1	N/A	

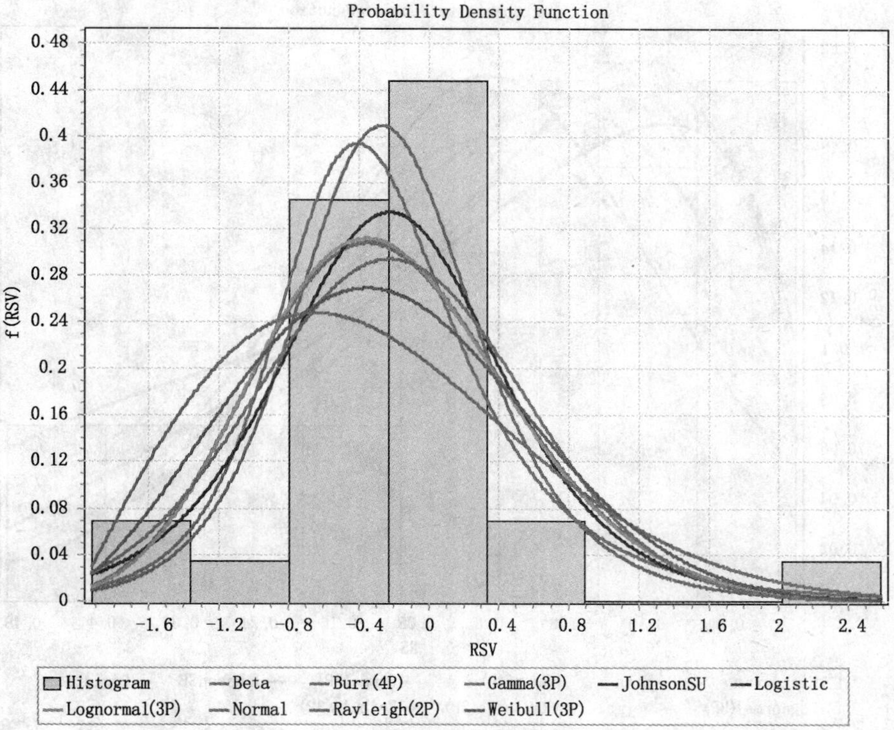

附图 88　平谷区梨 RSV 序列的直方图与可能的单产分布模型

从附图 88 可以看出，9 种概率分布模型均能在一定程度上很好地拟合出平谷区梨 RSV 序列的概率分布。从附表 108 各分布模型的拟合优度检验结果可以很容易看出，四参数的 Burr 分布为拟合平谷区梨 RSV 序列的最优模型。

附表 108　平谷区梨 RSV 序列单产分布模型的拟合优度检验一览

#	Distribution	Kolmogorov Smirnov		Anderson Darling		Chi - Squared	
		Statistic	Rank	Statistic	Rank	Statistic	Rank
1	Beta	0.17614984	6	1.34998958	6	1.12425139	5
2	Burr (4P)	0.123704878	1	0.685020672	1	0.32883592	1
3	Gamma (3P)	0.174316567	4	1.33328521	5	1.12569409	6
4	Johnson SU	0.146900805	2	0.950394702	2	0.41550327	3
5	Logistic	0.163290976	3	1.02050303	3	0.382465388	2
6	Lognormal (3P)	0.174590501	5	1.322612	4	1.12172416	4
7	Normal	0.183416024	7	1.43352493	7	4.00161326	8
8	Rayleigh (2P)	0.274596302	9	2.42962659	9	8.68188541	9
9	Weibull (3P)	0.208462078	8	1.72437599	8	1.12873147	7

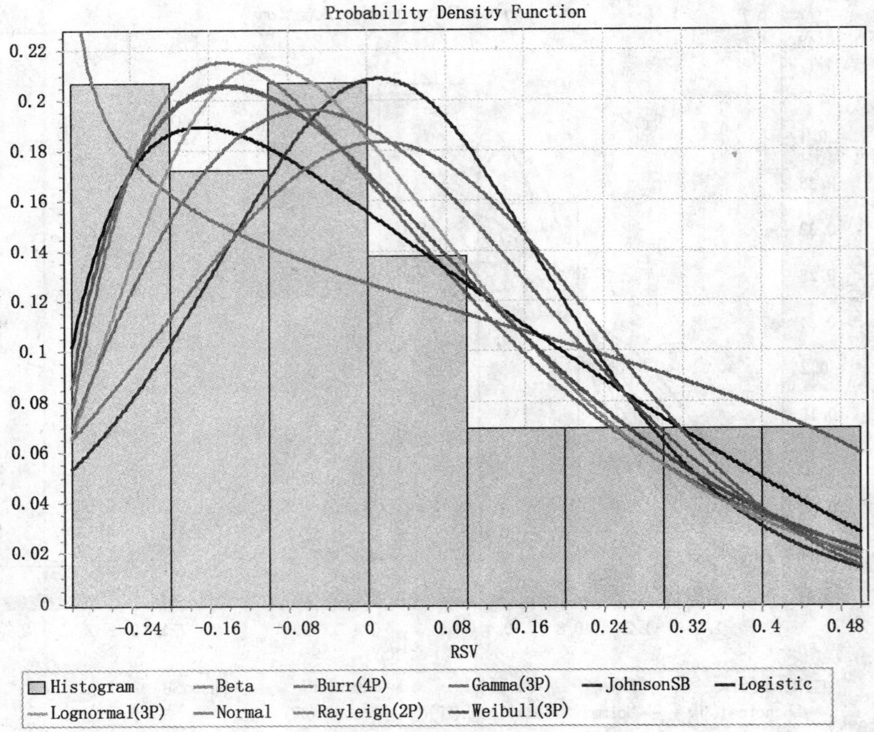

附图 89　顺义区梨 RSV 序列的直方图与可能的单产分布模型

从附图 89 可以看出，9 种概率分布模型均能在一定程度上很好地拟合出顺义区梨 RSV 序列的概率分布。从附表 109 各分布模型的拟合优度检验结果可以很容易看出，Johnson SB 分布为拟合顺义区梨 RSV 序列的最优模型。

附表 109　顺义区梨 RSV 序列单产分布模型的拟合优度检验一览

#	Distribution	Kolmogorov Smirnov		Anderson Darling		Chi - Squared	
		Statistic	Rank	Statistic	Rank	Statistic	Rank
1	Beta	0. 149176696	9	4. 35354987	9	N/A	
2	Burr (4P)	0. 070357885	1	0. 189054743	2	3. 90694769	6
3	Gamma (3P)	0. 084216585	5	0. 21465052	5	3. 95699391	7
4	Johnson SB	0. 070609091	2	0. 123479357	1	3. 7538572	4
5	Logistic	0. 132804466	8	0. 528324353	8	1. 2832013	2
6	Lognormal (3P)	0. 073826198	4	0. 190650794	3	4. 01588882	8
7	Normal	0. 127249782	7	0. 433414912	7	1. 29161894	3
8	Rayleigh (2P)	0. 095878972	6	0. 272005779	6	0. 381766871	1
9	Weibull (3P)	0. 072140517	3	0. 193330326	4	3. 89874681	5

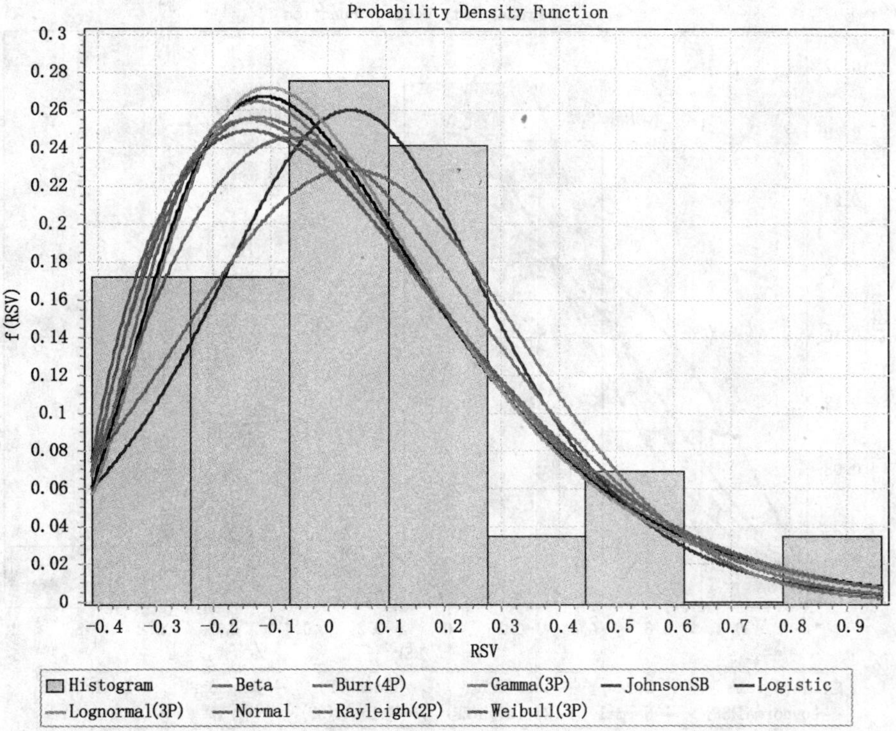

附图 90　通州区梨 RSV 序列的直方图与可能的单产分布模型

从附图 90 可以看出，9 种概率分布模型均能在一定程度上很好地拟合出通州区梨 RSV 序列的概率分布。从附表 110 各分布模型的拟合优度检验结果可以很容易看出，三参数的 Lognormal 分布为拟合通州区梨 RSV 序列的最优模型。

附表 110　通州区梨 RSV 序列单产分布模型的拟合优度检验一览

#	Distribution	Kolmogorov Smirnov		Anderson Darling		Chi - Squared	
		Statistic	Rank	Statistic	Rank	Statistic	Rank
1	Beta	0.096475664	7	0.230593425	5	9.53669268	8
2	Burr (4P)	0.092398296	4	0.210001526	4	9.65917632	9
3	Gamma (3P)	0.093019858	5	0.207013772	3	1.02577693	2
4	Johnson SB	0.089511424	3	0.189582344	2	1.08612516	3
5	Logistic	0.12403682	9	0.387095904	8	2.0071617	4
6	Lognormal (3P)	0.084878529	1	0.183074567	1	5.56190828	6
7	Normal	0.115519247	8	0.490215107	9	3.05326676	5
8	Rayleigh (2P)	0.086249675	2	0.246559442	7	0.40619654	1
9	Weibull (3P)	0.095912557	6	0.233882077	6	9.4592345	7

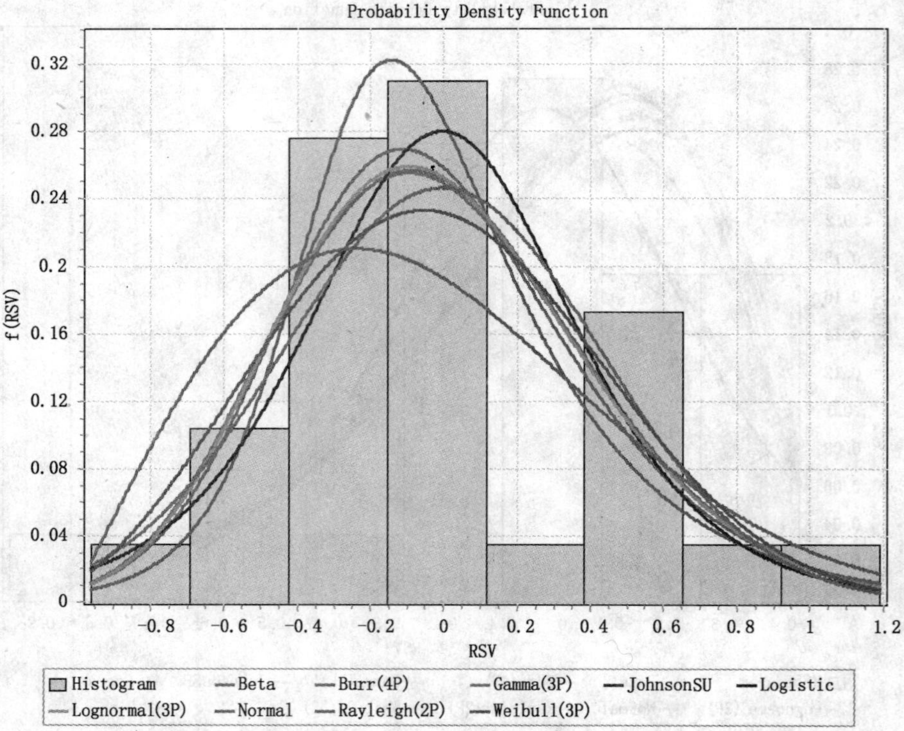

附图 91　延庆县梨 RSV 序列的直方图与可能的单产分布模型

从附图 91 可以看出，9 种概率分布模型均能在一定程度上很好地拟合出延庆县梨 RSV 序列的概率分布。从附表 111 各分布模型的拟合优度检验结果可以很容易看出，四参数的 Burr 分布为拟合延庆县梨 RSV 序列的最优模型。

附表 111　延庆县梨 RSV 序列单产分布模型的拟合优度检验一览

#	Distribution	Kolmogorov Smirnov		Anderson Darling		Chi – Squared	
		Statistic	Rank	Statistic	Rank	Statistic	Rank
1	Beta	0.147022897	4	0.544459794	4	1.52350302	5
2	Burr (4P)	0.110964048	1	0.324362029	1	1.63464802	8
3	Gamma (3P)	0.149074344	5	0.54769671	5	1.05578751	3
4	Johnson SU	0.13658146	2	0.464890063	2	1.57814961	7
5	Logistic	0.173480577	7	0.678768254	6	0.960729283	2
6	Lognormal (3P)	0.146163347	3	0.531231496	3	1.52426224	6
7	Normal	0.175422919	8	0.720851079	8	0.954870768	1
8	Rayleigh (2P)	0.216359063	9	1.17355579	9	8.7492004	9
9	Weibull (3P)	0.158791141	6	0.694146721	7	1.48655363	4

（九）苹果

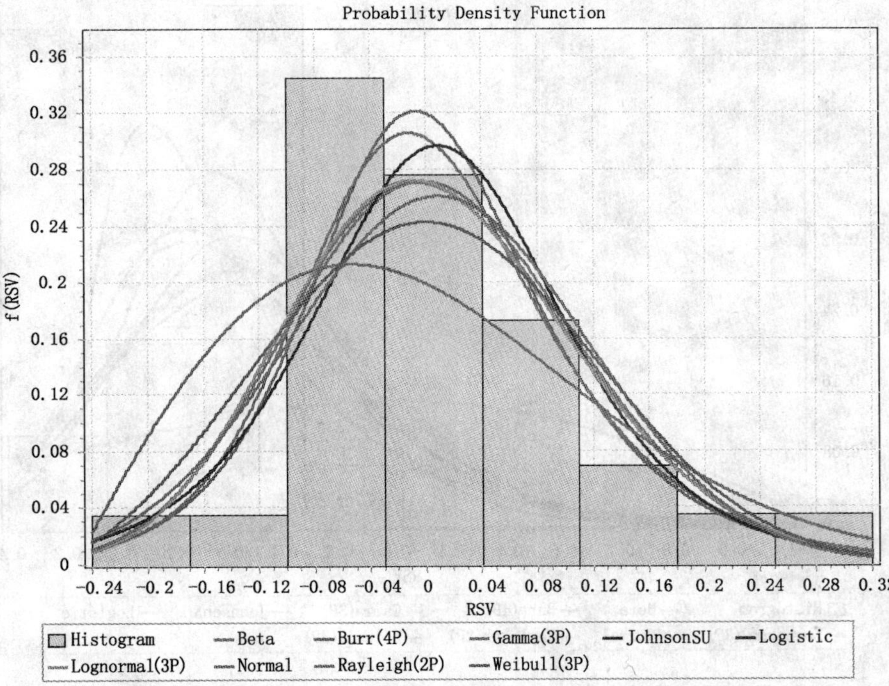

附图 92 北京市苹果 RSV 序列的直方图与可能的单产分布模型

从附图 92 可以看出，除 Ralyeigh 外，其余 8 种概率分布模型均能很好地拟合出北京市苹果 RSV 序列的概率分布。从附表 112 各分布模型的拟合优度检验结果可以很容易看出，四参数的 Burr 分布为拟合北京市苹果 RSV 序列的最优模型。

附表 112　北京市苹果 RSV 序列单产分布模型的拟合优度检验一览

#	Distribution	Kolmogorov Smirnov		Anderson Darling		Chi – Squared	
		Statistic	Rank	Statistic	Rank	Statistic	Rank
1	Beta	0.130915728	6	0.517322401	6	0.889527788	6
2	Burr（4P）	0.097617083	1	0.257407466	1	0.535751419	3
3	Gamma（3P）	0.128950519	5	0.510801837	5	0.888217808	4
4	Johnson SU	0.104579665	2	0.299747867	2	0.971645155	7
5	Logistic	0.1230581	3	0.423775622	3	0.523157586	2
6	Lognormal（3P）	0.126936118	4	0.497644207	4	0.889349228	5
7	Normal	0.145106404	7	0.636077263	7	1.28364122	8
8	Rayleigh（2P）	0.21573546	9	1.58190875	9	6.7389533	9
9	Weibull（3P）	0.146850999	8	0.746114585	8	0.497360041	1

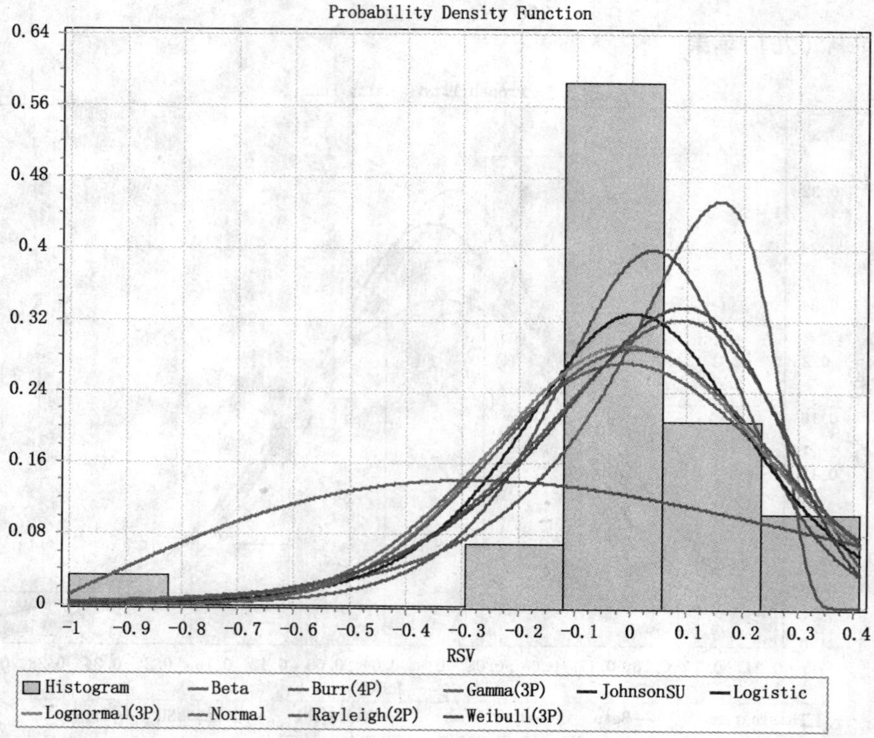

附图 93　昌平区苹果 RSV 序列的直方图与可能的单产分布模型

从附图 93 可以看出，除 Beta 分布外，其余 8 种概率分布模型均能在一定程度上很好地拟合出昌平区苹果 RSV 序列的概率分布。从附表 113 各分布模型的拟合优度检验结果可以很容易看出，四参数的 Burr 分布为拟合昌平区苹果 RSV 序列的最优模型。

附表 113　昌平区苹果 RSV 序列单产分布模型的拟合优度检验一览

#	Distribution	Kolmogorov Smirnov		Anderson Darling		Chi – Squared	
		Statistic	Rank	Statistic	Rank	Statistic	Rank
1	Beta	0. 222478535	4	2. 2349901	4	18. 9270316	8
2	Burr（4P）	0. 178750015	1	1. 52888574	1	6. 16209927	4
3	Gamma（3P）	0. 242632373	7	2. 7088741	7	0. 982841422	1
4	Johnson SU	0. 275669915	8	6. 54022973	8	1. 54819122	2
5	Logistic	0. 208607164	2	1. 99528371	2	16. 2637829	6
6	Lognormal（3P）	0. 236638401	6	2. 53147369	6	20. 4317546	9
7	Normal	0. 224396971	5	2. 44361964	5	16. 292361	7
8	Rayleigh（2P）	0. 428158492	9	6. 7952982	9	3. 19708944	3
9	Weibull（3P）	0. 219409087	3	2. 20934639	3	15. 2688836	5

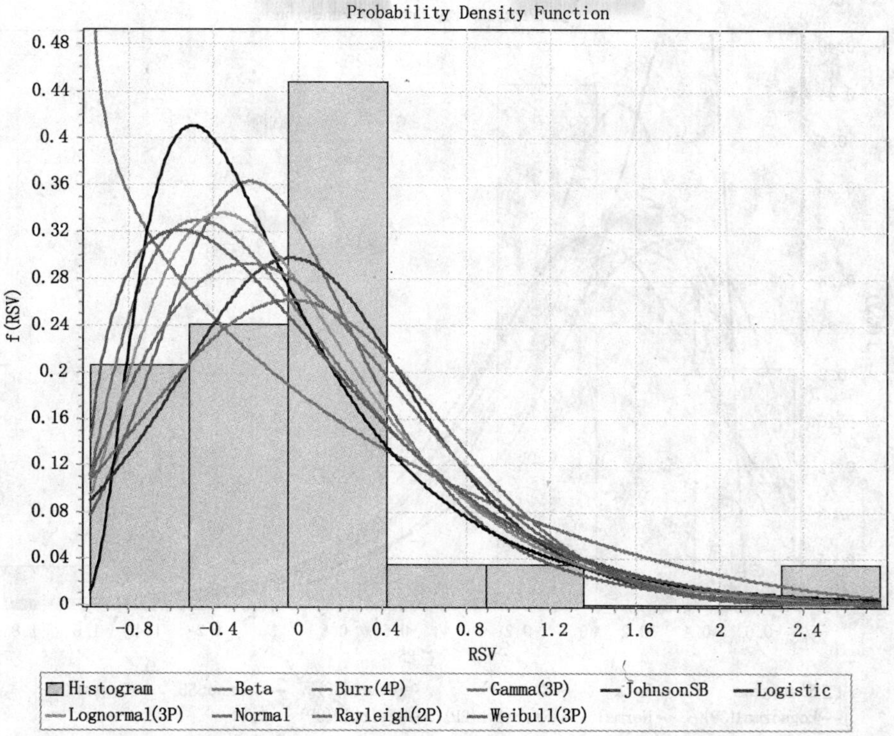

附图 94　朝阳区苹果 RSV 序列的直方图与可能的单产分布模型

从附图 94 可以看出，除 Beta 分布外，其余 8 种概率分布模型均能在一定程度上很好地拟合出朝阳区苹果 RSV 序列的概率分布。从附表 114 各分布模型的拟合优度检验结果可以很容易看出，四参数的 Burr 分布为拟合朝阳区苹果 RSV 序列的最优模型。

附表 114　朝阳区苹果 RSV 序列单产分布模型的拟合优度检验一览

#	Distribution	Kolmogorov Smirnov		Anderson Darling		Chi – Squared	
		Statistic	Rank	Statistic	Rank	Statistic	Rank
1	Beta	0.214173115	9	5.58319774	9	N/A	
2	Burr (4P)	0.138694099	1	0.900835427	1	5.21794392	6
3	Gamma (3P)	0.170462468	3	1.27743351	5	4.97423515	4
4	Johnson SB	0.185936528	7	2.25154024	8	1.83849522	1
5	Logistic	0.181111206	5	1.07665355	2	3.67478707	3
6	Lognormal (3P)	0.148068075	2	1.11521636	3	5.14679236	5
7	Normal	0.202172834	8	1.42886709	7	6.00701093	7
8	Rayleigh (2P)	0.179329638	4	1.19084003	4	12.8825375	8
9	Weibull (3P)	0.181715881	6	1.34151354	6	2.35730128	2

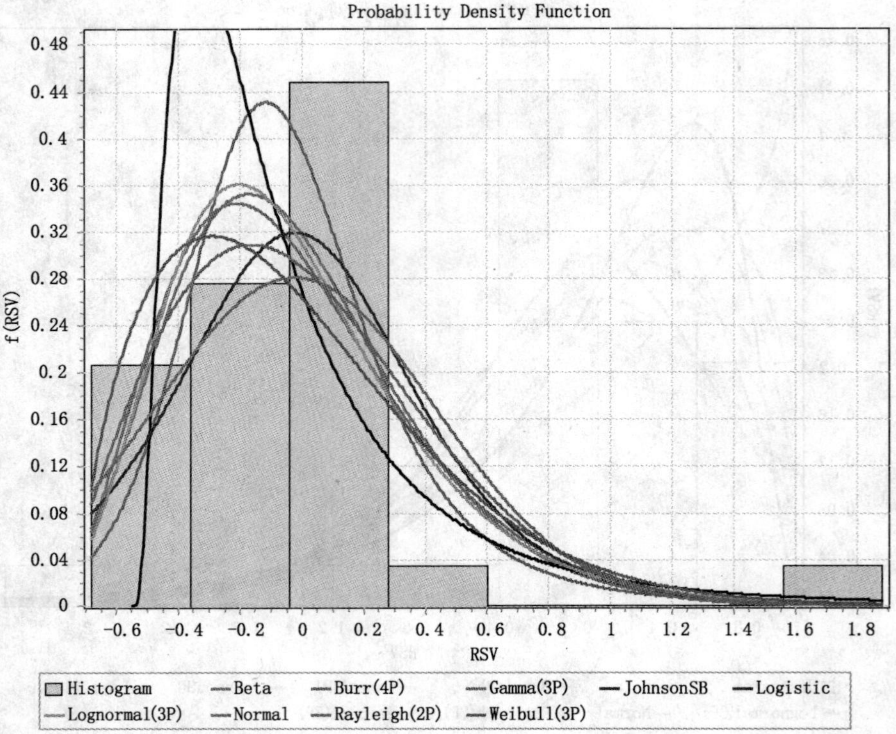

附图 95　大兴区苹果 RSV 序列的直方图与可能的单产分布模型

从附图 95 可以看出，除 Beta 分布外，其余 8 种概率分布模型均能在一定程度上很好地拟合出大兴区苹果 RSV 序列的概率分布。从附表 115 各分布模型的拟合优度检验结果可以很容易看出，四参数的 Burr 分布为拟合大兴区苹果 RSV 序列的最优模型。

附表 115　　大兴区苹果 RSV 序列单产分布模型的拟合优度检验一览

#	Distribution	Kolmogorov Smirnov		Anderson Darling		Chi - Squared	
		Statistic	Rank	Statistic	Rank	Statistic	Rank
1	Beta	0. 173428436	3	1. 11537785	2	4. 93836746	6
2	Burr（4P）	0. 143663801	1	0. 753937415	1	3. 45504285	4
3	Gamma（3P）	0. 175642914	4	1. 21412436	4	4. 90082301	5
4	Johnson SB	0. 232135257	8	12. 7412104	9	N/A	
5	Logistic	0. 222760489	7	1. 38489974	5	11. 5062203	7
6	Lognormal（3P）	0. 166156614	2	1. 13475925	3	3. 41089506	3
7	Normal	0. 238236909	9	1. 82114057	8	0. 432535051	1
8	Rayleigh（2P）	0. 211123584	6	1. 40640758	6	12. 5613345	8
9	Weibull（3P）	0. 182256821	5	1. 51278727	7	2. 25396992	2

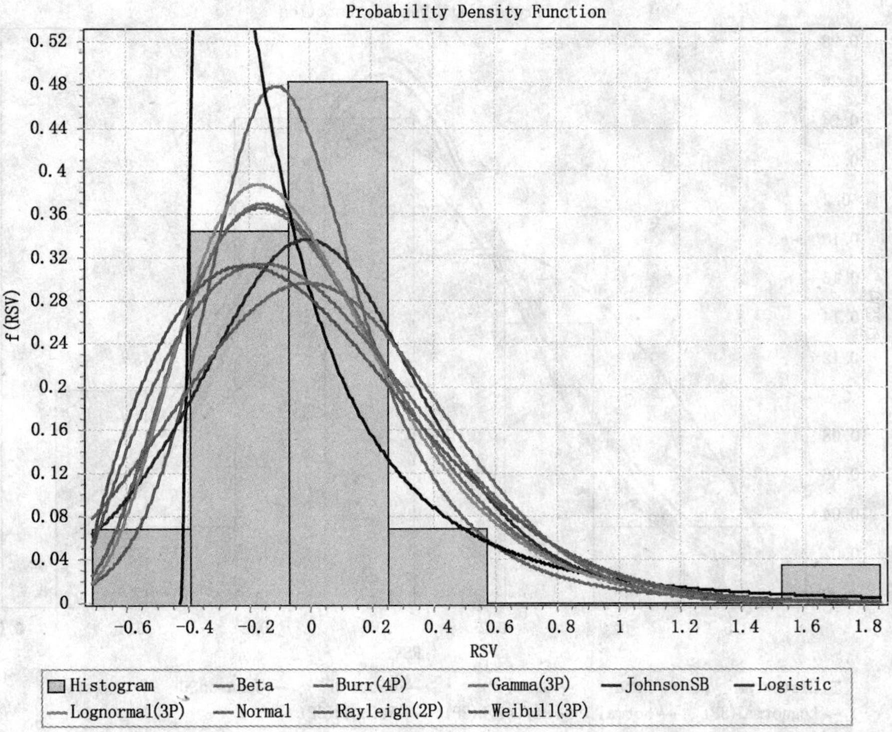

附图 96　房山区苹果 RSV 序列的直方图与可能的单产分布模型

从附图 96 可以看出，9 种概率分布模型均能在一定程度上很好地拟合出房山区苹果 RSV 序列的概率分布。从附表 116 各分布模型的拟合优度检验结果可以很容易看出，四参数的 Burr 分布为拟合房山区苹果 RSV 序列的最优模型。

附表 116　房山区苹果 RSV 序列单产分布模型的拟合优度检验一览

#	Distribution	Kolmogorov Smirnov		Anderson Darling		Chi - Squared	
		Statistic	Rank	Statistic	Rank	Statistic	Rank
1	Beta	0. 16408362	3	0. 975365788	3	0. 514188711	3
2	Burr （4P）	0. 117320409	1	0. 486130529	1	2. 19847069	5
3	Gamma （3P）	0. 16582976	4	1. 00377676	4	0. 512817037	2
4	Johnson SB	0. 198901423	7	8. 87718892	9	N/A	
5	Logistic	0. 209313284	8	1. 39395731	5	5. 30989511	7
6	Lognormal （3P）	0. 152695818	2	0. 880531408	2	0. 415179666	1
7	Normal	0. 22599483	9	1. 87997034	8	7. 79797199	8
8	Rayleigh （2P）	0. 196772422	6	1. 44871469	6	1. 13208947	4
9	Weibull （3P）	0. 183769047	5	1. 53317527	7	2. 43724802	6

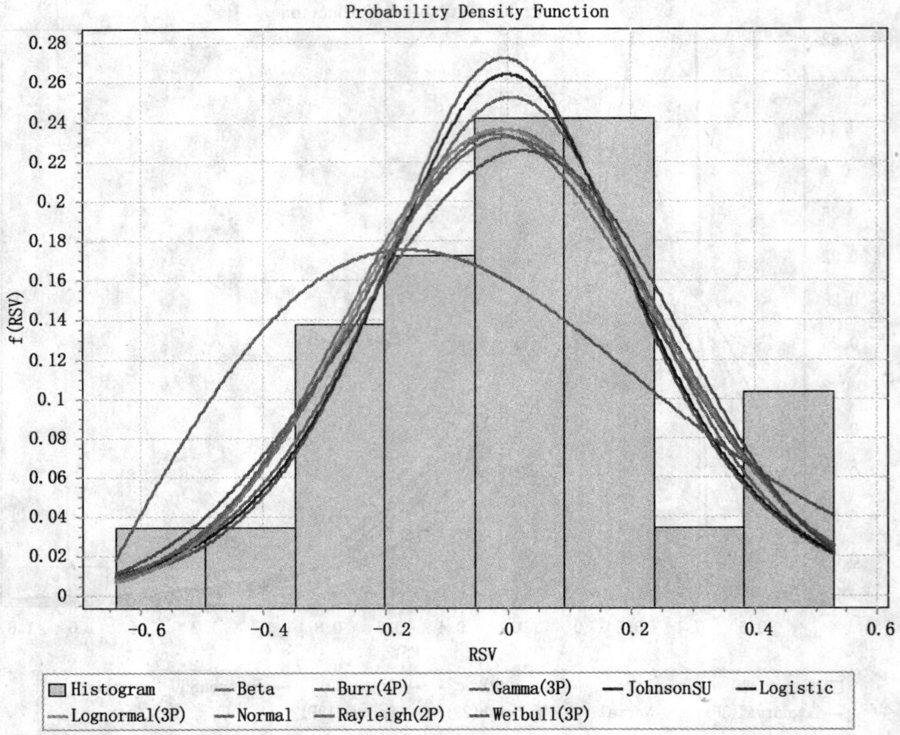

附图 97　海淀区苹果 RSV 序列的直方图与可能的单产分布模型

从附图 97 可以看出，除 Rayleigh 外，其余 8 种概率分布模型均能在一定程度上很好地拟合出海淀区苹果 RSV 序列的概率分布。从附表 117 各分布模型的拟合优度检验结果可以很容易看出，四参数的 Burr 分布为拟合海淀区苹果 RSV 序列的最优模型。

附表 117　海淀区苹果 RSV 序列单产分布模型的拟合优度检验一览

#	Distribution	Kolmogorov Smirnov		Anderson Darling		Chi - Squared	
		Statistic	Rank	Statistic	Rank	Statistic	Rank
1	Beta	0.125491916	6	0.323101042	5	7.26942802	6
2	Burr (4P)	0.09998562	1	0.213112516	1	5.59949327	3
3	Gamma (3P)	0.119093529	4	0.333299438	6	7.37143649	9
4	Johnson SU	0.116271747	3	0.255068784	3	0.650661177	1
5	Logistic	0.106363491	2	0.220192798	2	0.67794287	2
6	Lognormal (3P)	0.12360515	5	0.318948315	4	7.32519925	8
7	Normal	0.127705552	7	0.333411766	7	7.31880169	7
8	Rayleigh (2P)	0.22098874	9	1.74153175	9	6.32575964	4
9	Weibull (3P)	0.137200072	8	0.406072706	8	7.17399975	5

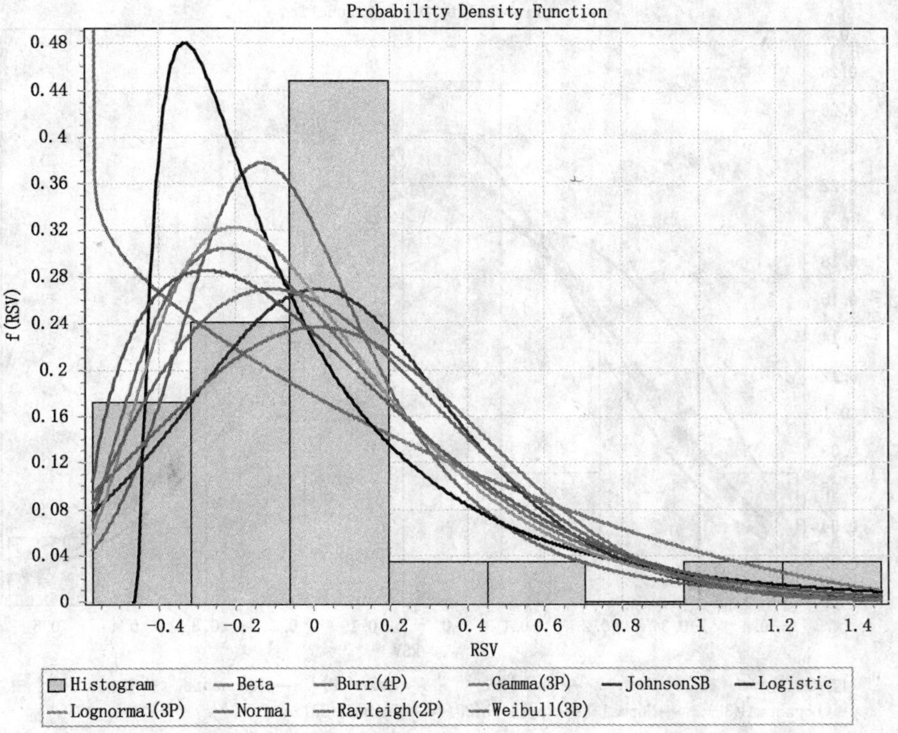

附图 98　怀柔区苹果 RSV 序列的直方图与可能的单产分布模型

从附图 98 可以看出，9 种概率分布模型均能在一定程度上很好地拟合出怀柔区苹果 RSV 序列的概率分布。从附表 118 各分布模型的拟合优度检验结果可以很容易看出，四参数的 Burr 分布为拟合怀柔区苹果 RSV 序列的最优模型。

附表 118　怀柔区苹果 RSV 序列单产分布模型的拟合优度检验一览

#	Distribution	Kolmogorov Smirnov		Anderson Darling		Chi - Squared	
		Statistic	Rank	Statistic	Rank	Statistic	Rank
1	Beta	0. 224696724	6	2. 61058396	8	22. 6609333	8
2	Burr (4P)	0. 151522206	1	0. 881627343	1	16. 1793379	7
3	Gamma (3P)	0. 176188449	3	1. 23674844	3	15. 8147236	5
4	Johnson SB	0. 241371445	8	15. 623983	9	N/A	
5	Logistic	0. 234426145	7	1. 83797347	6	10. 5836678	2
6	Lognormal (3P)	0. 176028346	2	1. 14259397	2	15. 9594186	6
7	Normal	0. 245249297	9	2. 15627809	7	2. 42638008	1
8	Rayleigh (2P)	0. 222303108	5	1. 62576674	5	13. 2669035	3
9	Weibull (3P)	0. 184870595	4	1. 37013391	4	15. 66335	4

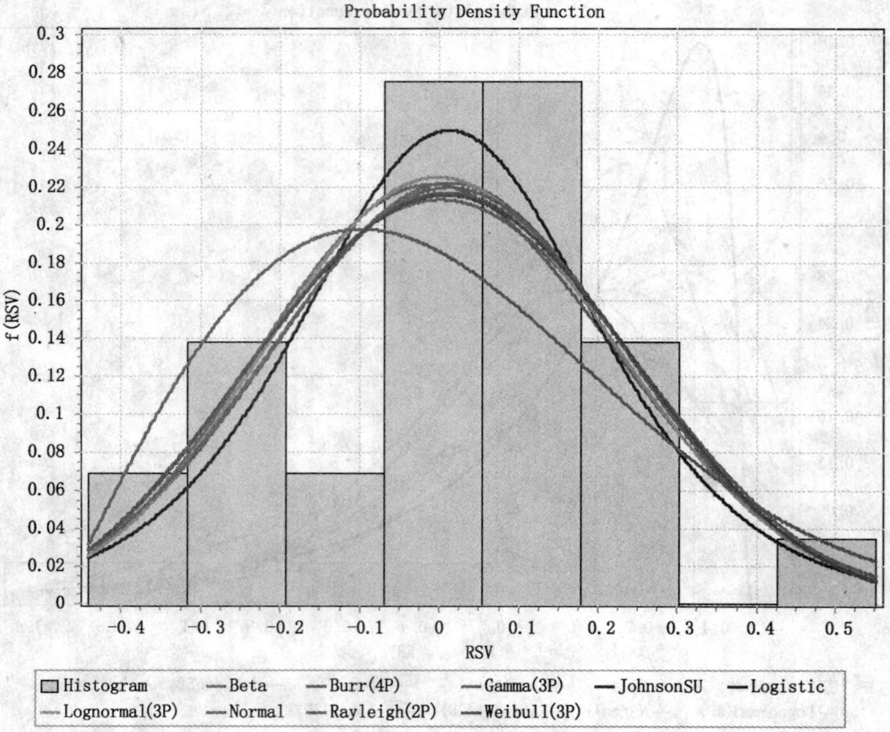

附图 99　密云县苹果 RSV 序列的直方图与可能的单产分布模型

从附图 99 可以看出，9 种概率分布模型均能在一定程度上很好地拟合出密云县苹果 RSV 序列的概率分布。从附表 119 各分布模型的拟合优度检验结果可以很容易看出，Logistic 分布为拟合密云县苹果 RSV 序列的最优模型。

附表 119　密云县苹果 RSV 序列单产分布模型的拟合优度检验一览

#	Distribution	Kolmogorov Smirnov		Anderson Darling		Chi - Squared	
		Statistic	Rank	Statistic	Rank	Statistic	Rank
1	Beta	0.123660213	7	0.345183033	6	7.21034931	5
2	Burr (4P)	0.120307999	4	0.330531278	4	7.19309554	4
3	Gamma (3P)	0.12784706	8	0.363722392	8	7.36246901	7
4	Johnson SU	0.114206418	2	0.30322226	1	9.90761482	9
5	Logistic	0.105511624	1	0.309955778	3	5.52581803	2
6	Lognormal (3P)	0.123176968	6	0.347164591	7	7.3027223	6
7	Normal	0.115350162	3	0.307098092	2	9.88156352	8
8	Rayleigh (2P)	0.193397398	9	0.78084068	9	4.71344782	1
9	Weibull (3P)	0.121543932	5	0.334081517	5	7.1824051	3

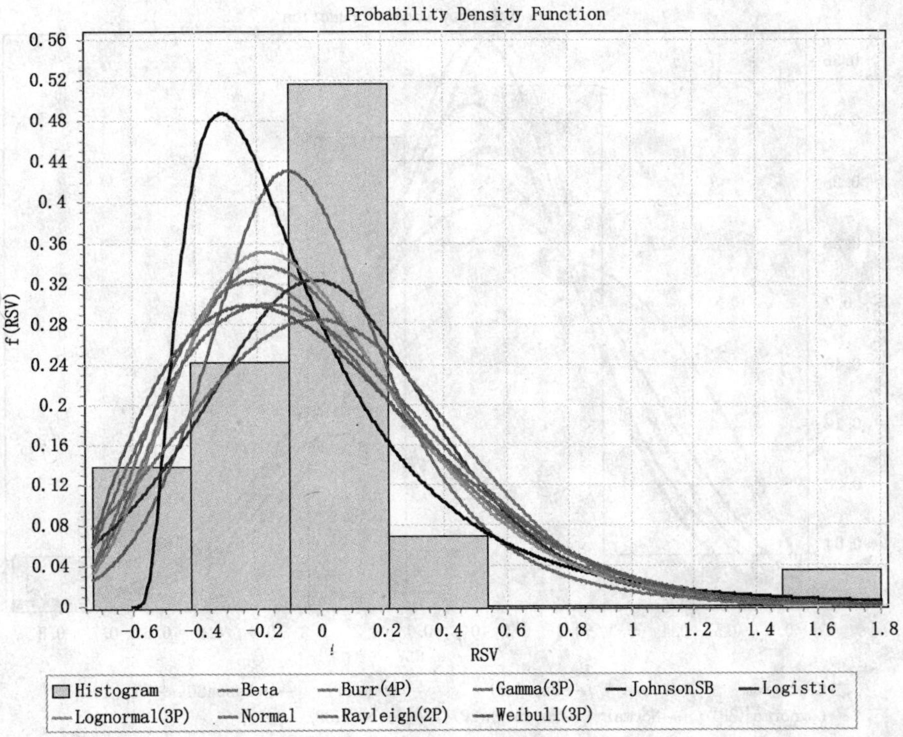

附图 100　平谷区苹果 RSV 序列的直方图与可能的单产分布模型

从附图 100 可以看出，9 种概率分布模型均能在一定程度上很好地拟合出平谷区苹果 RSV 序列的概率分布。从附表 120 各分布模型的拟合优度检验结果可以很容易看出，四参数的 Burr 分布为拟合平谷区苹果 RSV 序列的最优模型。

附表 120　平谷区苹果 RSV 序列单产分布模型的拟合优度检验一览

#	Distribution	Kolmogorov Smirnov		Anderson Darling		Chi - Squared	
		Statistic	Rank	Statistic	Rank	Statistic	Rank
1	Beta	0. 207082163	4	1. 35617015	5	8. 86821083	6
2	Burr (4P)	0. 161328577	1	0. 725905949	1	9. 39859362	7
3	Gamma (3P)	0. 19908965	3	1. 20691916	3	6. 16826797	4
4	Johnson SB	0. 224332159	7	7. 54616575	9	N/A	
5	Logistic	0. 235576635	8	1. 31679528	4	4. 68350142	1
6	Lognormal (3P)	0. 18996232	2	1. 14495869	2	6. 16208886	3
7	Normal	0. 25295455	9	1. 73052027	8	4. 69370966	2
8	Rayleigh (2P)	0. 223796981	6	1. 44080535	6	11. 3703278	8
9	Weibull (3P)	0. 21197604	5	1. 52165052	7	8. 82489388	5

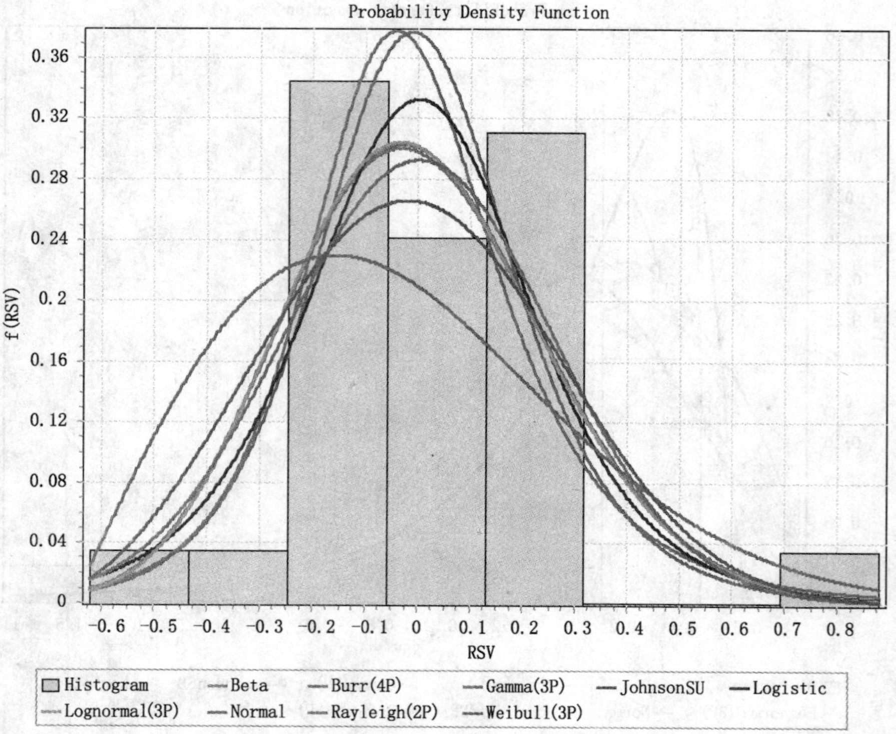

附图 101　顺义区苹果 RSV 序列的直方图与可能的单产分布模型

从附图 101 可以看出，9 种概率分布模型均能在一定程度上很好地拟合出顺义区苹果 RSV 序列的概率分布。从附表 121 各分布模型的拟合优度检验结果可以很容易看出，四参数的 Burr 分布为拟合顺义区苹果 RSV 序列的最优模型。

附表 121　顺义区苹果 RSV 序列单产分布模型的拟合优度检验一览

#	Distribution	Kolmogorov Smirnov		Anderson Darling		Chi - Squared	
		Statistic	Rank	Statistic	Rank	Statistic	Rank
1	Beta	0.176431162	6	0.979367209	6	0.312216909	7
2	Burr (4P)	0.136363312	1	0.620699506	1	0.018091738	1
3	Gamma (3P)	0.17395329	5	0.961321348	5	0.018581148	2
4	Johnson SU	0.138290758	2	0.66988847	2	0.021174269	3
5	Logistic	0.162621741	3	0.736467807	3	0.586767031	8
6	Lognormal (3P)	0.172638757	4	0.954997238	4	0.312147863	6
7	Normal	0.184883239	7	1.03266915	7	0.12553601	5
8	Rayleigh (2P)	0.247406033	9	2.37729323	9	4.46674541	9
9	Weibull (3P)	0.193758759	8	1.29085318	8	0.061932803	4

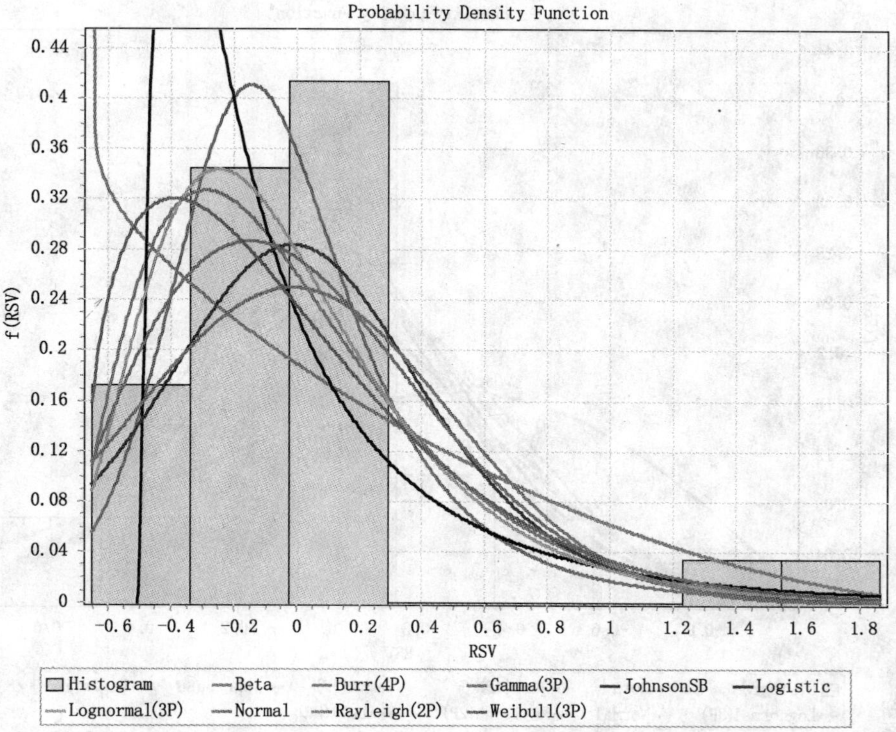

附图 102　通州区苹果 RSV 序列的直方图与可能的单产分布模型

从附图 102 可以看出，9 种概率分布模型均能在一定程度上很好地拟合出通州区苹果 RSV 序列的概率分布。从附表 122 各分布模型的拟合优度检验结果可以很容易看出，四参数的 Burr 分布为拟合通州区苹果 RSV 序列的最优模型。

附表 122　通州区苹果 RSV 序列单产分布模型的拟合优度检验一览

#	Distribution	Kolmogorov Smirnov		Anderson Darling		Chi - Squared	
		Statistic	Rank	Statistic	Rank	Statistic	Rank
1	Beta	0.299450629	9	3.29712304	8	0.132292482	1
2	Burr (4P)	0.174468452	1	1.43767104	1	12.7068874	8
3	Gamma (3P)	0.209323331	3	1.92057826	3	12.5776612	6
4	Johnson SB	0.272900198	7	17.0659184	9	N/A	
5	Logistic	0.270476973	6	2.35009067	6	1.71572087	3
6	Lognormal (3P)	0.198281247	2	1.79824992	2	12.6959987	7
7	Normal	0.281587692	8	2.76653398	7	1.95842253	4
8	Rayleigh (2P)	0.259605843	5	2.23787512	5	0.434426295	2
9	Weibull (3P)	0.214675154	4	2.11700866	4	9.39419164	5

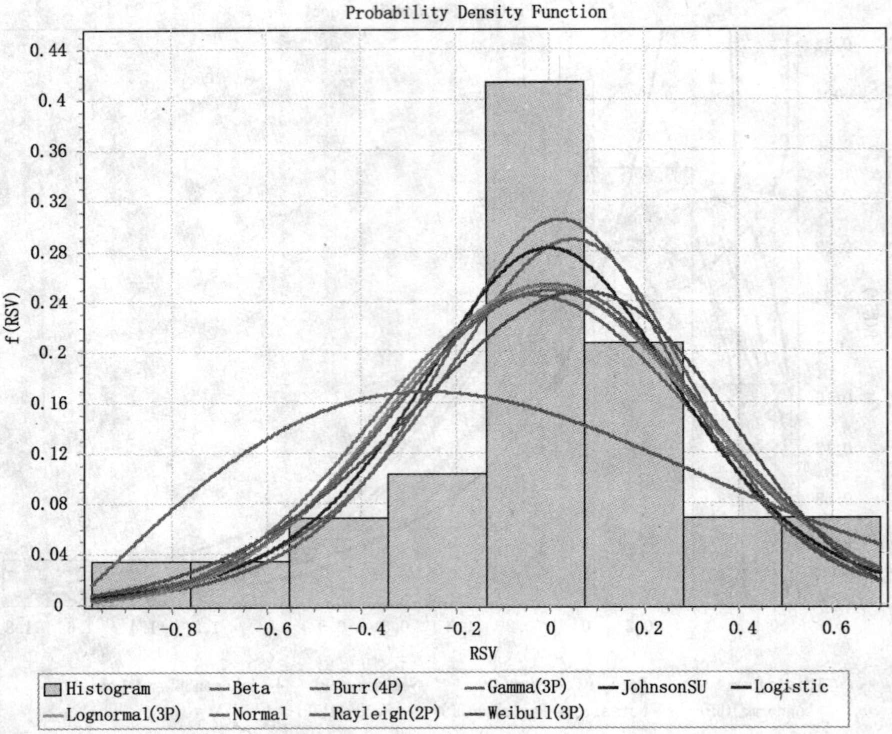

附图 103　延庆县苹果 RSV 序列的直方图与可能的单产分布模型

从附图 103 可以看出，9 种概率分布模型均能在一定程度上很好地拟合出延庆县苹果 RSV 序列的概率分布。从附表 123 各分布模型的拟合优度检验结果可以很容易看出，四参数的 Burr 分布为拟合延庆县苹果 RSV 序列的最优模型。

附表 123　延庆县苹果 RSV 序列单产分布模型的拟合优度检验一览

#	Distribution	Kolmogorov Smirnov		Anderson Darling		Chi - Squared	
		Statistic	Rank	Statistic	Rank	Statistic	Rank
1	Beta	0.131267953	4	0.665075861	4	6.2694877	5
2	Burr (4P)	0.103005607	1	0.390660386	1	12.4818666	7
3	Gamma (3P)	0.158335396	8	0.830701665	8	5.15658309	4
4	Johnson SU	0.118420518	2	0.42877603	2	12.659142	8
5	Logistic	0.126057264	3	0.475598614	3	4.46877276	2
6	Lognormal (3P)	0.13906986	7	0.706864569	6	4.55541106	3
7	Normal	0.133583325	5	0.693939308	5	6.31391653	6
8	Rayleigh (2P)	0.273121423	9	2.99098005	9	14.0818745	9
9	Weibull (3P)	0.134652292	6	0.724495433	7	4.00798238	1

（十）葡萄

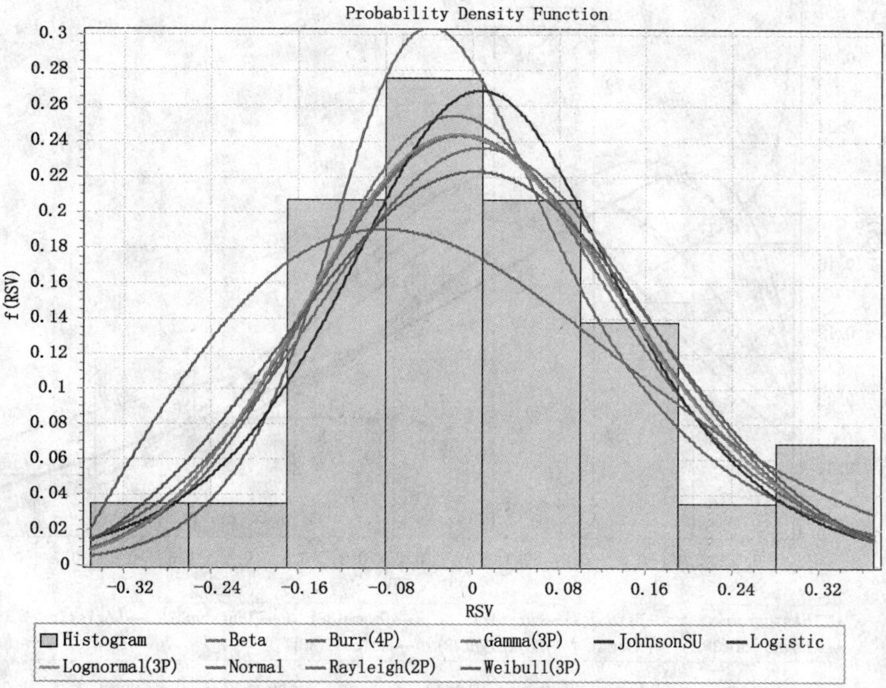

附图 104　北京市葡萄 RSV 序列的直方图与可能的单产分布模型

从附图 104 可以看出，除 Ralyeigh 外，其余 8 种概率分布模型均能很好地拟合出北京市葡萄 RSV 序列的概率分布。从附表 124 各分布模型的拟合优度检验结果可以很容易看出，四参数的 Burr 分布为拟合北京市葡萄 RSV 序列的最优模型。

附表 124　北京市葡萄 RSV 序列单产分布模型的拟合优度检验一览

#	Distribution	Kolmogorov Smirnov		Anderson Darling		Chi - Squared	
		Statistic	Rank	Statistic	Rank	Statistic	Rank
1	Beta	0.099655612	5	0.390338468	5	0.95876006	2
2	Burr（4P）	0.078312017	1	0.171718842	1	0.523684279	1
3	Gamma（3P）	0.096679634	4	0.380126821	4	0.963721272	3
4	Johnson SU	0.089149573	2	0.305363362	2	1.02753494	5
5	Logistic	0.113483806	7	0.408601288	6	2.09842669	8
6	Lognormal（3P）	0.095002791	3	0.370734983	3	0.967184534	4
7	Normal	0.114349823	8	0.487845408	7	1.98463138	7
8	Rayleigh（2P）	0.190461382	9	1.33433196	9	3.73913303	9
9	Weibull（3P）	0.106323718	6	0.531811213	8	1.94367605	6

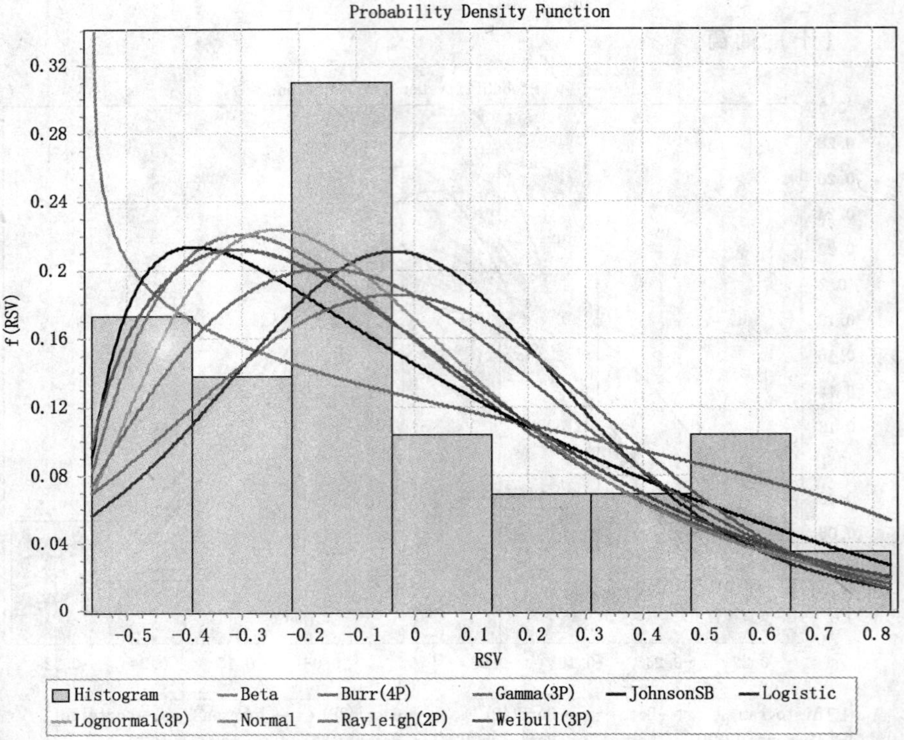

附图 105　昌平区葡萄 RSV 序列的直方图与可能的单产分布模型

从附图 105 可以看出，除 Beta 分布外，其余 8 种概率分布模型均能在一定程度上很好地拟合出昌平区葡萄 RSV 序列的概率分布。从附表 125 各分布模型的拟合优度检验结果可以很容易看出，三参数的 Lognormal 分布为拟合昌平区葡萄 RSV 序列的最优模型。

附表 125　昌平区葡萄 RSV 序列单产分布模型的拟合优度检验一览

#	Distribution	Kolmogorov Smirnov		Anderson Darling		Chi - Squared	
		Statistic	Rank	Statistic	Rank	Statistic	Rank
1	Beta	0.156198285	7	1.18091759	9	4.45347739	6
2	Burr (4P)	0.092751632	3	0.27000407	3	1.34406071	3
3	Gamma (3P)	0.098740694	5	0.2557413	2	10.4808518	9
4	Johnson SB	0.096697851	4	0.276985381	5	9.98074184	8
5	Logistic	0.174854505	9	0.749250408	8	1.83885334	4
6	Lognormal (3P)	0.086323092	1	0.2339542	1	7.92284543	7
7	Normal	0.168416858	8	0.667448516	7	2.78316625	5
8	Rayleigh (2P)	0.14040347	6	0.415361189	6	1.05799305	1
9	Weibull (3P)	0.092694047	2	0.271001019	4	1.3402267	2

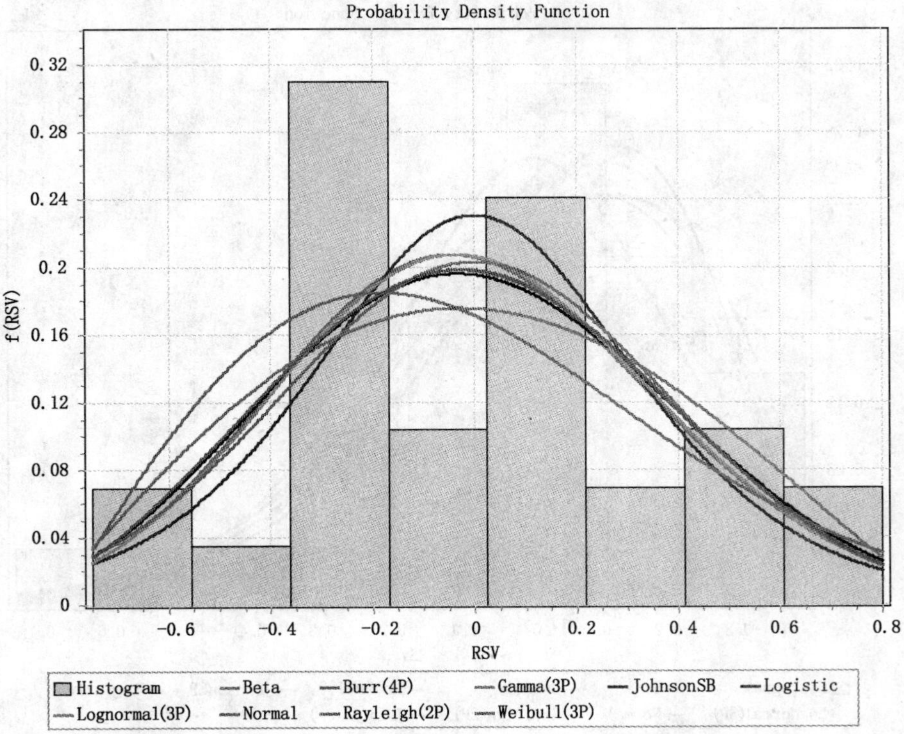

附图 106　朝阳区葡萄 RSV 序列的直方图与可能的单产分布模型

从附图 106 可以看出，除 Beta 分布外，其余 8 种概率分布模型均能在一定程度上很好地拟合出朝阳区葡萄 RSV 序列的概率分布。从附表 126 各分布模型的拟合优度检验结果可以很容易看出，Johnson SB 分布为拟合朝阳区葡萄 RSV 序列的最优模型。

附表 126　朝阳区葡萄 RSV 序列单产分布模型的拟合优度检验一览

#	Distribution	Kolmogorov Smirnov		Anderson Darling		Chi - Squared	
		Statistic	Rank	Statistic	Rank	Statistic	Rank
1	Beta	0. 109839084	7	0. 282246178	8	0. 19995081	1
2	Burr（4P）	0. 087944457	2	0. 211766204	5	6. 56147846	6
3	Gamma（3P）	0. 084820007	1	0. 199350884	2	4. 74801006	3
4	Johnson SB	0. 091208475	5	0. 199178204	1	6. 737349	7
5	Logistic	0. 115079843	8	0. 26305166	7	4. 15010317	2
6	Lognormal（3P）	0. 089228756	3	0. 199392154	3	4. 75854385	4
7	Normal	0. 094802088	6	0. 209189235	4	6. 86359908	8
8	Rayleigh（2P）	0. 143711282	9	0. 500645038	9	7. 61980915	9
9	Weibull（3P）	0. 08927987	4	0. 212037839	6	6. 55523567	5

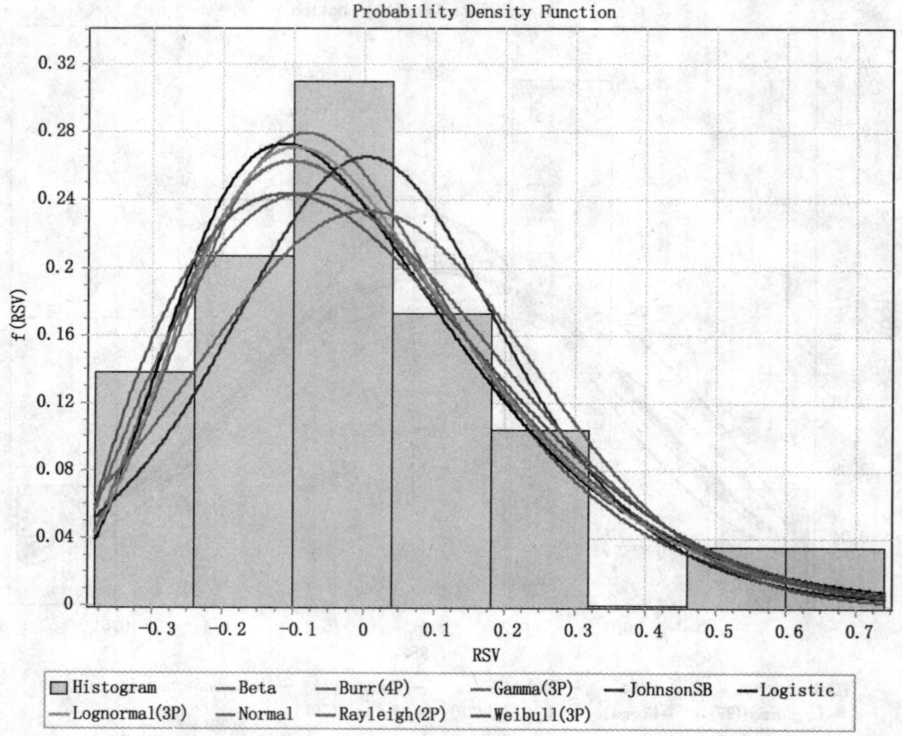

附图 107　大兴区葡萄 RSV 序列的直方图与可能的单产分布模型

从附图 107 可以看出，除 Beta 分布外，其余 8 种概率分布模型均能在一定程度上很好地拟合出大兴区葡萄 RSV 序列的概率分布。从附表 127 各分布模型的拟合优度检验结果可以很容易看出，四参数的 Burr 分布为拟合大兴区葡萄 RSV 序列的最优模型。

附表 127　大兴区葡萄 RSV 序列单产分布模型的拟合优度检验一览

#	Distribution	Kolmogorov Smirnov		Anderson Darling		Chi - Squared	
		Statistic	Rank	Statistic	Rank	Statistic	Rank
1	Beta	0. 095739058	5	0. 232792374	4	1. 34405574	5
2	Burr (4P)	0. 084873195	1	0. 178291848	1	1. 38233074	7
3	Gamma (3P)	0. 094733206	4	0. 231233881	3	1. 34404854	4
4	Johnson SB	0. 102089501	6	0. 23843918	5	0. 652370722	1
5	Logistic	0. 12592499	8	0. 445122575	8	1. 58770282	8
6	Lognormal (3P)	0. 090836328	3	0. 205205577	2	1. 37131906	6
7	Normal	0. 126408739	9	0. 559205234	9	4. 73527198	9
8	Rayleigh (2P)	0. 08916038	2	0. 299231849	6	0. 947997027	2
9	Weibull (3P)	0. 106443109	7	0. 313349206	7	1. 16574721	3

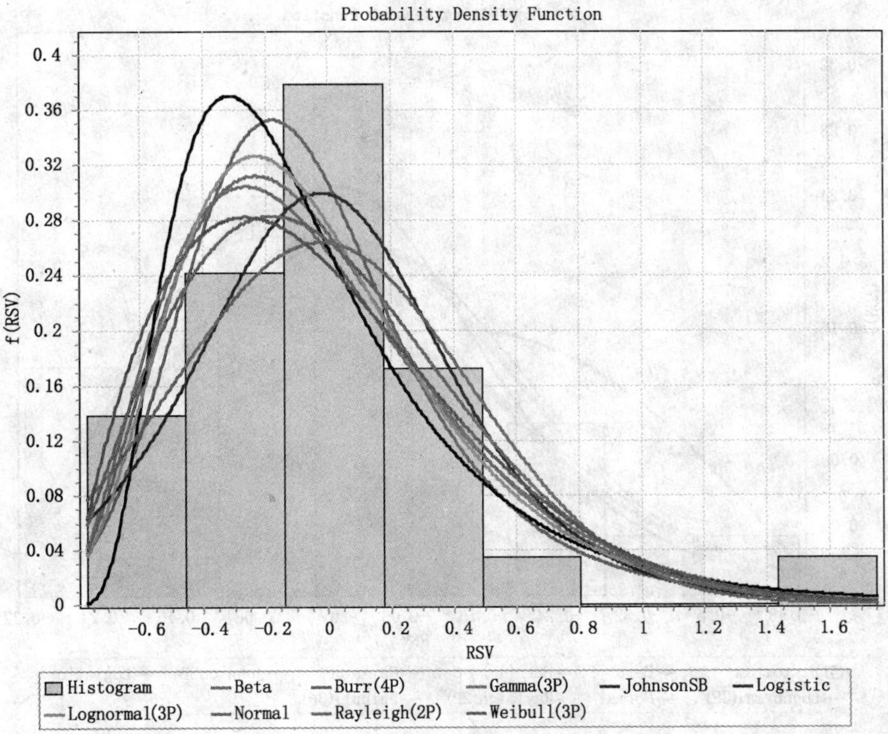

附图 108　房山区葡萄 RSV 序列的直方图与可能的单产分布模型

从附图 108 可以看出，9 种概率分布模型均能在一定程度上很好地拟合出房山区葡萄 RSV 序列的概率分布。从附表 128 各分布模型的拟合优度检验结果可以很容易看出，四参数的 Burr 分布为拟合房山区葡萄 RSV 序列的最优模型。

附表 128　房山区葡萄 RSV 序列单产分布模型的拟合优度检验一览

#	Distribution	Kolmogorov Smirnov		Anderson Darling		Chi - Squared	
		Statistic	Rank	Statistic	Rank	Statistic	Rank
1	Beta	0.095504447	4	0.360940272	4	0.12315295	2
2	Burr (4P)	0.089718094	2	0.197459934	1	0.120130784	1
3	Gamma (3P)	0.088244142	1	0.300928463	3	0.125713218	3
4	Johnson SB	0.128466268	7	0.527085785	7	0.130305508	5
5	Logistic	0.135076286	8	0.542358898	8	11.2819304	9
6	Lognormal (3P)	0.093605478	3	0.262116492	2	0.504198887	7
7	Normal	0.149045686	9	0.787406736	9	5.42683084	8
8	Rayleigh (2P)	0.118880331	6	0.441481556	5	0.128973698	4
9	Weibull (3P)	0.100658887	5	0.468785071	6	0.176342276	6

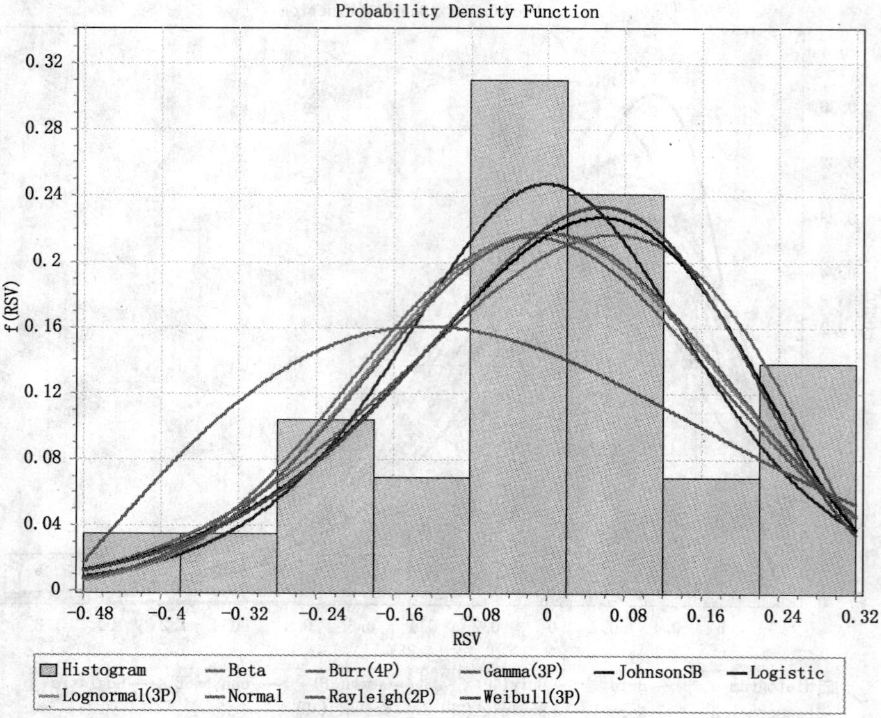

附图 109　海淀区葡萄 RSV 序列的直方图与可能的单产分布模型

从附图 109 可以看出，除 Rayleigh 外，其余 8 种概率分布模型均能在一定程度上很好地拟合出海淀区葡萄 RSV 序列的概率分布。从附表 129 各分布模型的拟合优度检验结果可以很容易看出，Johnson SB 分布为拟合海淀区葡萄 RSV 序列的最优模型。

附表 129　海淀区葡萄 RSV 序列单产分布模型的拟合优度检验一览

#	Distribution	Kolmogorov Smirnov		Anderson Darling		Chi - Squared	
		Statistic	Rank	Statistic	Rank	Statistic	Rank
1	Beta	0.104987608	4	0.258575905	4	0.117912776	1
2	Burr (4P)	0.094748841	1	0.22208666	2	0.120365127	3
3	Gamma (3P)	0.151935781	8	0.426968502	8	4.11932718	5
4	Johnson SB	0.098904705	3	0.219997402	1	0.121915075	4
5	Logistic	0.117422657	5	0.276975801	5	5.5628354	8
6	Lognormal (3P)	0.135611781	7	0.347346645	7	5.55507419	7
7	Normal	0.133073104	6	0.318603924	6	5.49735967	6
8	Rayleigh (2P)	0.258079971	9	1.94466166	9	8.3870902	9
9	Weibull (3P)	0.095577911	2	0.222807663	3	0.120057517	2

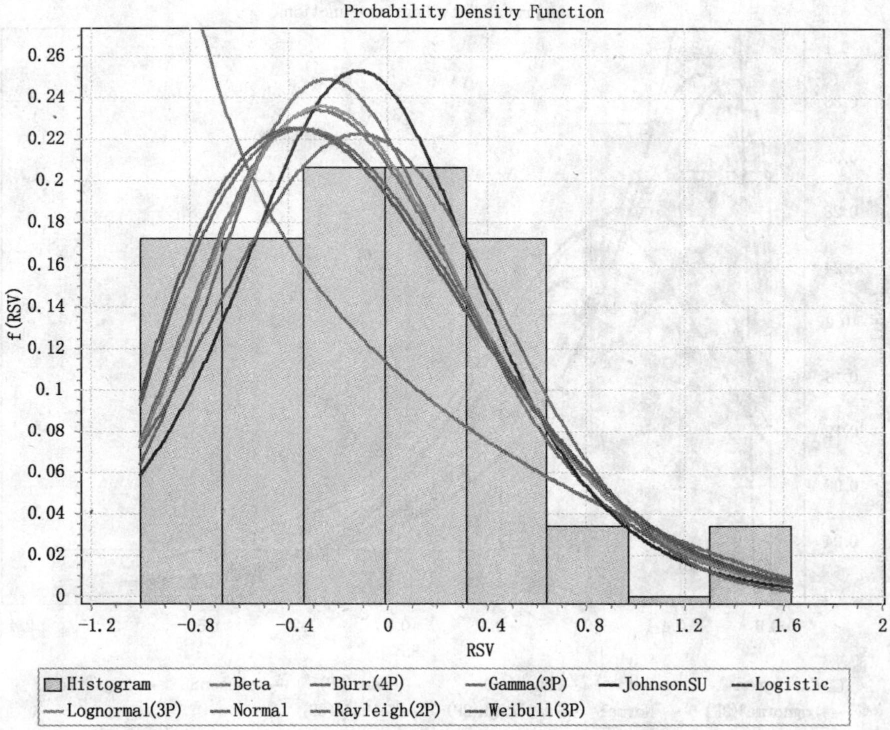

附图 110　怀柔区葡萄 RSV 序列的直方图与可能的单产分布模型

从附图 110 可以看出，9 种概率分布模型均能在一定程度上很好地拟合出怀柔区葡萄 RSV 序列的概率分布。从附表 130 各分布模型的拟合优度检验结果可以很容易看出，Logistic 分布为拟合怀柔区葡萄 RSV 序列的最优模型。

附表 130　怀柔区葡萄 RSV 序列单产分布模型的拟合优度检验一览

#	Distribution	Kolmogorov Smirnov		Anderson Darling		Chi - Squared	
		Statistic	Rank	Statistic	Rank	Statistic	Rank
1	Beta	0. 32309304	9	18. 6538312	9	N/A	
2	Burr (4P)	0. 119696462	7	0. 714399198	8	1. 58563574	3
3	Gamma (3P)	0. 108408319	5	0. 517872146	5	4. 92521829	6
4	Johnson SU	0. 108173378	4	0. 45091207	3	5. 72462831	7
5	Logistic	0. 083636709	1	0. 327150246	1	5. 88746509	8
6	Lognormal (3P)	0. 105894959	3	0. 491148019	4	1. 39177704	1
7	Normal	0. 099223153	2	0. 416466403	2	2. 71678767	5
8	Rayleigh (2P)	0. 11397416	6	0. 660986037	6	1. 59660104	4
9	Weibull (3P)	0. 119855725	8	0. 712888765	7	1. 58405647	2

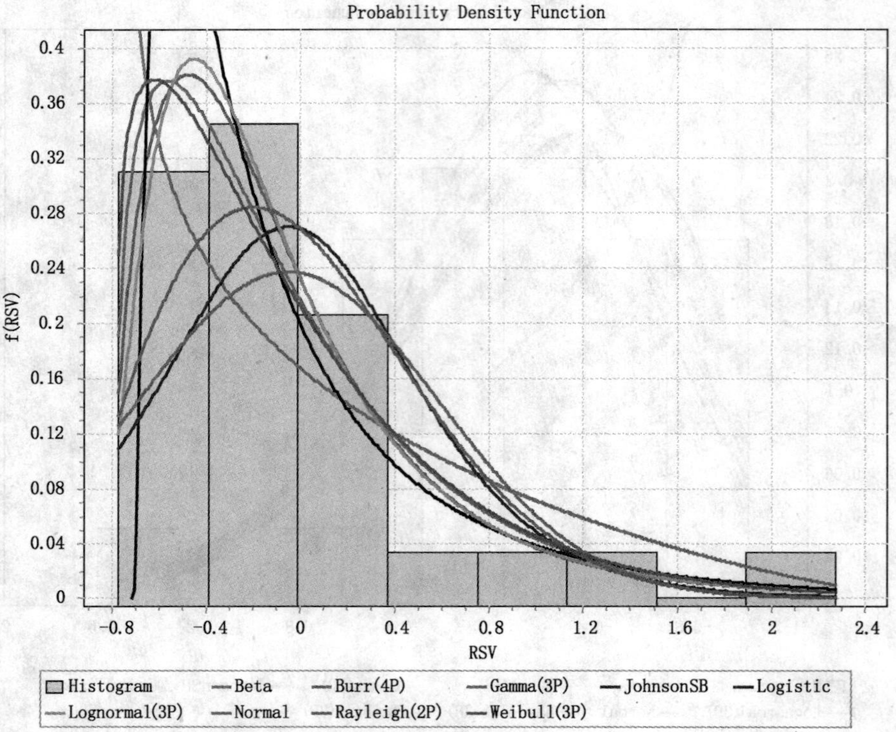

附图 111　平谷区葡萄 RSV 序列的直方图与可能的单产分布模型

从附图 111 可以看出，9 种概率分布模型均能在一定程度上很好地拟合出平谷区葡萄 RSV 序列的概率分布。从附表 131 各分布模型的拟合优度检验结果可以很容易看出，三参数的 Lognormal 分布为拟合平谷区葡萄 RSV 序列的最优模型。

附表 131　平谷区葡萄 RSV 序列单产分布模型的拟合优度检验一览

#	Distribution	Kolmogorov Smirnov		Anderson Darling		Chi－Squared	
		Statistic	Rank	Statistic	Rank	Statistic	Rank
1	Beta	0. 171249175	9	4. 9242065	8	N/A	
2	Burr（4P）	0. 09775545	2	0. 20362522	2	0. 995378166	2
3	Gamma（3P）	0. 11632847	4	0. 308647818	3	0. 59696286	1
4	Johnson SB	0. 112589938	3	7. 8250048	9	N/A	
5	Logistic	0. 16081186	7	1. 25983896	6	2. 7019087	6
6	Lognormal（3P）	0. 08907158	1	0. 171092042	1	1. 06021321	3
7	Normal	0. 168133034	8	1. 50272088	7	3. 5760877	7
8	Rayleigh（2P）	0. 156999539	6	1. 11530394	5	2. 63955868	5
9	Weibull（3P）	0. 125011343	5	0. 373550212	4	1. 26231472	4

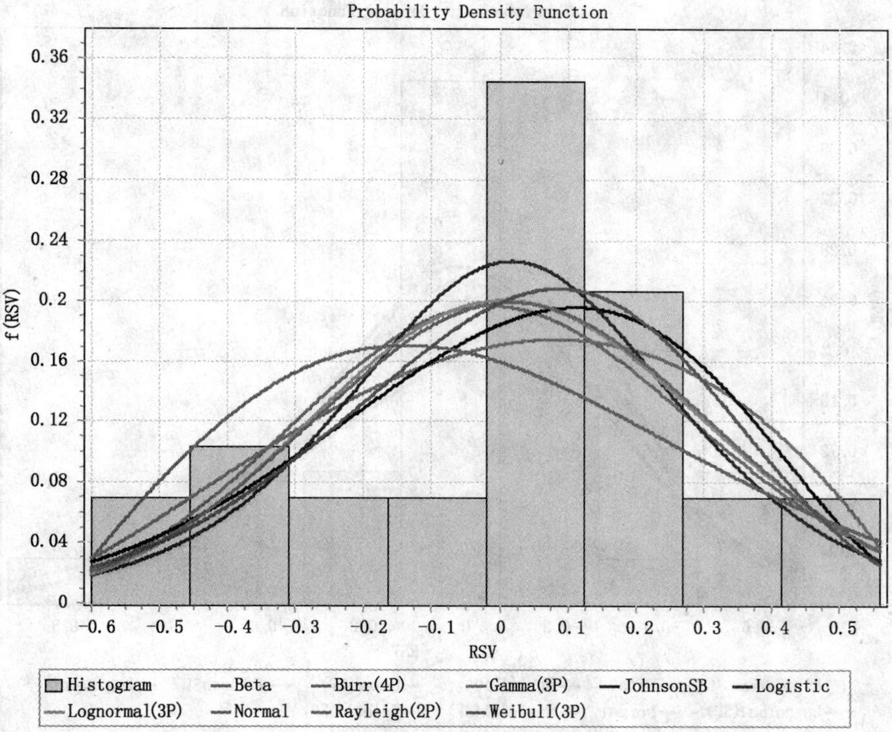

附图 112　顺义区葡萄 RSV 序列的直方图与可能的单产分布模型

从附图 112 可以看出，9 种概率分布模型均能在一定程度上很好地拟合出顺义区葡萄 RSV 序列的概率分布。从附表 132 各分布模型的拟合优度检验结果可以很容易看出，四参数的 Burr 分布为拟合顺义区葡萄 RSV 序列的最优模型。

附表 132　顺义区葡萄 RSV 序列单产分布模型的拟合优度检验一览

#	Distribution	Kolmogorov Smirnov		Anderson Darling		Chi - Squared	
		Statistic	Rank	Statistic	Rank	Statistic	Rank
1	Beta	0. 155024849	4	0. 584911122	4	7. 09336596	7
2	Burr（4P）	0. 134310052	2	0. 42854134	1	5. 52905058	6
3	Gamma（3P）	0. 188907018	8	0. 754566124	8	5. 14177898	4
4	Johnson SB	0. 132555498	1	0. 447904378	3	7. 60709508	8
5	Logistic	0. 162773404	5	0. 613190971	6	3. 84761477	3
6	Lognormal（3P）	0. 168377756	7	0. 649976602	7	3. 82107597	2
7	Normal	0. 165995822	6	0. 601636079	5	3. 77520462	1
8	Rayleigh（2P）	0. 242152449	9	1. 4109052	9	8. 38177333	9
9	Weibull（3P）	0. 13472705	3	0. 42976664	2	5. 52011713	5

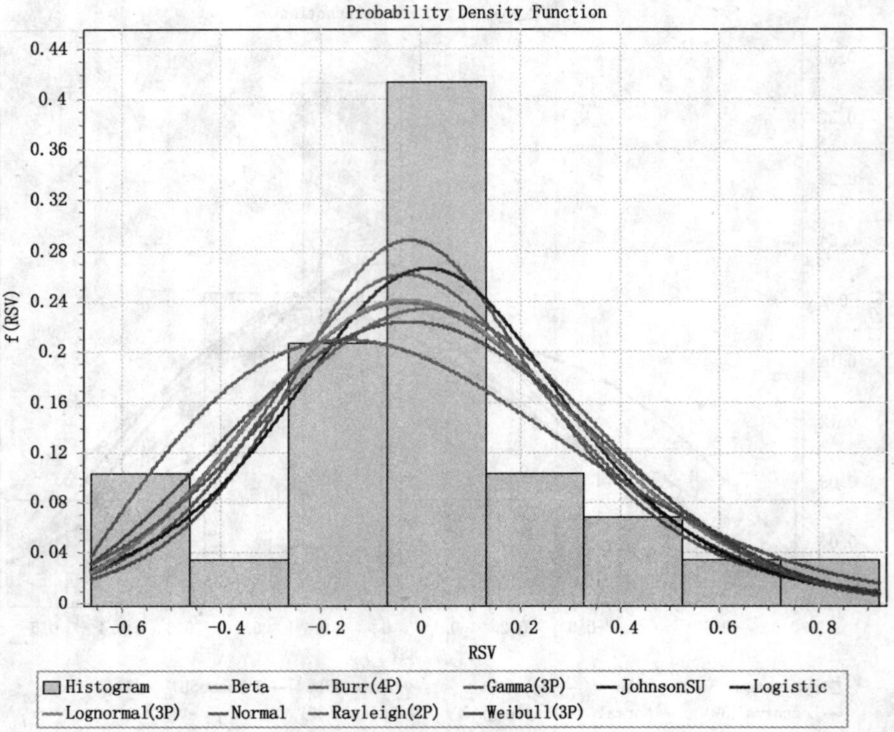

附图 113　通州区葡萄 RSV 序列的直方图与可能的单产分布模型

从附图 113 可以看出，9 种概率分布模型均能在一定程度上很好地拟合出通州区葡萄 RSV 序列的概率分布。从附表 133 各分布模型的拟合优度检验结果可以很容易看出，四参数的 Burr 分布为拟合通州区葡萄 RSV 序列的最优模型。

附表 133　通州区葡萄 RSV 序列单产分布模型的拟合优度检验一览

#	Distribution	Kolmogorov Smirnov		Anderson Darling		Chi - Squared	
		Statistic	Rank	Statistic	Rank	Statistic	Rank
1	Beta	0.139951873	4	0.673610841	6	8.74548592	5
2	Burr (4P)	0.126194365	1	0.461551358	1	6.417621	2
3	Gamma (3P)	0.140294114	5	0.662937385	5	8.74635701	6
4	Johnson SU	0.129271074	2	0.54147891	3	8.94583157	8
5	Logistic	0.148461785	7	0.526228713	2	4.54839436	1
6	Lognormal (3P)	0.139161738	3	0.660332885	4	8.74743921	7
7	Normal	0.157358007	8	0.695758711	7	9.15824857	9
8	Rayleigh (2P)	0.204872742	9	1.20549396	9	7.00499414	3
9	Weibull (3P)	0.1455901	6	0.770009558	8	8.67689133	4

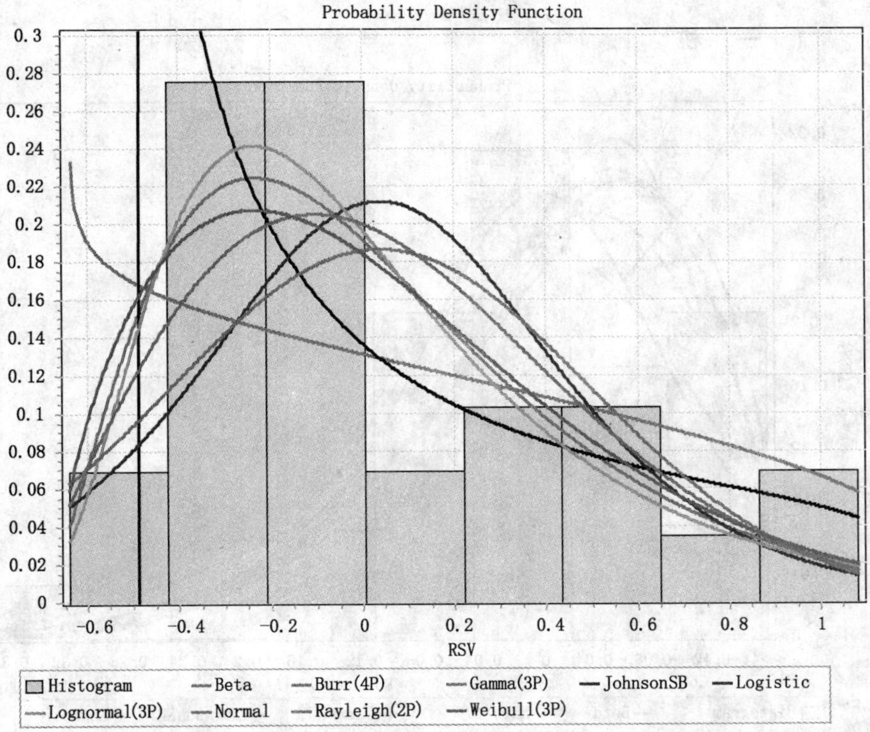

附图 114　延庆县葡萄 RSV 序列的直方图与可能的单产分布模型

从附图 114 可以看出，9 种概率分布模型均能在一定程度上很好地拟合出延庆县葡萄 RSV 序列的概率分布。从附表 134 各分布模型的拟合优度检验结果可以很容易看出，三参数的 Lognormal 分布为拟合延庆县葡萄 RSV 序列的最优模型。

附表 134　延庆县葡萄 RSV 序列单产分布模型的拟合优度检验一览

#	Distribution	Kolmogorov Smirnov		Anderson Darling		Chi-Squared	
		Statistic	Rank	Statistic	Rank	Statistic	Rank
1	Beta	0.230456603	6	5.15453459	9	N/A	
2	Burr (4P)	0.194079311	4	0.783358782	3	2.27054939	3
3	Gamma (3P)	0.18811094	3	0.732076826	2	1.03429698	1
4	Johnson SB	0.141198686	1	4.35583461	8	N/A	
5	Logistic	0.271558707	9	1.70699158	7	4.78467396	6
6	Lognormal (3P)	0.178381805	2	0.679342781	1	1.5504408	2
7	Normal	0.255041437	8	1.45827019	6	2.94137024	5
8	Rayleigh (2P)	0.242762425	7	1.17952387	5	7.62932789	7
9	Weibull (3P)	0.194110339	5	0.785438087	4	2.27578966	4

（十一）桃

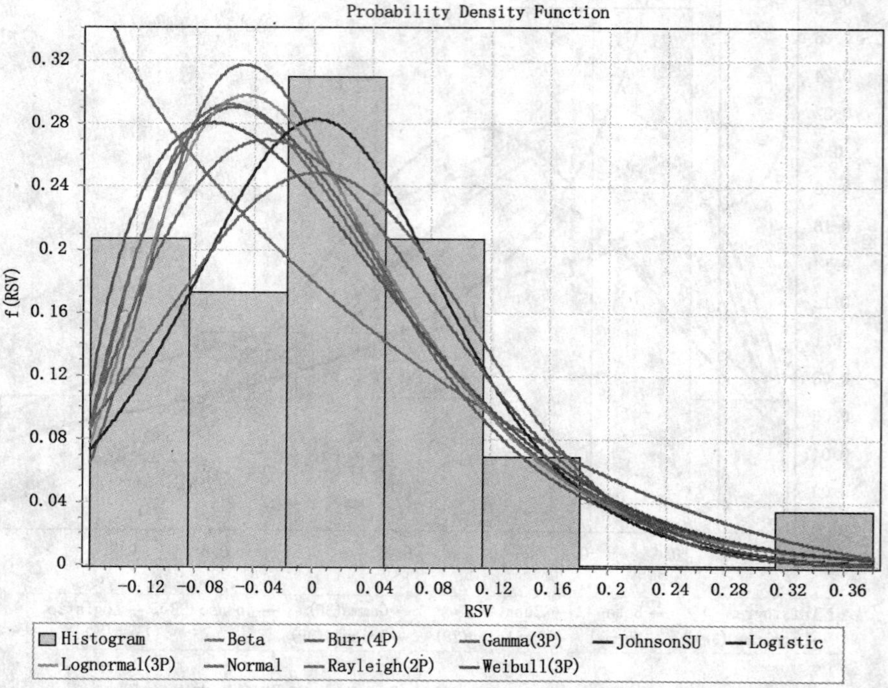

附图 115　北京市桃 RSV 序列的直方图与可能的单产分布模型

从附图 115 可以看出，除 Ralyeigh 外，其余 8 种概率分布模型均能很好地拟合出北京市桃 RSV 序列的概率分布。从附表 135 各分布模型的拟合优度检验结果可以很容易看出，Logistic 分布为拟合北京市桃 RSV 序列的最优模型。

附表 135　北京市桃 RSV 序列单产分布模型的拟合优度检验一览

#	Distribution	Kolmogorov Smirnov		Anderson Darling		Chi－Squared	
		Statistic	Rank	Statistic	Rank	Statistic	Rank
1	Beta	0.181137119	9	4.91336795	9	N/A	
2	Burr（4P）	0.150826759	5	0.520922225	4	0.357099597	3
3	Gamma（3P）	0.153752026	7	0.543508716	5	0.123682259	1
4	Johnson SU	0.159015146	8	0.552996669	6	0.130400554	2
5	Logistic	0.113648566	2	0.469222768	1	6.49571791	8
6	Lognormal（3P）	0.147437219	4	0.489538103	2	0.379150442	4
7	Normal	0.127969267	3	0.656208142	8	6.49038709	7
8	Rayleigh（2P）	0.112113116	1	0.498413222	3	2.5388952	6
9	Weibull（3P）	0.153381768	6	0.58106101	7	2.38003916	5

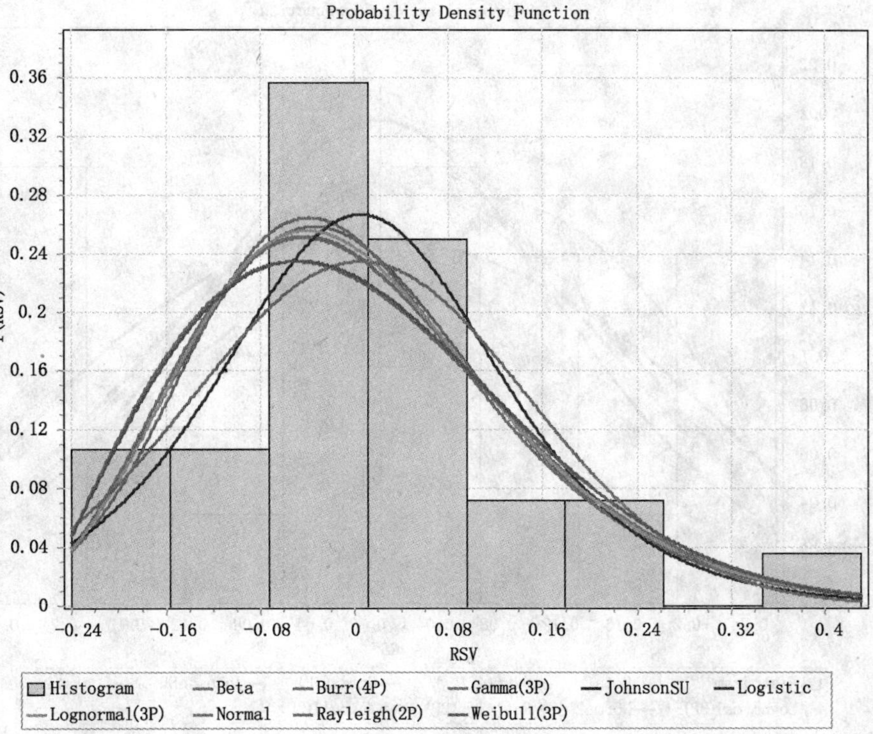

附图 116　昌平区桃 RSV 序列的直方图与可能的单产分布模型

从附图 116 可以看出，除 Beta 分布外，其余 8 种概率分布模型均能在一定程度上很好地拟合出昌平区桃 RSV 序列的概率分布。从附表 136 各分布模型的拟合优度检验结果可以很容易看出，四参数的 Burr 分布为拟合昌平区桃 RSV 序列的最优模型。

附表 136　昌平区桃 RSV 序列单产分布模型的拟合优度检验一览

#	Distribution	Kolmogorov Smirnov		Anderson Darling		Chi - Squared	
		Statistic	Rank	Statistic	Rank	Statistic	Rank
1	Beta	0.108983763	6	0.254391733	6	0.222741677	3
2	Burr (4P)	0.102179074	2	0.224550726	1	0.232740094	6
3	Gamma (3P)	0.108952057	5	0.251859242	5	0.22176704	2
4	Johnson SU	0.102231738	3	0.227330128	2	0.238465611	7
5	Logistic	0.099248527	1	0.234869751	3	0.640994947	9
6	Lognormal (3P)	0.105510719	4	0.240189965	4	0.223392458	4
7	Normal	0.120634692	7	0.341065723	9	0.253974737	8
8	Rayleigh (2P)	0.125731624	9	0.313219534	8	0.224372256	5
9	Weibull (3P)	0.121862916	8	0.301995003	7	0.220328635	1

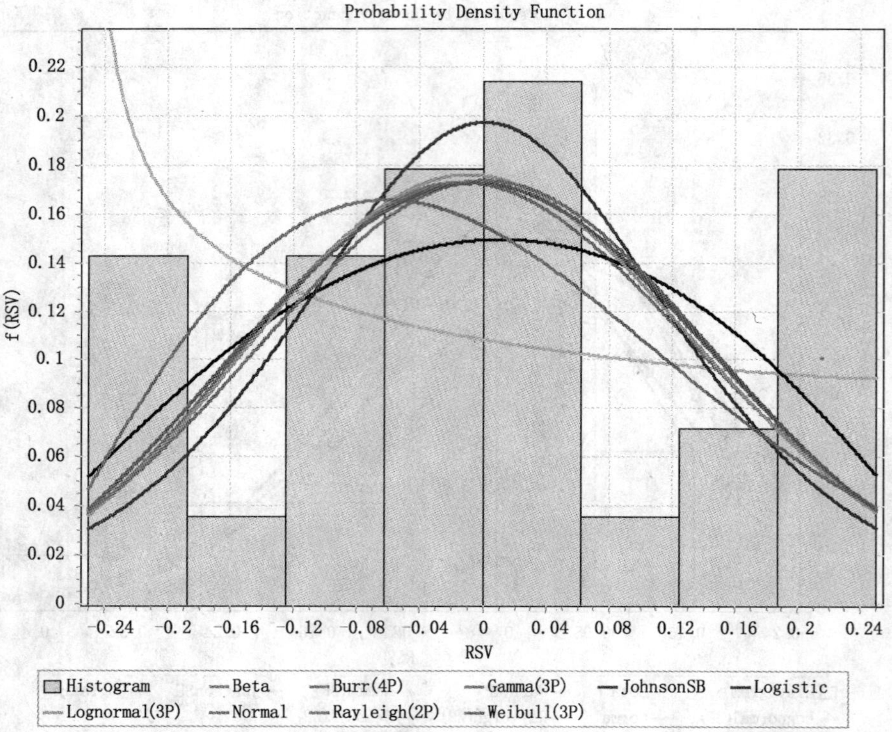

附图 117　房山区桃 RSV 序列的直方图与可能的单产分布模型

从附图 117 可以看出，9 种概率分布模型均能在一定程度上很好地拟合出房山区桃 RSV 序列的概率分布。从附表 137 各分布模型的拟合优度检验结果可以很容易看出，Johnson SB 分布为拟合房山区桃 RSV 序列的最优模型。

附表 137　房山区桃 RSV 序列单产分布模型的拟合优度检验一览

#	Distribution	Kolmogorov Smirnov		Anderson Darling		Chi - Squared	
		Statistic	Rank	Statistic	Rank	Statistic	Rank
1	Beta	0.212449453	9	1.72687969	9	6.17176238	7
2	Burr (4P)	0.11724544	4	0.426966957	6	0.793762603	1
3	Gamma (3P)	0.110191655	2	0.381098324	2	0.903279337	4
4	Johnson SB	0.095992622	1	0.366513757	1	1.92146985	6
5	Logistic	0.131817744	8	0.45113742	7	0.866387397	2
6	Lognormal (3P)	0.117520237	5	0.396732504	4	0.885397722	3
7	Normal	0.116077155	3	0.38347389	3	9.32961224	9
8	Rayleigh (2P)	0.120364643	7	0.596302317	8	6.63852409	8
9	Weibull (3P)	0.118065844	6	0.421133494	5	1.85956967	5

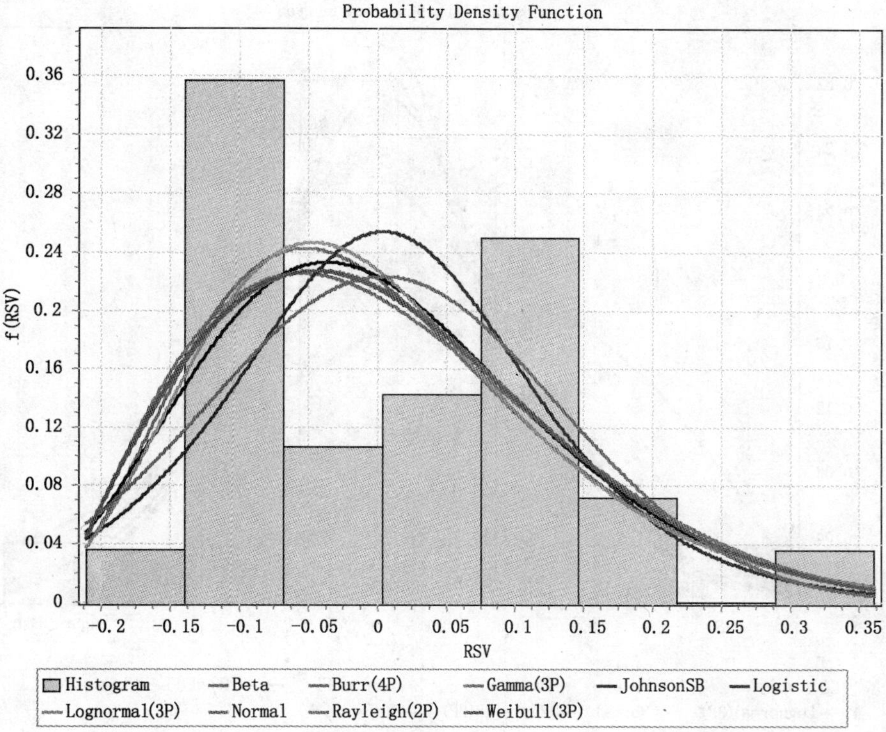

附图 118　海淀区桃 RSV 序列的直方图与可能的单产分布模型

从附图 118 可以看出，除 Rayleigh 外，其余 8 种概率分布模型均能在一定程度上很好地拟合出海淀区桃 RSV 序列的概率分布。从附表 138 各分布模型的拟合优度检验结果可以很容易看出，Beta 分布为拟合海淀区桃 RSV 序列的最优模型。

附表 138　海淀区桃 RSV 序列单产分布模型的拟合优度检验一览

#	Distribution	Kolmogorov Smirnov		Anderson Darling		Chi - Squared	
		Statistic	Rank	Statistic	Rank	Statistic	Rank
1	Beta	0. 124285459	1	0. 623254403	1	0. 508120783	1
2	Burr（4P）	0. 126693607	3	0. 633051938	2	0. 516205078	3
3	Gamma（3P）	0. 13942314	7	0. 694418215	7	2. 60189445	8
4	Johnson SB	0. 128038859	5	0. 657247318	5	2. 24044082	6
5	Logistic	0. 150307318	9	0. 834167362	9	2. 25262124	7
6	Lognormal（3P）	0. 141200147	8	0. 723091039	8	2. 60814431	9
7	Normal	0. 129473008	6	0. 685818194	6	1. 96476135	5
8	Rayleigh（2P）	0. 125543729	2	0. 636180887	4	0. 509501391	2
9	Weibull（3P）	0. 126869883	4	0. 633414698	3	0. 518153812	4

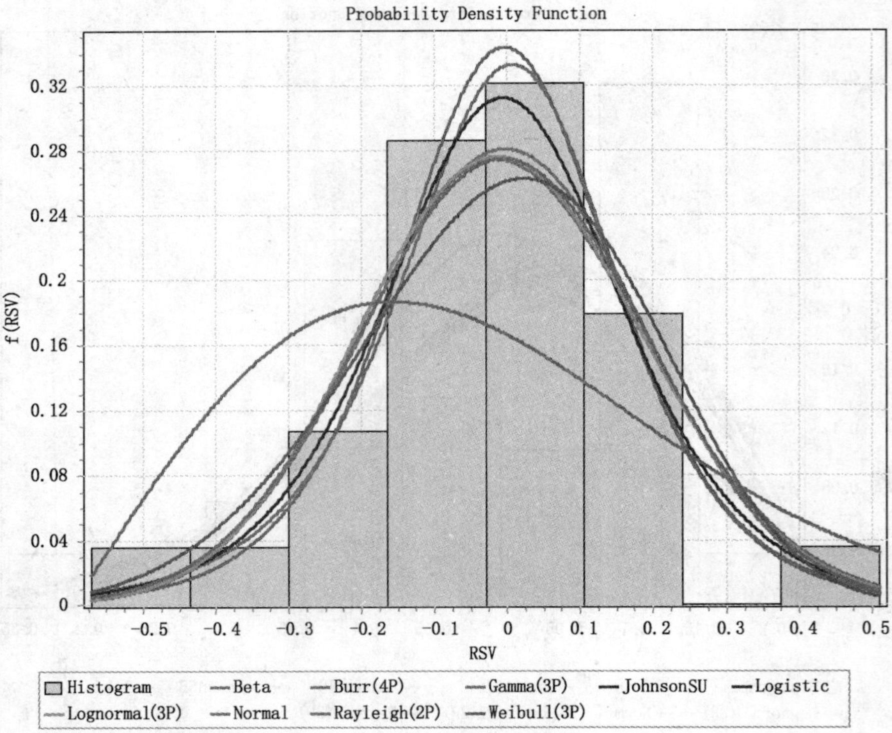

附图 119　怀柔区桃 RSV 序列的直方图与可能的单产分布模型

从附图 119 可以看出，9 种概率分布模型均能在一定程度上很好地拟合出怀柔区桃 RSV 序列的概率分布。从附表 139 各分布模型的拟合优度检验结果可以很容易看出，四参数的 Burr 分布为拟合怀柔区桃 RSV 序列的最优模型。

附表 139　怀柔区桃 RSV 序列单产分布模型的拟合优度检验一览

#	Distribution	Kolmogorov Smirnov		Anderson Darling		Chi - Squared	
		Statistic	Rank	Statistic	Rank	Statistic	Rank
1	Beta	0.133021598	4	0.566042698	4	10.1068545	7
2	Burr (4P)	0.092905866	1	0.271955134	1	1.34735463	1
3	Gamma (3P)	0.137623331	6	0.62655875	7	10.1741542	9
4	Johnson SU	0.099009822	2	0.28060873	2	1.40414942	3
5	Logistic	0.116934992	3	0.368953663	3	1.38597088	2
6	Lognormal (3P)	0.138061984	7	0.609119638	6	10.153075	8
7	Normal	0.137402052	5	0.604078932	5	2.68630497	4
8	Rayleigh (2P)	0.293600501	9	2.89773916	9	5.20852019	5
9	Weibull (3P)	0.141704576	8	0.720651053	8	6.64692561	6

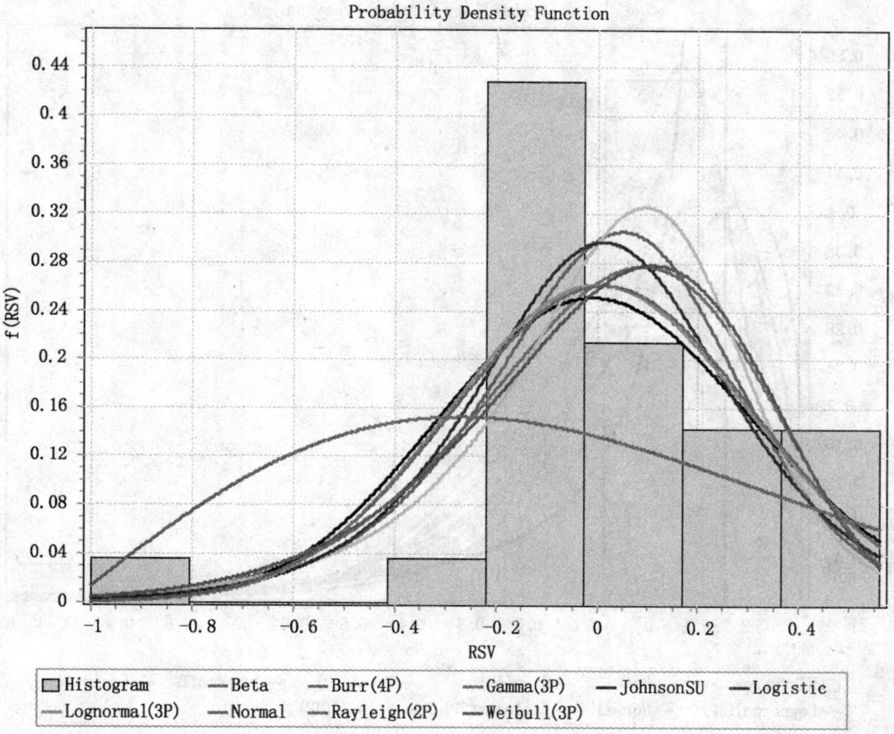

附图 120　密云县桃 RSV 序列的直方图与可能的单产分布模型

从附图 120 可以看出，9 种概率分布模型均能在一定程度上很好地拟合出密云县桃 RSV 序列的概率分布。从附表 140 各分布模型的拟合优度检验结果可以很容易看出，Logistic 分布为拟合密云县桃 RSV 序列的最优模型。

附表 140　密云县桃 RSV 序列单产分布模型的拟合优度检验一览

#	Distribution	Kolmogorov Smirnov		Anderson Darling		Chi - Squared	
		Statistic	Rank	Statistic	Rank	Statistic	Rank
1	Beta	0.137726996	3	0.650729843	4	0.545377539	4
2	Burr（4P）	0.125674617	1	0.482708781	2	0.361310916	2
3	Gamma（3P）	0.170985765	8	0.819093531	8	0.977670138	6
4	Johnson SU	0.139507345	4	0.614758342	3	2.63160971	8
5	Logistic	0.133599036	2	0.466593682	1	0.119039648	1
6	Lognormal（3P）	0.157435378	7	0.710407638	7	0.894331135	5
7	Normal	0.156060842	6	0.69039118	5	1.61424208	7
8	Rayleigh（2P）	0.367672738	9	4.03671237	9	13.2789833	9
9	Weibull（3P）	0.142528539	5	0.698440572	6	0.520323379	3

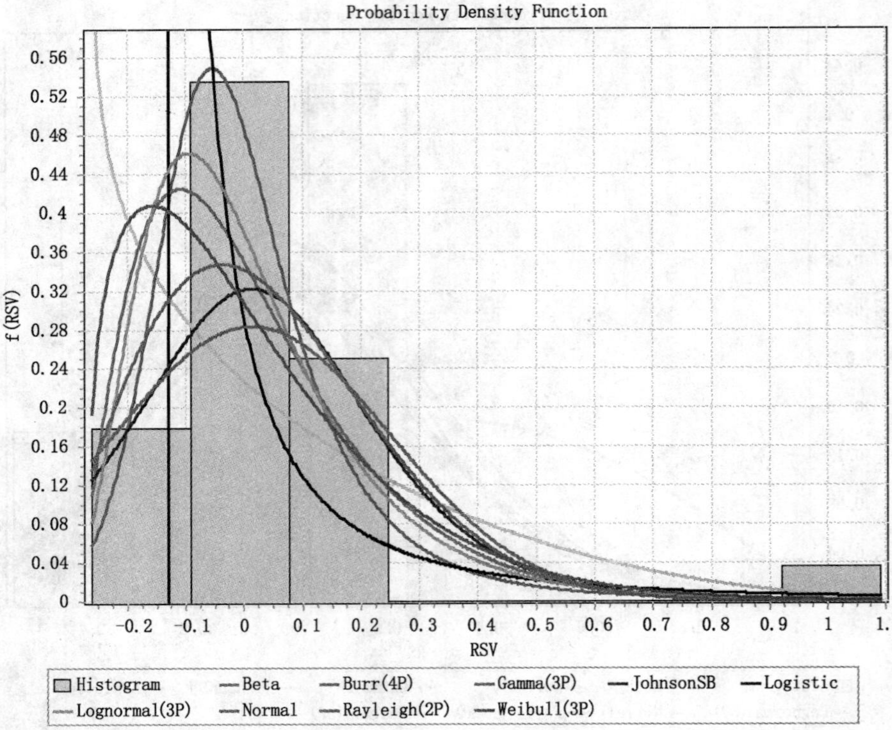

附图 121　平谷区桃 RSV 序列的直方图与可能的单产分布模型

从附图 121 可以看出，9 种概率分布模型均能在一定程度上很好地拟合出平谷区桃 RSV 序列的概率分布。从附表 141 各分布模型的拟合优度检验结果可以很容易看出，四参数的 Burr 分布为拟合平谷区桃 RSV 序列的最优模型。

附表 141　平谷区桃 RSV 序列单产分布模型的拟合优度检验一览

#	Distribution	Kolmogorov Smirnov		Anderson Darling		Chi - Squared	
		Statistic	Rank	Statistic	Rank	Statistic	Rank
1	Beta	0.269124534	8	6.40123286	8	N/A	
2	Burr（4P）	0.135176736	1	0.619214665	1	1.40248522	1
3	Gamma（3P）	0.194894922	3	1.2553719	3	2.75019743	3
4	Johnson SB	0.308224443	9	17.084604	9	N/A	
5	Logistic	0.224570715	4	2.17448688	6	9.3300239	5
6	Lognormal（3P）	0.187189008	2	1.05026734	2	2.76862678	4
7	Normal	0.246641872	7	2.71230398	7	9.46696194	6
8	Rayleigh（2P）	0.226521634	6	2.00684319	5	1.72335211	2
9	Weibull（3P）	0.225571481	5	1.58374776	4	13.530439	7

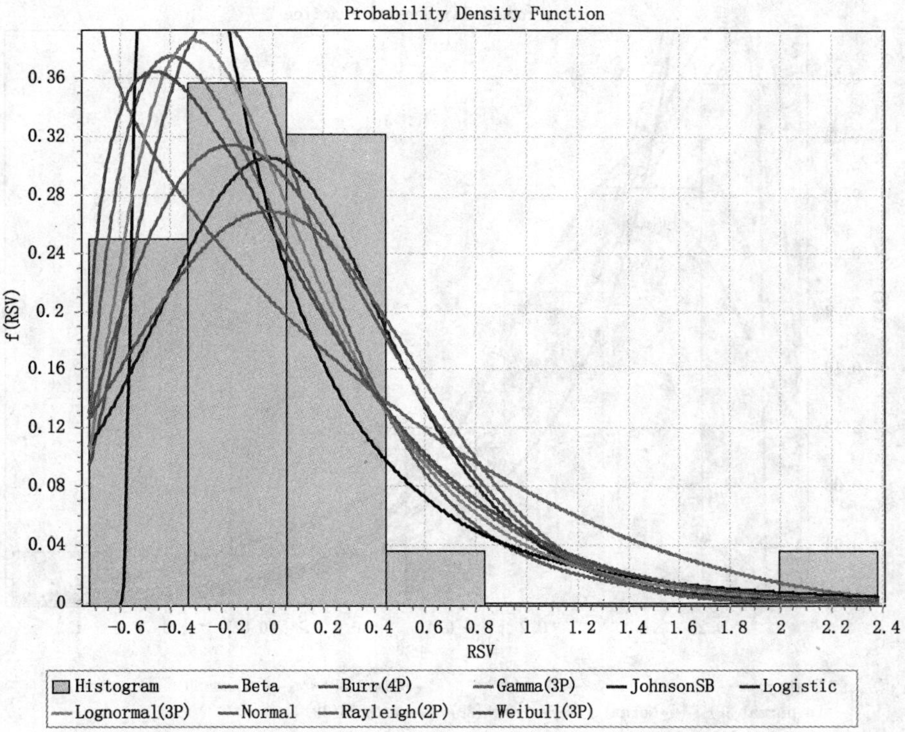

附图 122 顺义区桃 RSV 序列的直方图与可能的单产分布模型

从附图 122 可以看出，9 种概率分布模型均能在一定程度上很好地拟合出顺义区桃 RSV 序列的概率分布。从附表 142 各分布模型的拟合优度检验结果可以很容易看出，四参数的 Burr 分布为拟合顺义区桃 RSV 序列的最优模型。

附表 142 顺义区桃 RSV 序列单产分布模型的拟合优度检验一览

#	Distribution	Kolmogorov Smirnov		Anderson Darling		Chi - Squared	
		Statistic	Rank	Statistic	Rank	Statistic	Rank
1	Beta	0.244464414	9	5.45824021	8	N/A	
2	Burr (4P)	0.131261083	1	0.758648603	1	3.50858997	5
3	Gamma (3P)	0.171032692	3	1.01173238	3	2.49503663	3
4	Johnson SB	0.221264546	8	16.5233131	9	N/A	
5	Logistic	0.192213994	5	1.16472478	6	5.02364876	6
6	Lognormal (3P)	0.154793798	2	0.894684356	2	2.62094827	4
7	Normal	0.214172579	7	1.58868736	7	7.87868719	7
8	Rayleigh (2P)	0.192950056	6	1.15358697	5	1.58764939	1
9	Weibull (3P)	0.176893362	4	1.06475891	4	2.44281335	

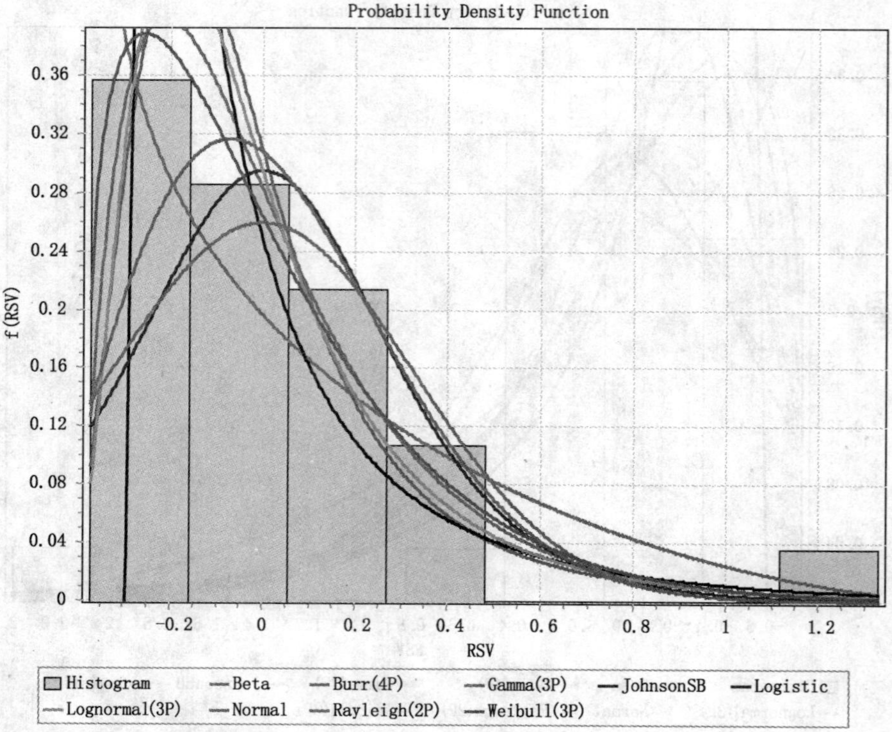

附图 123　通州区桃 RSV 序列的直方图与可能的单产分布模型

从附图 123 可以看出，9 种概率分布模型均能在一定程度上很好地拟合出通州区桃 RSV 序列的概率分布。从附表 143 各分布模型的拟合优度检验结果可以很容易看出，四参数的 Burr 分布为拟合通州区桃 RSV 序列的最优模型。

附表 143　通州区桃 RSV 序列单产分布模型的拟合优度检验一览

#	Distribution	Kolmogorov Smirnov		Anderson Darling		Chi – Squared	
		Statistic	Rank	Statistic	Rank	Statistic	Rank
1	Beta	0. 172908091	9	5. 23293172	9	N/A	
2	Burr (4P)	0. 089001793	3	0. 24383587	1	1. 70086991	3
3	Gamma (3P)	0. 087618203	2	0. 346783569	3	0. 566467433	2
4	Johnson SB	0. 10249115	4	4. 34384681	8	N/A	
5	Logistic	0. 160981154	7	1. 2615948	6	2. 97123753	7
6	Lognormal (3P)	0. 07938197	1	0. 245776669	2	2. 59499907	5
7	Normal	0. 160829681	6	1. 56321788	7	2. 93154238	6
8	Rayleigh (2P)	0. 171169736	8	1. 22808376	5	2. 06618105	4
9	Weibull (3P)	0. 112235973	5	0. 476429213	4	0. 457434727	1

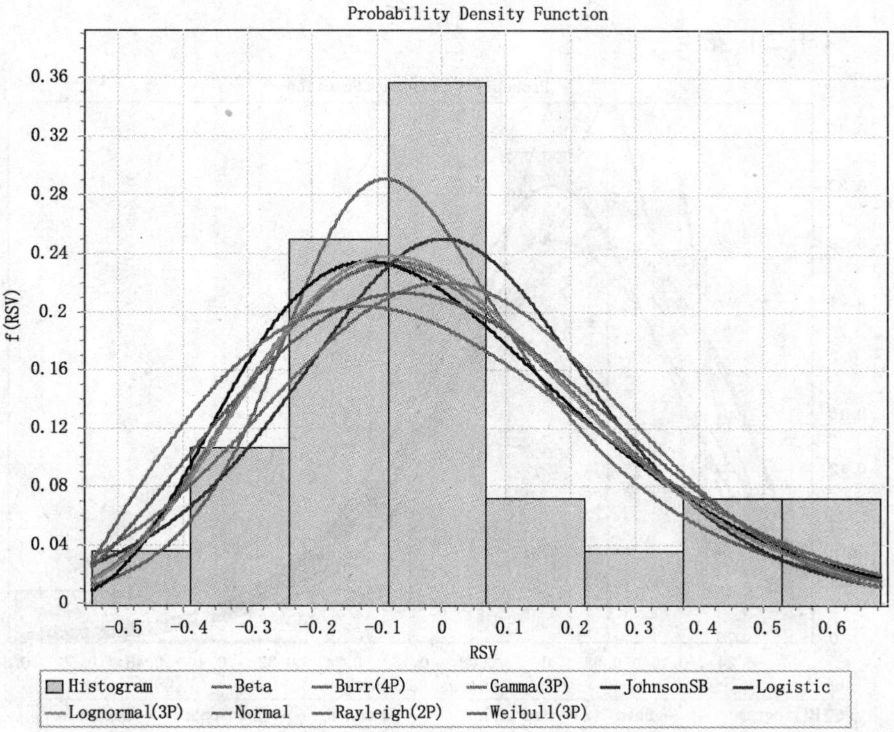

附图 124　延庆县桃 RSV 序列的直方图与可能的单产分布模型

从附图 124 可以看出，9 种概率分布模型均能在一定程度上很好地拟合出延庆县桃 RSV 序列的概率分布。从附表 144 各分布模型的拟合优度检验结果可以很容易看出，四参数的 Burr 分布为拟合延庆县桃 RSV 序列的最优模型。

附表 144　延庆县桃 RSV 序列单产分布模型的拟合优度检验一览

#	Distribution	Kolmogorov Smirnov		Anderson Darling		Chi - Squared	
		Statistic	Rank	Statistic	Rank	Statistic	Rank
1	Beta	0.13556935	4	0.58392383	3	3.29445005	6
2	Burr (4P)	0.105278641	1	0.355778517	1	0.431689073	1
3	Gamma (3P)	0.137142222	5	0.590222851	5	3.25704454	4
4	Johnson SB	0.123525961	2	0.588036988	4	4.64302464	8
5	Logistic	0.16987425	8	0.824107644	7	4.272914	7
6	Lognormal (3P)	0.132692882	3	0.559506979	2	3.28157838	5
7	Normal	0.175172419	9	0.917187648	9	2.89238974	2
8	Rayleigh (2P)	0.151013931	7	0.853245883	8	6.99834341	9
9	Weibull (3P)	0.14924613	6	0.740714168	6	3.21176266	3

（十二）花生

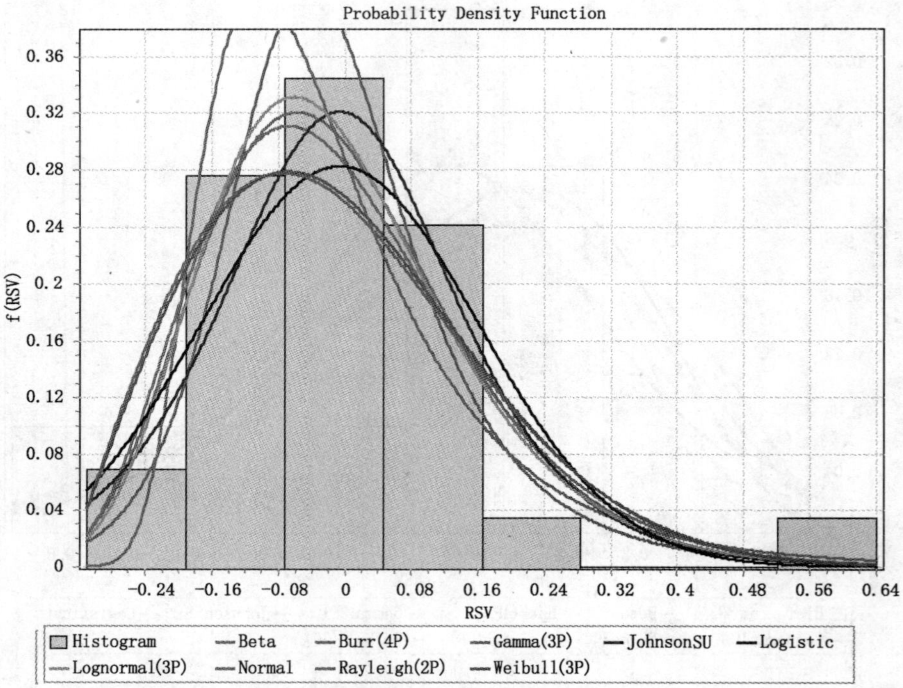

附图 125　北京市花生 RSV 序列的直方图与可能的单产分布模型

从附图 125 可以看出，除 Ralyeigh 外，其余 8 种概率分布模型均能很好地拟合出北京市花生 RSV 序列的概率分布。从附表 145 各分布模型的拟合优度检验结果可以很容易看出，四参数的 Burr 分布为拟合北京市花生 RSV 序列的最优模型。

附表 145　北京市花生 RSV 序列单产分布模型的拟合优度检验一览

#	Distribution	Kolmogorov Smirnov		Anderson Darling		Chi - Squared	
		Statistic	Rank	Statistic	Rank	Statistic	Rank
1	Beta	0.182735302	5	0.865525103	5	0.515776283	2
2	Burr（4P）	0.131706477	1	0.357060977	1	1.19556969	7
3	Gamma（3P）	0.175111782	4	0.77094829	3	0.066195503	1
4	Johnson SU	0.141574945	2	1.10072671	6	0.742226962	6
5	Logistic	0.191360227	6	0.85746869	4	1.56682358	9
6	Lognormal（3P）	0.167860045	3	0.71020057	2	0.515824678	3
7	Normal	0.213430073	9	1.2273924	9	1.46645806	8
8	Rayleigh（2P）	0.193469882	7	1.1850215	8	0.516517718	4
9	Weibull（3P）	0.195202562	8	1.14776403	7	0.519366539	5

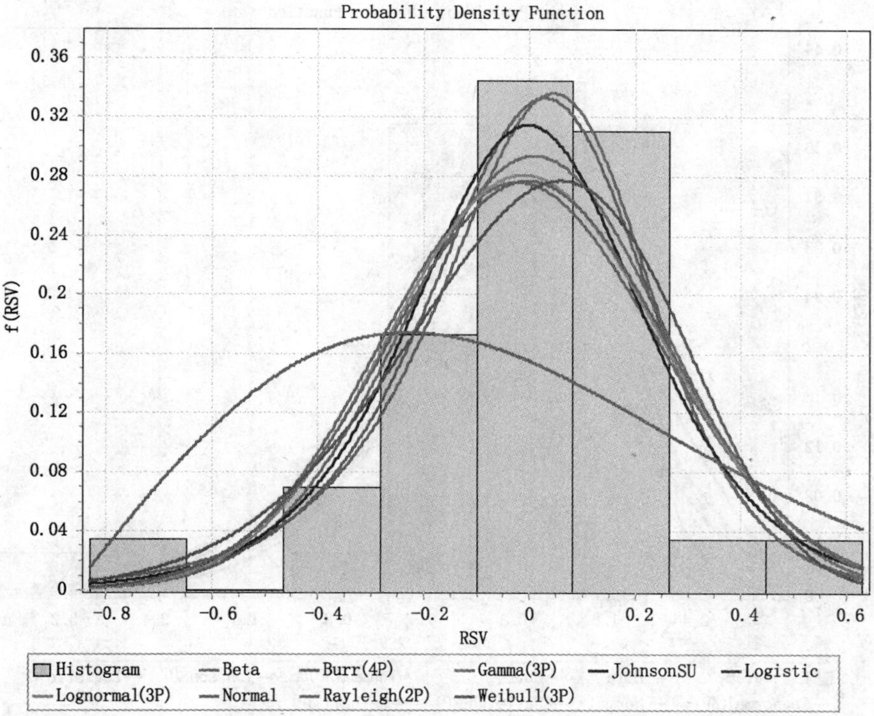

附图 126　昌平区花生 RSV 序列的直方图与可能的单产分布模型

从附图 126 可以看出，除 Beta 分布外，其余 8 种概率分布模型均能在一定程度上很好地拟合出昌平区花生 RSV 序列的概率分布。从附表 146 各分布模型的拟合优度检验结果可以很容易看出，Johnson SU 分布为拟合昌平区花生 RSV 序列的最优模型。

附表 146　昌平区花生 RSV 序列单产分布模型的拟合优度检验一览

#	Distribution	Kolmogorov Smirnov		Anderson Darling		Chi - Squared	
		Statistic	Rank	Statistic	Rank	Statistic	Rank
1	Beta	0.117845411	3	0.459767952	4	6.77923321	7
2	Burr (4P)	0.101020362	2	0.259327815	2	6.89410509	8
3	Gamma (3P)	0.148147467	8	0.656120015	8	2.07956358	3
4	Johnson SU	0.089494992	1	0.237882255	1	0.411691873	1
5	Logistic	0.126926653	5	0.371561078	3	3.52612727	6
6	Lognormal (3P)	0.136867794	7	0.574855407	7	0.954253833	2
7	Normal	0.134353027	6	0.574503657	6	2.43584628	5
8	Rayleigh (2P)	0.289122102	9	3.51660873	9	7.50732065	9
9	Weibull (3P)	0.119449763	4	0.560684177	5	2.43396319	4

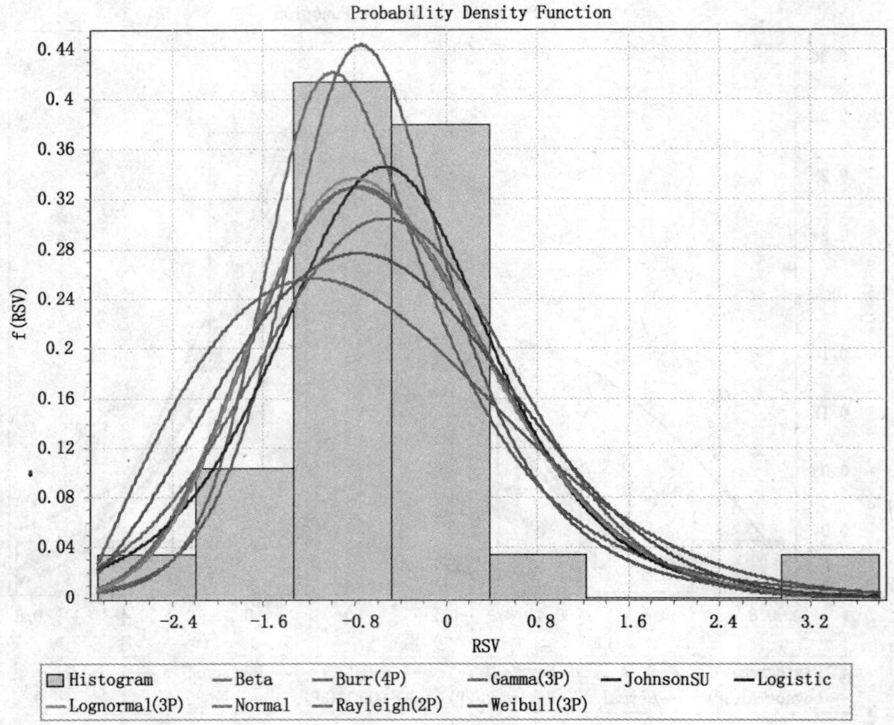

附图 127　大兴区花生 RSV 序列的直方图与可能的单产分布模型

从附图 127 可以看出，除 Beta 分布外，其余 8 种概率分布模型均能在一定程度上很好地拟合出大兴区花生 RSV 序列的概率分布。从附表 147 各分布模型的拟合优度检验结果可以很容易看出，四参数的 Burr 分布为拟合大兴区花生 RSV 序列的最优模型。

附表 147　大兴区花生 RSV 序列单产分布模型的拟合优度检验一览

#	Distribution	Kolmogorov Smirnov		Anderson Darling		Chi - Squared	
		Statistic	Rank	Statistic	Rank	Statistic	Rank
1	Beta	0. 176681443	6	1. 08907467	6	0. 056140959	2
2	Burr (4P)	0. 1337575	1	0. 505303896	1	3. 69129544	6
3	Gamma (3P)	0. 169202949	4	1. 07426244	5	0. 270548225	3
4	Johnson SU	0. 195863152	8	0. 796139434	2	5. 95210387	8
5	Logistic	0. 140612804	2	0. 991641759	3	1. 38216396	5
6	Lognormal (3P)	0. 171654467	5	1. 02746249	4	0. 054740259	1
7	Normal	0. 163157817	3	1. 38487392	7	0. 678463119	4
8	Rayleigh (2P)	0. 252102765	9	2. 27576766	9	7. 45764883	9
9	Weibull (3P)	0. 194793642	7	1. 62737147	8	4. 95194657	7

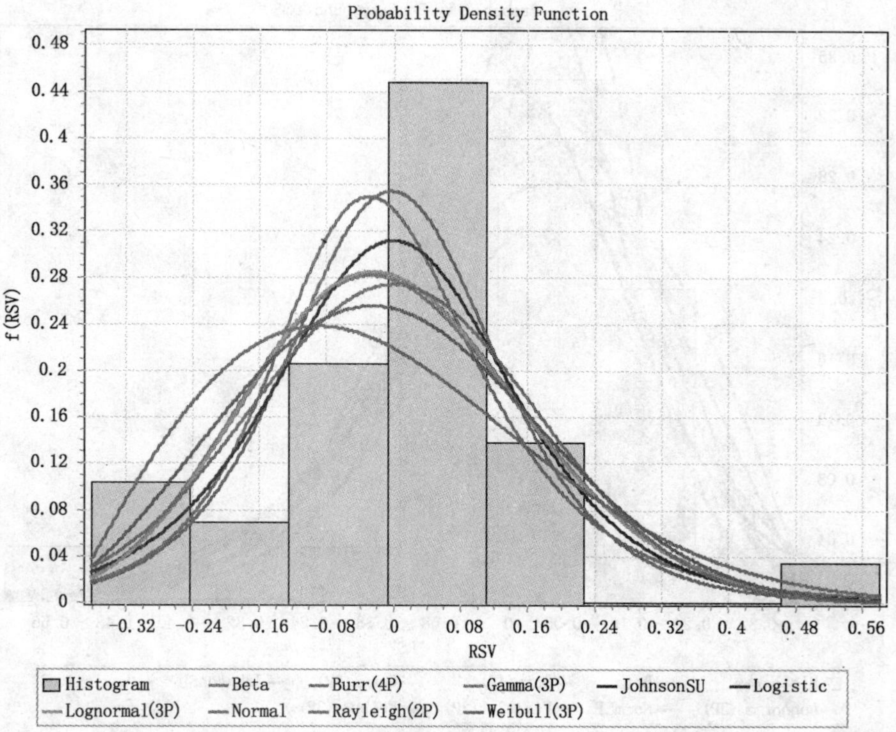

附图 128　房山区花生 RSV 序列的直方图与可能的单产分布模型

从附图 128 可以看出，9 种概率分布模型均能在一定程度上很好地拟合出房山区花生 RSV 序列的概率分布。从附表 148 各分布模型的拟合优度检验结果可以很容易看出，四参数的 Burr 分布为拟合房山区花生 RSV 序列的最优模型。

附表 148　房山区花生 RSV 序列单产分布模型的拟合优度检验一览

#	Distribution	Kolmogorov Smirnov		Anderson Darling		Chi - Squared	
		Statistic	Rank	Statistic	Rank	Statistic	Rank
1	Beta	0.161427667	6	1.0597254	7	1.16929184	6
2	Burr (4P)	0.123560729	1	0.598288698	1	0.495024594	2
3	Gamma (3P)	0.159953144	4	1.02714498	5	1.17547687	8
4	Johnson SU	0.160668012	5	0.761296415	3	0.473787521	1
5	Logistic	0.148426735	2	0.731783817	2	0.614139807	4
6	Lognormal (3P)	0.158815075	3	1.0269335	4	1.17070096	7
7	Normal	0.17014452	7	1.04500798	6	0.566148239	3
8	Rayleigh (2P)	0.220850817	9	1.87435005	9	5.04320597	9
9	Weibull (3P)	0.174383496	8	1.27348397	8	1.16272174	5

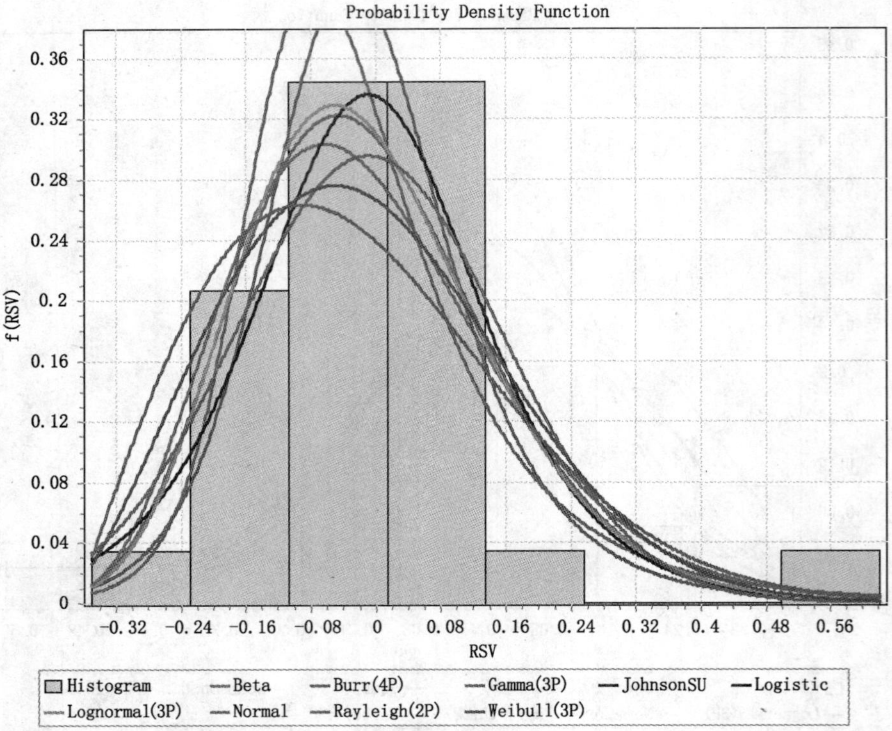

附图 129　怀柔区花生 RSV 序列的直方图与可能的单产分布模型

从附图 129 可以看出，9 种概率分布模型均能在一定程度上很好地拟合出怀柔区花生 RSV 序列的概率分布。从附表 149 各分布模型的拟合优度检验结果可以很容易看出，四参数的 Burr 分布为拟合怀柔区花生 RSV 序列的最优模型。

附表 149　怀柔区花生 RSV 序列单产分布模型的拟合优度检验一览

#	Distribution	Kolmogorov Smirnov		Anderson Darling		Chi - Squared	
		Statistic	Rank	Statistic	Rank	Statistic	Rank
1	Beta	0.159004319	5	1.10864811	6	6.84533615	9
2	Burr (4P)	0.118358775	1	0.486346047	1	0.128558977	1
3	Gamma (3P)	0.152214113	3	0.916995259	5	4.73587288	8
4	Johnson SU	0.152426261	4	0.832105876	3	2.30819161	5
5	Logistic	0.168811364	7	0.821751365	2	0.419388936	3
6	Lognormal (3P)	0.14647068	2	0.880501094	4	4.73114959	7
7	Normal	0.186006013	8	1.20220642	7	0.406407412	2
8	Rayleigh (2P)	0.197560476	9	1.75590696	9	3.81215783	6
9	Weibull (3P)	0.168359662	6	1.35461683	8	1.47925294	4

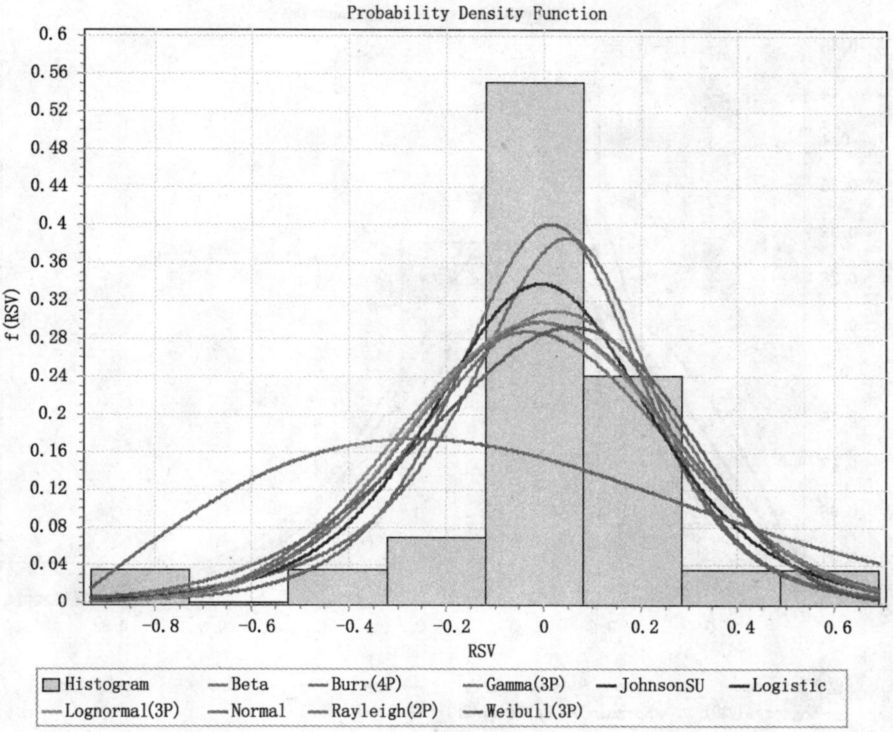

附图 130　密云县花生 RSV 序列的直方图与可能的单产分布模型

从附图 130 可以看出，9 种概率分布模型均能在一定程度上很好地拟合出密云县花生 RSV 序列的概率分布。从附表 150 各分布模型的拟合优度检验结果可以很容易看出，四参数的 Burr 分布为拟合密云县花生 RSV 序列的最优模型。

附表 150　密云县花生 RSV 序列单产分布模型的拟合优度检验一览

#	Distribution	Kolmogorov Smirnov		Anderson Darling		Chi - Squared	
		Statistic	Rank	Statistic	Rank	Statistic	Rank
1	Beta	0.195595972	4	1.21434509	4	5.86898212	7
2	Burr (4P)	0.147915333	1	0.618205478	1	1.20602162	1
3	Gamma (3P)	0.234334962	8	1.5679724	8	4.91216374	6
4	Johnson SU	0.149693836	2	0.667141249	2	4.00405972	5
5	Logistic	0.194343234	3	0.987226909	3	2.46234539	3
6	Lognormal (3P)	0.213523257	7	1.37941279	6	2.41762088	2
7	Normal	0.212268551	6	1.35430814	5	3.90995965	4
8	Rayleigh (2P)	0.383930743	9	4.7769315	9	7.48984723	9
9	Weibull (3P)	0.205146017	5	1.3951129	7	5.8797592	8

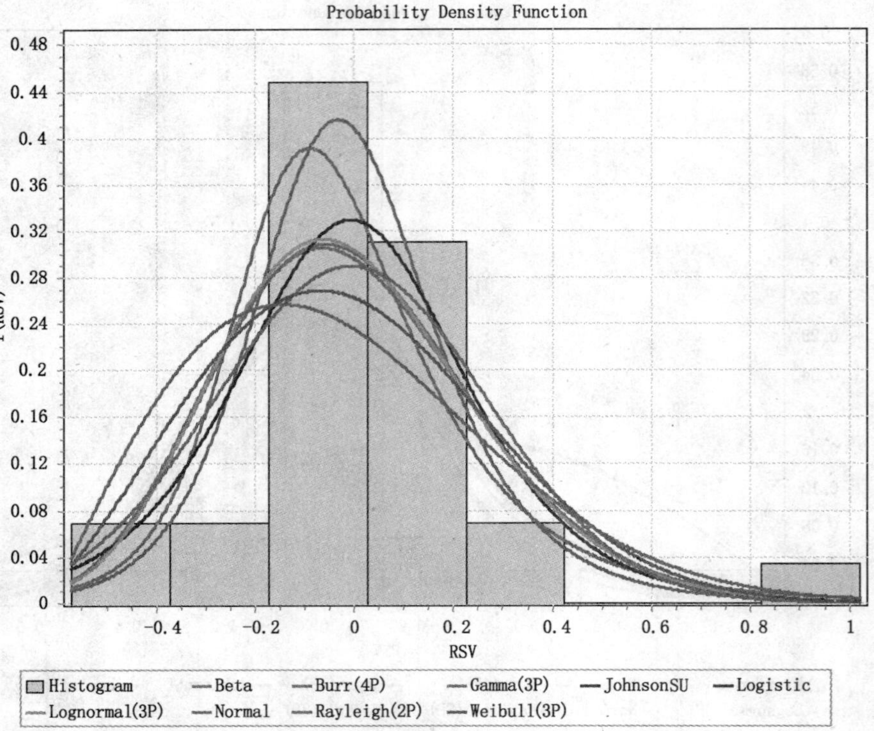

附图 131　平谷区花生 RSV 序列的直方图与可能的单产分布模型

从附图 131 可以看出，9 种概率分布模型均能在一定程度上很好地拟合出平谷区花生 RSV 序列的概率分布。从附表 151 各分布模型的拟合优度检验结果可以很容易看出，四参数的 Burr 分布为拟合平谷区花生 RSV 序列的最优模型。

附表 151　平谷区花生 RSV 序列单产分布模型的拟合优度检验一览

#	Distribution	Kolmogorov Smirnov		Anderson Darling		Chi - Squared	
		Statistic	Rank	Statistic	Rank	Statistic	Rank
1	Beta	0.188464614	4	1.53849787	6	4.31115072	4
2	Burr (4P)	0.160180972	1	0.806996215	1	0.524040107	1
3	Gamma (3P)	0.189077182	5	1.49540342	5	4.31837502	5
4	Johnson SU	0.168983827	2	1.18640845	2	3.90884647	2
5	Logistic	0.202284408	6	1.22823693	3	6.79220351	7
6	Lognormal (3P)	0.184941243	3	1.47741743	4	4.30410906	3
7	Normal	0.216426475	8	1.64035332	7	12.2684575	9
8	Rayleigh (2P)	0.249063379	9	2.35056513	9	7.5223423	8
9	Weibull (3P)	0.202697787	7	1.89831511	8	6.69285438	6

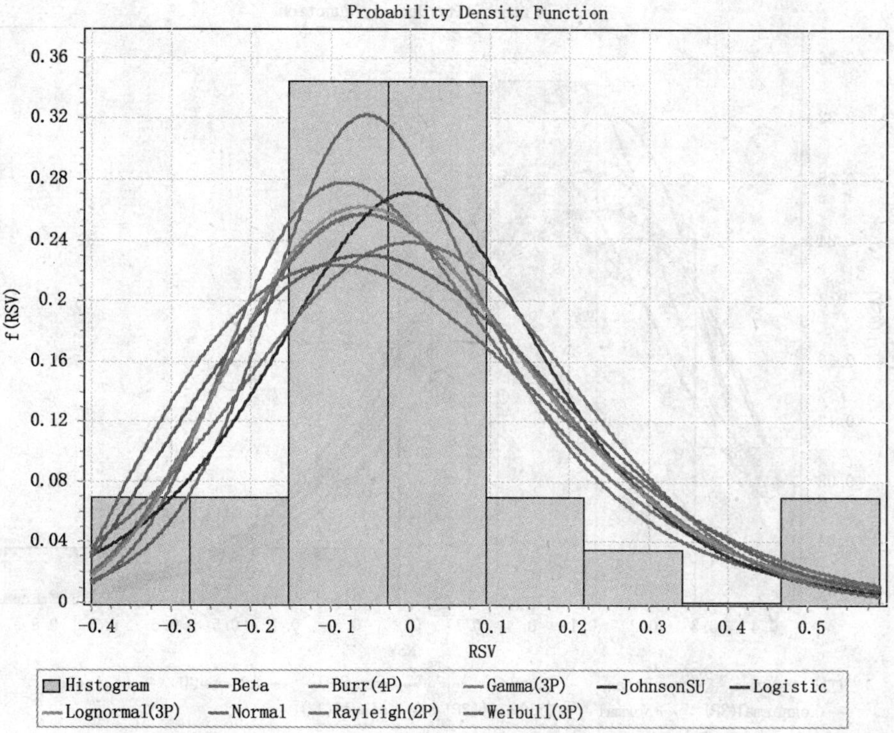

附图 132　顺义区花生 RSV 序列的直方图与可能的单产分布模型

从附图 132 可以看出，9 种概率分布模型均能在一定程度上很好地拟合出顺义区花生 RSV 序列的概率分布。从附表 152 各分布模型的拟合优度检验结果可以很容易看出，四参数的 Burr 分布为拟合顺义区花生 RSV 序列的最优模型。

附表 152　顺义区花生 RSV 序列单产分布模型的拟合优度检验一览

#	Distribution	Kolmogorov Smirnov		Anderson Darling		Chi - Squared	
		Statistic	Rank	Statistic	Rank	Statistic	Rank
1	Beta	0.125510503	4	0.60505229	4	0.059364004	1
2	Burr (4P)	0.086190957	1	0.288412984	1	7.62256782	9
3	Gamma (3P)	0.124244974	3	0.605845331	5	0.524702154	5
4	Johnson SU	0.131507767	5	0.523187917	2	0.234120995	3
5	Logistic	0.137404158	6	0.658226666	6	3.38202742	8
6	Lognormal (3P)	0.122749131	2	0.569611674	3	0.063694024	2
7	Normal	0.156976201	8	0.915232582	8	2.04791231	7
8	Rayleigh (2P)	0.175138987	9	0.984563668	9	0.358020861	4
9	Weibull (3P)	0.142978915	7	0.830442417	7	1.15657378	6

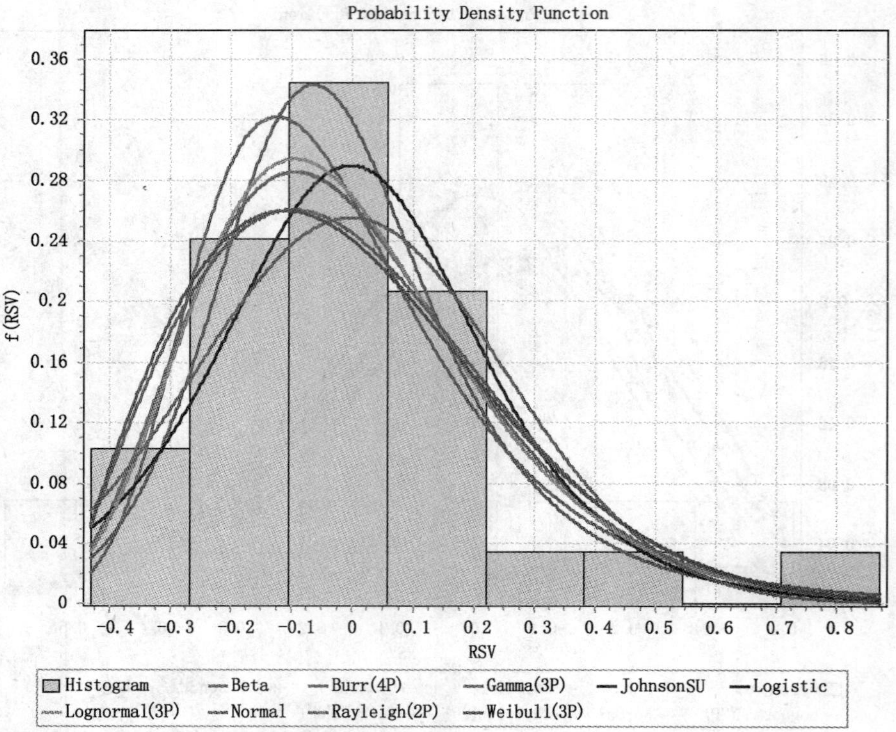

附图 133　通州区花生 RSV 序列的直方图与可能的单产分布模型

从附图 133 可以看出，9 种概率分布模型均能在一定程度上很好地拟合出通州区花生 RSV 序列的概率分布。从附表 153 各分布模型的拟合优度检验结果可以很容易看出，四参数的 Burr 分布为拟合通州区花生 RSV 序列的最优模型。

附表 153　通州区花生 RSV 序列单产分布模型的拟合优度检验一览

#	Distribution	Kolmogorov Smirnov		Anderson Darling		Chi - Squared	
		Statistic	Rank	Statistic	Rank	Statistic	Rank
1	Beta	0. 151665933	5	0. 561060806	4	0. 324946533	2
2	Burr (4P)	0. 123117366	1	0. 332371147	1	0. 477860137	5
3	Gamma (3P)	0. 15164205	4	0. 55843367	3	0. 325869416	3
4	Johnson SU	0. 124207173	2	0. 589351111	5	0. 381011111	4
5	Logistic	0. 182884009	8	0. 63920574	6	3. 19878999	8
6	Lognormal (3P)	0. 145584311	3	0. 522146082	2	0. 319613367	1
7	Normal	0. 198853218	9	0. 889651671	9	8. 63917076	9
8	Rayleigh (2P)	0. 166291923	7	0. 708517415	7	0. 542130399	7
9	Weibull (3P)	0. 161676748	6	0. 735786918	8	0. 533599878	6

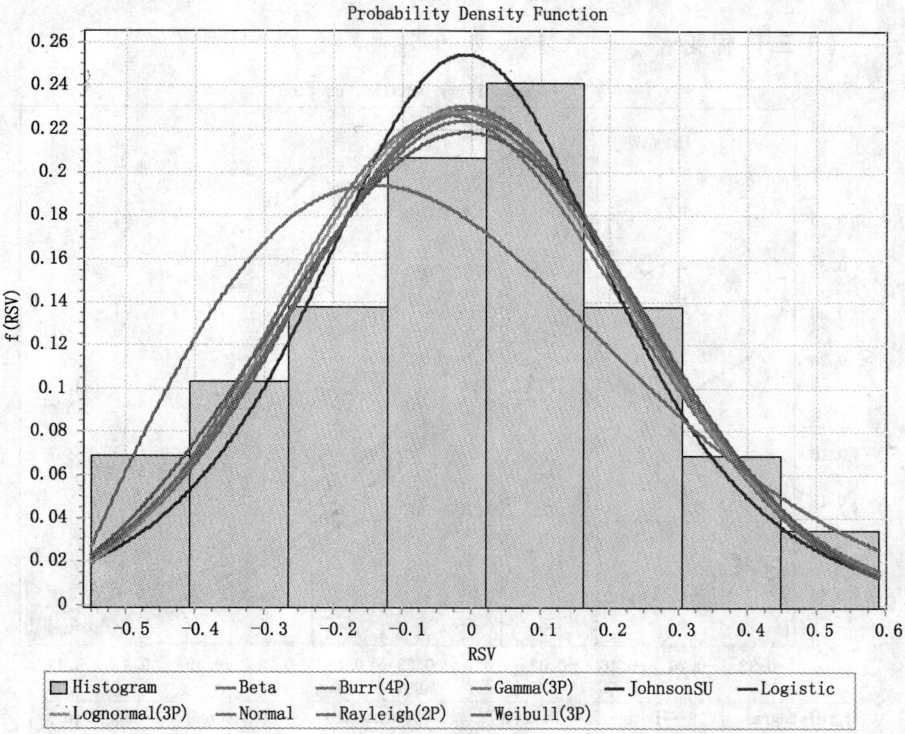

附图 134　延庆县花生 RSV 序列的直方图与可能的单产分布模型

从附图 134 可以看出，9 种概率分布模型均能在一定程度上很好地拟合出延庆县花生 RSV 序列的概率分布。从附表 154 各分布模型的拟合优度检验结果可以很容易看出，Logistic 分布为拟合延庆县花生 RSV 序列的最优模型。

附表 154　延庆县花生 RSV 序列单产分布模型的拟合优度检验一览

#	Distribution	Kolmogorov Smirnov		Anderson Darling		Chi - Squared	
		Statistic	Rank	Statistic	Rank	Statistic	Rank
1	Beta	0.096061926	6	0.163518516	4	2.74949996	6
2	Burr (4P)	0.094246505	5	0.16070309	3	2.73861073	5
3	Gamma (3P)	0.084712407	1	0.202683305	8	1.39779531	3
4	Johnson SU	0.093489758	4	0.1524585	2	2.8202109	8
5	Logistic	0.085319775	2	0.128680036	1	0.451092995	1
6	Lognormal (3P)	0.088413273	3	0.179402881	6	0.684968028	2
7	Normal	0.097333133	8	0.166456786	5	2.7857803	7
8	Rayleigh (2P)	0.142966907	9	0.799177133	9	3.09259748	9
9	Weibull (3P)	0.096898554	7	0.191177501	7	2.68713412	4

（十三）棉花

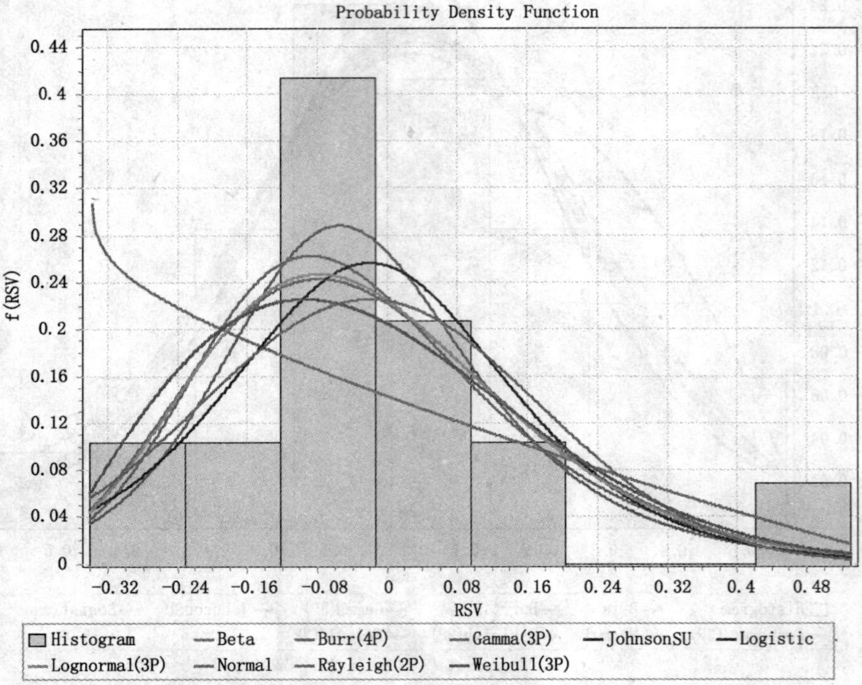

附图 135　北京市棉花 RSV 序列的直方图与可能的单产分布模型

从附图 135 可以看出，除 Ralyeigh 外，其余 8 种概率分布模型均能很好地拟合出北京市棉花 RSV 序列的概率分布。从附表 155 各分布模型的拟合优度检验结果可以很容易看出，四参数的 Burr 分布为拟合北京市棉花 RSV 序列的最优模型。

附表 155　北京市棉花 RSV 序列单产分布模型的拟合优度检验一览

#	Distribution	Kolmogorov Smirnov		Anderson Darling		Chi - Squared	
		Statistic	Rank	Statistic	Rank	Statistic	Rank
1	Beta	0. 237120508	9	5. 81287002	9	N/A	
2	Burr (4P)	0. 117568095	1	0. 472629378	1	7. 43809151	1
3	Gamma (3P)	0. 135405226	5	0. 727970496	5	9. 83955619	4
4	Johnson SU	0. 146051635	6	0. 674240334	3	9. 95405722	6
5	Logistic	0. 119306897	2	0. 626033747	2	10. 4719281	7
6	Lognormal (3P)	0. 13517868	4	0. 703668065	4	9. 85436103	5
7	Normal	0. 134783809	3	0. 900139519	8	17. 3379113	8
8	Rayleigh (2P)	0. 151076585	8	0. 895252779	7	9. 65781135	2
9	Weibull (3P)	0. 150097346	7	0. 89109425	6	9. 65928189	3

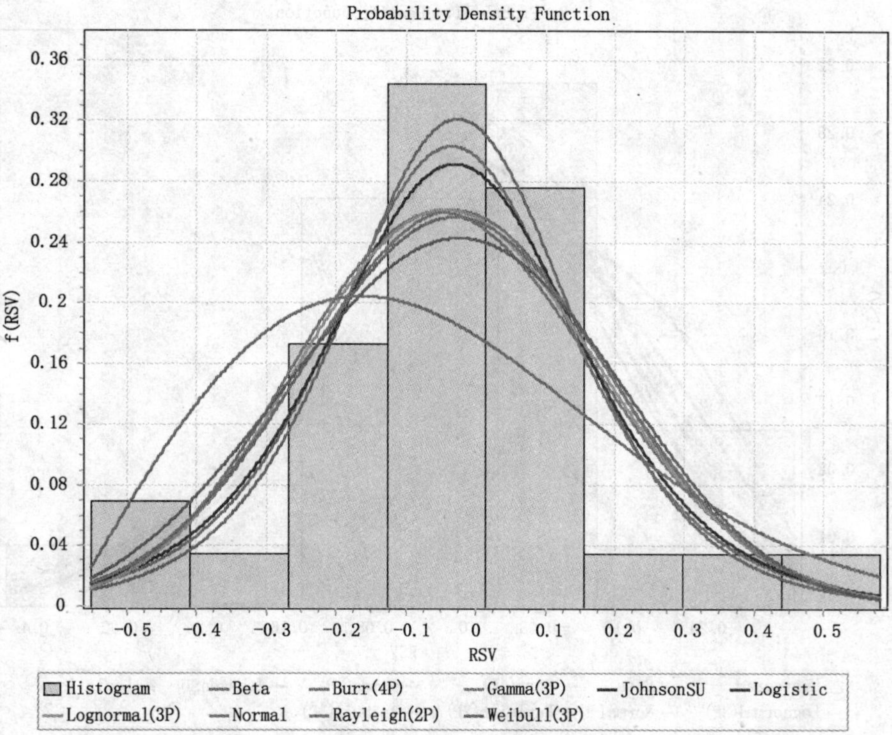

附图 136 大兴区棉花 RSV 序列的直方图与可能的单产分布模型

从附图 136 可以看出，除 Beta 分布外，其余 8 种概率分布模型均能在一定程度上很好地拟合出大兴区棉花 RSV 序列的概率分布。从附表 156 各分布模型的拟合优度检验结果可以很容易看出，四参数的 Burr 分布为拟合大兴区棉花 RSV 序列的最优模型。

附表 156 大兴区棉花 RSV 序列单产分布模型的拟合优度检验一览

#	Distribution	Kolmogorov Smirnov		Anderson Darling		Chi - Squared	
		Statistic	Rank	Statistic	Rank	Statistic	Rank
1	Beta	0.182390164	5	1.0922136	4	15.6573972	8
2	Burr (4P)	0.161627487	1	0.801224464	1	9.41938688	3
3	Gamma (3P)	0.185821535	7	1.15395393	7	9.33662886	2
4	Johnson SU	0.163896201	2	0.837672264	2	9.66230083	5
5	Logistic	0.168182798	3	0.881134171	3	9.63143346	4
6	Lognormal (3P)	0.176880761	4	1.1151548	6	15.6298847	7
7	Normal	0.185430041	6	1.11189995	5	15.7091038	9
8	Rayleigh (2P)	0.26381095	9	2.33542988	9	6.69292463	1
9	Weibull (3P)	0.188790886	8	1.22503356	8	15.6281052	6

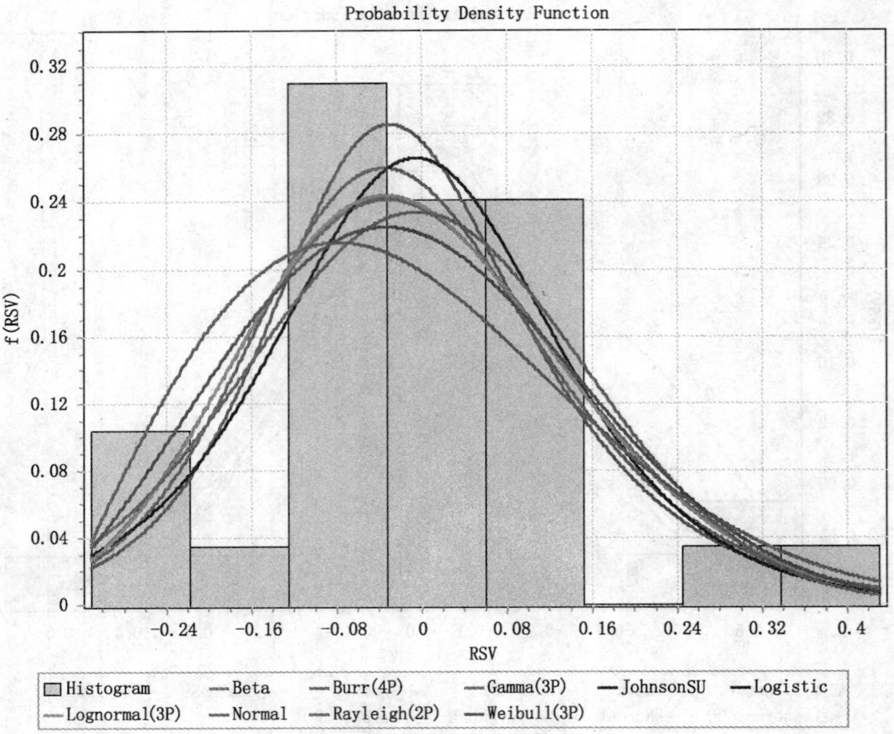

附图 137　平谷区棉花 RSV 序列的直方图与可能的单产分布模型

从附图 137 可以看出，9 种概率分布模型均能在一定程度上很好地拟合出平谷区棉花 RSV 序列的概率分布。从附表 157 各分布模型的拟合优度检验结果可以很容易看出，四参数的 Burr 分布为拟合平谷区棉花 RSV 序列的最优模型。

附表 157　平谷区棉花 RSV 序列单产分布模型的拟合优度检验一览

#	Distribution	Kolmogorov Smirnov		Anderson Darling		Chi - Squared	
		Statistic	Rank	Statistic	Rank	Statistic	Rank
1	Beta	0.109126957	6	0.410300764	6	0.165477443	5
2	Burr（4P）	0.078739854	1	0.254896888	1	0.636253324	6
3	Gamma（3P）	0.109319798	7	0.4064412	5	0.108114906	3
4	Johnson SU	0.100763313	3	0.320185752	2	0.100602879	1
5	Logistic	0.094244609	2	0.323543631	3	2.20929298	9
6	Lognormal（3P）	0.109054603	5	0.400760795	4	0.10785981	2
7	Normal	0.10145605	4	0.461603075	7	0.895681692	7
8	Rayleigh（2P）	0.170898138	9	0.794904666	9	1.9855977	8
9	Weibull（3P）	0.125588412	8	0.513950286	8	0.161462794	4

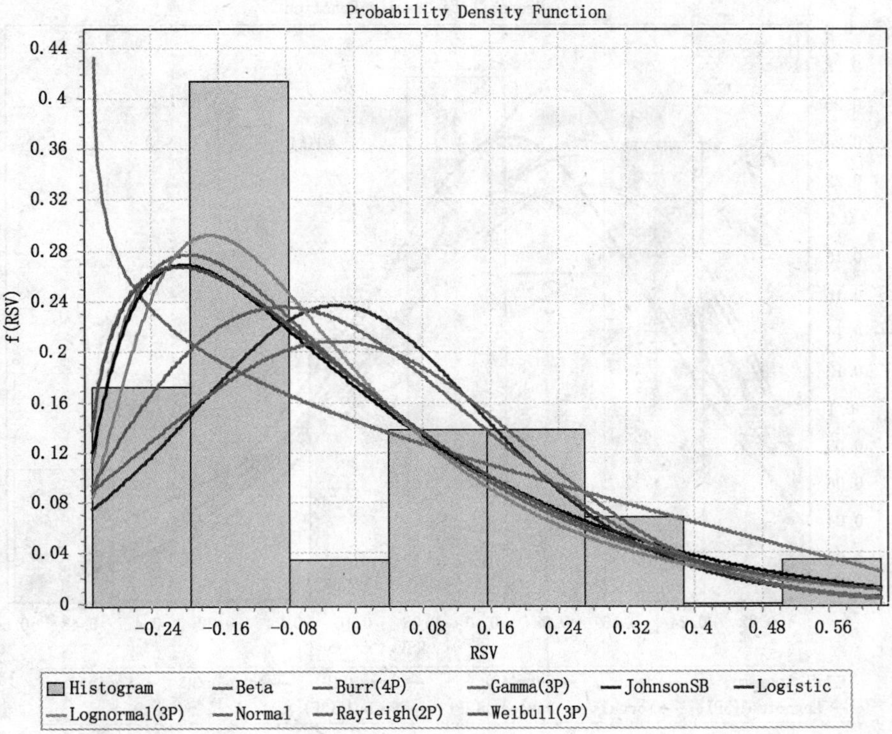

附图 138　顺义区棉花 RSV 序列的直方图与可能的单产分布模型

从附图 138 可以看出，9 种概率分布模型均能在一定程度上很好地拟合出顺义区棉花 RSV 序列的概率分布。从附表 158 各分布模型的拟合优度检验结果可以很容易看出，Johnson SB 分布为拟合顺义区棉花 RSV 序列的最优模型。

附表 158　顺义区棉花 RSV 序列单产分布模型的拟合优度检验一览

#	Distribution	Kolmogorov Smirnov		Anderson Darling		Chi - Squared	
		Statistic	Rank	Statistic	Rank	Statistic	Rank
1	Beta	0.14576976	6	4.64694248	9	N/A	
2	Burr (4P)	0.095657606	2	0.398276961	4	1.40352337	3
3	Gamma (3P)	0.091706374	1	0.37933716	2	1.38446608	2
4	Johnson SB	0.096268468	3	0.349810209	1	1.43334267	5
5	Logistic	0.202158935	9	1.14750746	8	2.76013378	8
6	Lognormal (3P)	0.099698493	5	0.382423321	3	1.35050194	1
7	Normal	0.188948049	8	1.01732354	7	1.76251338	6
8	Rayleigh (2P)	0.182396336	7	0.88909465	6	2.36084326	7
9	Weibull (3P)	0.0963369	4	0.400516684	5	1.41317156	4

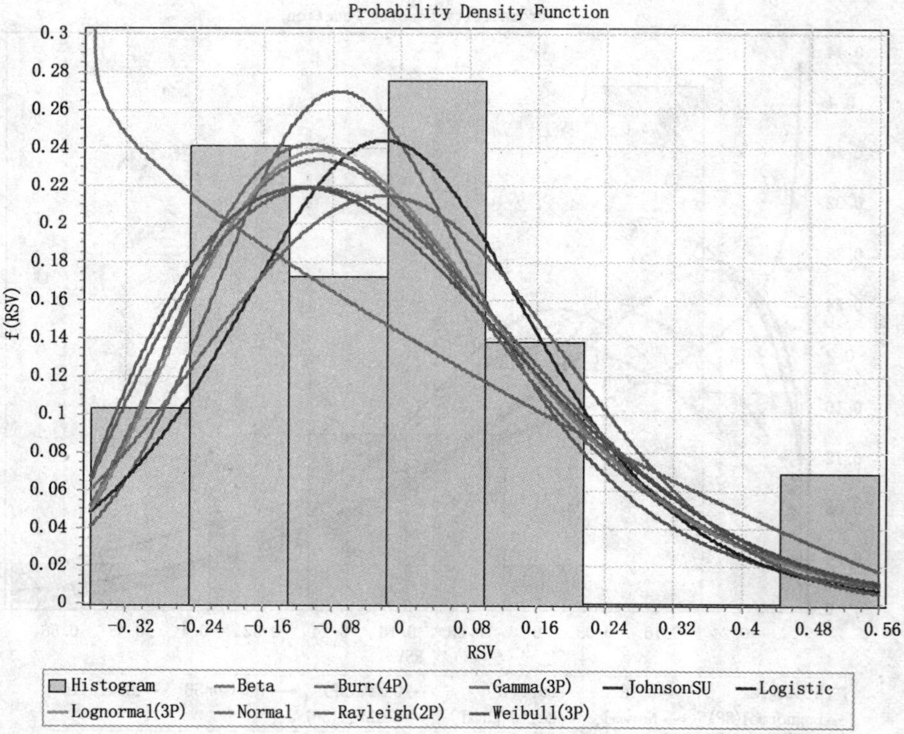

附图 139　通州区棉花 RSV 序列的直方图与可能的单产分布模型

从附图 139 可以看出，9 种概率分布模型均能在一定程度上很好地拟合出通州区棉花 RSV 序列的概率分布。从附表 159 各分布模型的拟合优度检验结果可以很容易看出，四参数的 Burr 分布为拟合通州区棉花 RSV 序列的最优模型。

附表 159　通州区棉花 RSV 序列单产分布模型的拟合优度检验一览

#	Distribution	Kolmogorov Smirnov		Anderson Darling		Chi - Squared	
		Statistic	Rank	Statistic	Rank	Statistic	Rank
1	Beta	0. 201929178	9	2. 12637169	9	4. 90052254	8
2	Burr (4P)	0. 086308984	1	0. 31022902	1	1. 43902468	5
3	Gamma (3P)	0. 102381907	4	0. 487174072	4	1. 38895148	3
4	Johnson SU	0. 095123688	2	0. 480510264	3	1. 37554987	2
5	Logistic	0. 139252913	7	0. 50490325	5	3. 37397598	6
6	Lognormal (3P)	0. 099288618	3	0. 45730726	2	1. 39715012	4
7	Normal	0. 14917318	8	0. 708253498	8	5. 45838324	9
8	Rayleigh (2P)	0. 112816087	6	0. 594984272	6	4. 19627833	7
9	Weibull (3P)	0. 106592441	5	0. 628548989	7	1. 27413187	1

（十四）烟叶

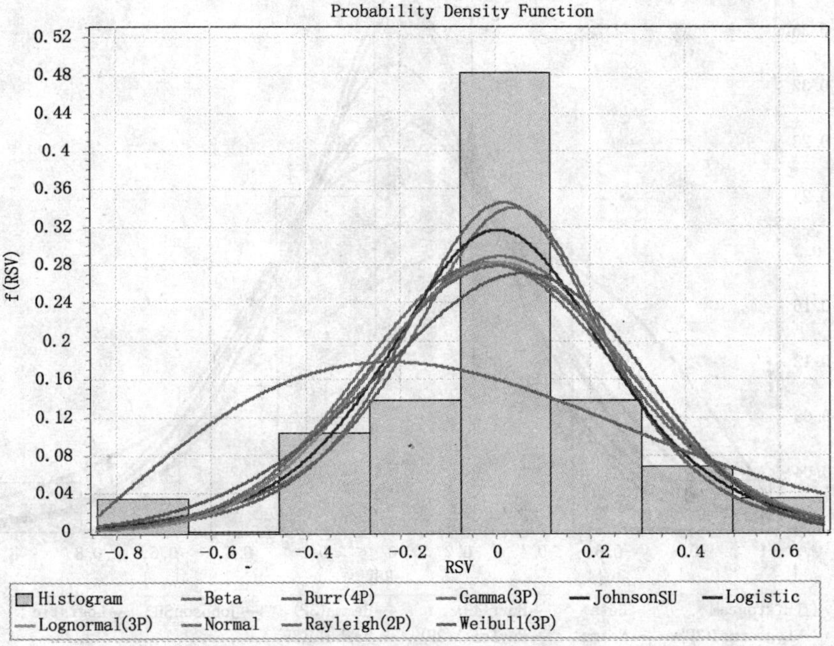

附图 140　北京市烟叶 RSV 序列的直方图与可能的单产分布模型

从附图 140 可以看出，除 Ralyeigh 外，其余 8 种概率分布模型均能很好地拟合出北京市烟叶 RSV 序列的概率分布。从附表 160 各分布模型的拟合优度检验结果可以很容易看出，Johnson SU 分布为拟合北京市烟叶 RSV 序列的最优模型。

附表 160　北京市烟叶 RSV 序列单产分布模型的拟合优度检验一览

#	Distribution	Kolmogorov Smirnov		Anderson Darling		Chi - Squared	
		Statistic	Rank	Statistic	Rank	Statistic	Rank
1	Beta	0. 166919399	5	0. 729826318	4	12. 0854798	3
2	Burr（4P）	0. 149258979	2	0. 481724347	2	12. 1897566	6
3	Gamma（3P）	0. 188908787	8	0. 831982024	7	7. 30470767	1
4	Johnson SU	0. 14069052	1	0. 468648524	1	12. 4050413	8
5	Logistic	0. 167862464	6	0. 572468565	3	12. 3800167	7
6	Lognormal（3P）	0. 162961237	4	0. 778133038	5	12. 1776409	5
7	Normal	0. 174544892	7	0. 791386171	6	12. 1485066	4
8	Rayleigh（2P）	0. 294555661	9	3. 52327807	9	37. 3331042	9
9	Weibull（3P）	0. 161220325	3	0. 873404583	8	12. 0738005	2

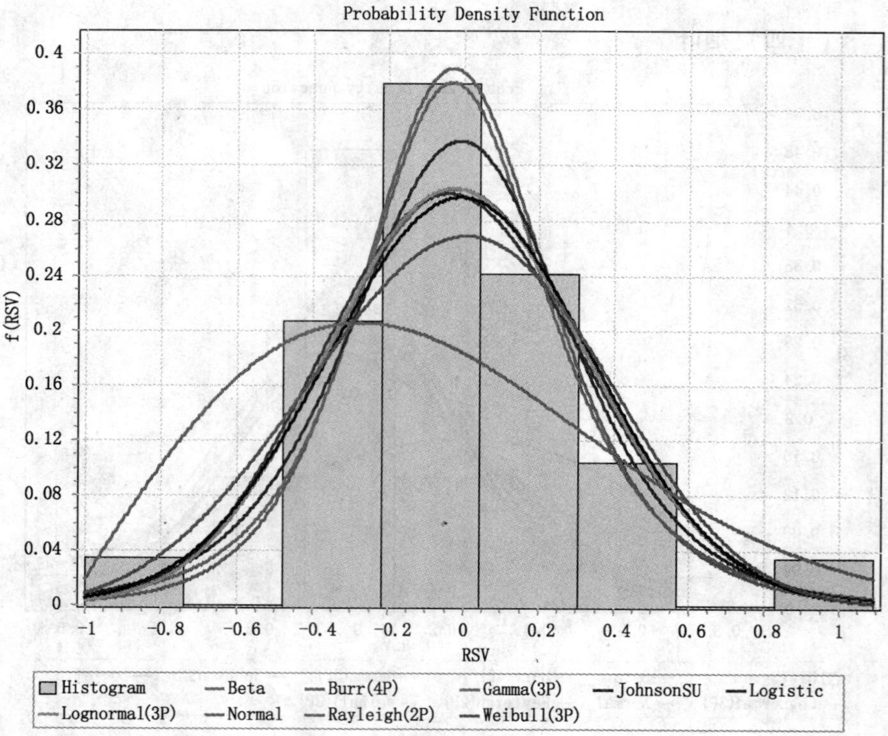

附图 141　怀柔区烟叶 RSV 序列的直方图与可能的单产分布模型

从附图 141 可以看出，9 种概率分布模型均能在一定程度上很好地拟合出怀柔区烟叶 RSV 序列的概率分布。从附表 161 各分布模型的拟合优度检验结果可以很容易看出，四参数的 Burr 分布为拟合怀柔区烟叶 RSV 序列的最优模型。

附表 161　怀柔区烟叶 RSV 序列单产分布模型的拟合优度检验一览

#	Distribution	Kolmogorov Smirnov		Anderson Darling		Chi－Squared	
		Statistic	Rank	Statistic	Rank	Statistic	Rank
1	Beta	0.155015599	6	0.863748623	5	6.04105992	3
2	Burr（4P）	0.119571312	2	0.406143109	1	6.85363422	6
3	Gamma（3P）	0.145870764	4	0.89823876	6	6.04557794	4
4	Johnson SU	0.117073755	1	0.411024504	2	7.03826527	7
5	Logistic	0.143614713	3	0.601204755	3	2.30027	1
6	Lognormal（3P）	0.15298765	5	0.859884945	4	19.2674279	9
7	Normal	0.160010773	7	0.91057496	7	6.05054846	5
8	Rayleigh（2P）	0.255640626	9	3.16471817	9	5.90223972	2
9	Weibull（3P）	0.166287947	8	1.21109372	8	11.2596341	8

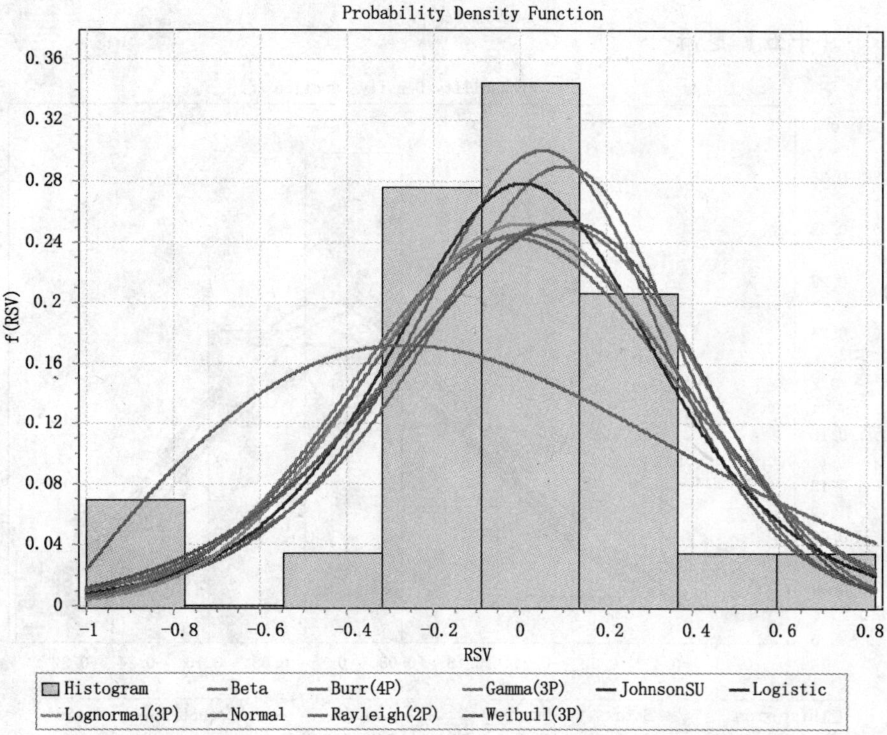

附图 142　平谷区烟叶 RSV 序列的直方图与可能的单产分布模型

从附图 142 可以看出，9 种概率分布模型均能在一定程度上很好地拟合出平谷区烟叶 RSV 序列的概率分布。从附表 162 各分布模型的拟合优度检验结果可以很容易看出，四参数的 Burr 分布为拟合平谷区烟叶 RSV 序列的最优模型。

附表 162　平谷区烟叶 RSV 序列单产分布模型的拟合优度检验一览

#	Distribution	Kolmogorov Smirnov		Anderson Darling		Chi - Squared	
		Statistic	Rank	Statistic	Rank	Statistic	Rank
1	Beta	0.176117935	3	0.962939306	4	2.98250549	7
2	Burr (4P)	0.155304594	2	0.674049592	1	0.526139604	1
3	Gamma (3P)	0.208015547	8	1.24432391	8	2.41169352	5
4	Johnson SU	0.148470606	1	0.708360904	2	3.03455374	8
5	Logistic	0.179504278	5	0.816317483	3	0.625603262	2
6	Lognormal (3P)	0.188032052	6	1.11116342	6	1.22464151	3
7	Normal	0.198549299	7	1.12700031	7	1.22513045	4
8	Rayleigh (2P)	0.342837308	9	3.4242471	9	5.04663208	9
9	Weibull (3P)	0.178408118	4	0.970234489	5	2.96008112	6

（十五）芝麻

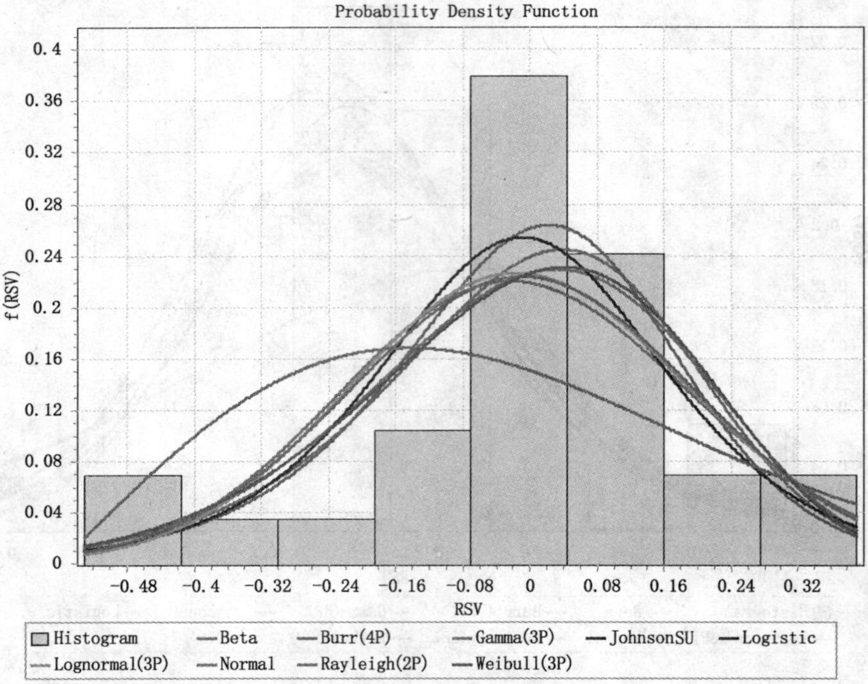

附图 143　北京市芝麻 RSV 序列的直方图与可能的单产分布模型

从附图 143 可以看出，除 Ralyeigh 外，其余 8 种概率分布模型均能很好地拟合出北京市芝麻 RSV 序列的概率分布。从附表 163 各分布模型的拟合优度检验结果可以很容易看出，四参数的 Burr 分布为拟合北京市芝麻 RSV 序列的最优模型。

附表 163　北京市芝麻 RSV 序列单产分布模型的拟合优度检验一览

#	Distribution	Kolmogorov Smirnov		Anderson Darling		Chi - Squared	
		Statistic	Rank	Statistic	Rank	Statistic	Rank
1	Beta	0.142955893	3	0.759331094	4	6.24028989	7
2	Burr（4P）	0.124693983	1	0.592868111	1	9.77090241	8
3	Gamma（3P）	0.169259754	8	0.966627903	8	2.96912811	1
4	Johnson SU	0.141991416	2	0.658558849	2	4.25030385	5
5	Logistic	0.152885923	5	0.714927817	3	3.97471295	4
6	Lognormal（3P）	0.160379044	6	0.910850599	7	2.98876369	2
7	Normal	0.160393218	7	0.876895104	6	3.04442077	3
8	Rayleigh（2P）	0.274854227	9	2.4586809	9	17.8666463	9
9	Weibull（3P）	0.144581536	4	0.761732038	5	6.20601066	6

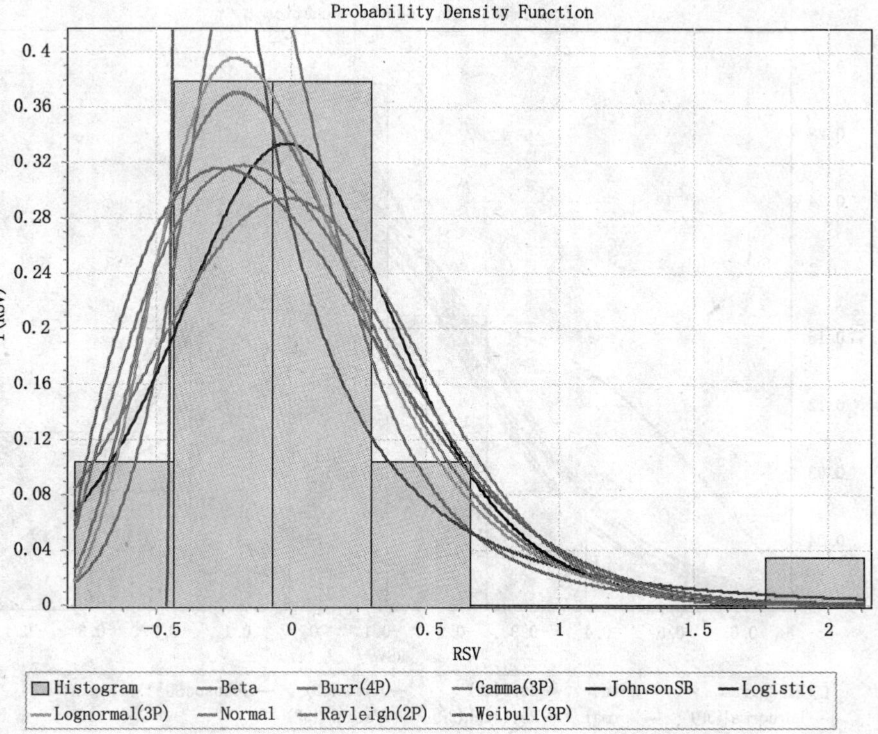

附图 144　昌平区芝麻 RSV 序列的直方图与可能的单产分布模型

从附图 144 可以看出，除 Beta 分布外，其余 8 种概率分布模型均能在一定程度上很好地拟合出昌平区芝麻 RSV 序列的概率分布。从附表 164 各分布模型的拟合优度检验结果可以很容易看出，四参数的 Burr 分布为拟合昌平区芝麻 RSV 序列的最优模型。

附表 164　昌平区芝麻 RSV 序列单产分布模型的拟合优度检验一览

#	Distribution	Kolmogorov Smirnov		Anderson Darling		Chi - Squared	
		Statistic	Rank	Statistic	Rank	Statistic	Rank
1	Beta	0.120075722	4	0.869603155	4	3.88886562	3
2	Burr (4P)	0.114632753	1	0.310419101	1	9.30717069	8
3	Gamma (3P)	0.119264612	3	0.862287194	3	3.88885395	2
4	Johnson SB	0.226492881	9	8.78427863	9	N/A	
5	Logistic	0.166398884	7	1.38753444	6	7.1900698	6
6	Lognormal (3P)	0.1160162	2	0.709305619	2	3.88361114	1
7	Normal	0.174651207	8	1.85351178	8	7.70193779	7
8	Rayleigh (2P)	0.150032587	6	1.33898867	5	6.07742346	5
9	Weibull (3P)	0.146886819	5	1.41411485	7	5.90206939	4

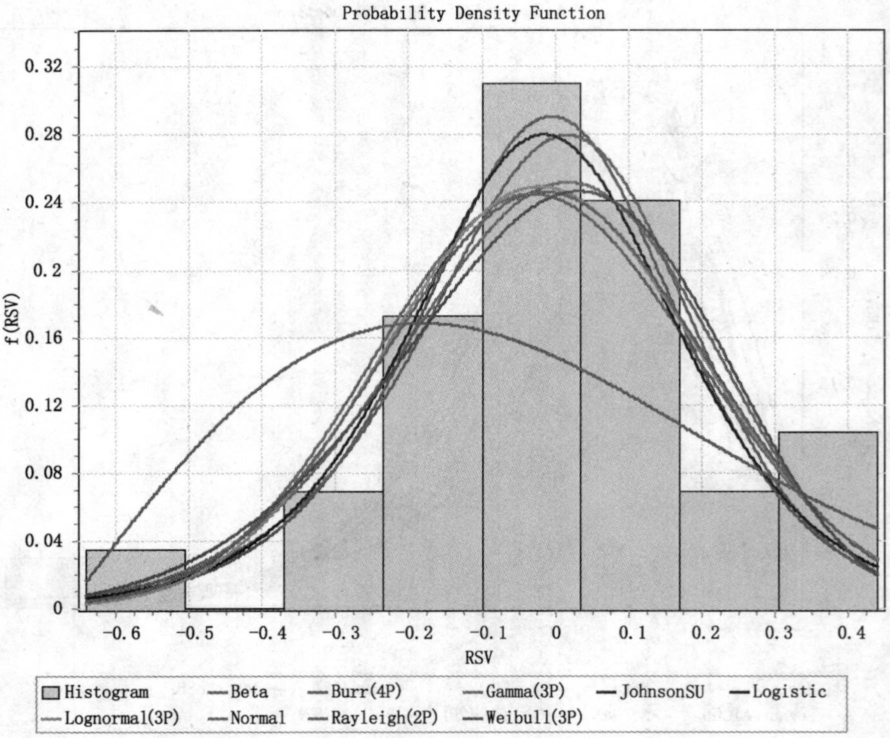

附图 145　大兴区芝麻 RSV 序列的直方图与可能的单产分布模型

从附图 145 可以看出，除 Beta 分布外，其余 8 种概率分布模型均能在一定程度上很好地拟合出大兴区芝麻 RSV 序列的概率分布。从附表 165 各分布模型的拟合优度检验结果可以很容易看出，四参数的 Burr 分布为拟合大兴区芝麻 RSV 序列的最优模型。

附表 165　大兴区芝麻 RSV 序列单产分布模型的拟合优度检验一览

#	Distribution	Kolmogorov Smirnov		Anderson Darling		Chi - Squared	
		Statistic	Rank	Statistic	Rank	Statistic	Rank
1	Beta	0. 138483268	7	0. 471019128	5	0. 492765447	1
2	Burr（4P）	0. 110494167	2	0. 301225593	1	0. 684296409	2
3	Gamma（3P）	0. 121944868	3	0. 515704613	7	1. 41489293	7
4	Johnson SU	0. 129118443	6	0. 360990962	3	0. 690486725	3
5	Logistic	0. 107507213	1	0. 313950093	2	1. 34167329	6
6	Lognormal（3P）	0. 123045975	4	0. 465491529	4	1. 04127068	5
7	Normal	0. 124697368	5	0. 471641676	6	1. 02992373	4
8	Rayleigh（2P）	0. 273555324	9	2. 67039103	9	7. 38688508	9
9	Weibull（3P）	0. 144623827	8	0. 531537802	8	4. 38445703	8

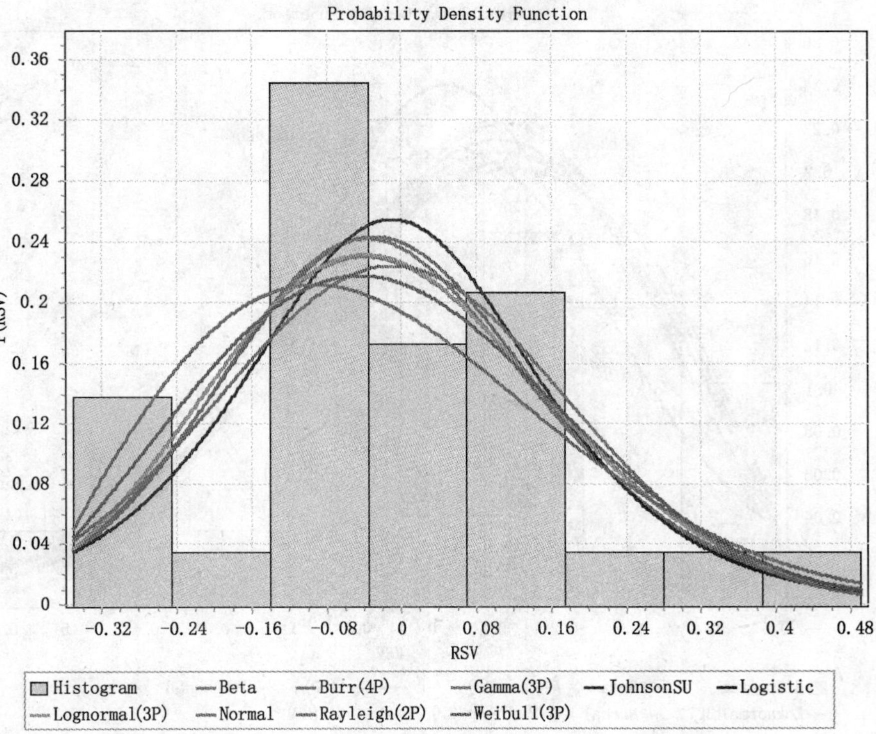

附图 146　房山区芝麻 RSV 序列的直方图与可能的单产分布模型

从附图 146 可以看出，9 种概率分布模型均能在一定程度上很好地拟合出房山区芝麻 RSV 序列的概率分布。从附表 166 各分布模型的拟合优度检验结果可以很容易看出，四参数的 Burr 分布为拟合房山区芝麻 RSV 序列的最优模型。

附表 166　房山区芝麻 RSV 序列单产分布模型的拟合优度检验一览

#	Distribution	Kolmogorov Smirnov		Anderson Darling		Chi - Squared	
		Statistic	Rank	Statistic	Rank	Statistic	Rank
1	Beta	0.093466728	6	0.294756723	7	1.33302766	6
2	Burr (4P)	0.082932974	1	0.245038309	2	0.332300928	1
3	Gamma (3P)	0.093919694	7	0.290399201	5	0.683799857	4
4	Johnson SU	0.086054284	2	0.245610237	3	0.373539437	2
5	Logistic	0.089432283	4	0.200291134	1	1.5819532	8
6	Lognormal (3P)	0.093270528	5	0.287358134	4	0.688724289	5
7	Normal	0.088251363	3	0.291710434	6	1.4980746	7
8	Rayleigh (2P)	0.146956627	9	0.605233706	9	1.58316569	9
9	Weibull (3P)	0.109144023	8	0.368132747	8	0.625113007	3

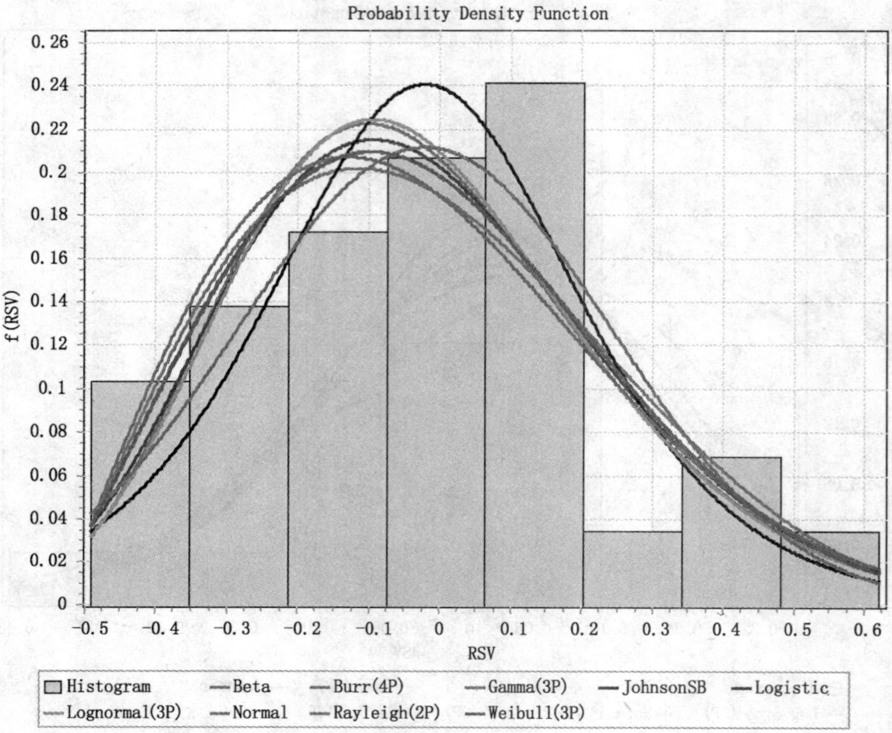

附图 147　怀柔区芝麻 RSV 序列的直方图与可能的单产分布模型

从附图 147 可以看出，9 种概率分布模型均能在一定程度上很好地拟合出怀柔区芝麻 RSV 序列的概率分布。从附表 167 各分布模型的拟合优度检验结果可以很容易看出，Johnson SB 分布为拟合怀柔区芝麻 RSV 序列的最优模型。

附表 167　怀柔区芝麻 RSV 序列单产分布模型的拟合优度检验一览

#	Distribution	Kolmogorov Smirnov		Anderson Darling		Chi - Squared	
		Statistic	Rank	Statistic	Rank	Statistic	Rank
1	Beta	0.102520386	7	0.319337328	7	3.21576984	3
2	Burr (4P)	0.096159987	6	0.294684668	4	3.29749242	5
3	Gamma (3P)	0.088038324	2	0.291067901	3	3.38691892	7
4	Johnson SB	0.092268289	3	0.279418654	1	3.37636973	6
5	Logistic	0.094285711	5	0.308463232	6	0.644065156	2
6	Lognormal (3P)	0.084491564	1	0.285600101	2	3.38898981	8
7	Normal	0.114413209	9	0.342930344	9	0.122098425	1
8	Rayleigh (2P)	0.106606891	8	0.335458026	8	4.51410268	9
9	Weibull (3P)	0.09418144	4	0.29625079	5	3.28616147	4

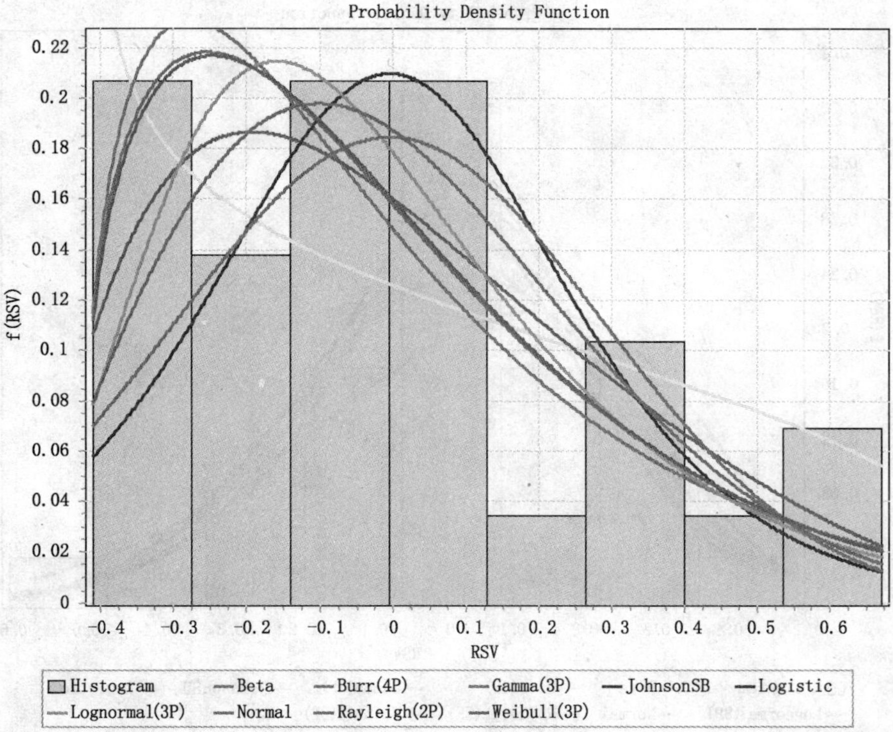

附图 148　密云县芝麻 RSV 序列的直方图与可能的单产分布模型

从附图 148 可以看出，9 种概率分布模型均能在一定程度上很好地拟合出密云县芝麻 RSV 序列的概率分布。从附表 168 各分布模型的拟合优度检验结果可以很容易看出，Johnson SB 分布为拟合密云县芝麻 RSV 序列的最优模型。

附表 168　密云县芝麻 RSV 序列单产分布模型的拟合优度检验一览

#	Distribution	Kolmogorov Smirnov		Anderson Darling		Chi - Squared	
		Statistic	Rank	Statistic	Rank	Statistic	Rank
1	Beta	0.156784566	9	4.36167171	9	N/A	
2	Burr (4P)	0.109093553	7	0.362121274	5	3.33929054	3
3	Gamma (3P)	0.127105074	8	0.443827802	8	10.684803	8
4	Johnson SB	0.075143604	1	0.177027782	1	4.15383618	7
5	Logistic	0.104835467	5	0.441977783	7	3.58764337	5
6	Lognormal (3P)	0.08655996	2	0.27221786	2	2.13931441	1
7	Normal	0.093513391	4	0.393551974	6	3.44025396	4
8	Rayleigh (2P)	0.090878313	3	0.312250285	3	4.06411042	6
9	Weibull (3P)	0.10622226	6	0.35159352	4	3.31943033	2

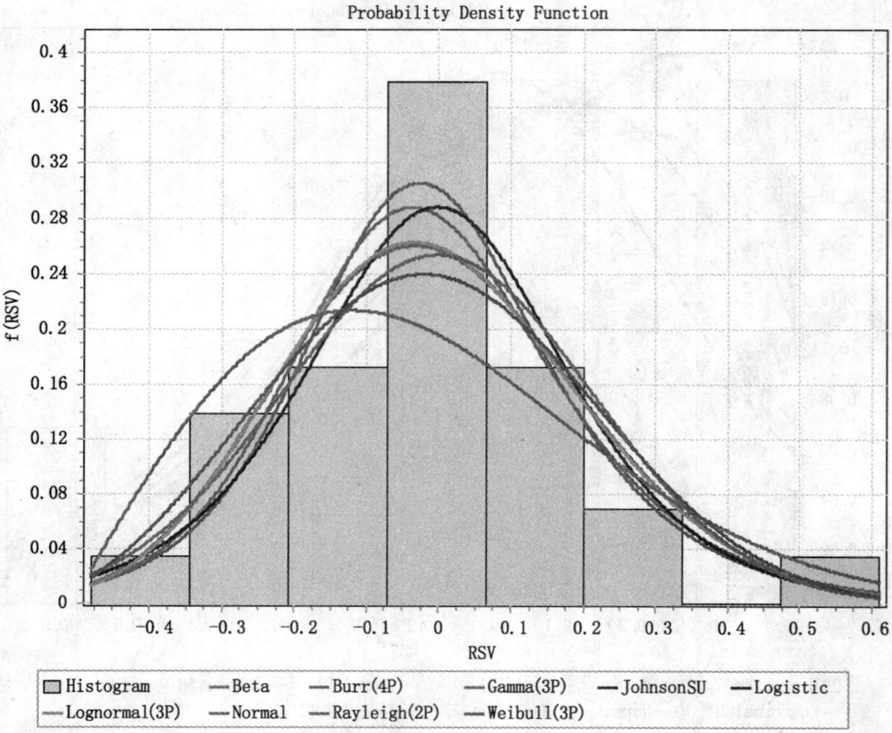

附图 149　平谷区芝麻 RSV 序列的直方图与可能的单产分布模型

从附图 149 可以看出，9 种概率分布模型均能在一定程度上很好地拟合出平谷区芝麻 RSV 序列的概率分布。从附表 169 各分布模型的拟合优度检验结果可以很容易看出，四参数的 Burr 分布为拟合平谷区芝麻 RSV 序列的最优模型。

附表 169　平谷区芝麻 RSV 序列单产分布模型的拟合优度检验一览

#	Distribution	Kolmogorov Smirnov		Anderson Darling		Chi - Squared	
		Statistic	Rank	Statistic	Rank	Statistic	Rank
1	Beta	0. 107998396	5	0. 314020179	6	12. 4549678	8
2	Burr (4P)	0. 086196212	1	0. 187179055	1	7. 38057523	4
3	Gamma (3P)	0. 107945167	4	0. 307603888	5	12. 4586983	9
4	Johnson SU	0. 090173757	2	0. 217993875	2	7. 40948626	5
5	Logistic	0. 110151689	6	0. 231804254	3	10. 1426599	7
6	Lognormal (3P)	0. 10628404	3	0. 303311654	4	9. 40066911	6
7	Normal	0. 126457657	8	0. 368596887	7	2. 52085719	1
8	Rayleigh (2P)	0. 180988029	9	1. 1116315	9	3. 4771654	2
9	Weibull (3P)	0. 120162285	7	0. 435101515	8	3. 9494171	3

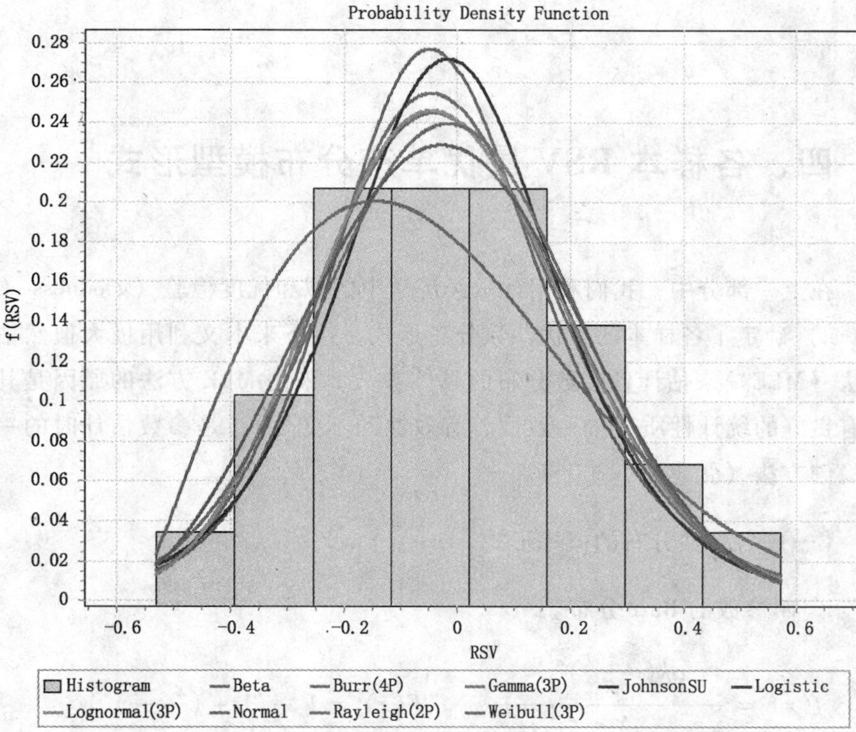

附图 150　通州区芝麻 RSV 序列的直方图与可能的单产分布模型

从附图 150 可以看出，9 种概率分布模型均能在一定程度上很好地拟合出通州区芝麻 RSV 序列的概率分布。从附表 170 各分布模型的拟合优度检验结果可以很容易看出，四参数的 Burr 分布为拟合通州区芝麻 RSV 序列的最优模型。

附表 170　通州区芝麻 RSV 序列单产分布模型的拟合优度检验一览

#	Distribution	Kolmogorov Smirnov		Anderson Darling		Chi - Squared	
		Statistic	Rank	Statistic	Rank	Statistic	Rank
1	Beta	0.086485283	4	0.211853053	5	0.53364535	2
2	Burr (4P)	0.072111107	1	0.160065954	1	3.51940216	9
3	Gamma (3P)	0.085817508	3	0.209164193	4	0.539281472	3
4	Johnson SU	0.081665328	2	0.181260163	2	0.562062786	5
5	Logistic	0.090718727	6	0.224015386	6	1.42636564	7
6	Lognormal (3P)	0.086718474	5	0.206096463	3	0.539674643	4
7	Normal	0.093301254	7	0.25764502	7	1.49738209	8
8	Rayleigh (2P)	0.188624455	9	0.932244748	9	0.902605327	6
9	Weibull (3P)	0.100886265	8	0.281053652	8	0.52063294	1

四、各样本 RSV 最优单产分布模型形式

在上一部分中，我们利用计量经济学中的拟和优度检验（goodness-of-fit test）确定了各样本的最优参数分布形式，接下来本文利用极大似然估计法（MLE）来估计各参数分布的具体参数，采用 MLE 方法的原因是其具有良好的统计性质（如一致性、有效性和不变性），是参数估计时的一种稳健方法（张忠诚，2006）。

（一）各参数分布的概率形式

1. 四参数的 Burr 分布。

$$f(x) = \frac{\alpha k(\frac{x-r}{\beta})^{\alpha-1}}{\beta(1+(\frac{x-r}{\beta})^{a})^{k+1}} \qquad F(x) = 1-(1+(\frac{x-r}{\beta})^{a})^{-k}$$

其中：k 和 a 为形状参数；b 为范围参数；r 为位置参数。

2. Beta 分布。

$$f(x) = \frac{1}{B(a_1,a_2)}\frac{(x-a)^{a_1-1}(b-x)^{a_2-1}}{(b-a)^{a_1+a_2-1}}$$

$$F(x) = I_z(a_1,a_2) = \frac{B_z(a_1,a_2)}{B(a_1,a_2)}$$

其中：a_1 和 a_2 都是形状参数；a 和 b 是上下限参数（a<b）。

$$z = \frac{x-a}{b-a},\ B(a_1,a_2) = \int_0^1 t^{a_1-1}(1-t)^{a_2-1}dt$$

$$B_x(a_1,a_2) = \int_0^x t^{a_1-1}(1-t)^{a_2-1}dt\ (a_1,a_2>0,\ 0\leqslant x\leqslant 1)$$

3. 三参数的 Lognormal 分布。

$$f(x) = \frac{\exp(-0.5(\frac{\ln(x-r)-u}{\sigma})^2)}{(x-r)\sigma\sqrt{2\pi}} \qquad F(x) = \Phi(\frac{\ln(x-r)-u}{\sigma})$$

其中：sigma 为方差参数；u 为均值；r 为位置参数，r < x < +∞。

4. Johnson SB Distribution 分布。

$$f(x)=\frac{\delta}{\lambda\sqrt{2\pi}z(1-z)}\exp(-0.5(r+\delta\ln(\frac{z}{1-z}))^2)$$

$$F(x)=\Phi(r+\delta\ln(\frac{z}{1-z}))$$

其中：r 和 δ 为位置参数；λ 为范围参数；ξ 为位置参数（λ 和 $\delta>0$）。

$$z=\frac{x-\xi}{\lambda},\quad and\ \Phi(x)=\frac{1}{\sqrt{2\pi}}\int_{-\infty}^{x}e^{-t^2/2}dt$$

5. Johnson SU Distribution 分布。

$$f(x)=\frac{\delta}{\lambda\sqrt{2\pi}\sqrt{z^2+1}}\exp(-0.5(r+\delta\ln(z+\sqrt{z^2+1}))^2)$$

$$F(x)=\Phi(r+\delta\ln(z+\sqrt{z^2+1}))$$

其中：r 和 δ 为位置参数；λ 为范围参数；ξ 为位置参数（λ 和 $\delta>0$）。

$$z=\frac{x-\xi}{\lambda},\quad and\ \Phi(x)=\frac{1}{\sqrt{2\pi}}\int_{-\infty}^{x}e^{-t^2/2}dt$$

6. Weibull 分布。

$$f(x)=\frac{a}{b}(\frac{x-r}{b})^{a-1}\exp(-(\frac{x-r}{b})^a)$$

$$F(x)=1-\exp(-(\frac{x-r}{b})^a)$$

其中：a 为形状参数；b 为范围/尺度参数；r 为位置参数。

7. Logistic 分布。

$$f(x)=\frac{1}{\sigma}\times\frac{\exp(-\frac{x-\mu}{\sigma})}{(1+\exp(-\frac{x-\mu}{\sigma}))^2}$$

$$F(x)=\exp(\frac{x-\mu}{\sigma})/(1+\exp(\frac{x-\mu}{\sigma}))$$

8. 三参数的 Gamma 分布。

$$f(x)=\frac{(x-r)^{a-1}}{\beta^a\Gamma(a)}\exp(-(x-r)/\beta)\qquad F(x)=\frac{\Gamma_{(x-r)/\beta}(a)}{\Gamma(a)}$$

其中：a 为形状参数；b 为范围或尺度参数；r 为位置参数。

$$\Gamma(a) = \int_0^{\infty} t^{a-1} e^{-t} dt \ (a > 0) \qquad \Gamma_x(a) = \int_0^{x} t^{a-1} e^{-t} dt \ (a > 0)$$

（二）各样本 RSV 最优单产分布模型

1. 大豆。

（1）北京（服从 Johnson SU 分布）具体参数为：

$\gamma = 16.4445869$；$\delta = 12.1352336$；$\lambda = 0.579773146$；$\xi = 1.06205702$

其概率分布函数 PDF 为：

$$f(x) = \frac{8.3503}{\sqrt{(\frac{x - 1.0621}{0.5798})^2 + 1}} \exp(-0.5 \times (16.4446 + 12.1352 \times \ln(\frac{x - 1.0621}{0.5798} + \sqrt{(\frac{x - 1.0621}{0.5798})^2 + 1}))^2)$$

（2）昌平（服从 Johnson SB 分布）具体参数为：

$\gamma = -0.042179579$；$\delta = 0.916433968$；$\lambda = 0.516314041$；$\xi = -0.264310571$

其概率分布函数 PDF 为：

$$f(x) = \frac{0.7081}{\frac{x + 0.2643}{0.5163} \times (1 - \frac{x + 0.2643}{0.5163})} \exp(-0.5 \times (-0.0422 + 0.9164 \times \ln(\frac{x + 0.2643}{0.2520 - x}))^2)$$

（3）朝阳（服从三参数 Lognormal 分布）具体参数为：

$\sigma = 0.701697238$；$\mu = -0.605076027$；$\gamma = -0.639643535$

其概率分布函数 PDF 为：

$$f(x) = \frac{0.5685}{x + 0.6396} \times \exp(-0.5(\frac{\ln(x + 0.6396) + 0.6051}{0.7017})^2)$$

（4）大兴（服从三参数的 Lognormal 分布）具体参数为：

$\sigma = 0.142425806$；$\mu = -0.273068721$；$\gamma = -0.761889878$

其概率分布函数 PDF 为：

$$f(x) = \frac{2.8011}{x + 0.7619} \times \exp(-0.5(\frac{\ln(x + 0.7619) + 0.2731}{0.1424})^2)$$

（5）房山（服从 Logistic 分布）具体参数为：

$\sigma = 0.090191706$；$\mu = 0.005172414$

其概率分布函数 PDF 为：

$$f(x) = 11.0875 \times \frac{\exp(-\frac{x-0.0052}{0.0902})}{(1+\exp(-\frac{x-0.0052}{0.0902}))^2}$$

（6）丰台（服从四参数的 Burr 分布）具体参数为：

$k = 0.962473596$；$a = 2383.80866$；$\beta = 346.206771$；$\gamma = -346.210036$

其概率分布函数 PDF 为：

$$f(x) = 6.6271 \times \frac{(\frac{x+346.21}{346.2068})^{2382.8087}}{(1+(\frac{x+346.21}{346.2068})^{2383.8087})^{1.9625}}$$

（7）海淀（服从四参数的 Burr 分布）具体参数为：

$k = 0.519257426$；$a = 63.8196408$；$\beta = 9.42089678$；$\gamma = -9.63286477$

其概率分布函数 PDF 为：

$$f(x) = 3.5176 \times \frac{(\frac{x+9.6329}{9.4209})^{62.8196}}{(1+(\frac{x+9.6329}{9.4209})^{63.8196})^{1.5193}}$$

（8）怀柔（服从四参数的 Burr 分布）具体参数为：

$k = 1.01691358$；$a = 33.9081916$；$\beta = 3.05569537$；$\gamma = -3.04862068$

其概率分布函数 PDF 为：

$$f(x) = 11.2844 \times \frac{(\frac{x+3.0486}{3.0557})^{32.9082}}{(1+(\frac{x+3.0486}{3.0557})^{33.9082})^{2.0169}}$$

（9）门头沟（服从三参数的 Weibull 分布）具体参数为：

$a = 109313913$；$\beta = 21238917.1$；$\gamma = -21238917.0$

其概率分布函数 PDF 为：

$$f(x) = 5.1469 \times (\frac{x+21238917}{21238917.1})^{109313912}\exp(-(\frac{x+21238917}{21238917.1})^{109313913})$$

（10）密云（服从 Logistic 分布）具体参数为：

$\sigma = 0.16121486$；$\mu = 0.014827586$

其概率分布函数 PDF 为：

$$f(x) = 6.2029 \times \frac{\exp(-\frac{x - 0.0148}{0.1612})}{(1 + \exp(-\frac{x - 0.0148}{0.1612}))^2}$$

（11）平谷（服从 Johnson SB 分布）具体参数为：

$\gamma = -6.33606626$；$\delta = 4.74749988$；$\lambda = 5.88251615$；$\xi = -4.62867662$

其概率分布函数 PDF 为：

$$f(x) = \frac{0.3220}{\frac{x + 4.6287}{5.8825} \times (1 - \frac{x + 4.6287}{5.8825})}\exp(-0.5 \times (-6.3361 + 4.7475 \times \ln(\frac{x + 4.6287}{1.2538 - x}))^2)$$

（12）顺义（服从四参数的 Burr 分布）具体参数为：

$k = 0.555681871$；$\alpha = 4100628.73$；$\beta = 227986.363$；$\gamma = -227986.405$

其概率分布函数 PDF 为：

$$f(x) = 9.9947 \times \frac{(\frac{x + 227986.405}{227986.363})^{4100627.73}}{(1 + (\frac{x + 227986.405}{227986.363})^{4100628.73})^{1.5557}}$$

（13）通州（服从三参数 Lognormal 分布）具体参数为：

$\sigma = 0.341017706$；$\mu = -0.133163155$；$\gamma = -0.90856765$

其概率分布函数 PDF 为：

$$f(x) = \frac{1.1699}{x + 0.9086} \times \exp(-0.5(\frac{\ln(x + 0.9086) + 0.1332}{0.341})^2)$$

（14）延庆（服从 Johnson SB 分布）具体参数为：

$\gamma = -1.03817058$；$\delta = 1.38734348$；$\lambda = 1.28361187$；$\xi = -0.845519795$

其概率分布函数 PDF 为：

$$f(x) = \frac{0.4312}{\frac{x + 0.8455}{1.2836} \times (1 - \frac{x + 0.8455}{1.2836})}\exp(-0.5 \times (-1.0382$$

$$+1.3873\times\ln(\frac{x+0.8455}{0.4381-x}))^2)$$

2. 稻谷。

（1）北京（服从四参数的 Burr 分布）具体参数为：

$k=1.02861543$；$a=68849.5543$；$\beta=1763.16097$；$\gamma=-1763.15807$

其概率分布函数 PDF 为：

$$f(x)=40.1663\times\frac{(\frac{x+1763.1581}{1763.1610})^{68848.5543}}{(1+(\frac{x+1763.1581}{1763.1610})^{68849.5543})^{2.0286}}$$

（2）昌平（服从 Johnson SU 分布）具体参数为：

$\gamma=3.69262274$；$\delta=4.02493071$；$\lambda=0.163524428$；$\xi=0.179432197$

其概率分布函数 PDF 为：

$$f(x)=\frac{9.8194}{\sqrt{(\frac{x-0.1794}{0.1635})^2+1}}\exp(-0.5\times(3.6926+4.0249$$

$$\times\ln(\frac{x-0.1794}{0.1635}+\sqrt{(\frac{x-0.1794}{0.1635})^2+1}))^2)$$

（3）朝阳（服从四参数的 Burr 分布）具体参数为：

$k=1.31262255$；$a=479.153233$；$\beta=17.9094798$；$\gamma=-17.893241$

其概率分布函数 PDF 为：

$$f(x)=35.1181\times\frac{(\frac{x+17.8932}{17.9095})^{478.1532}}{(1+(\frac{x+17.8932}{17.9095})^{479.1532})^{2.3126}}$$

（4）房山（服从三参数的 Gamma 分布）具体参数为：

$\alpha=98.936923$；$\beta=0.008372191$；$\gamma=-0.829991137$

其概率分布函数 PDF 为：

$$f(x)=\frac{(x+0.83)^{97.9369}}{0.0084^{98.9369}\Gamma(98.9369)}\exp(-(x+0.83)/0.0084)$$

（5）海淀（服从四参数的 Burr 分布）具体参数为：

$k=1.35337941$；$a=3312.40174$；$\beta=203.197418$；$\gamma=-203.174744$

其概率分布函数 PDF 为：

$$f(x) = 22.062 \times \frac{(\frac{x + 203.1747}{203.1974})^{3311.4017}}{(1 + (\frac{x + 203.1747}{203.1974})^{3312.4017})^{2.3534}}$$

（6）怀柔（服从四参数的 Burr 分布）具体参数为：

$k = 37.4589452$；$\alpha = 5.17819201$；$\beta = 0.687551186$；$\gamma = -0.317040946$

其概率分布函数 PDF 为：

$$f(x) = 282.1166 \times \frac{(\frac{x + 0.317}{0.6876})^{4.1782}}{(1 + (\frac{x + 0.317}{0.6876})^{5.1782})^{38.4589}}$$

（7）密云（服从三参数的 Weibull 分布）具体参数为：

$\alpha = 4.6846452$；$\beta = 0.944731475$；$\gamma = -0.856658001$

其概率分布函数 PDF 为：

$$f(x) = 4.9587 \times (\frac{x + 0.8567}{0.9447})^{3.6846} \exp(-(\frac{x + 0.8567}{0.9447})^{4.6846})$$

（8）通州（服从四参数的 Burr 分布）具体参数为：

$k = 1.63741224$；$\alpha = 2264383.85$；$\beta = 112408.856$；$\gamma = -112408.821$

其概率分布函数 PDF 为：

$$f(x) = 32.9843 \times \frac{(\frac{x + 112408.821}{112408.856})^{2264382.85}}{(1 + (\frac{x + 112408.821}{112408.856})^{2264383.85})^{2.6374}}$$

（9）延庆（服从 Johnson SB 分布）具体参数为：

$\gamma = 0.163558353$；$\delta = 2.31084165$；$\lambda = 1.11485784$；$\xi = -0.536141943$

其概率分布函数 PDF 为：

$$f(x) = \frac{0.8269}{\frac{x + 0.5361}{1.1149} \times (1 - \frac{x + 0.5361}{1.1149})} \exp(-0.5 \times (-0.1636 + 2.3108 \times \ln(\frac{x + 0.5361}{0.5787 - x}))^2)$$

3. 高粱。

（1）北京（服从三参数的 Lognormal 分布）具体参数为：

$\sigma = 0.039550155$; $\mu = 1.32342744$; $\gamma = -3.75660743$

其概率分布函数 PDF 为：

$$f(x) = \frac{10.087}{x+3.7566} \times \exp(-0.5(\frac{\ln(x+3.7566)-1.3234}{0.0396})^2)$$

（2）昌平（服从四参数的 Burr 分布）具体参数为：

$k = 0.974268659$; $a = 37.7631307$; $\beta = 3.97588398$; $\gamma = -3.98971689$

其概率分布函数 PDF 为：

$$f(x) = 9.2536 \times \frac{(\frac{x+3.9897}{3.9759})^{36.7631}}{(1+(\frac{x+3.9897}{3.9759})^{37.7631})^{1.9743}}$$

（3）大兴（服从三参数的 Gamma 分布）具体参数为：

$\alpha = 152.422291$; $\beta = 0.015732111$; $\gamma = -2.3979936$

其概率分布函数 PDF 为：

$$f(x) = \frac{(x+2.398)^{151.4223}}{0.0157^{152.4223}\Gamma(152.4223)}\exp(-(x+2.398)/0.0157)$$

（4）房山（服从三参数的 Lognormal 分布）具体参数为：

$\sigma = 0.917169718$; $\mu = -0.335053465$; $\gamma = -0.934002168$

其概率分布函数 PDF 为：

$$f(x) = \frac{0.435}{x+0.934} \times \exp(-0.5(\frac{\ln(x+0.934)+0.335}{0.9172})^2)$$

（5）怀柔（服从四参数的 Burr 分布）具体参数为：

$k = 9.34260326$; $a = 129.387649$; $\beta = 14.9967682$; $\gamma = -14.6821526$

其概率分布函数 PDF 为：

$$f(x) = 80.6052 \times \frac{(\frac{x+14.6822}{14.9968})^{128.3876}}{(1+(\frac{x+14.6822}{14.9968})^{129.3876})^{10.3426}}$$

（6）门头沟（服从 Johnson SU 分布）具体参数为：

$\gamma = 16.4445869$; $\delta = 12.1352336$; $\lambda = 0.579773146$; $\xi = 1.06205702$

其概率分布函数 PDF 为：

$$f(x) = \frac{8.3502}{\sqrt{(\frac{x-1.0621}{0.5780})^2+1}}\exp(-0.5 \times (16.4446 + 12.1352$$

$$\times \ln(\frac{x-1.0621}{0.5780}+\sqrt{(\frac{x-1.0621}{0.5780})^2+1}))^2)$$

（7）密云（服从四参数的 Burr 分布）具体参数为：

$k=7.26114767$；$a=15.1615982$；$\beta=3.95504771$；$\gamma=-3.36523049$

其概率分布函数 PDF 为：

$$f(x)=27.8355\times\frac{(\frac{x+3.3652}{3.955})^{14.1616}}{(1+(\frac{x+3.3652}{3.955})^{15.1616})^{8.2611}}$$

（8）平谷（服从 Logistic 分布）具体参数为：

$\sigma=0.109203839$；$\mu=0.012413793$

其概率分布函数 PDF 为：

$$f(x)=9.1572\times\frac{\exp(-\frac{x-0.0124}{0.1092})}{(1+\exp(-\frac{x-0.0124}{0.1092}))^2}$$

（9）顺义（服从 Johnson SB 分布）具体参数为：

$\gamma=0.084977014$；$\delta=1.15246646$；$\lambda=1.11590674$；$\xi=-0.542347661$

其概率分布函数 PDF 为：

$$f(x)=\frac{0.412}{\frac{x+0.5423}{1.1159}\times(1-\frac{x+0.5423}{1.1159})}\exp(-0.5\times(0.085+1.1525\times\ln(\frac{x+0.5423}{0.5736-x}))^2)$$

（10）通州（服从 Johnson SB 分布）具体参数为：

$\gamma=0.142036935$；$\delta=0.934668411$；$\lambda=0.732298681$；$\xi=-0.334355209$

其概率分布函数 PDF 为：

$$f(x)=\frac{0.5092}{\frac{x+0.3344}{0.7323}\times(1-\frac{x+0.3344}{0.7323})}\exp(-0.5\times(0.142+0.9347\times\ln(\frac{x+0.3344}{0.3979-x}))^2)$$

（11）延庆（服从 Johnson SB 分布）具体参数为：

$\gamma = -1.98126863$；$\delta = 1.46502259$；$\lambda = 1.79683747$；$\xi = -1.39184724$

其概率分布函数 PDF 为：

$$f(x) = \frac{0.3253}{\frac{x+1.3918}{1.7968} \times (1 - \frac{x+1.3918}{1.7968})} \exp(-0.5 \times (-1.9813 + 1.465 \times \ln(\frac{x+1.3918}{0.405-x}))^2)$$

4. 谷子。

（1）北京（服从 Logistic 分布）具体参数为：

$\sigma = 0.102111206$；$\mu = -0.001034483$

其概率分布函数 PDF 为：

$$f(x) = 9.7932 \times \frac{\exp(-\frac{x+0.001}{0.1021})}{(1+\exp(-\frac{x+0.001}{0.1021}))^2}$$

（2）昌平（服从四参数的 Burr 分布）具体参数为：

$k = 0.908769381$；$a = 8.47036202$；$\beta = 1.41600283$；$\gamma = -1.49122824$

其概率分布函数 PDF 为：

$$f(x) = 5.4362 \times \frac{(\frac{x+1.4912}{1.416})^{7.4704}}{(1+(\frac{x+1.4912}{1.416})^{8.4704})^{1.9088}}$$

（3）房山（服从四参数的 Burr 分布）具体参数为：

$k = 12.6063664$；$a = 341.222355$；$\beta = 52.7384005$；$\gamma = -52.2730618$

其概率分布函数 PDF 为：

$$f(x) = 81.5644 \times \frac{(\frac{x+52.2731}{52.7384})^{340.2224}}{(1+(\frac{x+52.2731}{52.7384})^{341.2224})^{13.6064}}$$

（4）怀柔（服从四参数的 Burr 分布）具体参数为：

$k = 1.70815208$；$a = 37917135.5$；$\beta = 2984574.06$；$\gamma = -2984574.0$

其概率分布函数 PDF 为：

$$f(x) = 21.701 \times \frac{(\frac{x + 2984574}{2984574.06})^{37917134.5}}{(1 + (\frac{x + 2984574}{2984574.06})^{37917135.5})^{2.7082}}$$

（5）门头沟（服从四参数的 Burr 分布）具体参数为：

$k = 2.9106533$；$\alpha = 74217.4931$；$\beta = 13301.4374$；$\gamma = -13301.1687$

其概率分布函数 PDF 为：

$$f(x) = 16.2405 \times \frac{(\frac{x + 13301.1687}{13301.4374})^{74216.4931}}{(1 + (\frac{x + 13301.1687}{13301.4374})^{74217.4931})^{3.9107}}$$

（6）密云（服从四参数的 Burr 分布）具体参数为：

$k = 1.21225908$；$\alpha = 170563.069$；$\beta = 27477.856$；$\gamma = -27477.8017$

其概率分布函数 PDF 为：

$$f(x) = 7.5248 \times \frac{(\frac{x + 27477.8017}{27477.856})^{170562.069}}{(1 + (\frac{x + 27477.8017}{27477.856})^{170563.069})^{2.2123}}$$

（7）平谷（服从四参数的 Burr 分布）具体参数为：

$k = 1.48663565$；$\alpha = 57549864.3$；$\beta = 7637782.62$；$\gamma = -7637782.54$

其概率分布函数 PDF 为：

$$f(x) = 11.2016 \times \frac{(\frac{x + 7637782.54}{7637782.62})^{57549863.3}}{(1 + (\frac{x + 7637782.54}{7637782.62})^{57549864.3})^{2.4866}}$$

（8）延庆（服从四参数的 Burr 分布）具体参数为：

$k = 1870.07051$；$\alpha = 605.52811$；$\beta = 80.3156336$；$\gamma = -79.2465259$

其概率分布函数 PDF 为：

$$f(x) = 14099.1263 \times \frac{(\frac{x + 79.2465}{80.3156})^{604.5281}}{(1 + (\frac{x + 79.2465}{80.3156})^{605.5281})^{1871.0705}}$$

5. 玉米。

（1）北京（服从 Johnson SB 分布）具体参数为：

$\gamma = -1.05743816$；$\delta = 1.6181927$；$\lambda = 0.565559269$；$\xi =$

$$\times \ln(\frac{x-0.0878}{0.269}+\sqrt{(\frac{x-0.0878}{0.269})^2+1}))^2)$$

（11）平谷（服从四参数的 Burr 分布）具体参数为：

$k = 1.49792037$；$a = 4026.22559$；$\beta = 357.576917$；$\gamma = -357.516326$

其概率分布函数 PDF 为：

$$f(x) = 16.8662 \times \frac{(\frac{x+357.5163}{357.5769})^{4025.2256}}{(1+(\frac{x+357.5163}{357.5769})^{4026.2256})^{2.4979}}$$

（12）顺义（服从四参数的 Burr 分布）具体参数为：

$k = 1.04877512$；$a = 249.961698$；$\beta = 11.6168953$；$\gamma = -11.6115272$

其概率分布函数 PDF 为：

$$f(x) = 22.5666 \times \frac{(\frac{x+11.6115}{11.6169})^{248.9617}}{(1+(\frac{x+11.6115}{11.6169})^{249.9617})^{2.0488}}$$

（13）通州（服从四参数的 Burr 分布）具体参数为：

$k = 1.70347705$；$a = 30280.7765$；$\beta = 2006.66923$；$\gamma = -2006.61072$

其概率分布函数 PDF 为：

$$f(x) = 25.7056 \times \frac{(\frac{x+2006.6107}{2006.6692})^{30279.7765}}{(1+(\frac{x+2006.6107}{2006.6692})^{30280.7765})^{2.7035}}$$

（14）延庆（服从 Johnson SB 分布）具体参数为：

$\gamma = -3.65118743$；$\delta = 2.09204731$；$\lambda = 1.95169371$；$\xi = -1.64030108$

其概率分布函数 PDF 为：

$$f(x) = \frac{0.4276}{\frac{x+1.6403}{1.9517}\times(1-\frac{x+1.6403}{1.9517})}\exp(-0.5\times(-3.6512$$
$$+2.092\times\ln(\frac{x+1.6403}{0.3114-x}))^2)$$

6. 冬小麦。

（1）北京（服从四参数的 Burr 分布）具体参数为：

$k = 0.86307558$；$a = 31866759.5$；$\beta = 1136644.05$；$\gamma = -1136644.05$

其概率分布函数 PDF 为：

$$f(x) = 24.197 \times \frac{(\frac{x + 1136644.05}{1136644.05})^{31866758.5}}{(1 + (\frac{x + 1136644.05}{1136644.05})^{31866759.5})^{1.8631}}$$

（2）昌平（服从 Johnson SU 分布）具体参数为：

$\gamma = -1.45294688$；$\delta = 2.8133101$；$\lambda = 0.251123401$；$\xi = -0.141271763$

其概率分布函数 PDF 为：

$$f(x) = \frac{4.4693}{\sqrt{(\frac{x + 0.1413}{0.2511})^2 + 1}}\exp(-0.5 \times (-1.4529 + 2.8133 \times \ln(\frac{x + 0.1413}{0.2511} + \sqrt{(\frac{x + 0.1413}{0.2511})^2 + 1}))^2)$$

（3）朝阳（服从四参数的 Burr 分布）具体参数为：

$k = 1.14355761$；$a = 66179.7345$；$\beta = 2743.07131$；$\gamma = -2743.05754$

其概率分布函数 PDF 为：

$$f(x) = 27.5896 \times \frac{(\frac{x + 2743.0575}{2743.0713})^{66178.7345}}{(1 + (\frac{x + 2743.0575}{2743.0713})^{66179.7345})^{2.1436}}$$

（4）大兴（服从四参数的 Burr 分布）具体参数为：

$k = 0.46069294$；$a = 4600775.27$；$\beta = 118932.406$；$\gamma = -118932.436$

其概率分布函数 PDF 为：

$$f(x) = 17.8214 \times \frac{(\frac{x + 118932.436}{118932.406})^{4600774.27}}{(1 + (\frac{x + 118932.436}{118932.406})^{4600775.27})^{1.4607}}$$

（5）房山（服从四参数的 Burr 分布）具体参数为：

$k = 0.779110168$；$a = 49604104.5$；$\beta = 1936507.94$；$\gamma = -1936507.95$

其概率分布函数 PDF 为：

$$f(x) = 19.9571 \times \frac{(\frac{x + 1936507.95}{1936507.94})^{49604103.5}}{(1 + (\frac{x + 1936507.95}{1936507.94})^{49604104.5})^{1.7791}}$$

（6）丰台（服从 Johnson SB 分布）具体参数为：

$\gamma = -0.509618239$；$\delta = 0.953494817$；$\lambda = 0.633546585$；$\xi = -0.383731269$

其概率分布函数 PDF 为：

$$f(x)=\frac{0.6004}{\frac{x+0.3837}{0.6335}\times\left(1-\frac{x+0.3837}{0.6335}\right)}\exp\left(-0.5\times\left(-0.5096+0.9535\times\ln\left(\frac{x+0.3837}{0.2498-x}\right)\right)^2\right)$$

（7）海淀（服从四参数的 Burr 分布）具体参数为：

$k = 1.66234989$；$a = 27.6774765$；$\beta = 2.28994141$；$\gamma = -2.21929825$

其概率分布函数 PDF 为：

$$f(x) = 20.0921\times\frac{\left(\frac{x+2.2193}{2.2899}\right)^{26.6775}}{\left(1+\left(\frac{x+2.2193}{2.2899}\right)^{27.6775}\right)^{2.6623}}$$

（8）怀柔（服从四参数的 Burr 分布）具体参数为：

$k = 0.872896185$；$a = 1956477.3$；$\beta = 90996.3805$；$\gamma = -90996.3841$

其概率分布函数 PDF 为：

$$f(x) = 18.7678\times\frac{\left(\frac{x+90996.3841}{90996.3805}\right)^{1956476.3}}{\left(1+\left(\frac{x+90996.3841}{90996.3805}\right)^{1956477.3}\right)^{1.8729}}$$

（9）门头沟（服从四参数的 Burr 分布）具体参数为：

$k = 11.8612602$；$a = 54.11745$；$\beta = 6.9636211$；$\gamma = -6.57887221$

其概率分布函数 PDF 为：

$$f(x) = 92.1792\times\frac{\left(\frac{x+6.5789}{6.9636}\right)^{53.1175}}{\left(1+\left(\frac{x+6.5789}{6.9636}\right)^{54.1175}\right)^{12.8613}}$$

（10）密云（服从四参数的 Burr 分布）具体参数为：

$k = 1.14630604$；$a = 19578960.2$；$\beta = 939151.24$；$\gamma = -939151.219$

其概率分布函数 PDF 为：

$$f(x) = 23.8976 \times \frac{(\frac{x + 939151.219}{939151.24})^{19578959.2}}{(1 + (\frac{x + 939151.219}{939151.24})^{19578960.2})^{2.1463}}$$

（11）平谷（服从四参数的 Burr 分布）具体参数为：

$k = 1.39132435$；$\alpha = 348690.16$；$\beta = 18821.2687$；$\gamma = -18821.2342$

其概率分布函数 PDF 为：

$$f(x) = 25.7762 \times \frac{(\frac{x + 18821.2342}{18821.1687})^{348689.16}}{(1 + (\frac{x + 18821.2342}{18821.1687})^{348690.16})^{2.3913}}$$

（12）顺义（服从四参数的 Burr 分布）具体参数为：

$k = 0.713529091$；$\alpha = 92.7823025$；$\beta = 2.98631317$；$\gamma = -2.99840995$

其概率分布函数 PDF 为：

$$f(x) = 22.1688 \times \frac{(\frac{x + 2.9984}{2.9863})^{91.7823}}{(1 + (\frac{x + 2.9984}{2.9863})^{92.7823})^{1.7135}}$$

（13）通州（服从四参数的 Burr 分布）具体参数为：

$k = 0.644056942$；$\alpha = 43.719715$；$\beta = 1.53255951$；$\gamma = -1.55260637$

其概率分布函数 PDF 为：

$$f(x) = 18.3732 \times \frac{(\frac{x + 1.5526}{1.5326})^{42.7197}}{(1 + (\frac{x + 1.5526}{1.5326})^{43.7197})^{1.6441}}$$

（14）延庆（服从四参数的 Burr 分布）具体参数为：

$k = 0.7659545$；$\alpha = 1814.16435$；$\beta = 73.1563216$；$\gamma = -73.1682807$

其概率分布函数 PDF 为：

$$f(x) = 18.9945 \times \frac{(\frac{x + 73.1683}{73.1563})^{1813.1644}}{(1 + (\frac{x + 73.1683}{73.1563})^{1814.1644})^{1.766}}$$

7. 西瓜。

（1）北京（服从四参数的 Burr 分布）具体参数为：

$k = 1.15075013$；$\alpha = 102675697.0$；$\beta = 9557314.46$；$\gamma =$

−9557314.45

其概率分布函数 PDF 为：

$$f(x)=12.3638\times\frac{\left(\frac{x+9557314.45}{9557314.46}\right)^{102675696}}{\left(1+\left(\frac{x+9557314.45}{9557314.46}\right)^{102675697}\right)^{2.1508}}$$

（2）昌平（服从三参数的 Lognormal 分布）具体参数为：

$\sigma=0.186335373$；$\mu=0.387177121$；$\gamma=-1.51203277$

其概率分布函数 PDF 为：

$$f(x)=\frac{2.1410}{x+1.5120}\times\exp\left(-0.5\left(\frac{\ln(x+1.5120)-0.3872}{0.1863}\right)^{2}\right)$$

（3）大兴（服从四参数的 Burr 分布）具体参数为：

$k=0.94932404$；$a=23308444.5$；$\beta=2149205.9$；$\gamma=-2149205.91$

其概率分布函数 PDF 为：

$$f(x)=10.2956\times\frac{\left(\frac{x+2149205.91}{2149205.9}\right)^{23308443.5}}{\left(1+\left(\frac{x+2149205.91}{2149205.9}\right)^{23308444.5}\right)^{1.9493}}$$

（4）房山（服从四参数的 Burr 分布）具体参数为：

$k=1.16551894$；$a=14.7983537$；$\beta=1.48215875$；$\gamma=-1.471395$

其概率分布函数 PDF 为：

$$f(x)=11.6369\times\frac{\left(\frac{x+1.4714}{1.4822}\right)^{13.7984}}{\left(1+\left(\frac{x+1.4714}{1.4822}\right)^{14.7984}\right)^{2.1655}}$$

（5）密云（服从四参数的 Burr 分布）具体参数为：

$k=0.918849993$；$a=33.1559201$；$\beta=5.60064522$；$\gamma=-5.63793461$

其概率分布函数 PDF 为：

$$f(x)=5.4396\times\frac{\left(\frac{x+5.6379}{5.6006}\right)^{32.1559}}{\left(1+\left(\frac{x+5.6379}{5.6006}\right)^{33.1559}\right)^{1.9188}}$$

（6）平谷（服从四参数的 Burr 分布）具体参数为：

$k=0.909897352$；$a=76168003.0$；$\beta=8683448.13$；$\gamma=$

-8683448.15

其概率分布函数 PDF 为：

$$f(x)=7.9813\times\frac{\left(\frac{x+8683448.15}{8683448.13}\right)^{76168002}}{\left(1+\left(\frac{x+8683448.15}{8683448.13}\right)^{76168003}\right)^{1.9099}}$$

（7）顺义（服从四参数的 Burr 分布）具体参数为：

$k=2.93647939$；$a=3.29374905$；$\beta=0.541456702$；$\gamma=-0.387018595$

其概率分布函数 PDF 为：

$$f(x)=17.8611\times\frac{\left(\frac{x+0.3870}{0.5415}\right)^{2.2937}}{\left(1+\left(\frac{x+0.3870}{0.5415}\right)^{3.2937}\right)^{3.9365}}$$

（8）通州（服从四参数的 Burr 分布）具体参数为：

$k=0.787116542$；$a=55015327.8$；$\beta=3475700.92$；$\gamma=-3475700.94$

其概率分布函数 PDF 为：

$$f(x)=12.4589\times\frac{\left(\frac{x+3475700.94}{3485800.92}\right)^{55015326.8}}{\left(1+\left(\frac{x+3475700.94}{3485800.92}\right)^{55015327.8}\right)^{1.7871}}$$

（9）延庆（服从三参数的 Lognormal 分布）具体参数为：

$\sigma=0.79526576$；$\mu=-0.306256233$；$\gamma=-0.799546418$

其概率分布函数 PDF 为：

$$f(x)=\frac{0.5016}{x+0.7995}\times\exp\left(-0.5\left(\frac{\ln(x+0.7995)+0.3063}{0.7953}\right)^2\right)$$

8. 梨。

（1）北京（服从 Johnson SB 分布）具体参数为：

$\gamma=0.394915602$；$\delta=0.711652828$；$\lambda=0.397011771$；$\xi=-0.15125908$

其概率分布函数 PDF 为：

$$f(x)=\frac{0.7151}{\frac{x+0.1513}{0.3970}\times\left(1-\frac{x+0.1513}{0.3970}\right)}\exp(-0.5\times(0.3949+0.7117$$

$$\times \ln(\frac{x+0.1513}{0.2458-x}))^2)$$

（2）昌平（服从四参数的 Burr 分布）具体参数为：

$k = 5.78664265$; $\alpha = 48.5174564$; $\beta = 10.9084725$; $\gamma = -10.4109473$

其概率分布函数 PDF 为：

$$f(x) = 25.7372 \times \frac{(\frac{x+10.4109}{10.9085})^{47.5175}}{(1+(\frac{x+10.4109}{10.9085})^{48.5175})^{6.7866}}$$

（3）朝阳（服从四参数的 Burr 分布）具体参数为：

$k = 0.501921029$; $\alpha = 25.9256863$; $\beta = 4.52405958$; $\gamma = -4.72009381$

其概率分布函数 PDF 为：

$$f(x) = 2.8763 \times \frac{(\frac{x+4.7201}{4.5241})^{24.9257}}{(1+(\frac{x+4.7201}{4.5241})^{25.9257})^{1.5019}}$$

（4）大兴（服从四参数的 Burr 分布）具体参数为：

$k = 444.680136$; $\alpha = 461.045939$; $\beta = 76.0252832$; $\gamma = -74.9319976$

其概率分布函数 PDF 为：

$$f(x) = 2696.7078 \times \frac{(\frac{x+74.9320}{76.0253})^{460.0459}}{(1+(\frac{x+74.9320}{76.0253})^{461.0459})^{445.6801}}$$

（5）房山（服从三参数的 Lognormal 分布）具体参数为：

$\sigma = 0.533764107$; $\mu = -1.28717377$; $\gamma = -0.313299501$

其概率分布函数 PDF 为：

$$f(x) = \frac{0.7474}{x+0.3133} \times \exp(-0.5(\frac{\ln(x+0.3133)+1.2872}{0.5338})^2)$$

（6）海淀（服从四参数的 Burr 分布）具体参数为：

$k = 1.49646788$; $\alpha = 3.43232545$; $\beta = 1.27690282$; $\gamma = -1.24374891$

其概率分布函数 PDF 为：

$$f(x) = 4.0225 \times \frac{(\frac{x+1.2437}{1.2769})^{2.4323}}{(1+(\frac{x+1.2437}{1.2769})^{3.4323})^{2.4965}}$$

（7）怀柔（服从四参数的 Burr 分布）具体参数为：

$k = 2.2827867$；$a = 44.4159775$；$\beta = 7.18367962$；$\gamma = -6.99371441$

其概率分布函数 PDF 为：

$$f(x) = 14.1142 \times \frac{(\frac{x + 6.9937}{7.1837})^{43.4160}}{(1 + (\frac{x + 6.9937}{7.1837})^{44.4160})^{3.2828}}$$

（8）密云（服从三参数的 Weibull 分布）具体参数为：

$a = 1.14022899E + 9$；$\beta = 2.91688030E + 9$；$\gamma = -2.91688030E + 9$

其概率分布函数 PDF 为：

$$f(x) = 0.3909 \times (\frac{x + 2916880300}{2916880300})^{1140228989} \exp(-(\frac{x + 2916880300}{2916880300})^{1140228990})$$

（9）平谷（服从四参数的 Burr 分布）具体参数为：

$k = 0.887263902$；$a = 39.5796908$；$\beta = 13.0626015$；$\gamma = -13.3557684$

其概率分布函数 PDF 为：

$$f(x) = 4.8885 \times \frac{(\frac{x + 13.3558}{13.0626})^{38.5797}}{(1 + (\frac{x + 13.3558}{13.0626})^{39.5797})^{1.8872}}$$

（10）顺义（服从 Johnson SB 分布）具体参数为：

$\gamma = 0.768373853$；$\delta = 0.933362889$；$\lambda = 1.08153399$；$\xi = -0.35398744$

其概率分布函数 PDF 为：

$$f(x) = \frac{0.3443}{\frac{x + 0.3540}{1.08153} \times (1 - \frac{x + 0.3540}{1.08153})} \exp(-0.5 \times (0.7684 + 0.9334 \times \ln(\frac{x + 0.3540}{0.7275 - x}))^2)$$

（11）通州（服从三参数的 Lognormal 分布）具体参数为：

$\sigma = 0.362335357$；$\mu = -0.300781381$；$\gamma = -0.752290349$

其概率分布函数 PDF 为：

$$f(x) = \frac{1.1010}{x + 0.7523} \times \exp(-0.5(\frac{\ln(x + 0.7523) + 0.3008}{0.3623})^2)$$

（12）延庆（服从四参数的 Burr 分布）具体参数为：

$k = 0.42502241$; $a = 144397759.0$; $\beta = 21452840.4$; $\gamma = -21452840.7$

其概率分布函数 PDF 为：

$$f(x) = 2.8608 \times \frac{\left(\frac{x + 21452840.7}{21452840.4}\right)^{144397758}}{\left(1 + \left(\frac{x + 21452840.7}{21452840.4}\right)^{144397759}\right)^{1.4250}}$$

9. 苹果。

(1) 北京（服从四参数的 Burr 分布）具体参数为：

$k = 0.677037819$; $a = 196856438.0$; $\beta = 9373504.73$; $\gamma = -9373504.76$

其概率分布函数 PDF 为：

$$f(x) = 14.2187 \times \frac{\left(\frac{x + 9373504.76}{9373504.73}\right)^{196856437}}{\left(1 + \left(\frac{x + 9373504.76}{9373504.73}\right)^{196856438}\right)^{1.6770}}$$

(2) 昌平（服从四参数的 Burr 分布）具体参数为：

$k = 1.49126586$; $a = 1102.62492$; $\beta = 135.637994$; $\gamma = -135.550102$

其概率分布函数 PDF 为：

$$f(x) = 12.1228 \times \frac{\left(\frac{x + 135.5501}{135.6380}\right)^{1101.6249}}{\left(1 + \left(\frac{x + 135.5501}{135.6380}\right)^{1102.6249}\right)^{2.4913}}$$

(3) 朝阳（服从四参数的 Burr 分布）具体参数为：

$k = 1.40043776$; $a = 4.34210888$; $\beta = 1.73890826$; $\gamma = -1.689139$

其概率分布函数 PDF 为：

$$f(x) = 3.4969 \times \frac{\left(\frac{x + 1.6891}{1.7389}\right)^{3.3421}}{\left(1 + \left(\frac{x + 1.6891}{1.7389}\right)^{4.3421}\right)^{2.4004}}$$

(4) 大兴（服从四参数的 Burr 分布）具体参数为：

$k = 0.949335154$; $a = 8.44353019$; $\beta = 1.55554766$; $\gamma = -1.63726106$

其概率分布函数 PDF 为：

$$f(x) = 5.1530 \times \frac{(\frac{x + 1.6373}{1.5555})^{7.4435}}{(1 + (\frac{x + 1.6373}{1.5555})^{8.4435})^{1.9493}}$$

（5）房山（服从四参数的 Burr 分布）具体参数为：

$k = 0.838942935$；$\alpha = 8.92692052$；$\beta = 1.40189446$；$\gamma = -1.50158578$

其概率分布函数 PDF 为：

$$f(x) = 5.3422 \times \frac{(\frac{x + 1.5016}{1.4019})^{7.9269}}{(1 + (\frac{x + 1.5016}{1.4019})^{8.9269})^{1.8389}}$$

（6）海淀（服从四参数的 Burr 分布）具体参数为：

$k = 0.925907118$；$\alpha = 29804.4013$；$\beta = 3909.23536$；$\gamma = -3909.25264$

其概率分布函数 PDF 为：

$$f(x) = 19684.8679 \times \frac{(\frac{x + 3909.2526}{3909.2354})^{29803.4013}}{(1 + (\frac{x + 3909.2526}{3909.2354})^{29804.4013})^{1.9259}}$$

（7）怀柔（服从四参数的 Burr 分布）具体参数为：

$k = 0.733162109$；$\alpha = 7.10092198$；$\beta = 1.05799296$；$\gamma = -1.18759803$

其概率分布函数 PDF 为：

$$f(x) = 0.0013 \times \frac{(\frac{x + 1.1876}{1.0580})^{6.1009}}{(1 + (\frac{x + 1.1876}{1.0580})^{7.1009})^{1.7331}}$$

（8）密云（服从 Johnson SU 分布）具体参数为：

$\gamma = 0.078753919$；$\delta = 6.71430734$；$\lambda = 1.49092474$；$\xi = 0.02975186$

其概率分布函数 PDF 为：

$$f(x) = \frac{1.7966}{\sqrt{(\frac{x - 0.0298}{1.4909})^2 + 1}} \exp(-0.5 \times (0.0788 + 6.7143 \times \ln(\frac{x - 0.0298}{1.4909} + \sqrt{(\frac{x - 0.0298}{1.4909})^2 + 1}))^2)$$

(9) 平谷（服从四参数的 Burr 分布）具体参数为：

$k = 0.876712488$；$a = 10.5426063$；$\beta = 1.849124$；$\gamma = -1.93539962$

其概率分布函数 PDF 为：

$$f(x) = 4.9985 \times \frac{(\frac{x+1.9354}{1.8491})^{9.5426}}{(1+(\frac{x+1.9354}{1.8491})^{10.5426})^{1.8767}}$$

(10) 顺义（服从四参数的 Burr 分布）具体参数为：

$k = 0.961869604$；$a = 38.9858699$；$\beta = 4.7873492$；$\gamma = -4.79604701$

其概率分布函数 PDF 为：

$$f(x) = 7.8332 \times \frac{(\frac{x+4.7960}{4.7873})^{37.9859}}{(1+(\frac{x+4.7960}{4.7873})^{38.9859})^{1.9619}}$$

(11) 通州（服从四参数的 Burr 分布）具体参数为：

$k = 0.809980536$；$a = 7.90896503$；$\beta = 1.39833234$；$\gamma = -1.53023201$

其概率分布函数 PDF 为：

$$f(x) = 4.5812 \times \frac{(\frac{x+1.5302}{1.3983})^{6.9090}}{(1+(\frac{x+1.5302}{1.3983})^{7.9090})^{1.8100}}$$

(12) 延庆（服从四参数的 Burr 分布）具体参数为：

$k = 1.17646001$；$a = 90076643.2$；$\beta = 16154301.4$；$\gamma = -16154301.3$

其概率分布函数 PDF 为：

$$f(x) = 6.5605 \times \frac{(\frac{x+16154301.3}{16154301.4})^{90076642.2}}{(1+(\frac{x+16154301.3}{16154301.4})^{90076643.2})^{2.1765}}$$

10. 葡萄。

(1) 北京（服从四参数的 Burr 分布）具体参数为：

$k = 0.441423858$；$a = 81030261.4$；$\beta = 4351625.52$；$\gamma = -4351625.6$

其概率分布函数 PDF 为：

$$f(x)=8.2196\times\frac{\left(\frac{x+4351625.6}{4351625.52}\right)^{81030260.4}}{\left(1+\left(\frac{x+4351625.6}{4351625.52}\right)^{81030261.4}\right)^{1.4414}}$$

（2）昌平（服从三参数的 Lognormal 分布）具体参数为：

$\sigma=0.430079422$；$\mu=-0.235120158$；$\gamma=-0.90034904$

其概率分布函数 PDF 为：

$$f(x)=\frac{0.9276}{x+0.9003}\times\exp\left(-0.5\left(\frac{\ln(x+0.9003)+0.2351}{0.4301}\right)^2\right)$$

（3）朝阳（服从 Johnson SB 分布）具体参数为：

$\gamma=0.658068983$；$\delta=2.42217842$；$\lambda=3.90292469$；$\xi=-1.69888091$

其概率分布函数 PDF 为：

$$f(x)=\frac{0.2476}{\frac{x+1.6989}{3.9029}\times\left(1-\frac{x+1.6989}{3.9029}\right)}\exp\left(-0.5\times\left(-0.6581+2.4222\times\ln\left(\frac{x+0.6581}{2.2040-x}\right)\right)^2\right)$$

（4）大兴（服从四参数的 Burr 分布）具体参数为：

$k=2.10269519$；$a=3.00290499$；$\beta=0.628559619$；$\gamma=-0.49177267$

其概率分布函数 PDF 为：

$$f(x)=10.0455\times\frac{\left(\frac{x+0.4918}{0.6286}\right)^{2.0029}}{\left(1+\left(\frac{x+0.4918}{0.6286}\right)^{3.0029}\right)^{3.1027}}$$

（5）房山（服从四参数的 Burr 分布）具体参数为：

$k=1.34927238$；$a=3.99475733$；$\beta=1.10459095$；$\gamma=-1.09302927$

其概率分布函数 PDF 为：

$$f(x)=4.8796\times\frac{\left(\frac{x+1.0930}{1.1046}\right)^{2.9948}}{\left(1+\left(\frac{x+1.0930}{1.1046}\right)^{3.9948}\right)^{2.3493}}$$

（6）海淀（服从 Johnson SB 分布）具体参数为：

$\gamma = -5.66004649$; $\delta = 3.31191776$; $\lambda = 4.5838261$; $\xi = -3.86396838$

其概率分布函数 PDF 为：

$$f(x) = \frac{0.2882}{\frac{x+3.8640}{4.5838} \times (1 - \frac{x+3.8640}{4.5838})} \exp(-0.5 \times (-5.66 + 3.3119 \times \ln(\frac{x+3.8640}{0.7199 - x}))^2)$$

(7) 怀柔（服从 Logistic 分布）具体参数为：

$\sigma = 0.324801963$; $\mu = -0.117586207$

概率分布函数 PDF 为：

$$f(x) = 0.3248 \times \frac{\exp(-\frac{x+0.1176}{0.3248})}{(1+\exp(-\frac{x+0.1176}{0.3248}))^2}$$

(8) 平谷（服从三参数的 Lognormal 分布）具体参数为：

$\sigma = 0.621708452$; $\mu = -0.282789712$; $\gamma = -0.966657442$

其概率分布函数 PDF 为：

$$f(x) = \frac{0.6417}{x+0.9667} \times \exp(-0.5(\frac{\ln(x+0.9667) + 0.2828}{0.6217})^2)$$

(9) 顺义（服从四参数的 Burr 分布）具体参数为：

$k = 110.276794$; $a = 6.25959491$; $\beta = 3.42867542$; $\gamma = -1.48659067$

其概率分布函数 PDF 为：

$$f(x) = 624.9207 \times \frac{(\frac{x+1.4866}{3.4287})^{5.2596}}{(1+(\frac{x+1.4866}{3.4287})^{6.2596})^{111.2768}}$$

(10) 通州（服从四参数的 Burr 分布）具体参数为：

$k = 0.720809241$; $a = 2248556.98$; $\beta = 344241.962$; $\gamma = -344242.035$

其概率分布函数 PDF 为：

$$f(x) = 4.7083 \times \frac{(\frac{x+344242.035}{344241.962})^{2248555.98}}{(1+(\frac{x+344242.035}{344241.962})^{2248556.98})^{1.7208}}$$

(11) 延庆（服从三参数的 Lognormal 分布）具体参数为：

$\sigma = 0.487594755$；$\mu = -0.198368152$；$\gamma = -0.884045324$

其概率分布函数 PDF 为：

$$f(x) = \frac{0.8177}{x+0.8840} \times \exp(-0.5(\frac{\ln(x+0.8840)+0.1983}{0.4876})^2)$$

11. 桃。

(1) 北京（服从 Logistic 分布）具体参数为：

$\sigma = 0.058521413$；$\mu = 0.002068966$

概率分布函数 PDF 为：

$$f(x) = 0.0585 \times \frac{\exp(-\frac{x-0.002}{0.0585})}{(1+\exp(-\frac{x-0.002}{0.0585}))^2}$$

(2) 昌平（服从四参数的 Burr 分布）具体参数为：

$k = 3.29014902$；$a = 2.99065407$；$\beta = 0.500797133$；$\gamma = -0.318237665$

其概率分布函数 PDF 为：

$$f(x) = 19.6481 \times \frac{(\frac{x+0.3182}{0.5008})^{1.9907}}{(1+(\frac{x+0.3182}{0.5008})^{2.9907})^{4.2901}}$$

(3) 房山（服从 Johnson SB 分布）具体参数为：

$\gamma = -0.074032963$；$\delta = 1.12718599$；$\lambda = 0.752859637$；$\xi = -0.385921067$

其概率分布函数 PDF 为：

$$f(x) = \frac{0.5973}{\frac{x+0.3859}{0.7529} \times (1-\frac{x+0.3859}{0.7529})}\exp(-0.5 \times (-0.074 + 1.1272 \times \ln(\frac{x+0.3859}{0.3669-x}))^2)$$

(4) 海淀（服从 Beta 分布）具体参数为：

$\alpha_1 = 2.48821465$；$\alpha_2 = 7.02212254$；$a = -0.238391793$；$b = 0.688718565$

其概率分布函数 PDF 为：

$$f(x)=\frac{1}{\int_0^1 t^{2.4881-1}(1-t)^{7.0221-1}dt}\frac{(x+0.2384)^{2.4881-1}(0.6887-x)^{7.0221-1}}{(0.6887-0.2384)^{9.5102-1}}$$

（5）怀柔（服从四参数的 Burr 分布）具体参数为：

$k=0.987161238$；$a=96382371.2$；$\beta=9439367.65$；$\gamma=-9439367.65$

其概率分布函数 PDF 为：

$$f(x)=10.0796\times\frac{\left(\frac{x+9439367.65}{9439367.65}\right)^{96382370.2}}{\left(1+\left(\frac{x+9439367.65}{9439367.65}\right)^{96382371.2}\right)^{1.9872}}$$

（6）密云（服从 Logistic 分布）具体参数为：

$\sigma=0.164186922$；$\mu=0.0125$

概率分布函数 PDF 为：

$$f(x)=0.1642\times\frac{\exp\left(-\frac{x-0.0125}{0.1642}\right)}{\left(1+\exp\left(-\frac{x-0.0125}{0.1642}\right)\right)^{2}}$$

（7）平谷（服从四参数的 Burr 分布）具体参数为：

$k=0.822973028$；$a=6.29629519$；$\beta=0.452092311$；$\gamma=-0.49463708$

其概率分布函数 PDF 为：

$$f(x)=11.4616\times\frac{\left(\frac{x+0.4946}{0.4521}\right)^{5.2962}}{\left(1+\left(\frac{x+0.4946}{0.4521}\right)^{6.2962}\right)^{1.8230}}$$

（8）顺义（服从四参数的 Burr 分布）具体参数为：

$k=1.74135245$；$a=2.93159384$；$\beta=1.08817384$；$\gamma=-0.96029512$

其概率分布函数 PDF 为：

$$f(x)=4.6913\times\frac{\left(\frac{x+0.9603}{1.0882}\right)^{1.9316}}{\left(1+\left(\frac{x+0.9603}{1.0882}\right)^{2.9316}\right)^{2.7414}}$$

（9）通州（服从四参数的 Burr 分布）具体参数为：

$k = 1.55616529$；$a = 2.16144945$；$\beta = 0.426114368$；$\gamma = -0.405430977$

其概率分布函数 PDF 为：

$$f(x) = 7.8936 \times \frac{(\frac{x+0.4054}{0.4261})^{1.1614}}{(1+(\frac{x+0.4054}{0.4261})^{2.1614})^{2.5562}}$$

（10）延庆（服从四参数的 Burr 分布）具体参数为：

$k = 0.417129018$；$a = 127197149.0$；$\beta = 11785387.8$；$\gamma = -11785387.0$

其概率分布函数 PDF 为：

$$f(x) = 4.5020 \times \frac{(\frac{x+11785387}{11785387.8})^{127197148}}{(1+(\frac{x+11785387}{11785387.8})^{127197149})^{1.4171}}$$

12. 花生。

（1）北京（服从四参数的 Burr 分布）具体参数为：

$k = 0.781028793$；$a = 12.5282261$；$\beta = 0.830797361$；$\gamma = -0.87835599$

其概率分布函数 PDF 为：

$$f(x) = 11.7777 \times \frac{(\frac{x+0.8784}{0.8308})^{11.5282}}{(1+(\frac{x+0.8784}{0.8308})^{12.5282})^{1.7810}}$$

（2）昌平（服从 Johnson SU 分布）具体参数为：

$\gamma = 0.531538993$；$\delta = 1.73407066$；$\lambda = 0.362503987$；$\xi = 0.129834735$

其概率分布函数 PDF 为：

$$f(x) = \frac{1.9084}{\sqrt{(\frac{x-0.1298}{0.3625})^2+1}}\exp(-0.5 \times (0.5315 + 1.7341 \times \ln(\frac{x-0.1298}{0.3625} + \sqrt{(\frac{x-0.1298}{0.3625})^2+1}))^2)$$

（3）大兴（服从四参数的 Burr 分布）具体参数为：

$k = 0.687077734$；$a = 26.3926012$；$\beta = 11.0635296$；$\gamma =$

-11.9274248

其概率分布函数 PDF 为：

$$f(x)=1.6391\times\frac{\left(\frac{x+11.9274}{11.0635}\right)^{25.3926}}{\left(1+\left(\frac{x+11.9274}{11.0635}\right)^{26.3926}\right)^{1.6871}}$$

（4）房山（服从四参数的 Burr 分布）具体参数为：

$k=1.04023362$；$a=42.1632439$；$\beta=3.5456602$；$\gamma=-3.54170577$

其概率分布函数 PDF 为：

$$f(x)=12.3699\times\frac{\left(\frac{x+3.5417}{3.5457}\right)^{41.1632}}{\left(1+\left(\frac{x+3.5417}{3.5457}\right)^{42.1632}\right)^{2.0402}}$$

（5）怀柔（服从四参数的 Burr 分布）具体参数为：

$k=0.904045784$；$a=16.1246694$；$\beta=1.15197237$；$\gamma=-1.18115231$

其概率分布函数 PDF 为：

$$f(x)=12.6543\times\frac{\left(\frac{x+1.1812}{1.1520}\right)^{15.1247}}{\left(1+\left(\frac{x+1.1812}{1.1520}\right)^{16.1247}\right)^{1.9040}}$$

（6）密云（服从四参数的 Burr 分布）具体参数为：

$k=1.17310132$；$a=122896539.0$；$\beta=16267572.4$；$\gamma=-16267572.4$

其概率分布函数 PDF 为：

$$f(x)=8.8624\times\frac{\left(\frac{x+16267572.4}{16267572.4}\right)^{122896538}}{\left(1+\left(\frac{x+16267572.4}{16267572.4}\right)^{122896539}\right)^{2.1731}}$$

（7）平谷（服从四参数的 Burr 分布）具体参数为：

$k=0.818904336$；$a=34.661355$；$\beta=3.85978121$；$\gamma=-3.90759763$

其概率分布函数 PDF 为：

$$f(x) = 7.3539 \times \frac{(\frac{x + 3.9076}{3.8598})^{33.6614}}{(1 + (\frac{x + 3.9076}{3.8598})^{34.6614})^{1.8189}}$$

（8）顺义（服从四参数的 Burr 分布）具体参数为：

$k = 0.556329373$；$\alpha = 37.16214$；$\beta = 2.83413588$；$\gamma = -2.92838272$

其概率分布函数 PDF 为：

$$f(x) = 7.2948 \times \frac{(\frac{x + 2.9284}{2.8341})^{36.1621}}{(1 + (\frac{x + 2.9284}{2.8341})^{37.1621})^{1.5563}}$$

（9）通州（服从四参数的 Burr 分布）具体参数为：

$k = 0.847856342$；$\alpha = 9.58401809$；$\beta = 1.07029142$；$\gamma = -1.12883306$

其概率分布函数 PDF 为：

$$f(x) = 7.5922 \times \frac{(\frac{x + 1.1288}{1.0703})^{8.5840}}{(1 + (\frac{x + 1.1288}{1.0703})^{9.5840})^{1.8479}}$$

（10）延庆（服从 Logistic 分布）具体参数为：

$\sigma = 0.140027392$；$\mu = -0.009310345$

概率分布函数 PDF 为：

$$f(x) = 0.14 \times \frac{\exp(-\frac{x + 0.0093}{0.14})}{(1 + \exp(-\frac{x + 0.0093}{0.14}))^2}$$

13. 棉花。

（1）北京（服从四参数的 Burr 分布）具体参数为：

$k = 0.884372771$；$\alpha = 13.2146813$；$\beta = 1.19501531$；$\gamma = -1.24657045$

其概率分布函数 PDF 为：

$$f(x) = 9.7795 \times \frac{(\frac{x + 1.2466}{1.1950})^{12.2147}}{(1 + (\frac{x + 1.2466}{1.1950})^{13.2147})^{1.8843}}$$

（2）大兴（服从四参数的 Burr 分布）具体参数为：

$k = 0.994837375$; $a = 46766105.5$; $\beta = 5132556.54$; $\gamma = -5132556.56$

其概率分布函数 PDF 为：

$$f(x) = 9.0646 \times \frac{\left(\frac{x + 5132556.56}{5132556.54}\right)^{46766104.5}}{\left(1 + \left(\frac{x + 5132556.56}{5132556.54}\right)^{46766105.5}\right)^{1.9948}}$$

（3）平谷（服从四参数的 Burr 分布）具体参数为：

$k = 0.646778585$; $a = 1476.37986$; $\beta = 102.555409$; $\gamma = -102.61562$

其概率分布函数 PDF 为：

$$f(x) = 9.3110 \times \frac{\left(\frac{x + 102.6156}{102.5554}\right)^{1475.3799}}{\left(1 + \left(\frac{x + 102.6156}{102.5554}\right)^{1476.3799}\right)^{1.6468}}$$

（4）顺义（服从 Johnson SB 分布）具体参数为：

$\gamma = 1.55301246$; $\delta = 1.06584215$; $\lambda = 1.49728995$; $\xi = -0.357471156$

其概率分布函数 PDF 为：

$$f(x) = \frac{0.2840}{\frac{x + 0.3575}{1.4973} \times \left(1 - \frac{x + 0.3575}{1.4973}\right)} \exp\left(-0.5 \times \left(1.4973 + 1.0658 \times \ln\left(\frac{x + 0.3575}{1.1398 - x}\right)\right)^2\right)$$

（5）通州（服从四参数的 Burr 分布）具体参数为：

$k = 0.984866851$; $a = 7.73719919$; $\beta = 0.832190647$; $\gamma = -0.878167951$

其概率分布函数 PDF 为：

$$f(x) = 9.1567 \times \frac{\left(\frac{x + 0.8782}{0.8322}\right)^{6.7372}}{\left(1 + \left(\frac{x + 0.8782}{0.8322}\right)^{7.7372}\right)^{1.9849}}$$

14. 烟叶。

（1）北京（服从 Johnson SU 分布）具体参数为：

$\gamma = 0.319019259$; $\delta = 1.66370641$; $\lambda = 0.368299589$; $\xi =$

0.089261742

其概率分布函数 PDF 为：

$$f(x)=\frac{1.8021}{\sqrt{(\frac{x-0.0893}{0.3683})^2+1}}\exp(-0.5\times(0.319+1.6637\times\ln(\frac{x-0.0893}{0.3683}+\sqrt{(\frac{x-0.0893}{0.3683})^2+1}))^2)$$

（2）怀柔（服从四参数的 Burr 分布）具体参数为：

$k=0.797496109$；$a=802195.669$；$\beta=124718.356$；$\gamma=-124718.42$

其概率分布函数 PDF 为：

$$f(x)=5.1295\times\frac{(\frac{x+124718.42}{124718.356})^{802194.669}}{(1+(\frac{x+124718.42}{124718.356})^{802195.669})^{1.7975}}$$

（3）平谷（服从四参数的 Burr 分布）具体参数为：

$k=1.62272692$；$a=203.740879$；$\beta=43.9312047$；$\gamma=-43.773187$

其概率分布函数 PDF 为：

$$f(x)=7.5258\times\frac{(\frac{x+43.7732}{43.9312})^{202.7409}}{(1+\frac{x+43.7732}{43.9312})^{203.7409})^{2.6227}}$$

15. 芝麻。

（1）北京（服从四参数的 Burr 分布）具体参数为：

$k=1.73659552$；$a=153.736095$；$\beta=19.3840897$；$\gamma=-19.2910252$

其概率分布函数 PDF 为：

$$f(x)=13.773\times\frac{(\frac{x+19.2910}{19.3841})^{152.7361}}{(1+(\frac{x+19.2910}{19.3841})^{153.7361})^{2.7366}}$$

（2）昌平（服从四参数的 Burr 分布）具体参数为：

$k=0.703530207$；$a=9.36177872$；$\beta=1.49391891$；$\gamma=-1.66426494$

其概率分布函数 PDF 为：

$$f(x) = 3.9575 \times \frac{(\frac{x + 1.6643}{1.4939})^{8.3618}}{(1 + (\frac{x + 1.6643}{1.4939})^{9.3618})^{1.7035}}$$

（3）大兴（服从四参数的 Burr 分布）具体参数为：

$k = 1.1348536$；$a = 201307.245$；$\beta = 24265.3719$；$\gamma = -24265.3616$

其概率分布函数 PDF 为：

$$f(x) = 9.4148 \times \frac{(\frac{x + 24265.3616}{24265.3719})^{201306.245}}{(1 + (\frac{x + 24265.3616}{24265.3719})^{201307.245})^{2.1349}}$$

（4）房山（服从四参数的 Burr 分布）具体参数为：

$k = 2.50761584$；$a = 4.85494711$；$\beta = 0.805441257$；$\gamma = -0.654629917$

其概率分布函数 PDF 为：

$$f(x) = 15.1151 \times \frac{(\frac{x + 0.6545}{0.8054})^{3.8549}}{(1 + (\frac{x + 0.6545}{0.8054})^{4.8549})^{3.5076}}$$

（5）怀柔（服从 Johnson SB 分布）具体参数为：

$\gamma = 3.08079465$；$\delta = 2.75932545$；$\lambda = 3.88832887$；$\xi = -1.00359037$

其概率分布函数 PDF 为：

$$f(x) = \frac{0.2831}{\frac{x + 1.0036}{3.8883} \times (1 - \frac{x + 1.0036}{3.8883})} \exp(-0.5 \times (3.0808 + 2.7593 \times \ln(\frac{x + 1.0036}{2.8847 - x}))^2)$$

（6）密云（服从 Johnson SB 分布）具体参数为：

$\gamma = 0.964385015$；$\delta = 1.13060986$；$\lambda = 1.70623611$；$\xi = -0.558301421$

其概率分布函数 PDF 为：

$$f(x) = \frac{0.2644}{\frac{x + 0.5583}{1.7062} \times (1 - \frac{x + 0.5583}{1.7062})} \exp(-0.5 \times (0.9644 + 1.1306$$

$$\times \ln(\frac{x+0.5583}{1.1479-x}))^2)$$

（7）平谷（服从四参数的 Burr 分布）具体参数为：

$k = 0.822116945$； $\alpha = 42.3320273$； $\beta = 4.41055979$； $\gamma = -4.45240092$

其概率分布函数 PDF 为：

$$f(x) = 7.8906 \times \frac{(\frac{x+4.4524}{4.4106})^{41.3320}}{(1+(\frac{x+4.4524}{4.4106})^{42.3320})^{1.8221}}$$

（8）通州（服从四参数的 Burr 分布）具体参数为：

$k = 0.707826304$； $\alpha = 7344.92133$； $\beta = 810.128511$； $\gamma = -810.214605$

其概率分布函数 PDF 为：

$$f(x) = 6.4174 \times \frac{(\frac{x+810.2146}{810.1285})^{7343.9213}}{(1+(\frac{x+810.2146}{810.1285})^{7344.9213})^{1.7078}}$$

五、北京市及各区县的作物生产风险情况

附表 171　　　　北京市及各区县大豆生产风险一览

P \ Loss / Areas	>0	>5%	>10%	>15%	>20%	>25%	>30%	>35%	>40%	>45%
北京	44.84	26.69	13.62%	5.97%	2.27%	0.75%	0.22%	0.06%	0.01%	0.00%
昌平	50.06%	36.07%	22.95%	11.61%	3.37%	0.05%	0.00%	0.00%	0.00%	0.00%
朝阳	58.92%	54.36%	49.33%	43.83%	37.87%	31.53%	24.93%	18.31%	12.03%	6.59%
大兴	50.31%	31.96%	16.35%	6.28%	1.66%	0.27%	0.02%	0.00%	0.00%	0.00%
房山	48.57%	35.17%	23.76%	15.18%	9.32%	5.58%	3.28%	1.91%	1.11%	0.64%
丰台	49.24%	40.83%	32.90%	25.83%	19.82%	14.92%	11.06%	8.10%	5.88%	4.24%
海淀	57.25%	51.11%	44.66%	38.11%	31.71%	25.71%	20.33%	15.71%	11.89%	8.85%
怀柔	48.61%	35.01%	23.32%	14.54%	8.61%	4.91%	2.73%	1.48%	0.79%	0.42%
门头沟	44.99%	37.00%	30.04%	24.13%	19.23%	15.22%	11.98%	9.39%	7.34%	5.73%
密云	47.70%	40.08%	32.91%	26.46%	20.87%	16.21%	12.42%	9.42%	7.09%	5.30%
平谷	44.61%	35.47%	27.31%	20.37%	14.74%	10.34%	7.05%	4.67%	3.01%	1.89%
顺义	46.94%	29.29%	15.44%	7.17%	3.10%	1.29%	0.53%	0.22%	0.09%	0.04%
通州	54.35%	47.74%	40.80%	33.73%	26.77%	20.20%	14.32%	9.39%	5.57%	2.90%
延庆	44.99%	35.92%	27.90%	21.03%	15.34%	10.77%	7.25%	4.63%	2.78%	1.54%

附表 172　　　　北京市及各区县稻谷生产风险一览

P \ Loss / Areas	>0	>5%	>10%	>15%	>20%	>25%	>30%	>35%	>40%	>45%
北京	48.13%	11.55%	1.82%	0.26%	0.04%	0.01%	0.00%	0.00%	0.00%	0.00%
昌平	45.02%	18.54%	5.93%	1.60%	0.39%	0.09%	0.02%	0.00%	0.00%	0.00%
朝阳	48.07%	18.57%	5.51%	1.49%	0.39%	0.10%	0.03%	0.01%	0.00%	0.00%
房山	52.14%	28.83%	11.56%	3.10%	0.51%	0.05%	0.00%	0.00%	0.00%	0.00%
海淀	50.88%	30.31%	15.78%	7.56%	3.47%	1.56%	0.70%	0.31%	0.14%	0.06%
怀柔	49.04%	24.32%	9.11%	2.43%	0.39%	0.02%	0.00%	0.00%	0.00%	0.00%
密云	46.86%	37.94%	29.78%	22.63%	16.64%	11.80%	8.05%	5.26%	3.26%	1.91%
通州	48.18%	23.79%	9.92%	3.82%	1.42%	0.52%	0.19%	0.07%	0.03%	0.01%
延庆	49.48%	33.33%	19.53%	9.61%	3.77%	1.09%	0.20%	0.02%	0.00%	0.00%

附表 173　　北京市及各区县高粱生产风险一览

Loss / P / Areas	>0	>5%	>10%	>15%	>20%	>25%	>30%	>35%	>40%	>45%
北京	50.09%	36.82%	24.83%	15.20%	8.36%	4.10%	1.78%	0.67%	0.22%	0.06%
昌平	52.35%	40.65%	29.77%	20.67%	13.72%	8.79%	5.48%	3.35%	2.01%	1.20%
大兴	51.09%	40.83%	31.04%	22.32%	15.10%	9.56%	5.63%	3.07%	1.54%	0.71%
房山	61.44%	59.13%	56.65%	53.98%	51.12%	48.05%	44.77%	41.25%	37.50%	33.51%
怀柔	44.16%	31.54%	21.74%	14.61%	9.64%	6.29%	4.06%	2.61%	1.67%	1.06%
门头沟	44.84%	26.69%	13.62%	5.97%	2.27%	0.75%	0.22%	0.06%	0.01%	0.00%
密云	45.22%	38.35%	32.07%	26.49%	21.63%	17.48%	13.99%	11.11%	8.75%	6.84%
平谷	47.16%	36.09%	26.32%	18.43%	12.51%	8.29%	5.41%	3.49%	2.24%	1.43%
顺义	50.82%	42.57%	34.47%	26.75%	19.64%	13.38%	8.19%	4.24%	1.66%	0.36%
通州	49.17%	38.87%	28.69%	19.05%	10.50%	3.89%	0.38%	0.00%	0.00%	0.00%
延庆	43.15%	34.58%	27.25%	21.15%	16.16%	12.16%	9.01%	6.56%	4.69%	3.29%

附表 174　　北京市及各区县谷子生产风险一览

Loss / P / Areas	>0	>5%	>10%	>15%	>20%	>25%	>30%	>35%	>40%	>45%
北京	50.25%	38.24%	27.50%	18.86%	12.47%	8.03%	5.08%	3.18%	1.97%	1.22%
昌平	57.29%	50.36%	43.14%	35.91%	29.00%	22.71%	17.23%	12.68%	9.05%	6.28%
房山	45.02%	35.24%	27.01%	20.37%	15.17%	11.20%	8.21%	5.99%	4.35%	3.15%
怀柔	48.01%	31.43%	18.96%	10.83%	5.98%	3.24%	1.74%	0.93%	0.49%	0.26%
门头沟	44.38%	36.51%	29.54%	23.56%	18.58%	14.51%	11.25%	8.68%	6.66%	5.10%
密云	47.96%	39.97%	32.55%	25.96%	20.34%	15.70%	11.97%	9.04%	6.78%	5.05%
平谷	47.74%	37.75%	28.88%	21.49%	15.65%	11.20%	7.92%	5.55%	3.87%	2.68%
延庆	42.92%	31.79%	22.97%	16.31%	11.43%	7.94%	5.48%	3.77%	2.58%	1.77%
顺义	50.50%	28.03%	12.75%	5.15%	1.97%	0.74%	0.27%	0.10%	0.04%	0.01%
通州	45.77%	26.92%	13.31%	5.43%	1.74%	0.39%	0.05%	0.00%	0.00%	0.00%
延庆	42.91%	29.54%	19.50%	12.46%	7.75%	4.73%	2.83%	1.67%	0.98%	0.56%

附表 175　　北京市及各区县玉米生产风险一览

Loss / P / Areas	>0	>5%	>10%	>15%	>20%	>25%	>30%	>35%	>40%	>45%
北京	44.96%	23.50%	9.74%	2.97%	0.56%	0.04%	0.00%	0.00%	0.00%	0.00%
昌平	52.38%	25.32%	6.30%	0.41%	0.00%	0.00%	0.00%	0.00%	0.00%	0.00%
朝阳	43.94%	28.02%	16.93%	9.89%	5.65%	3.19%	1.78%	0.99%	0.55%	0.30%
大兴	44.84%	23.42%	10.91%	4.74%	1.96%	0.78%	0.30%	0.11%	0.04%	0.01%
房山	47.17%	17.67%	3.71%	0.41%	0.02%	0.00%	0.00%	0.00%	0.00%	0.00%
丰台	48.50%	36.83%	25.75%	15.81%	7.65%	2.12%	0.05%	0.00%	0.00%	0.00%
海淀	39.06%	18.60%	8.20%	3.49%	1.47%	0.61%	0.25%	0.11%	0.04%	0.02%
怀柔	49.19%	29.28%	14.86%	6.76%	2.89%	1.19%	0.48%	0.19%	0.07%	0.03%
门头沟	46.76%	39.19%	32.11%	25.68%	20.02%	15.19%	11.18%	7.97%	5.48%	3.62%
密云	46.43%	35.14%	25.70%	18.38%	12.97%	9.10%	6.39%	4.49%	3.18%	2.26%
平谷	45.82%	31.54%	20.33%	12.51%	7.46%	4.36%	2.52%	1.45%	0.83%	0.47%
顺义	48.73%	24.23%	9.73%	3.50%	1.20%	0.40%	0.13%	0.04%	0.01%	0.00%
通州	44.55%	26.12%	13.85%	6.92%	3.35%	1.60%	0.76%	0.36%	0.17%	0.08%
延庆	43.05%	29.07%	18.69%	11.54%	6.88%	3.97%	2.23%	1.21%	0.64%	0.33%

附表 176　　北京市及各区县冬小麦生产风险一览

Loss / P / Areas	>0	>5%	>10%	>15%	>20%	>25%	>30%	>35%	>40%	>45%
北京	45.02%	17.30%	4.95%	1.27%	0.32%	0.08%	0.02%	0.00%	0.00%	0.00%
昌平	52.24%	32.57%	16.04%	6.05%	1.76%	0.42%	0.09%	0.02%	0.00%	0.00%
朝阳	46.12%	19.94%	6.87%	2.15%	0.65%	0.20%	0.06%	0.02%	0.01%	0.00%
大兴	48.33%	16.03%	2.93%	0.44%	0.06%	0.01%	0.00%	0.00%	0.00%	0.00%
房山	47.60%	21.25%	7.14%	2.11%	0.60%	0.17%	0.05%	0.01%	0.00%	0.00%
丰台	46.00%	34.18%	23.91%	15.35%	8.64%	3.86%	1.06%	0.06%	0.00%	0.00%
海淀	44.18%	28.50%	16.83%	9.31%	4.91%	2.50%	1.24%	0.60%	0.28%	0.13%
怀柔	0.4724	23.97%	9.83%	3.60%	1.26%	0.43%	0.15%	0.05%	0.02%	0.01%
门头沟	0.4144	30.01%	21.07%	14.45%	9.74%	6.49%	4.28%	2.80%	1.82%	1.18%
密云	43.50%	20.95%	8.47%	3.15%	1.13%	0.40%	0.14%	0.05%	0.02%	0.01%
平谷	44.55%	23.21%	10.47%	4.39%	1.78%	0.71%	0.28%	0.11%	0.04%	0.02%
顺义	47.32%	17.33%	4.24%	0.88%	0.17%	0.03%	0.01%	0.00%	0.00%	0.00%
通州	48.06%	20.29%	5.74%	1.32%	0.27%	0.05%	0.01%	0.00%	0.00%	0.00%
延庆	47.95%	22.26%	7.84%	2.42%	0.71%	0.21%	0.06%	0.02%	0.00%	0.00%

附表 177　　北京市及各区县西瓜生产风险一览

Loss / P / Areas	>0	>5%	>10%	>15%	>20%	>25%	>30%	>35%	>40%	>45%
北京	52.17%	38.46%	26.50%	17.28%	10.83%	6.61%	3.96%	2.35%	1.39%	0.82%
昌平	55.61%	48.43%	41.05%	33.74%	26.75%	20.36%	14.78%	10.17%	6.58%	3.96%
大兴	50.88%	37.77%	26.18%	17.14%	10.76%	6.56%	3.92%	2.32%	1.36%	0.80%
房山	52.61%	39.46%	27.44%	17.78%	10.83%	6.26%	3.47%	1.85%	0.95%	0.47%
密云	52.46%	45.28%	38.20%	31.51%	25.43%	20.12%	15.64%	11.97%	9.04%	6.75%
平谷	51.03%	40.48%	30.67%	22.31%	15.68%	10.74%	7.21%	4.78%	3.14%	2.05%
顺义	56.80%	42.84%	28.98%	17.07%	8.35%	3.11%	0.71%	0.04%	0.00%	0.00%
通州	49.34%	31.66%	17.75%	9.03%	4.33%	2.02%	0.93%	0.42%	0.19%	0.09%
延庆	54.13%	50.90%	47.44%	43.74%	39.81%	35.66%	31.29%	26.75%	22.11%	17.45%

附表 178　　北京市及各区县梨生产风险一览

Loss / P / Areas	>0	>5%	>10%	>15%	>20%	>25%	>30%	>35%	>40%	>45%
北京	51.98%	35.65%	16.76%	0.01%	0.00%	0.00%	0.00%	0.00%	0.00%	0.00%
昌平	43.54%	36.69%	30.54%	25.16%	20.53%	16.63%	13.38%	10.71%	8.53%	6.76%
朝阳	50.15%	44.90%	39.53%	34.17%	28.98%	24.11%	19.68%	15.77%	12.42%	9.63%
大兴	42.83%	33.70%	26.08%	19.91%	15.05%	11.29%	8.42%	6.26%	4.63%	3.42%
房山	59.37%	46.47%	31.45%	16.27%	4.76%	0.29%	0.00%	0.00%	0.00%	0.00%
海淀	62.14%	58.28%	54.21%	49.94%	45.52%	41.01%	36.48%	31.99%	27.63%	23.46%
怀柔	45.45%	36.62%	28.80%	22.18%	16.79%	12.53%	9.24%	6.75%	4.90%	3.53%
密云	63.21%	62.49%	61.77%	61.06%	60.34%	59.62%	58.91%	58.19%	57.48%	56.77%
平谷	66.30%	63.09%	59.73%	56.26%	52.69%	49.08%	45.44%	41.83%	38.27%	34.82%
顺义	53.82%	45.69%	36.92%	27.64%	18.20%	9.29%	2.38%	0.00%	0.00%	0.00%
通州	51.78%	44.23%	36.35%	28.46%	20.94%	14.22%	8.70%	4.62%	2.02%	0.67%
延庆	59.80%	54.51%	48.85%	42.95%	36.95%	31.07%	25.52%	20.47%	16.07%	12.37%

附表 179　　北京市及各区县苹果生产风险一览

P / Loss / Areas	>0	>5%	>10%	>15%	>20%	>25%	>30%	>35%	>40%	>45%
北京	51.11%	28.96%	13.07%	5.10%	1.86%	0.66%	0.23%	0.08%	0.03%	0.01%
昌平	44.79%	34.33%	25.38%	18.21%	12.78%	8.83%	6.02%	4.07%	2.74%	1.84%
朝阳	58.74%	55.18%	51.49%	47.70%	43.85%	39.97%	36.12%	32.33%	28.66%	25.14%
大兴	50.67%	25.42%	12.00%	5.26%	2.11%	0.76%	0.24%	0.06%	0.01%	0.00%
房山	58.42%	51.42%	44.05%	36.60%	29.44%	22.90%	17.21%	12.51%	8.81%	6.02%
海淀	50.58%	41.34%	32.64%	24.96%	18.56%	13.50%	9.65%	6.81%	4.76%	3.30%
怀柔	58.06%	51.38%	44.21%	36.83%	29.58%	22.83%	16.91%	11.99%	8.15%	5.31%
密云	47.80%	38.96%	30.68%	23.31%	17.06%	12.02%	8.16%	5.33%	3.36%	2.04%
平谷	56.98%	50.44%	43.67%	36.90%	30.41%	24.42%	19.12%	14.61%	10.91%	7.97%
顺义	50.41%	40.42%	31.06%	22.93%	16.35%	11.33%	7.67%	5.10%	3.34%	2.17%
通州	59.37%	53.42%	47.11%	40.59%	34.11%	27.90%	22.19%	17.15%	12.89%	9.42%
延庆	41.29%	34.52%	28.37%	22.95%	18.32%	14.47%	11.32%	8.79%	6.79%	5.21%

附表 180　　北京市及各区县葡萄生产风险一览

P / Loss / Areas	>0	>5%	>10%	>15%	>20%	>25%	>30%	>35%	>40%	>45%
北京	52.64%	36.00%	20.66%	10.06%	4.39%	1.81%	0.73%	0.29%	0.11%	0.04%
昌平	61.89%	56.74%	51.15%	45.18%	38.92%	32.50%	26.12%	19.99%	14.38%	9.54%
朝阳	51.10%	46.05%	41.02%	36.10%	31.34%	26.82%	22.60%	18.72%	15.23%	12.14%
大兴	56.06%	46.53%	36.58%	26.87%	18.13%	10.96%	5.70%	2.36%	0.65%	0.06%
房山	59.63%	54.59%	49.27%	43.75%	38.15%	32.61%	27.27%	22.26%	17.70%	13.68%
海淀	46.23%	35.93%	27.02%	19.69%	13.95%	9.62%	6.47%	4.26%	2.74%	1.73%
怀柔	58.95%	55.18%	51.35%	47.51%	43.69%	39.95%	36.32%	32.84%	29.54%	26.44%
平谷	65.55%	62.36%	58.89%	55.14%	51.10%	46.77%	42.18%	37.34%	32.32%	27.18%
顺义	44.47%	37.81%	31.66%	26.11%	21.21%	16.98%	13.39%	10.40%	7.95%	5.98%
通州	49.93%	42.64%	35.52%	28.89%	22.97%	17.90%	13.71%	10.36%	7.73%	5.72%
延庆	56.12%	51.38%	46.33%	41.01%	35.50%	29.89%	24.32%	18.95%	13.98%	9.60%

附表 181　　北京市及各区县桃生产风险一览

Loss / P / Areas	>0	>5%	>10%	>15%	>20%	>25%	>30%	>35%	>40%	>45%
北京	49.12%	29.12%	14.88%	6.92%	3.07%	1.33%	0.57%	0.24%	0.10%	0.04%
昌平	52.97%	37.68%	23.17%	11.63%	4.27%	0.84%	0.02%	0.00%	0.00%	0.00%
房山	49.31%	37.54%	26.54%	16.90%	9.16%	3.76%	0.86%	0.03%	0.00%	0.00%
海淀	53.52%	38.12%	22.60%	9.43%	1.50%	0.00%	0.00%	0.00%	0.00%	0.00%
怀柔	49.55%	37.13%	26.19%	17.57%	11.35%	7.14%	4.41%	2.69%	1.63%	0.99%
密云	48.10%	40.60%	33.51%	27.10%	21.51%	16.82%	12.97%	9.90%	7.50%	5.64%
平谷	56.66%	41.05%	25.28%	12.80%	5.23%	1.69%	0.41%	0.06%	0.00%	0.00%
顺义	60.03%	55.53%	50.76%	45.79%	40.67%	35.50%	30.38%	25.43%	20.75%	16.43%
通州	63.11%	55.22%	46.06%	35.90%	25.34%	15.35%	7.15%	1.87%	0.01%	0.00%
延庆	74.20%	43.26%	25.22%	14.70%	8.57%	5.00%	2.91%	1.70%	0.99%	0.58%

附表 182　　北京市及各区县花生生产风险一览

Loss / P / Areas	>0	>5%	>10%	>15%	>20%	>25%	>30%	>35%	>40%	>45%
北京	57.69%	40.97%	24.86%	12.84%	5.76%	2.30%	0.83%	0.27%	0.08%	0.02%
昌平	46.93%	38.33%	30.68%	24.17%	18.84%	14.58%	11.23%	8.64%	6.64%	5.11%
大兴	76.59%	74.98%	73.28%	71.48%	69.59%	67.61%	65.54%	63.38%	61.13%	58.81%
房山	50.18%	35.48%	22.97%	13.83%	7.89%	4.34%	2.32%	1.22%	0.63%	0.32%
怀柔	56.27%	39.56%	24.24%	13.07%	6.34%	2.84%	1.19%	0.47%	0.17%	0.06%
密云	55.65%	45.79%	36.35%	27.93%	20.86%	15.23%	10.93%	7.74%	5.43%	3.78%
平谷	53.27%	42.86%	32.77%	23.84%	16.59%	11.13%	7.24%	4.61%	2.88%	1.77%
顺义	55.99%	43.36%	30.58%	19.53%	11.41%	6.22%	3.23%	1.62%	0.79%	0.38%
通州	56.45%	46.24%	35.74%	25.93%	17.63%	11.26%	6.78%	3.86%	2.08%	1.07%
延庆	51.66%	42.79%	34.35%	26.80%	20.39%	15.20%	11.15%	8.07%	5.79%	4.12%

附表 183　　北京市及各区县棉花生产风险一览

P Loss / Areas	>0	>5%	>10%	>15%	>20%	>25%	>30%	>35%	>40%	>45%
北京	59.09%	46.24%	33.22%	21.83%	13.18%	7.39%	3.90%	1.94%	0.92%	0.41%
大兴	54.36%	43.04%	32.41%	23.32%	16.17%	10.90%	7.20%	4.69%	3.02%	1.94%
平谷	54.50%	39.20%	25.12%	14.51%	7.78%	3.99%	1.99%	0.98%	0.48%	0.23%
顺义	63.58%	55.24%	45.54%	34.59%	22.82%	11.24%	2.07%	0.00%	0.00%	0.00%
通州	59.70%	48.54%	36.86%	25.91%	16.79%	10.05%	5.55%	2.84%	1.34%	0.57%

附表 184　　北京市及各区县烟叶生产风险一览

P Loss / Areas	>0	>5%	>10%	>15%	>20%	>25%	>30%	>35%	>40%	>45%
北京	46.80%	38.36%	30.78%	24.28%	18.92%	14.62%	11.25%	8.64%	6.63%	5.10%
怀柔	51.99%	44.54%	37.24%	30.39%	24.27%	18.99%	14.62%	11.09%	8.33%	6.20%
平谷	47.06%	40.72%	34.77%	29.32%	24.47%	20.22%	16.58%	13.50%	10.93%	8.81%

附表 185　　北京市及各区县芝麻生产风险一览

P Loss / Areas	>0	>5%	>10%	>15%	>20%	>25%	>30%	>35%	>40%	>45%
北京	49.21%	38.27%	28.66%	20.80%	14.73%	10.25%	7.03%	4.78%	3.22%	2.16%
昌平	60.53%	54.53%	48.08%	41.35%	34.60%	28.11%	22.15%	16.92%	12.53%	9.01%
大兴	52.25%	41.60%	31.77%	23.38%	16.70%	11.66%	8.00%	5.42%	3.64%	2.43%
房山	54.21%	42.68%	31.59%	21.85%	14.05%	8.34%	4.52%	2.20%	0.93%	0.32%
怀柔	56.65%	49.16%	41.44%	33.75%	26.41%	19.70%	13.88%	9.14%	5.55%	3.05%
密云	55.94%	49.81%	43.32%	36.57%	29.68%	22.82%	16.24%	10.27%	5.33%	1.88%
平谷	52.78%	41.62%	30.99%	21.84%	14.69%	9.51%	5.98%	3.68%	2.22%	1.33%
通州	55.93%	45.98%	36.07%	27.01%	19.39%	13.44%	9.07%	6.00%	3.92%	2.53%

六、北京市及各区县农作物多种灾害险(MPCI)的纯费率

在农业保险中，风险损失是通过农作物单产相对于正常产量的降低值来反映的，因此农作物单产保险的费率厘定是通过计算农作物单产损失的分布来计算的。已有研究证实：科学合理的农业保险费应该等于该作物的预期损失 E［Loss］（庹国柱，1994；Lawas，2005）。因此，农业保险费率等于农作物预期损失的百分比。由于本文用相对值——相对随机波动（RSV）代表作物生产风险程度，故本文中区域农作物保险纯费率（R）的计算公式为，

$$R = \frac{E[Loss]}{Y_A} = Ep[Loss] \tag{0.6}$$

其中，$E[Loss]$ 为作物预期损失，$Ep(loss)$ 为预期损失的百分比，Y_A 为保障单产。

$$Ep[Loss] = \int_{-1}^{y_c} f(y)\,dy\left[y_c - \frac{\int_{-1}^{y_c} f(y)\,y\,dy}{\int_{-1}^{y_c} f(y)\,dy}\right]$$

$$= \int_{-1}^{y_c} (y_c - y) f(y)\,dy \tag{0.7}$$

式中，y 为作物 RSV 序列；f（y）为作物单产波动序列的概率分布函数；y_c 为保障水平，本文假定单产险的保障比例为100%，即 $y_c = 0$。根据公式（7），北京市及13个区县20种农作物多重灾害险（MPCI）的纯费率①如下列各表所示。

① 这里计算的纯费率是以县区为索赔基础的“区域保险”的费率，与现在正实施的以农户为索赔基础的费率有区别。

附表 186　北京市及各区县大豆多种灾害险（MPCI）的纯费率

地区	北京	昌平	朝阳	大兴	房山	丰台	海淀
纯费率	3.52%	4.63%	15.55%	4.01%	6.00%	9.79%	14.72%
地区	怀柔	门头沟	密云	平谷	顺义	通州	延庆
纯费率	5.77%	9.67%	10.24%	7.45%	3.96%	11.50%	7.04%

附表 187　北京市及各区县稻谷多种灾害险（MPCI）的纯费率

北京	昌平	朝阳	房山	海淀	怀柔	密云	通州	延庆
1.67%	5.58%	2.35%	3.41%	4.18%	2.93%	8.10%	3.07%	4.41%

附表 188　北京市及各区县高粱多种灾害险（MPCI）的纯费率

地区	北京	昌平	大兴	房山	怀柔	
纯费率	5.80%	7.62%	7.75%	28.46%	5.79%	
地区	门头沟	密云	平谷	顺义	通州	延庆
纯费率	3.52%	10.69%	6.96%	8.26%	5.91%	8.09%

附表 189　北京市及各区县谷子多种灾害险（MPCI）的纯费率

北京	昌平	房山	怀柔	门头沟	密云	平谷	延庆
7.12%	13.28%	7.93%	4.83%	9.31%	10.04%	8.15%	6.37%

附表 190　北京市及各区县玉米多种灾害险（MPCI）的纯费率

地区	北京	昌平	朝阳	大兴	房山	丰台	海淀
纯费率	2.80%	2.80%	4.40%	3.13%	2.13%	5.03%	2.51%
地区	怀柔	门头沟	密云	平谷	顺义	通州	延庆
纯费率	3.93%	9.42%	7.20%	5.19%	3.07%	3.69%	4.75%

附表 191　北京市及各区县冬小麦多种灾害险（MPCI）的纯费率

地区	北京	昌平	朝阳	大兴	房山	丰台	海淀
纯费率	2.18%	4.07%	2.52%	2.03%	2.63%	4.95%	4.25%
地区	怀柔	门头沟	密云	平谷	顺义	通州	延庆
纯费率	3.04%	5.67%	2.69%	3.06%	2.17%	2.46%	2.76%

附表 192　北京市及各区县西瓜多种灾害险（MPCI）的纯费率

北京	昌平	大兴	房山	密云	平谷	顺义	通州	延庆
6.71%	11.86%	6.61%	6.71%	12.18%	8.25%	6.46%	4.48%	18.57%

附表 193　北京市及各区县梨多种灾害险（MPCI）的纯费率

地区	北京	昌平	朝阳	大兴	房山	海淀
纯费率	3.59%	10.20%	13.75%	7.81%	6.40%	23.48%
地区	怀柔	密云	平谷	顺义	通州	延庆
纯费率	8.51%	6.95%	24.87%	8.12%	9.28%	17.23%

附表 194　北京市及各区县苹果多种灾害险（MPCI）的纯费率

地区	北京	昌平	朝阳	大兴	房山	海淀
纯费率	3.68%	6.94%	22.57%	15.03%	13.39%	9.31%
地区	怀柔	密云	平谷	顺义	通州	延庆
纯费率	13.16%	8.33%	14.13%	8.41%	15.64%	9.07%

附表 195　北京市及各区县葡萄多种灾害险（MPCI）的纯费率

地区	北京	昌平	朝阳	大兴	房山	
纯费率	4.96%	16.77%	15.29%	8.88%	17.99%	
地区	海淀	怀柔	平谷	顺义	通州	延庆
纯费率	7.31%	20.64%	25.66%	10.33%	11.07%	15.50%

附表 196　北京市及各区县桃多种灾害险（MPCI）的纯费率

北京	昌平	房山	海淀	怀柔	密云	平谷	顺义	通州	延庆
3.95%	5.20%	5.62%	4.80%	6.71%	10.52%	6.51%	20.63%	10.95%	3.59%

附表 197　北京市及各区县花生多种灾害险（MPCI）的纯费率

地区	北京	昌平	大兴	房山	怀柔	密云	平谷
纯费率	5.77%	9.52%	24.35%	5.66%	5.74%	10.40%	8.60%
地区	顺义	通州	延庆				
纯费率	7.22%	8.94%	10.08%				

附表198　北京市及各区县棉花多种灾害险（MPCI）的纯费率

地区	北京	大兴	平谷	顺义	通州		
纯费率	7.89%	8.60%	6.03%	10.13%	8.89%		

附表199　北京市及各区县烟叶多种灾害险（MPCI）的纯费率

地区	北京	怀柔	平谷
纯费率	9.53%	11.68%	11.99%

附表200　北京市及各区县油料多种灾害险（MPCI）的纯费率

北京	昌平	大兴	房山	怀柔	密云	平谷	顺义	通州	延庆
5.85%	12.63%	10.58%	6.83%	6.37%	12.90%	10.27%	10.30%	9.99%	12.65%

附表201　北京市及各区县芝麻多种灾害险（MPCI）的纯费率

北京	昌平	大兴	房山	怀柔	密云	平谷	通州
7.87%	15.72%	8.70%	7.66%	11.61%	11.82%	7.96%	9.73%

附录 2

北京市政策性农业保险赔付率超赔再保险费率测算

附表 202　　北京市各年主要农作物播种面积　　（单位：亩）

年份	小麦	玉米	稻谷	谷子	大豆	棉花	西瓜	苹果	桃	梨	葡萄	花生	薯类	蔬菜	各作物播种面积合计
2007	621000	2084891	7796	33000	132240	25244	120014	194000	273000	163000	48000	103785	64500	1051496	4921966. 0
2006	946015	2037493	10308	27373	177986	31567	121741	143019	267694	164197	44718	105281	60000	1223266	5360658. 0
2005	801271	1795651	11405	26856	164180	27488	107366	162023	261275	167683	47219	125212	49500	1328345	5075474. 0
2004	587431	1403023	12323	17597	204380	98101	114343	193535	251353	163683	45713	157753	55530	1501083	4805848. 0
2003	538245	1128098	24230	39511	246627	47600	121870	198168	261491	187669	67503	199860	81865	1717347	4860084. 0
2002	712754	1308588	67087	44956	233138	46612	118751	203442. 8	264777	182076	72201. 7	229151	92373	1831123	5407030. 4
2001	1091102	1500980	102396	44909	300575	44093	127428	240699	245856	154202	61204	198916	87779	119913. 5	4320052. 5
2000	1826467	2037121	210944	41897	330816	23814	105920	273074	247771	149270	46466	192389	90588	1617273	7193810. 0
1999	2522931	2971669	287290	45057	155646	27868	75493	284402	210440	141032	28923	147891	78333	1402769	8379743. 5

续表

年份	小麦	玉米	稻谷	谷子	大豆	棉花	西瓜	苹果	桃	梨	葡萄	花生	薯类	蔬菜	各作物播种面积合计
1998	2569139	3115841	291450	45624	153565	31547	76843	303923	186038	133490	23956	138413	74327	1352666	8496821. 5
1997	2570857	3094024	347568	44199	139775	32435	67077	314616	166258	118619. 9	18720. 6	142446	78287	1332603	8467485. 5
1996	2568055	3117456	345969	48586	137942	41033	63732	346473	166186	115908	16335	153629	77237	1313411	8511951. 5
1995	2584452	3116807	349514	54712	188809	49962	76801	366487	175007	119911	17593	167592	78338	1363241	8709225. 5
1994	2454665	3091500	345000			61236	84043	356077	182646	122849	17024	174321	91536	1368558	8349455. 0
1993	2666922	3272978	397485	60583	171390	61532	77487	316396	172986	112430	16657	173449	98885	1172730	8771910. 0
1992	2879401	3353029	474625	68064	128340	68746	71615	300372	159793	116666	19732	172761	98790	1124370	9036304. 0
1991	2881098	3346400	518042	76322	148155	58136	76511	280003	163632	115089	22471	168860	105285	1099065	9059069. 0
1990	2827056	3355847	513715	87280	175496	50619	88238	261033	167440	111354	22977	165776	109320	1057425	8993576. 0
1989	2785060	3286200	533502. 7	98966	203257	40830	123150	253030	157429	107865	24509	175421	109000	1017000	8915219. 6
1988	2796158	3325061	539154	116572	169953	50659	138205	250226. 3	143137. 2	108066	26737. 7	179191	121000	952000	8916120. 2
1987	2765063	3347438	576841	141093	191918	43526	121340	204672	115204	109819	26362	188281	126000	903000	8860557. 0
1986	2794563	3241238	601912	185103	156529	43739	144416	169370	93880	104279	27100	218433	139000	872000	8791562. 0
1985	2882863	3256142	651313	202957	146611	76457	119628	152995	75177	100929	26002	225775	158000	814000	8888849. 0
1984	3007144	3090634	665990	191831	116771	94642	101572	141528	63710	85897	24712	200883	120000	828000	8733314. 0
1983	3001315	3010325	692287	204755	135844	51496	63735	138843	57352	85846	22164	215669	108000	818600	8606231. 0

附表 203　　北京市自然灾害受灾面积和成灾面积　　（单位：千公顷）

年份	受灾面积	成灾面积	成灾面积占受灾面积的比重（%）	水灾		旱灾	
				受灾面积	成灾面积	受灾面积	成灾面积
2007	76	34	44.74	50		47	19
2006	74	39	52.70	2	2	27	6
2005	69	18	26.09			32	
2004	28	10	35.71	4	2	8	2
2003	59	25	42.37			49	24
2002	195	103	52.82	2	2	166	81
2001	96	63	65.63	1	1	75	52
2000	204	89	43.63	14	1	170	78
1999	123	73	59.35			97	60
1998	78	39	50.00	13	6	30	16
1997	143.3	97.3	67.90	3.3	2.7	118	84.7
1996	137.7	60.3	43.79	31	19	92	31.3
1995	121	37	30.58	17	14	67	8
1994	19.3	4.6	23.83	7.9	2.7	10.7	1.6
1993	11.9	5.3	44.54			8.9	4
1992	3.8	0.8	21.05			3.3	0.7
1991	16.9	7.7	45.56	5.3	1.7	9.3	4.7
1990	17.8	8.7	48.88	0.5	0.2	8	4.2
1989	21	9	42.86			17	7
1988	11	5	45.45	2	1	4	2
1987	3	1	33.33			3	1
1986	7	3	42.86	1		3	2
1985	14	8	57.14	4	4	3	1
1984	18	14	77.78			10	8
1983	16.2	8.9	54.94			13	7

附表 204　　北京市主要作物农业保险费率明细表（设定）

序号	品种	保额（元）	费率（%）	保费（元）
1	小麦	500	7%	35
2	玉米	400	8%	32
3	稻谷	500	7%	35
4	谷子	500	7%	35
5	大豆	500	7%	35
6	棉花	400	8%	32
7	西瓜	1000	7%	70
8	苹果	2000～4000	9%	180～360
9	桃	2000～3000	9%	180～270
10	梨	2000～3000	9%	180～270
11	葡萄	2000～3000	8%	160～240
12	花生	500	7%	35
13	薯类	500	7%	35
14	蔬菜	700	7.12%	50

附表 205 北京市主要农作物赔付情况汇总表

年份	各种作物保费收入加总（元）	30%赔付水平下		35%赔付水平下		40%赔付水平下		45%赔付水平下		50%赔付水平下	
		各作物赔付额合计（元）	赔付率（%）	各作物赔付额合计（元）	赔付率（%）	各作物赔付额合计（元）	赔付率（%）	各作物赔付额合计（元）	赔付率（%）	各作物赔付额合计（元）	赔付率（%）
2007	257674476.5	123509829.6	47.93	144094801.2	55.92	164679772.8	63.91	185264744.4	71.90	205849716	79.89
2006	261501822	133891117.7	51.20	156206304	59.73	178521490.2	68.27	200836676.5	76.80	223151862.8	85.33
2005	258408946.2	64350071.46	24.90	75075083.37	29.05	85800095.28	33.20	96525107.19	37.35	107250119.1	41.50
2004	257487675.8	37599833.37	14.60	43866472.26	17.04	50133111.16	19.47	56399750.05	21.90	62666388.95	24.34
2003	271499680.4	98276602.32	36.20	114656036	42.23	131035469.8	48.26	147414903.5	54.30	163794337.2	60.33
2002	288907996.6	389203351.4	134.72	454070576.6	157.17	518937801.9	179.62	583805027.1	202.07	648672252.3	224.53
2001	236384047.9	237394709.2	100.43	276960494.1	117.17	316526279	133.90	356092063.8	150.64	395657848.7	167.38
2000	336468117.1	297121901	88.31	346642217.8	103.02	396162534.7	117.74	445682851.5	132.46	495203168.3	147.18
1999	356910556.8	222666046.1	62.39	259777053.8	72.78	296888061.5	83.18	333999069.2	93.58	371110076.9	103.98
1998	357435691.6	117513361.9	32.88	137098922.2	38.36	156684482.5	43.84	176270042.8	49.32	195855603.1	54.79
1997	352205279.2	290343677.4	82.44	338734290.3	96.18	387124903.2	109.91	435515516.1	123.65	483906129	137.39
1996	358303005.9	181635796.1	50.69	211908428.8	59.14	242181061.5	67.59	272453694.2	76.04	302726326.9	84.49
1995	370642255.6	112607290.7	30.38	131375172.5	35.45	150143054.3	40.51	168910936.1	45.57	187678817.8	50.64

续表

年份	各种作物保费收入加总（元）	30%赔付水平下		35%赔付水平下		40%赔付水平下		45%赔付水平下		50%赔付水平下	
		各作物赔付额合计（元）	赔付率（%）	各作物赔付额合计（元）	赔付率（%）	各作物赔付额合计（元）	赔付率（%）	各作物赔付额合计（元）	赔付率（%）	各作物赔付额合计（元）	赔付率（%）
1994	360443782.2	14157288.38	3.93	21143449.84	7.78	24163942.68	8.90	27184435.51	10.01	30204928.35	11.12
1993	358767346.6	15554670.37	4.34	18147115.43	5.06	20739560.49	5.78	23332005.56	6.50	25924450.62	7.23
1992	361254320.6	2302698.625	0.64	2686481.73	0.74	3070264.834	0.85	3454047.938	0.96	3837831.042	1.06
1991	358645781.3	21991398.03	6.13	25656631.04	7.15	29321864.04	8.18	32987097.05	9.20	36652330.05	10.22
1990	353152879.2	24672844.99	6.99	28784985.83	8.15	32897126.66	9.32	37009267.49	10.48	41121408.32	11.64
1989	348292817.6	25449013.48	7.31	29690515.73	8.52	33932017.97	9.74	38173520.22	10.96	42415022.47	12.18
1988	345476328.8	14034395.63	4.06	16373461.57	4.74	18712527.51	5.42	21051593.45	6.09	23390659.38	6.77
1987	330236834.4	2715524.481	0.82	3168111.895	0.96	3620699.308	1.10	4073286.722	1.23	4525874.135	1.37
1986	318214751.2	7966247.983	2.50	9293955.98	2.92	10621663.98	3.34	11949371.97	3.76	13277079.97	4.17
1985	312866362.4	20738045.57	6.63	24194386.49	7.73	27650727.42	8.84	31107068.35	9.94	34563409.28	11.05
1984	302171673.6	35830536.29	11.86	41802292.34	13.83	47774048.39	15.81	53745804.43	17.79	59717560.48	19.76
1983	295923324.8	22664696.5	7.66	26442145.92	8.94	30219595.33	10.21	33997044.75	11.49	37774494.17	12.76

附表 206 **北京市主要农作物在不同赔付水平下的赔付情况汇总表**

年份	各种作物保费收入加总（元）	30%赔付水平下		35%赔付水平下		40%赔付水平下		45%赔付水平下		50%赔付水平下	
		各作物赔付额加总（元）	赔付率（%）	各作物赔付额加总（元）	赔付率（%）	各作物赔付额加总（元）	赔付率（%）	各作物赔付额加总（元）	赔付率（%）	各作物赔付额加总（元）	赔付率（%）
2007	257674476. 5	123509829. 6	47. 93	144094801. 2	55. 92	164679772. 8	63. 91	185264744. 4	71. 90	205849716	79. 89
2006	261501822	133891117. 7	51. 20	156206304	59. 73	178521490. 2	68. 27	200836676. 5	76. 80	223151862. 8	85. 33
2005	258408946. 2	64350071. 46	24. 90	75075083. 37	29. 05	85800095. 28	33. 20	96525107. 19	37. 35	107250119. 1	41. 50
2004	257487675. 8	37599833. 37	14. 60	43866472. 26	17. 04	50133111. 16	19. 47	56399750. 05	21. 90	62666388. 95	24. 34
2003	271499680. 4	98276602. 32	36. 20	114656036	42. 23	131035469. 8	48. 26	147414903. 5	54. 30	163794337. 2	60. 33
2002	288907996. 6	389203351. 4	134. 72	454070576. 6	157. 17	518937801. 9	179. 62	583805027. 1	202. 07	648672252. 3	224. 53
2001	236384047. 9	237394709. 2	100. 43	276960494. 1	117. 17	316526279	133. 90	356092063. 8	150. 64	395657848. 7	167. 38
2000	336468117. 1	297121901	88. 31	346642217. 8	103. 02	396162534. 7	117. 74	445682851. 5	132. 46	495203168. 3	147. 18
1999	356910556. 8	222666046. 1	62. 39	259777053. 8	72. 78	296888061. 5	83. 18	333999069. 2	93. 58	371110076. 9	103. 98
1998	357435691. 6	117513361. 9	32. 88	137098922. 2	38. 36	156684482. 5	43. 84	176270042. 8	49. 32	195855603. 1	54. 79
1997	352205279. 2	290343677. 4	82. 44	338734290. 3	96. 18	387124903. 2	109. 91	435515516. 1	123. 65	483906129	137. 39
1996	358303005. 9	181635796. 1	50. 69	211908428. 8	59. 14	242181061. 5	67. 59	272453694. 2	76. 04	302726326. 9	84. 49
1995	370642255. 6	112607290. 7	30. 38	131375172. 5	35. 45	150143054. 3	40. 51	168910936. 1	45. 57	187678817. 8	50. 64

续表

年份	各种作物保费收入加总（元）	30%赔付水平下		35%赔付水平下		40%赔付水平下		45%赔付水平下		50%赔付水平下	
		各作物赔付额加总（元）	赔付率（%）	各作物赔付额加总（元）	赔付率（%）	各作物赔付额加总（元）	赔付率（%）	各作物赔付额加总（元）	赔付率（%）	各作物赔付额加总（元）	赔付率（%）
1994	360443782.2	14157288.38	3.93	21143449.84	7.78	24163942.68	8.90	27184435.51	10.01	30204928.35	11.12
1993	358767346.6	15554670.37	4.34	18147115.43	5.06	20739560.49	5.78	23332005.56	6.50	25924450.62	7.23
1992	361254320.6	2302698.625	0.64	2686481.73	0.74	3070264.834	0.85	3454047.938	0.96	3837831.042	1.06
1991	358645781.3	21991398.03	6.13	25656631.04	7.15	29321864.04	8.18	32987097.05	9.20	36652330.05	10.22
1990	353152879.2	24672844.99	6.99	28784985.83	8.15	32897126.66	9.32	37009267.49	10.48	41121408.32	11.64
1989	348292817.6	25449013.48	7.31	29690515.73	8.52	33932017.97	9.74	38173520.22	10.96	42415022.47	12.18
1988	345476328.8	14034395.63	4.06	16373461.57	4.74	18712527.51	5.42	21051593.45	6.09	23390659.38	6.77
1987	330236834.4	2715524.481	0.82	3168111.895	0.96	3620699.308	1.10	4073286.722	1.23	4525874.135	1.37
1986	318214751.2	7966247.983	2.50	9293955.98	2.92	10621663.98	3.34	11949371.97	3.76	13277079.97	4.17
1985	312866362.4	20738045.57	6.63	24194386.49	7.73	27650727.42	8.84	31107068.35	9.94	34563409.28	11.05
1984	302171673.6	35830536.29	11.86	41802292.34	13.83	47774048.39	15.81	53745804.43	17.79	59717560.48	19.76
1983	295923324.8	22664696.5	7.66	26442145.92	8.94	30219595.33	10.21	33997044.75	11.49	37774494.17	12.76